社会保険の
政策原理

The Principles of Social Insurance Policy in Japan
& others

堤　修三
Shuzo　TSUTSUMI

『社会保険の政策原理』　目次

はじがき………………………………………………………………………4

第1章　社会保険の政策原理～連帯と強制の間～………………………7

はじめに………………………………………………………………………8

 1 社会保険の基本問題………………………………………………9

 2 社会保険の成立……………………………………………………16

 3 社会保険の制度・保険者…………………………………………23

 4 社会保険の給付……………………………………………………29

 5 社会保険の財源……………………………………………………37

 6 社会保険の運営……………………………………………………54

 7 結びに代えて………………………………………………………61

第2章　医療保険………………………………………………………73

 Ⅰ 国民皆保険の構成と機能…………………………………………73

 Ⅱ 国民皆保険をめぐる理想主義者と現実主義者の対話…………102

 Ⅲ 高齢者医療制度の構想史

    ～日医・自民党・厚生省を中心とする4幕劇～………………118

 Ⅳ 国民皆保険下における医療費増加とそのコントロール

    ～2014年度予算編成を巡る議論も踏まえ～……………………141

 Ⅴ 後期高齢者支援金の総報酬割を巡って…………………………160

 Ⅵ 医療保険とモラル～互恵的利他主義とその条件～……………163

第3章　薬価基準・診療報酬…………………………………………167

 Ⅰ 薬価基準制度・再論………………………………………………167

 Ⅱ 昨今の薬価問題に寄せて…………………………………………186

 Ⅲ 薬価・流通改革のオメガポイント………………………………197

 Ⅳ 薬局法人の勧め……………………………………………………203

 Ⅴ 診療報酬・調剤報酬の機能と限界

    ～噴出する個別報酬への疑問～…………………………………207

2　目次

第4章　介護保険………………………………………215
Ⅰ　日本における介護保険制度の成立とその設計思想………………215
Ⅱ　転変し漂流する介護保険………………………………………255
Ⅲ　ユニット型個室・再考………………………………………266
Ⅳ　地域包括ケアシステムという妖怪……………………………272
Ⅴ　"法令滋彰・盗賊多有"〜Jungle 化する介護保険〜……………278
Ⅵ　第2号保険料と日常生活支援総合事業…………………………280
Ⅶ　"介護保険の老兵"の遺言……………………………………287
Ⅷ　社会保障制度におけるケアの倫理〜介護保険を中心に考える〜…306

第5章　社会福祉………………………………………………319
Ⅰ　2013年生活保護法改正・生活困窮者自立支援法制定を考える……319
Ⅱ　社会福祉事業・社会福祉法人制度の混迷
　　〜2016年社会福祉法改正を考える〜…………………………327
Ⅲ　障害福祉サービスと介護保険〜その現在と将来〜………………343

第6章　社会保障一般…………………………………………361
Ⅰ　政策の方法が自己目的化している………………………………361
Ⅱ　可哀想とお約束〜年金保険のバランス〜………………………365
Ⅲ　「子ども保険」を巡る制度屋／法律屋の七面倒な議論……………367
Ⅳ　強制であるがゆえに守られるべき自由…………………………373
Ⅴ　社会保障法制における首尾一貫性………………………………380

第7章　そのほか（雑纂）……………………………………387
Ⅰ　認知症高齢者鉄道事故裁判の最高裁判決を巡る一考察……………387
Ⅱ　近頃流行不粋法律〜国民の責務規定考〜………………………405
Ⅲ　なぜしてはならないか／なぜしなければならないか………………416
Ⅳ　少子・高齢化と人類の進化……………………………………419
Ⅴ　福祉国家からビジネス国家へ…………………………………423
Ⅵ　政策ニヒリスト宣言！？………………………………………432
Ⅶ　騒々しくて落ち着きのないデモクラシー………………………436
Ⅷ　近代日本の Advantage………………………………………439
Ⅸ　松本烝治氏の弁明，もしくは予言？……………………………442

X　阿部眞之助氏の述懐……………………………………… 445

XI　国民皆保険パトリオティズム…………………………… 449

あとがき……………………………………………………… 455

初出一覧……………………………………………………… 457

著作一覧……………………………………………………… 459

著者略歴……………………………………………………… 469

はしがき

　本書は，筆者が大阪大学を退職する間際に書いた紀要論文以降の著作のなかから主なものを選んで収録したものである。論文らしきもののほか，時評の類やエッセイ様のものまで含んでおり，形式的な一貫性に欠けるという批判があるかもしれない。それは甘んじて受けるが，永年，厚生（労働）省で，社会保障の政策に携わり，その後も傍らで政策の動きを注視してきた筆者にとって，"時評"という形で政策批判を展開することは，半ば必然的な営為であった。以下，主な論文の概要に触れておく。

　第 1 章の社会保険の政策原理は，本書のタイトルにもしているとおり，本書の中核となる論文である。筆者と医療保険との出会いは，1979 年に老人保健医療制度の創設を担当する部署に配属されたときに遡るが，そのとき感じた疑問は，社会保険が強制加入制を採っていることの根拠，医療保険の制度・保険者分立の妥当性，保険者間財政移転の根拠といった問題であった。そんなことばかり考え続けて今日に至った感がある。本稿は，（筆者があまり詳しいとは言えない）年金保険や筆者も創設実施に携わった介護保険を含めた日本の社会保険について，その全体的構造を理論的に説明しようという試みである。しかし，サブタイトル"連帯と強制の間"でも示唆したとおり，社会保険は文字どおり"社会"と"保険"のアマルガムであり，自己完結するようなスマートな説明は容易ではない。また，あるべき理論的な組み立て方が考えられるにもかかわらず，現実の制度には理論的説明や位置付けが困難な仕組みも多い。できる限り現行制度を理論的に理解しようと限界まで考えた試みであると受け止めていただき，読まれた方それぞれが社会保険の在り方について自分で考える際の拠り処のひとつとしていただければ幸いである。

第２章の冒頭論文「国民皆保険の構成と機能」は，大阪大学大学院人間科学研究科紀要に書いたものであるが，日本の国民皆保険が被保険者・国民の側にとっても，医療提供の側にとっても例外の極めて少ない“律儀”な制度であることと，そこから必然的に導かれる仕組みについて述べたものである。すなわち，全国民が加入を強制される以上，被保険者に保障される給付は公平で，保険料負担に値するものでなければならないこと，医療提供の側も，国民皆保険の下ではそれに組み込まれざるを得ないこと，すなわち，国民皆を強制的に加入させることよって論理的に帰結する内容を明らかにしようとしたのだった。

　第３章の薬価制度関連の論文・時評では，薬価差益を齎す仕組みを廃絶したいという思いから，薬価の全額償還から１／２償還への転換と切り替えに伴う診療報酬上の措置に再々，言及している。医療保険の持続性を確保するには，１つには薬価制度に切り込むほかないという思いからである。

　第４章の冒頭論文「日本における介護保険制度の成立とその設計構造」は，JICA（国際協力機構）に頼まれて書いたものであるが，日本の介護保険は制度の詳細設計は工夫され，行き届いたものであるが，医療保険とは独立型の制度とした基本設計に関しては，制度の安定的存続という観点からは疑問である旨，制度創設に携わった者として初めて言及したものである。もっとも，筆者は制度設計段階における厚生省内の議論でも非独立型の制度設計を唱えていた。同じく第４章の最後に収録した論文は，近年ずっと考え続けてきた“ケアとは何か”という問題について，2016年の日本法哲学会でコメントを求められたことを機にまとめたものである。眼目は，ケアは，関係に基づくものであれ職業としてのものであれ，ケアする人とケアされる人との２人称の関係（私とあなた）において成り立っているものであり，一般社会で成り立っている３人称の関係（私と彼・それ）とは異なる位相にあるということであった。

　第５章の社会福祉事業・社会福祉法人制度に関する論文は，今まで脳裡の深部にあった社会福祉＝慈善という幻想を払拭し，制度的な費用補填のある社会福祉事業とそれを経営する社会福祉法人は医療事業・医療法人並みの規制でいいのではないかという結論に達して書いたものである。介護サービスや障害福祉サービスの契約制度転換後，公益法人並びの規制強化を打ち出したものの，引き続く改正社会福祉法の混迷を見て，筆者もついに匙を投げたというところ

であろうか。

第6章は近年の社会保障立法の在り方を批判した数篇である。

第7章の冒頭論文「認知症高齢者鉄道事故裁判の最高裁判決を巡る一考察」は話題になった最高裁判決に対する論評に加え，認知症者に対する社会の対応などにも触れたものである。最高裁判決はようやく常識に適ったものとなったが，それに至る名古屋地裁・名古屋高裁の判決はひどいものであったし，それらを巡る日弁連や法学者の議論にも首を傾げたくなるものが多かった。認知症者の関わる事件・事故に対する訴訟などの動向には当分の間，注意が必要である。その他は，福祉国家・立憲国家の行く末を案じた数篇のエッセーである。

第1章　社会保険の政策原理
～連帯と強制の間～

　細目次
はじめに
1　社会保険の基本問題
　（1）自由な社会と社会保険
　（2）自由な個人と加入強制
　（3）狭い稜線の上の社会保険
　（4）税による社会保障と社会保険
2　社会保険の成立
　（1）社会保険が成立するリスク
　（2）社会保険の外延
　（3）社会保険における国家
3　社会保険の制度・保険者
　（1）制度の分立
　（2）制度の中での保険者の分立
　（3）制度・保険者間の格差
4　社会保険の給付
　（1）給付の対価性
　（2）給付の保障性
5　社会保険の財源
　（1）保険料
　①　定額保険料と定率保険料
　②　保険料の事業主負担

　（2）公費負担
　①　分立した制度における公費
　　　負担
　②　一元的な制度における公費
　　　負担
　（3）財政調整
6　社会保険の運営
　（1）保険財政の自律性
　（2）当事者参加による保険運営
　（3）簡素・明瞭の要請
7　結びに代えて
　（1）近年の社会保険の変容
　（2）公助，それとも自助の共同
　　　化？
　（3）なぜ，社会保障なのか
［参考］日本の社会保険の基本構造

はじめに

　わが国の社会保障において中心的役割を果たしているのは，健康保険・年金保険・介護保険などの社会保険である。だが，社会保険は複雑に制度化されている[1]こともあり，多くの人々の制度理解は表面的なものにとどまっているように思われる。繁茂した制度の奥に隠れている本質を掴むのは意外に難しい。しかも，あらゆる社会的制度がそうであるように，社会保険の本質についての考え方も論者によって異なっているのである。それらは何故，税による保障制度ではなく，社会保険として制度化されるのか，さまざまな社会的ニーズについて社会保険として制度化される条件は何か，社会保険において"保険"の原理の修正はどこまで許されるのか，社会保険に関する国家の責任とは何か，国営保険のほか，地方自治体や公的団体，民間非営利組織による保険，さらには民間企業が行う保険まで社会的な保険にはさまざまなものがあるが，社会保険とはどの範囲までを云うのか，純粋の私的保険と社会保険とを分かつものは何か…，社会保険を理論的かつ体系的に理解しようとする場合，議論すべきテーマはきわめて広範に及ぶ。その底は深く，現代社会の在り方，例えば国家と個人，社会と市場の関係といった基本的な問題にも達するはずである。

---

1)　中尾友紀「労働者年金保険法案の第76国会への提出」（社会政策学会誌『社会政策』第7巻第3号）によれば，国会提出の前年である1940年10月段階で関西産業団体連合会から，多くの労働法規が「其の間極めて連絡なく書く法規毎に重複する点少なからず，更に此の上に本制度を単独的に施行するならば，物的人的資材の浪費，事務手続の煩雑化，負担の併重等を招く」として反対の声が上がったほか，同年末の厚生省保険院保険制度調査会特別委員会が労働者年金保険制度要綱案への答申に付した希望決議で「現行社会保険制度の整理統合」が付記されたと言う。社会保険は，保険料の対価性から受給権保障の要請が強いため，さまざまな対応が求められることなどから，本来的に制度複雑化の要因を内包しているのだが，それが制度批判の根拠として使われるのは昔からのことだったのである。

1 社会保険の基本問題

（1）自由な社会と社会保険

それらの社会保険に関する問題のうちで最も根源的なものは，そもそも自由主義社会において社会保険はどのような根拠から正当化されるのかという問題である。ここで自由主義社会と云うのは，近代市民社会と言い換えてもよい。個人の意思の自由，私的財産権の保護，そこから導かれる契約自由の原則などを基本原理とする社会である。もちろん，現代においては，社会国家や福祉国家の理念が掲げられ，多くの国の憲法で市民権（自由権）に加えて社会権が定められている[2]。日本国憲法でも，11〜13条を中核とする基本的人権条項・29条の財産権条項といった市民権条項に加え，25条以下の社会権条項がある。だが，近代市民法秩序において，社会権，とりわけ社会保険が市民権との関係においてどのような根拠・理路において成り立つのか[3]，その内在的連関は必ずしも明らかとは言えない。

社会保険は"連帯"の制度だと言われる。連帯という語は，19世紀末，フランスの急進共和派の旗手レオン・ブルジョワに始まると云われるが，その意味するところは，論者や文脈などによってかなり異なる。現代フランスの哲学者アンドレ・コント＝スポンヴィルは，ポリティカリー・コレクト流行りのために時代遅れと思われる「寛大さ」という語の代わり[4]に「連帯」という語が使われているが，「連帯」は本来，「寛大さ」とは異なり，実効的に利己主義を調

---

2) ここから，以下に述べるとおり，現代憲法における精神生活での国家不干渉（自由権）と経済生活における国家干渉（社会権）の両立可能性という問題が生じる。

3) C・シュミットは，労働権・保護および扶助請求権，教育を受ける権利を社会主義的権利および請求権とし，個人が属する国家的組織を前提とするとしている（『憲法論』阿部照哉／村上義弘 訳 第14章）。ヨーロッパにおける社会権論の展開については内野正幸『社会権の歴史的展開』が詳しい。F・エヴァルドは1898年の（フランス）労災補償法において過失責任から保険によるリスク対応への転換が実現したことをもって，社会法が民法に取って代わり，古い法治国家が保険社会に道を譲ったとしている（今関源成「自由主義的合理性の変容と福祉国家の成立」大須賀 明 編『社会国家の憲法理論』所収）ようだが，社会法が"近代法に取って代わる新たな合理性"とまで言えるのであろうか。ましてや，（業務外）疾病保険や老齢保険（年金）においては，過失の問題が介在しない分，それらと市民法との関係はより根源的である。

整するものであると云う[5]。すなわち彼は,「連帯」において他者の利害が考慮に入れられるのは,その利害が共有されているからであり,他者のために良いことをするときは同時に自分にとっても良いことをするのであるとして,自分の利害から加入する民間保険をその例として挙げる。われわれは全員一緒で,と同時に各人自らのために,さまざまな危険から身を守る,すなわち,保険システムは利己的な個人が客観的な連帯を設定することを可能にするのである[6]。他者への「寛大さ」のみから保険に入る人は何処にもいない。

民間保険であっても,保険システムがこのように客観的な連帯を設定するものであるとしたら,社会保険という「連帯」の制度を民間保険と分かつものは何だろうか。最終的には,その違いは,社会保障としての目標を実現するため,対象者に社会保険への加入が法律によって義務付けられるという点に収斂しよう[7]。このことは,加入強制が 1898 年のフランス労災補償法制定時の最大の争点であったこと,米・オバマ大統領の国民皆保険計画においてもそれに強い反対があったこと,日本の国保制度の成立過程を振り返っても世帯員までの強制加入は 1948(昭和 23)年改正まで俟ってようやく実現したことなどから窺える。

(2) 自由な個人と加入強制

だが,多くの国で実現したとはいえ,自分は社会保険の対象とするリスクには無縁であると確信／盲信する個人にとって,客観的に見れば社会保険の加入

---

4) 19 世紀末,「連帯」はカトリックの臭いのする「友愛」に代わる言葉として用いられたと云う(重田園枝『連帯の哲学Ⅰ』)。日本でも昭和初期,恩恵的な従来の慈善事業の精神を刷新するものとして紹介されたことがある。伊奈川秀和『フランス社会保障法の権利構造』によると,「連帯」は公的扶助まで包含する理念にまで拡大されているようである。

5) アンドレ・コント=スポンヴィル『資本主義に徳はあるか』小須田 健／C・カンタン 訳 第 4 章 混乱する秩序

6) 次のような法格言がある。"Commune periculum concordiam parit「共通の危険は和合を生む」"柴田光蔵／林 信夫／佐々木 健 編『ラテン語法格言辞典』。本稿では基本的に,保険システムを「連帯」の理念の現れと捉えることとする。

7) 民間保険への加入を法律で義務付ける場合でも,保険リスクや加入義務者の種類によっては広義の社会保険の範疇に加えられるかもしれない。米・オバマ大統領の"国民皆保険計画"がその方法によって実現したことは周知のとおりである。

が本人の利益になることは明らかな場合であっても，それへの加入強制は個人の意思の自由を侵害するものとなるのではないか。また，保険料の納付をしない場合，保険料を強制的に徴収されることになるが，それは私的財産権の保護に反するおそれはないのか。市民社会の基本原理ともいうべきこれらの憲法条項の趣旨に反しかねない社会保険への強制加入・強制徴収を，憲法 25 条 1 項の生存権や同条 2 項の国家目標規定，あるいは憲法 29 条 2 項にいう"公共の福祉"でどこまで正当化できるだろうか。その正当化を支えるような内在的な論理はあるのだろうか[8]。「連帯」の「強制」という，本来の語義からすればアクロバティックとも云える社会保険のプロジェクトは，自由な個人の真の納得を得ることができるだろうか。

　この点に関する裁判例はさほど多くはない。最高裁まで争われたものとしては昭和 33 年 2 月 12 日の国民健康保険への強制加入に関する大法廷判決がよく知られている。この判決は「国民の健康を保持，増進し，その生活を安定せしめて以て公共の福祉[9]に資せんとする」という国保の目的から，「被保険者は，なるべく保険事故を生ずべき者の全部とすべきことはむしろ当然」と結論を述べるのみであったが，この訴訟の第 1 審判決では「逆選択を防止し危険分散を行わんとする技術的考慮に基づくもの」とも判示されていた。結局のところ，加入強制の根拠は，逆選択の防止に加えて，国保制度が「健康で文化的な最低限度の生活」保障の一端を担い，社会保障の向上・増進という国家目標を達成するための制度の一環であることから，立法裁量の範囲内として許容される[10]（『社会保障判例 100 選』菊池馨実・評）とするのが，標準的な憲法解釈であろう。このほか，国民が社会保険への加入を怠り，無保険・無年金者となって公的扶助の対象となれば，まじめに保険料を負担した者との間で不公平となるの

---

8)　「ある行動を強制するか，ある行動を控えるよう強制するとき，本人にとって良いことだから，本人が幸福になれるから，さらには，強制する側からみてそれが賢明か，正しいことだからという点は正当な理由にならない」（J・S・ミル『自由論』山岡洋一 訳 第 1 章 はじめに）

9)　この場合の「公共の福祉」は，社会保険を後述のようにパターナリズムや国家利益の優先という観点から捉えないとすれば，超個人的な国家の利益というより，むしろ個人の集合としての"公共"の利益と解すべきであろう。公共の福祉（Public Welfare）& 公衆衛生（Public Health）。後述の「連帯」と「強制」に関する 2 つの考え方も参照。

10)　菊池は，社会保険料負担も憲法 29 条 2 項の「公共の福祉」による制約に服するものとする。

みならず，いわゆるフリーライドによる社会的な負担を招くことから，保険加入の義務付けを正当化する議論もある[11]。だが，逆選択の防止という根拠は強制加入を進めようとする側による，賢明さに欠ける者に対する配慮という色彩の強いパターナリスティックな論理であり，他方，社会的負担の回避という説明は，パターナリズムというより，国家利益の優先という発想が大きいように感じられる。いずれも自由主義的な個人主義に忠実であろうとする者を完全に説得することは困難な，個人ではなく国家の側に立つ論理であろう。アメリカの強制加入を伴う国民皆保険計画について連邦政府の介入を嫌う共和党などの反対が根強いのは，この問題が理論的に完全にはクリアされていないことの証しというべきかもしれない。このように社会保険への加入義務の法定化には盤石の根拠があると言い難いのである。

（3）狭い稜線の上の社会保険

　筆者は，社会保険の強制加入についての（形式的）合法性（＝合憲性）の根拠は，憲法レベルで言えば25条2項の国家目標規定に求めるほかないと考えるが，その（実質的）正当性について自由な個人の立場から完全に根拠づけるのは難しいのではないか[12]と考える。そうとすれば，憲法上許容される立法裁量の範囲内だからといって，加入義務を法定しさえすれば，社会保険のどのような仕組みも可能である[13]というような安易な姿勢で臨むべきではあるまい。おそらく社会保険は，個人は他者と共に在るのでなければ個人たりえないという意味で，何らかの共同体の成員であるということを秘かに前提とせざるを得ないのではないか。もちろん，共同体の成員である個人と云っても，国民共同

11）　年金保険につき，堀 勝洋『年金保険法』第2章第2節第2項（国民への強制適用）を参照。公的扶助が国の責任で行われるという前提に立つ議論であるが，それを当然のことと云えるのか必ずしも明らかではない。社会保険料の拠出という自助を正当な理由なく怠った者に対し公的扶助はどう対応すべきか，最終的には公的扶助はどのような根拠によって正当化されるのかという問題に帰着するからである。

12）　社会権の保障が市民権保障の実質的前提条件であるという捉え方も当然，あり得るが，それらは位相が異なる事柄であり，両者が完全な整合性をもって定立されているとは云えないように思う。

13）　法制官僚や一部の行政官僚にときおり見られる思考傾向である。イギリスにおける議会主権の標語である "ウエストミンスター（英国議会）＝法律は男を女にすること以外，何でもできる" が法制官僚の口の端に上ることがある。

体＝国家を強調するといった体のものではなく，さまざまな社会集団に属する個人を前提とする（敢えて云えば戦術的に採られる）微弱な"共同体主義"であり，軸足はあくまで自由な個人に置かれるべきことは云うまでもない[14]。

　したがって，社会保険の制度設計や運用に当たっては，それが，社会集団の成員である自由な個人による，自他の利害を共有する「連帯」を基礎とする保険契約システムであることをしっかりと踏まえることが重要である。それを蔑ろにすると，社会保険の加入強制によって個人の自由意思や所有権が不当に侵害されるおそれがある一方，それが本質的に持っているパターナリズム的性格や国家主義的傾向が，モラルハザードを助長したり，国家や制度に対する個人の依存傾向（あるいは逆に国家による個人生活への介入傾向）を強めたりするだろう。換言すれば私たちは，社会保険への加入の義務付けが緊張に満ちた理論的根拠の上に立っていることを常に意識しつつ，できる限り自由社会から遊離したものとならないよう，そこに生きる自由な個人の支持を取り付けられるとともに，本来の社会保障としての機能もしっかり果たしていける，そんな強い制度となるよう注意深く鍛えて行かなければならないのである。社会保険の法は，公法の衣を纏ってはいるが，あたかも私法であるかのごとく…。

　以下の本論では，このような観点から，日本の社会保険～主として医療保険・介護保険・年金保険～について，それらが「連帯」の「強制」をどのように仕組んでいるのか，そこにはどのような工夫・配慮があり，それは実際に奏功しているのか，実効的に利己主義を調整するという「連帯」の機能を損ねる仕組みが入り込んではいないか，「連帯」の内実の違いによって「強制」の働きにどういう差が生じているか…といった問題を念頭に起きつつ，検証してみることにしたい。

（4）税による社会保障と社会保険

　ただ，その前に冒頭に掲げた問いのうち，なぜ，税（公費）による社会保障ではなく，社会保険なのかという，本論の前提となる問いにまず答えておくべきだろう。社会保障の目的を達成する方法にはさまざまな選択肢があり得る。

14）　自由主義的個人主義と共同体主義は緊張関係にあるが，後者が持つ求心力の強さ（国家主義への接近）を考えると，前者をベースにすべきであるというのが筆者の基本的な立場である。

税による制度もそのひとつであり，社会的な広がりはあるが社会保険の仕組み
の適用が難しい生活ニーズについて税財源により対応することは，わが国でも
障害福祉サービスの分野などで行われている。

　社会保険と税による社会保障の基本的な相違は，対象となる生活ニーズの捉
え方が異なることにある。すなわち，国家が公費財源による社会保障給付の対
象とする生活ニーズは，各人の私的ニーズのなかから，特に公が責任を持って
直接対応すべきニーズとして選定されたものであるのに対し，社会保険では，
各人の私的なニーズがそのまま対象となり，各人がその責任により自ら保険料
を拠出して共同で対応することとされるのである。ここでの公の責任は，その
ような保険の仕組みを整備することに求められる。したがって，税による社会
保障の場合，公が直接対応すべき生活ニーズかどうかという選別問題が生じ，
公の責任の範囲や公費という財源の性格から，対象者の所得制限や所得に応じ
た費用徴収を伴うことが原則となる一方，各人の私的なニーズをそのまま対象
とする社会保険では，所得の多寡に関係なく広い範囲で被保険者をカバーし，
保険契約に基づいて保険料を拠出した者には限定なしで保険給付を行うという
給付の普遍性が獲得されることとなる[15]。

　また，保険契約に基づく保険料負担の対価として支給される保険給付と国家
権力により徴収される租税負担を財源として行われる給付では，同じ法的給付
と云っても，その権利性の質には差がある。前者は私的ニーズに共同で備える
保険契約に基づく私的権利に近いものとして立法裁量にも一定の耐性があるの
に対し，後者は公法により設定された権利に過ぎないので，行政立法による権
利の制約に対して相対的に弱いのである。これは社会保険が，強制という突か
い棒で支えられてはいるものの，自己利益に発する保険契約（＝連帯のシステ
ム）という形で自由経済社会と地続きであるのに対し，税による制度は，国家

15）　もちろん税による社会保障でも普遍主義を採るべきだという主張はある。だが，そんな制度を採
　る国では，国民の個人的生活のほとんどすべてに国家が関与することとなってしまうのではないか。
　少なくとも普通の自由主義国家では採りえない選択であろう。社会保障制度審議会の 1950（昭和
　25）年勧告が「国家が国民の生活を保障する方法ももとより多岐であるけれども，それがために国
　民の自主的責任の観念を害することがあってはならない。その意味においては，社会保障の中心を
　なすものは自らをしてそれに必要な費用を醸出せしめるところの社会保険制度でなければならな
　い」としていることも想起される。

が主体となるもので，自由経済社会には直接の根を持たないことに符合する。どちらの制度が，自由な個人から成る社会に相応しく，国の財政事情に左右されることの少ない安定的な制度[16]となるかは明らかであろう。

　この制度選択は，おそらく，その国が最終的にどういう経済社会体制を選ぶかに帰着するはずである[17]。イギリスは自由主義国家では珍しく税による医療保障（NHS）を採用しているが，これは戦後，1948年，C・アトリー労働党内閣の国営化路線の中で，自治体病院や篤志病院の国営化とともに創設されたものであり，後にM・サッチャー首相はこのNHSの社会主義的性格を嫌い，民間保険の活用や社会保険方式の導入なども検討したが，この提案は与党・保守党からさえ否定されてしまったと言う。NHSの歴史を見ると，社会保障制度の仕組みが如何にその国の経済社会の体制選択と関連するか，また，いったん成立した制度が時間の経過に伴い，いかにその国の文化的装置の一部となるかを示して興味深い。ロンドン・オリンピック開会式で"NHS"の文字が現れたことを覚えている人も多いだろう。

16）　ただし，現在の日本の社会保険には多額の公費負担が投入されており，それゆえに国の財政事情の影響を受けやすい構造となっている。公費負担については後述。

17）　医療保険は社会保険方式を是認しつつ，基礎年金は全額税方式といった主張はこのような体制選択に無頓着な議論というべきだろう。個人の生活を直接支える年金を，社会保険方式から，国が自らの責任と財源で支給する制度へ転換することを，保険料収納の困難といった実務的な理由では正当化することはできない。大衆デモクラシーの下においては，国民の人気取りのために年金水準が負担水準と無関係に決められる政治的リスクがあるほか，両者の間の合理的なバランスに配慮する賢明な政治家は国民の支持を得られず，結果として政治不信が増大するというおそれがあることに注意しなければならない。

2　社会保険の成立

（1）社会保険が成立するリスク

　社会保険に限らず，保険の対象となるのは保険事故（リスク）であるが，特に社会保険の対象となり得るのはどのような生活上のリスクだろうか。社会保障の対象となるわけであるから，通常，そのリスクに遭遇した場合の生活上の困難は大きいものでなければなるまい。また，社会保険として数多くの個人を被保険者とする以上，その支持を確保するため，対象となるリスクには多くの者が遭遇する蓋然性（Probability）があることが求められるだろう。例えば希少疾病のみを対象とする公的医療保険を想像してみればよい。そのリスクは可能性（Possibility）のレベルであり，保険料負担の見返りの確実性を実感できにくいので，任意加入の民間保険ならば格別，広く加入義務が課される社会保険の被保険者の理解を得ることは難しいだろう。加入を強制される以上，加入によるメリットが十分に広く感じられることが不可欠なのである。もちろん，対象リスクの種類や被保険者の属性によって，可能性〜蓋然性〜確実性の程度は異なる。例えば，誰でも病気やケガをするリスクがあることは想像できるから，全ての傷病を対象とする医療保険の成立は理解しやすい。厳密に言えば，年齢等により医療リスクの程度は異なるが，その違い以上に被保険者にとって医療のリスクは一般的なのである[18]。にもかかわらず，それをリスクの程度に応じてグループ分けしてしまっては，リスク分散という保険の機能を発揮できないことになるだろう。後期高齢者医療制度の根本的なおかしさは此処にある。

　介護保険は，平均余命の伸長によって要介護状態になるリスクが誰にも身近なものとなってきたことから制度化されるに至ったのだが，後期高齢者になるほど傾向的に要介護リスクが増加する（逆に云えば，若年者や前期高齢者はそれほど要介護リスクが高くはない）[19]こと，換言すればリスクに遭う年齢に大

18）　1年間に1医療機関以上で受療した者の割合は，協会健保84.8％，組合健保85.0％，国保84.0％，後期高齢者医療96.9％である（2010［平成22］年度）。

19）　65〜69歳の者の要介護認定率が3％に過ぎないのに対し，75歳以上の者の認定率は31％に達する（2012［平成24］年度推計）。

きな偏りがあることから，保険料の掛捨て感が強いという問題がある。現行制度のように被保険者の要介護リスクはすべて同一レベルであるという前提の下で，介護保険を独立型の社会保険として制度化することには無理があったと云うべきかもしれない[20]。

被用者は定年退職により収入の途を閉ざされ，非被用者も高齢になると従前の所得を得ることは難しくなることから，高齢になって収入（所得）を喪失するリスクはどんな人でも容易に想像できるはずである。しかも，誰もが現役時代は少なくとも平均余命までは生きるだろうと予想しているから，これは蓋然性の高い（主観的にはかなり確実な）リスク[21]と云ってよい。老齢年金保険の成立は，その限りで必然的とも云えるのであるが，高齢による所得喪失リスクが将来のリスクであり，若年世代にとっては当面の切実性を感じにくいことから，後述するとおり，そこに医療保険とは異なる困難があることも確かである。

失業による収入の喪失も被用者を生活上の困難に直面させるリスクである。高度成長期には完全雇用に近かったわが国の雇用情勢も，バブル期以降の労働崩壊により，失業リスクは切実なものとなってきた[22]。公務員は解雇規制があり，失業リスクがあるとは云えないので雇用保険の被保険者とはされていないが，フランスでは近年，公務員も対象に加えたとのことである。広い意味での被用者の「連帯」の精神であろうが，保険の論理からすればやはり無理があると云うべきであろう。

障害による収入（所得）の喪失や障害福祉サービス利用に伴う特別の出費も障害を負うことから生じるリスクである。だが，障害による収入の喪失は，定年や高齢に伴う収入の喪失と同じような意味で，誰もが自分も遭遇する蓋然性のあるリスクと認識しているであろうか。おそらく一般の人の想像力では，病気やケガと同じような身近なリスクとは感じられていないのではないか。とす

---

20) 制度創設時，各年齢層の要介護リスクを累積させれば，人生を通じて要介護者となる者の割合は１／２に達するという説明が行われたが，それでもカバー率は半分にとどまる。

21) 実際，企業社会における老後の所得喪失は一般の被用者にとっては蓋然性というより，ほぼ確実性の領域にあり，そのため，賦課方式への財政方式の移行とも相まって，同世代間でのリスク分散という要素が薄くなり，世代間の所得移転という性格が前面に出てきたことは否めない。

22) 最近は雇用情況も好転しているようであるが，多様な非正規雇用の増加による雇用の不安定化について雇用保護法制がしっかり対応し得ているかという問題は残っている。

れば，実際に障害を負った場合における障害年金の役割は極めて大きいにもかかわらず，障害年金を単独の「障害年金保険」として制度化しても，多くの人は積極的に保険料を納めようとはしないだろう。多くの国では老齢年金と障害年金を同じ年金保険のなかでセットにしているのには，障害を負うことは稼得能力の喪失という意味で，老齢と同視できるという理屈であろうが，実際には，そのような保険料徴収の困難への配慮もあるかもしれない。他方，障害福祉サービスの利用に伴う出費も，障害による収入喪失と同様，障害に伴うリスクであるが，単独ででも，抱き合わせの形[23] ででも社会保険の対象とはされていない。日常生活の基本動作を支える介助は，障害当事者も参加する「連帯」によってではなく，社会全体で直接支えられるべきとの思いが障害当事者に強いからかもしれない。だが，障害当事者もこの社会を構成する自由な個人の1人として「連帯」のシステムに参加することは，障害者自立運動の理念にも即しているように思うがどうだろうか。障害福祉サービスを単独の社会保険の対象にすることは難しいとしても，介護保険の対象となり得る部分は全面的にその給付対象とし，公費による障害福祉サービスはその上乗せ・横だしサービスとすべきであろう[24] 。

　労災保険は，現在は社会保険の範疇に入れられることが多いが，業務上の傷病に関する事業主の無過失責任に基づく損害賠償（の一部として定型化された補償）を事業主が連帯して履行するためのシステムであり，被保険者自身の連帯である医療や年金などの社会保険とはやや性格を異にする。自動車損害賠償責任保険は，教科書的には社会保険に加えられることはないが，自動車を供用する者に民間の損害保険への加入を義務付け，加害者の資力にかかわらず，被害者への損害賠償を確実に行わせるという意味で，労災保険にも似た社会政策的意味合いを持っている。さらに2002年からは，自動車の保有者が明らかでない場合の被害者について政府がその損害をてん補する自動車損害賠償保障事

---

23)　介護保険の要介護状態に該当する場合は当然，障害被保険者も介護保険の給付対象となるが，それだけでは障害者のサービスは十分とは云えない。介護保険のサービスが要介護高齢者仕様で設計されているからである。

24)　本書第5章Ⅲ「障害福祉サービスと介護保険－その現在と将来－」参照。この論文では，障害者総合支援法による給付は介護保険の利用者負担分も対象とするという前提に立っている。

業も実施されるなど，今日では，自賠責保険は保険の範囲を超えて社会保障に近い性格も有するに至っている。

（2）社会保険の外延

　それでは，（労災・自動車事故以外の）事故や火災・犯罪・公害・自然災害などによる生活リスクについてはどうか。生活リスクの普遍性・深刻度・責任の所在などによって，社会保険またはそれに準ずる社会的制度が設けられる可能性はなくはないが，これらは一般的には生活リスクとしての普遍性（多くの人が蓋然性のあるリスクであると思うこと）に欠けることが多いだろうから，それらに起因する傷病や要介護状態・障害が医療保険や介護保険・年金保険の対象となることはあるにしても，そのほかの被害（人損・物損）については，わが国では原則として不法行為法による救済や民間保険による対応に委ねられている。ただし，特定の健康被害や死亡について特別の制度が設けられている場合もなくはない。まず，医薬品の副作用被害等については，賠償責任を問えない場合の被害者救済のために，医薬品メーカーの拠出により，医薬品医療機器総合機構が救済給付を行っているが，これは予期せぬ副作用があるという医薬品等の特性を踏まえた医薬品メーカーの社会的責任に基づくものとされている。また，公害健康被害補償制度でも，汚染者負担の原則を踏まえ，環境保全再生機構によって汚染源企業の汚染負荷量賦課金や自動車重量税の一部等を財源とするによって補償給付が行われている。これらの制度では医薬品等のメーカーや汚染源企業が被害との個別的対応関係なしに拠出金や賦課金を負担しており，滞納した場合の強制徴収規定も設けられているので，その限りで社会保険的な要素を含んでいる。ほかに犯罪被害者に対し国費により給付金を支給する制度（犯罪被害者等給付金の支給等による犯罪被害者等の支援に関する法律）もある。刑事政策の形を採った社会政策ではあろうが，その理論的根拠は明確とは言い難い。

　普遍性のある生活困難であっても，リスクとは言えないものについては社会保険の方法を採用することはできない。保育を必要とする児童や離婚した母（父）子家庭の生活ニーズがその例である。それぞれ児童福祉法による保育の提供，児童扶養手当法による児童扶養手当の支給が公費財源により行われてい

る。なお，児童扶養手当については，当初，死別母子家庭に対して遺族年金が支給されることとの均衡上支給するとの説明がなされていたが，現在はその関連は否定されるとともに，父子家庭にも支給されることとなり，独自のひとり親家庭支援の制度と位置付けられている。

　生活リスクではあっても，被保険者として保険料を負担した者のみに給付されることが原則である社会保険では対応できない場合，公費による代替的な対応が行われることがある。20歳未満の障害児には障害福祉年金（現在は障害基礎年金）が支給されないことから，それと同額の特別児童扶養手当が障害児を養育する者に支給されているのが，その例である。これは20歳以上の者を被保険者とする現行の国民年金（第1号被保険者）を補完する役割を果たしている。なお，20歳前に障害児であった者が20歳になった以降は，特別児童扶養手当は支給されなくなる一方，本来の基礎年金の仕組み（保険料納付実績がない者には支給されない）では障害基礎年金の支給対象ともならないはずであるが，現行制度では，そのような者に対し特別に障害基礎年金が支給されることとなっている。ただし，この場合の障害基礎年金には所得制限があり，国庫負担率も通常の1／2より高い60％とされているので，福祉的要素を含む年金給付と考えられる。立法当時の説明は，"20歳未満の者は保険料を払いたくても払えなかったから"と云うことだったようだが，保険原理からの逸脱の感があるのは否めない[25]。

（3）社会保険における国家

　社会保険への国の関わり方にはさまざまな方式があり得る。国が自ら保険者として社会保険事業を行う場合もあるが，それに限られるものでもない。論者のなかには，憲法25条2項の「国は，…社会福祉，社会保障及び公衆衛生の向上及び増進に努めなければならない」という規定（この"社会保障"はGHQの初期原案の段階では"社会保険"であった）から国（地方公共団体も含む）に

---

[25]　この点に関して筆者は「拠出原理と擬制の効用」という小文を書き，特別児童扶養手当を20歳3か月まで特別支給し，その3か月間，必要な者には公費による保険料手当も支給して拠出を行わせ，その後，20歳前障害基礎年金を支給するという"迷案"を考えたことがある（『介護保険情報』2009年9月号）。

よる社会保険事業の直営を導き出す者もいるだろう。実際，わが国の社会保険でも国や地方公共団体が直営する事業が多い[26]。国民年金・厚生年金・雇用保険・労災保険・介護保険・市町村国民健康保険，すべてそうである。協会健保も先だってまで政府管掌健康保険として社会保険庁が保険者であったことは記憶に新しい。かつては，健康保険は政管健保が基本であり，健保組合は政府管掌健康保険を代行するという位置づけであったが，協会健保設立後は，健保組合が解散した場合の受け皿であることに変わりはないものの，保険の管理運営に関する限り，協会健保と組合健保はほとんど同じ扱いになっている。国保組合は市町村国保に先行したこともあって，市町村国保より管理運営の独自性は保たれていると云ってよい。現在，社会保障の主体である国や地方公共団体からの独立性が最も高いのは共済組合[27]であろう。しかし，それらの果たす機能においては一般の社会保険とほとんど変わりのないものとなっている。

　このような現状からみると，社会保険における国の役割は，自ら保険事業の運営主体となることのほか，地方公共団体に保険事業の実施を義務付けたり，法律により設立した公的主体や自ら保険事業を行おうという非営利組織に保険事業を行わせたりするとともに，それぞれの被保険者はそれらの保険に加入しなければならないことを法定することにあると云えるだろう。そのなかでも最も本質的なのは，公的または私的保険（米・オバマケアなどの例）への加入義務の法定である。加入義務のような個人の自由の制限に属することは法律で定めるほかないからである。法律の規定により加入しているにもかかわらず，保険料を納付しない者に対しては，原則として保険者は強制徴収の権限を持つ[28]。

---

26) 国や地方公共団体が直営する場合のメルクマールの1つが，財政赤字が生じた場合，国や地方の責任で借入等をして補填しなければならないということである。かつての政管健保の資金運用部からの累積債務もそれによって生じたのである。老人保健法の拠出金の管理を国ではなく支払基金の業務としたことや政管健保を協会健保としたことなどは，国の債務に結び付けないというのがねらいであった。

27) 共済組合は基本的には公務員行政の一環として財務省（国共済）・総務省（地共済）の所管である。なお，年金制度の一元化により，年金を支給する共済組合は，日本年金機構と同様，保険者ではなくなった。

28) 米・オバマケアの仕組みは，被保険者が選択したプランの民間医療保険への加入義務のみを定め，未加入の者には税を課すという2段構えの強制加入であるが，そういう間接的な強制の仕方もあり得る。

だが，ここで「連帯」と「強制」という社会保険に関する基本テーゼについての２つの捉え方の問題が浮上する。１つは"連帯するよう強制する"という立場[29]，もう１つは"連帯を確実なものにするため強制する"という立場である。前者は"国がバラバラの個人に対し，「連帯せよ」と加入を命じるというイメージであり，後者は"人々が連帯しようとする場合に，それが確実なものとなるよう加入義務の法定により国が支援する"[30]というイメージであろうか。換言すれば，前者はまず国が保険者を設定し，その保険者との保険契約の締結[31]を被保険者に義務付けるのに対し，後者はまず被保険者同士の保険者設立の取決めを想定し，その保険者との間で保険契約を締結することを被保険者に義務付けるものと云ってもよい。前に論じたことのある「保険者先行型」と「被保険者先行型」の違いである[32]。

もちろん，実定法の定め方は，組合健保など一部を除き「保険者先行型」である。だが，保険者先行型では，パターナリズム（国による統制・管理）やその裏返しとして国民の制度依存の傾向がより強く出やすいことも否定できない。実際，昨今の制度改正を見ると，政府・与党も，後述するとおり，国による統制・管理強化の途をひた走っているように見える。しかし，だからこそ，現行の制度であっても，被保険者先行型である"かのように"理解し，それに沿った仕組みづくりや制度運用に意を用いることが重要ではないか。そこから，被保険者による給付と負担水準の組合せに関する選択，制度・保険者運営における被保険者参画といった民主的・自治的な社会保険の在り方の地平も開けて来るだろう。

---

29) 堀 勝洋は「公的年金保険法による強制適用は，保険の相互扶助機能を国民に強制するものであり，社会連帯・国民連帯を国民に強制するものととらえることができる」とする（『年金保険法』第２章第２節第２款第２項）。

30) 前述のように社会保険の対象とするのは私的な生活ニーズであるから，そのニーズを満たすことは個人の幸福であり，憲法13条の幸福追求権の対象となる。ただし，幸福追求権は「幸福」となる権利ではなく，公権力が関わり得るのは「幸福を追求する諸条件・手段」である（樋口・佐藤・中村・浦部『注釈 日本国憲法』上巻）とすれば，社会保険への加入の強制は「連帯することを支援する」ものと考えるのが自然であろう。

31) 実定法では，当然に被保険者となる旨を規定するのみで，保険契約を締結するという構成ではないが，国民の意識としては，保険加入＝保険者との契約（約束）として捉えているはずである。

32) 堤 修三・品田充儀編著『市民生活における社会保険』第２章 社会保険の意義とその根拠（拙稿）

3 社会保険の制度・保険者

（1）制度の分立

　日本の医療保険や年金保険は，基本部分が，被用者を対象とする制度とその対象とならない者を対象とする制度に分立している。健康保険と国民健康保険，厚生年金保険と国民年金（第1号被保険者）がそれに該当する。医療保険では一般制度はそうなっているが，後期高齢者医療については一元化されているのに対し，年金保険では逆に基礎的な部分が一元化されており，厚生年金保険がそれに上乗せされる形になっている。もっとも一元化されている部分も，基礎年金の財源は被用者（第2号被保険者とその被扶養配偶者）とそれ以外（第1号被保険者）からの拠出金に分かれ，後期高齢者医療の財源も，現役世代からの支援金は基礎年金の財源と同様，健康保険と国保からそれぞれ拠出される[33]。また，一元的な制度である介護保険の第2号被保険者の負担（介護納付金）も，この支援金と同じ負担構造となっている。このような意味で，わが国の医療保険・介護保険や年金保険は二元体系を基礎としていると云えるが，そのなかでは勤労収入のある被用者を対象とする保険が柱となっており，所得の有無さえ明確ではない者を対象とする国保や国民年金（第1号被保険者）は，その分，基盤が脆弱であり被用者保険の補完的位置にある[34]と考えられる。実態としては1.5元体系とする方が正確かもしれない。

　このような制度の分立について，どう考えればいいのだろうか。医療保険が典型であるが，二元（1.5元）的体系は，被用者保険が先行したという歴史的経過によるところが大きい。そのことからも窺えるように，根底には勤労収入という稼得形態を同じくする人びとの間での方が「連帯」が成立しやすい－保険

---

[33] 各制度・保険者に対し，被保険者数に応じて拠出金を割り付ける。各制度・保険者はそのための費用をそれぞれの方式で個々の被保険者から保険料として徴収する。なお，後期高齢者の支援金については近年，被用者保険の保険者ごとの総報酬（被保険者の報酬総額）割が導入されている。

[34] 介護保険の第1号被保険者の仕組みは，基礎年金が65歳以上の全国民に支給されるものという建前を前提とすることによって国保や国民年金の弱点を何とかカバーしていると云えるが，基礎年金受給者であっても，それ以外の収入の有無によって負担能力には大きな違いがあることから問題を完全には解消できていない。

契約の想定が比較的自然である－という事情が存在する。法律で加入義務を課すにしても，保険料負担を求める以上，そのような稼得形態において同質性のある集団の方が抵抗は少ないと考えられるのである。

これに対し，どのような稼得形態であるか，さらには所得が有るか無いかにかかわらず，すべての国民をひとつの制度で統一的にカバーすべきであるという意見もあるだろう。国民連帯の理念から云っても，大数の法則の適用や集団構成の変化への対応といった社会保険に求められる要請から云っても，制度の一元化を"しない"という合理的理由はないはずだというのである。

確かに理想論としては一元化論もまったく成り立たないわけではないが，現実論としては，分立していても，より強固な「連帯」を中心的な基盤とする制度体系の方が全体としての安定性・強靭性に勝るということも見逃してはなるまい。国民皆保険・皆年金を巡っては常に理想主義と現実主義が相克しているが，上滑り的に唱えられがちな一元化論に対し，それが連帯の基盤を弱めるおそれがあることを認識すれば，制度分立の現実はむしろ合理的かもしれないという判断もあるのではないか。要は，形式的な，それゆえ微弱な連帯の網を薄く広く懸ける一元的な制度とし，倒れるときは全体が一気に激しく倒れるか，強固な連帯を中核に，それを弱い連帯が補完的に取り囲む分立した制度とし，制度が動揺しても，強い連帯の中核部分が持っている強靭さで全体を支えるかのどちらを選ぶかであろう[35]。

（２）制度の中での保険者の分立

前述のとおり，現行制度においては被用者制度と非被用者制度の分立構造が根底にあるが，年金制度が長期的な就業構造の変化に対応できるよう給付面の制度一元化とともに保険者の一元化も進められているのに比し，医療保険においては，後期高齢者医療制度以外は制度が分立しているのみならず，被用者保

---

35) 第2次大戦の結果，1943（昭和18）年にはほぼ達成されていた国民皆保険は崩壊し，市町村国保の再建は1948（昭和23）年の市町村公営化を待たねばならなかったが，健康保険は事業所が存続している限り壊滅は免れた。医療保険が市町村国保に一元化されていたら，高齢化の重みに耐えかねて，疾くに崩壊していたかもしれない。評価は別にして，老人保健法等により被用者保険からの財政支援があったから，市町村国保は存続できたのである。

険のなかでも大きく協会健保と健保組合・共済組合に分かれているほか，さらに健保組合と共済組合には多数の保険者がある。これには，健康保険が制度化された段階で，官営八幡製鉄所や鐘淵紡績などの共済組織が先行していたという歴史の影響が大きく，すなわち自然発生的な「連帯」の単位が利用されているという側面がある[36]。このように勤労収入という同質的な稼得形態を持つ集団内での保険者分立の現実的合理性は，被用者と非被用者間の制度分立のそれと比べれば大きくはないが，それでも企業や企業群などの健保組合や国保組合などと協会健保の間における「連帯」の強さの違いが制度全般の強靭さに影響を与えている可能性はある。

　いずれもサービス費用の保険[37]であるという医療保険の性格に関わっているのだが，保険者分立のメリットのひとつとして，被保険者の健康増進活動や健診・保健指導，適切な受診行動の啓発などがしやすいことが挙げられることがある。大数の法則をある程度まで犠牲にしてでも，「連帯」の強固な被保険者集団であることには一定のメリットがあるという考え方である。もうひとつは強力な政治力を持つ診療担当者の組織に対するカウンターパワーという側面である。大衆デモクラシー下の国民皆保険では，特にそれに対する国の運営・管理が強化されるという傾向にある場合，給付や負担の水準・内容が政治の影響を受けて保険の自律性から外れてしまうおそれがある。政府から自立したコアな保険者（＝健保組合）の存在はそれに対するバランサーの役割を担い得る可能性がある[38]。

　これに対し，国保において各市町村が保険者とされているのは，非被用者は地域住民として捉えるほかはなく，それらの者を被保険者とする以上，地域単

---

36)　実際，経済的・社会的な個別集団ごとに想定された保険契約は自然な感じがあるのに比し，集団としての実態が希薄な場合に仮構される保険契約は，拵えもの・人工的の感がある。

37)　「療養の給付」は医療サービスそのものを給付するという意味であるが，保険者が直営病院で療養の給付を行うというその本来的な実例はほとんどないので，実態に応じて"サービス費用の保険"とした。

38)　かつて中医協では有力大企業の出身である支払側委員の発言に日本医師会が反発して機能しなくなったことがある。見方を変えれば，これも長期的には一定の抑制効果を持ったと云えるだろう。もっとも経済界の医療保険に対する前向きの関心が薄くなったと思われる現在では，その効果は期待できそうもない。

26 第1章 社会保険の政策原理～連帯と強制の間～

位で保険者を設定するのが現実的だからである[39]。

　制度内における複数保険者の分立には，それぞれの受益（医療給付費）の程度を保険料水準に反映させるべきだという考え方も影響している。介護保険や国保・後期高齢者医療制度における保険者の分立にはその要素が大きいし，協会健保の一般保険料率が各都道府県単位で設定されていることも同様の考え方に基づく。ただ，保険料水準は医療給付費の水準だけでなく，特に定率保険料の場合，それぞれの保険者の収入（所得）水準にも左右される。この2つは常に同じベクトルであるとは限らない。保険料水準を，給付費水準と収入（所得）水準のどちらにリンクさせるかについての決め手は存在しないのである。例えば協会健保の場合，同じ被用者として，給与・賃金が同じであれば（給付費は異なっても）同じ保険料率であることを当然と考えるか，あるいは，医療サービスを多く利用しているのであれば，給与・賃金が同じであっても当然，保険料率は高くなるべきと考えるかの選択である。前者であれば全国一本の保険料率，後者であれば都道府県等の地域別保険料率になるだろう。現行の仕組みは都道府県ごとの医療費管理という発想に繋がっているが，本来は，保険料負担への理解という観点から，その被保険者集団の選択に委ねるべき問題ではないか[40]。都道府県ごとの医療費管理という発想は，後期高齢者医療制度における都道府県広域連合や市町村国保の都道府県営化にも通底しており，地域住民を対象とするこれらの制度においてこそ馴染み易いものかもしれないが，自由開業制の下での医療費管理の難しさという問題はさておいても，（国保の）療養取扱機関の都道府県限定から全国通用への拡大，療養取扱機関の廃止と（全国通用である）保険医療機関への一本化という保険給付に関する政策についても見直すのでなければ首尾一貫しないと云うべきである。

---

39)　地域単位だからと云って地方公共団体が保険者となるのが当然とは云えない。制度創設時のように地域単位の国保組合という選択もある。なお，国民という括り方をし，国レベルで一本の保険者とすることも理論的に皆無ではないが，医療や所得の地域特性・地域格差と云う観点からは極端の感は否めない。

40)　筆者は，保険料負担への納得性を重視すべきという観点から，都道府県単位という設定は小さすぎ，全国一本の料率ではなくとも，ブロック単位くらいの設定が妥当であると考えている。それにより，医療費水準を反映させるにせよ，収入水準に応じたものとするにせよ，保険料水準の保険者間格差は縮小する。

（3）制度・保険者間の格差

　1つの社会保険の類型のなかで制度や保険者を分立させると，それぞれに属する被保険者集団の特質（稼得形態・負担能力・健康状態など）に応じ，給付と負担において必然的に格差が生じる。医療保険においては永年の"給付の平等・負担の公平"追求運動により，給付面の取扱いの違いはなくなったので，残るは制度間・保険者間の保険料負担の格差ということになる。介護保険の場合も，制度は一元化されているから，市町村ごとの保険料格差をどう考えるかが問題である。もちろん，これらの格差にはサービスの受益の違いによる差も含まれるのであるから，格差のすべてが不当というものではない。また，被保険者の集団が現実の社会的経済的実体を踏まえたものである以上，格差はその忠実な反映にすぎないという見方もできる。しかし，被保険者はそれぞれが属する社会的経済的集団に応じて保険への加入を強制されるのであるから，その間に生じる格差には一定の社会的許容範囲が存在するというべきだろう。国民の基本的権利である選挙権の価値について1票の格差が問題となっていることも想起される[41]。ここから，後述するように制度間・保険者間の格差是正のための措置が講じられることとなる。

　しかし，制度の分立は，定義上当然に勤労収入のある被用者と，外部からは明確に把握できないが（生活保護を受けていない以上）何らかの収入（所得）があるはずだという推測に基づく非被用者との稼得形態の違い[42]に着目するものであり，それらの負担能力を測る共通の物差しはないのであるから，その間に生じる"格差"を正確に比較することは容易ではない。そのため，非被用者を対象とする国保については永く国費による財政支援が行われてきたが，近年

41）　選挙権でも2倍未満の格差まではやむを得ないとされるのであるから，保険料負担の格差の社会的許容範囲はそれよりは大きいものと考えられる。

42）　創設時と異なり，国保における自営業者や農業者の割合が低下し，年金受給者や非正規雇用等の者の割合が増加しているのは事実である。しかし，所得の有無や多寡が分からない被保険者が存在するという事実にも変わりはない。また年金受給者の場合，支給される年金額のみでは，その稼得実態の全体が分からないことも問題である。基礎年金のみの者と被用者年金受給者では年金収入への依存度が違うはずであるから，被用者と非被用者の別に準じて基礎年金のみの者と被用者年金もある者は別様に扱うべきであろう。

28　第1章　社会保険の政策原理～連帯と強制の間～

は国家財政の限界から被用者保険からの財政支援も加わった。しかし，被用者と非被用者間の制度間財政調整は，前述のように，連帯の基盤があまりにも違いすぎるので問題があることは否定しがたい。これに対し同一の制度のなかで分立する保険者間の財政調整は，稼得形態が似ている者同士という，同じ基盤の上に乗っているので，その分，理解が得やすいはずである。もちろん，コアな保険者（例えば健保組合）は，強固な連帯の基盤の上に乗っているから，同一制度内であっても他の保険者（健保組合であれば政管健保）への財政援助に対する拒否反応が強く，実際，被用者保険制度内でも国費による格差是正が先行したのだが，被用者保険の制度外への拠出を強いられるくらいなら，同じ被用者制度内の被保険者との連帯の方がまだ筋が通るという見方もできるだろう。保険者の分立にメリットがあるとすれば，それを無にするような完全な格差是正には至らない（至るべきでない）であろうが，以上のような観点からは，制度間調整に代えて，被用者保険内部[43]，さらには国保制度内部における保険者間調整を検討することが必要になるかもしれない[44]。

---

43)　後期高齢者医療の支援金の総報酬割で現実のものとなりつつある。後述。
44)　被用者は所属する組織が異なっても被用者であることに変わりはないから，保険者を超えた被用者連帯の可能性はあるが，市町村国保の被保険者にとって別の市町村の被保険者は非被用者であること以外には特段の共通点はないことから，その"連帯"は被用者連帯のようには成り立ちにくいかもしれない。

4 社会保険の給付

（1）給付の対価性

　社会保険が保険契約として観念される以上，最低限の交換的正義は実現されなければならない。すなわち，保険料を負担した者のみが契約上の対価として保険給付を与えられるという関係（負担と給付の１：１対応）がそれである。被保険者は自らの利益のために（それが客観的な「連帯」を設定はするが）保険に加入する以上，保険料負担の対価として保険給付があることは当然の前提である[45]。この最低限の条件すら満たさない保険に加入を強制することについて被保険者の納得が得られるはずはない。

　これが問題となるのは，まず市町村国保の場合である。被用者保険は定義上勤労収入がある者を対象とするので保険料の負担がないということは考えられないが，そのような前提の成り立たない市町村国保では保険料を納めない（納められない）者に受給権を認めてよいかという問題があるからである。実際には災害などで生活の基盤が失われた場合に保険料の減免が認められるが，低所得者の保険料が恒常的に免除されることはない。真の低所得者は生活保護を受けるはずであり，現に生活保護の受給者でない限り，最低生活を営むに足りる相応の負担能力はあると推測できるという説明であろう。しかし，そんな建前の説明より，恒常的に保険料を負担しない者に受給権を認めたら，一般の被保険者に「連帯」を「強制」することなどできないという問題の方が切実である。一般の国保被保険者が「連帯」の範囲で許容し得るのは災害等による一時的な保険料減免がギリギリのところではないか[46]。なかには，社会保障の観点から，

---

45) したがって，保険料負担を求める被保険者は，保険料負担の源泉となる収入／所得の稼得がある者とすることが基本である。その収入／所得によって生活を支えられている者を被扶養者として事実上の受給対象とする工夫は生活実態を反映するものとして自然な方法であるが，それに反し，受給権を付与するために保険料負担を求めない者を被保険者とする仕組みは人工的であり，どこかに無理がある。

46) 国保保険料の滞納世帯に属する子どもが医療を受けられないのは可哀想だという議論に押されて，子どもにだけは保険証を出すという法改正が 2009（平成 21）年にされたが，これも本来は筋が通らない。

30　第1章　社会保険の政策原理〜連帯と強制の間〜

低所得者に対する恒常的な保険料免除を認めるべきだ[47]とする論者もいるようであるが，それでは医療保険は成り立たない。どうしてもそれを実現したいのであれば，生活保護に至らない低所得の者に保険料相当額を別途公費で給付し，それを保険料として納付させる制度を設けるか，あるいは医療保険を廃止して税による医療保障に転換するほかあるまい。なお，国民年金の第1号被保険者には恒常的な保険料免除制度があり，その期間についても基礎年金が支給されるが，それは国庫負担に相当する分（1／2）だけであり，他の被保険者が拠出した保険料は充当されないから，この原則に直ちに背馳するとは言えない。

　このほか国民年金では，第3号被保険者の保険料相当分がマクロベースで第2号被保険者の保険料に全体的に上乗せされていることから，個々の第3号被保険者には保険料の負担義務はないとされるが，これも対価性の原則から逸脱したものという印象は否定できない[48]。やはり，保険料負担がないにもかかわらず，法律上被保険者と位置付けて保険給付の対象とすることには無理な部分があるのである。また，20歳以前から障害者であった者に対する障害基礎年金の支給の不自然さも，前述したとおりである。

　給付の対価性は，最低限，保険料負担という貢献をしない者には（保険料を財源とする）給付はないことを求めるものであり，民間保険におけるような保険料負担と給付水準の均等まで要求するものではない。教科書で「給付・反対給付（＝保険料負担と保険給付）均等の原則の例外」と説明されているものである。しかし，いくら給付・反対給付均等の原則の例外と云っても，より多くの保険料を負担した者がより少ない保険料しか負担していない者より給付が少ないという"逆転"は許されないだろう。これは交換的正義に反するのみならず，不平等取扱いというべきであり，こんな取扱いが横行するようでは誰も社会保険への加入に嫌気がさすに違いない。金銭給付であり，その多寡が見えやすい年金保険では，このような逆転は厳格に忌避されている。近年の例では，パート労働者を第2号被保険者へ適用拡大する際，その対象となる報酬月額の

---

47)　法律上，市町村に住所がある者はその市町村の国保被保険者とすると規定されていることが，その根拠として挙げられる。

48)　このため，専業主婦にも自らの名義で保険料を負担させるという議論があるが，まだ現実的な方法について成案は得られていない。

下限が引下げられたが，その幅は基礎年金を受給する第 1 号被保険者との逆転が生じない範囲にとどめられた[49]。また，かつてあった経過年金（5 年年金・10 年年金）の給付水準が本来の拠出制年金の水準と逆転することのないよう注意深く設定されたことを記憶している人も多いだろう。

　これに対し，医療サービスの利用を前提とする医療保険では，給付内容が被保険者の傷病の状態に応じたものであるため，この逆転現象が見えにくいという側面がある。たとえば，高額療養費支給制度においては，低所得者に対して一般より多くの高額療養費が，高所得者には一般より少ない高額療養費が支給される仕組みとなっているが，これには保険料財源が含まれることから，実質的に負担・給付の対応が逆転した関係となっている。これらについて理論的な根拠づけは行われておらず，ただ低所得者は可哀想，高所得者はもっと負担できるはずという感情論が語られるに過ぎない[50]。仮に低所得者への配慮が必要であれば（自己負担が 3 割となり，他にもさまざまな名目で自己負担が求められるなかで，その配慮の必要性は高まっている），その上乗せ分は福祉的措置として公費で対応すべきであろう。また，高所得者に対してより少ない高額療養費しか支給しないのであれば，その対象者を保険料の賦課上限を超える者とし，保険料負担との整合性を取り繕う[51] といった工夫も必要かもしれない。

　いずれにせよ，給付・反対給付均等原則の例外は，"保険料負担なくして（保険料を財源とする）保険給付なし"と"より多くの保険料負担に対応する保険給付がより少ない保険料負担に対応する保険給付と逆転してはならない"ということとの中間領域で当てはまるというべきであろう。それでは，この中間領域においては何のルールも存在しないのであろうか。保険給付の対価性の基礎

---

49)　年金政策研究会・連載解説「平成 24 年度年金制度改革」（『週刊社会保障』2013 年 2 月 4 日号）。同解説では，もともと厚生年金保険は定額給付＋所得比例給付だったので，単純に定額保険料と定額給付の国民年金第 1 号被保険者と較べるのは不適当という意見を紹介しているが，国民年金に一元化された現行制度を前提とする限り，厚生年金保険の低所得被保険者（第 2 号被保険者）のみを所得再分配の対象として第 1 号被保険者より優遇することは不公平であるという問題は残るものと思われる。

50)　応能給付の考え方を打ち出した 2013（平成 25）年 8 月の社会保障制度改革国民会議報告においても，保険料の対価である保険給付に関する限り，応能給付の説得力のある理論的根拠は示されていない。

51)　ただし筆者自身は，このリンケージの合理性に確信を持っているわけではない。

に交換的正義がある以上，この中間領域においても緩やかな比例原則（貢献に応じた受益の原則）が働くと考えるべきであろう。現金給付である年金保険において逆転現象が強く忌避されるということは，同時に中間領域においてもできる限り比例原則に沿うことが要請されることに繋がるはずである。後の保険料の節で触れるとおり，報酬比例保険料制を採る厚生年金保険において1954（昭和29）年改正の際，社会保障制度審議会等の定額年金案と労働組合や厚生省の報酬比例年金案が対立したというが，定額年金案ではこの比例原則に反する部分が大きく，一般の理解は得られなかっただろう[52]。強制加入であるとはいえ，否，強制加入だからこそ，交換的正義から大きく離れることはできないのである。年金保険が賦課方式に移行したのちも，被保険者数・標準報酬総額・運用益などの媒介項によって保険料納付額と年金給付額の関係は変動するとはいえ，両者の間の比例原則が無視されることはあり得ない。

　医療保険の場合，実際にかかる医療給付費の額は異なるにせよ，必要な医療を受けることができるという意味での保険給付の受給権は一律であるから，仮に定額保険料制であれば給付・反対給付の均等が成り立っていると云えるであろうが，応能保険料制の下では（保険料が定率であっても保険料額には差があるから）厳格に云えば緩やかな比例原則（貢献に応じた受益の原則）にすら反することになるかもしれない。後述するとおり，強制加入を実効あらしめるためには応能保険料制は不可欠であり，建前としては定率の保険料率が一律の受給権に対応するということではあるものの，（比例的ではない）一律の保険給付に対して過度に高額（または低額）の保険料負担を求める（で済ます）ことを説得することは難しい。そのため，健康保険では定率（収入比例）保険料の対象となる標準報酬に上下限が設けられている。

　介護保険も応能保険料制の下で必要な保険給付を行うものであるから，医療保険と同様の問題を抱えている。高額介護サービス費の低所得者優遇は当初から制度化されていたが，特に2015（平成27）年からの改正で一定所得以上の者の利用者負担が2割に引き上げられたことから，この問題が切実なものとなっ

52）　実際には足して2で割る形で定額部分1／2・報酬比例部分1／2とされたが，定額部分の導入により比例原則に沿わない部分が残ったことは，この問題を完全には払拭できていないことを意味する。後述。

た。しかし介護保険には，それにとどまらず，給付対象が限定されている第2号被保険者や要介護認定率が低い65歳を超えて間もない第1号被保険者については，前述のとおり，具体的な受給機会と保険料負担の不均衡の度合いが大き過ぎるという弱点がある。そのことに対する被保険者の問題意識が先鋭化すれば，介護保険への強制加入についても疑問が拡がるかもしれない。

（2）給付の保障性

　給付の内容や水準は，全体として保険料負担との見合いで決まるのが保険の原則であるが，社会保険が社会保障の一環として行われるものである以上，被保険者にとって加入するだけの価値，すなわち生活の保障として意味あるものでなければならないだろう。このことは加入が強制されることに伴う社会保険の要請のひとつである。

　対象とする要医療リスクの性格上，国民は，医療保険の給付は傷病の治療に関し必要な内容[53]・水準のものでなければ，それに加入する意味はないと考えるだろう。診療報酬によってカバーされる給付の内容がかなり広範になっているのは，わが国の医療保険が全国民と全医療機関を包摂するものであり，必要な医療サービスは皆保険で対応するという建前だからである。仮に保険診療と自由診療を併用する混合診療を全面的に解禁した場合，保険診療だけでは必要な医療が受けられなくなってしまうおそれがある。混合診療の原則禁止は，国民全員に医療保険への加入を義務付ける以上，必要な医療給付を保障するという観点から当然に求められる措置というべきであろう。さらに給付水準に関し，2002年の健康保険の改正で7割給付とされた際，医療保障としての機能をそれ以上は低下させないため，自己負担を3割以上にはしないことが法定されたのも同様の考え方に立っている。

　医療保険も医療保障の1つであるから，国民に対し医療サービスの利用が確保されることも，給付の保障性の対象である。国保の全国普及による皆保険達成時，"保険あって医療なし"とならないよう多くの市町村で国保の直営診療所

---

53)　医療保険で保障されるべき医療サービスの水準を一言で示すのは容易ではない。"必要十分な"医療では過剰医療となるおそれがあるし，"最低限の"医療では被保険者が納得はすまい。"標準的な"医療や"基本的な"医療といっても，そのイメージは論者によって区々であろう。

34 第1章 社会保険の政策原理〜連帯と強制の間〜

が設置されたことはそれを物語っている。しかし，医療サービスの供給体制について自由開業制を採用しているわが国では，実際の医療サービスの受給権に関し，全国どこに住んでいる国民にも完全に平等な保障を与えることは困難である。医療機関が均等に配置されているとは云えない以上，被保険者のフリーアクセスを前提として，被保険者が医療機関を受診し医師により要医療と認められることによってはじめて保険給付の受給権が発生するものと考えることにより，形式上は給付の保障性は確保されていると解するほかない[54]。これは，強制加入によるファイナンスと自由なサービス利用・提供という矛盾というべきだろう。この強制と自由という異色の組合せの接点は，如上のとおり微妙で，かなり危ういものなのである[55]。

介護保険の場合，施設サービスと在宅サービスとでは給付の保障性の程度に差がある。施設においては包括的なケアの提供と 24 時間の管理が行われるのに対し，在宅の場合，（一部には緊急時対応などもあるが）基本的には限られた時間のケアの提供のみだからである。在宅サービスにおける支給限度額の位置付けは必ずしも明確ではないが，例えば認知症の単身者のニーズに完全に対応し得るかと問われれば，疑問なしとしない[56]。ただ，支給限度額に現れる在宅サービスの給付水準はドイツなどと比べても高いことや，支給限度額の全額を利用する者の割合はそれほど高くないことから，現時点ではその保障性が不十分であるとの議論には至っていないのであろう[57]。

給付の保障性に関しては介護保険が医療保険と異なる点が2つある。1つは，介護サービスの受給権は保険者が行う要介護認定によって具体的に発生することから，保険者は要介護認定をした者の介護サービスの利用を保障しなけ

---

54) したがって実質的に全国民に必要な医療サービスの利用が保障されているとは云えないと強調したいわけではない。実際，診療報酬や医療計画などにより，さまざまな供給対策が講じられている。

55) 強制的なファイナンスに適合するよう，サービス面で開業規制を行うこととすれば，厳密にはフリーアクセスの成立は難しくなろう。地域ごとに開業規制が行われれば，医療機関側から，患者確保のためにフリーアクセスの制限が求められる可能性が高いからである。

56) 日本の介護保険についてドイツのそれのように"部分保険"と云い切ることができれば，理屈上の問題は解消する。

57) もし，それが問題となった場合には，施設サービスの給付率を引下げて対応すべきである。

ればならないという問題である。保険者の要介護認定がある以上，介護サービス事業者のサービスを利用し始めてから保険給付の受給権が発生するといった医療保険と同じ説明はできない。このため，介護保険では市町村に要介護者数や利用されるサービスの見通しについて介護保険事業計画を策定することが義務付けられており，それによって受給権の保障を図ることとされている。しかし，これも市町村が事業計画をどれだけ正確に策定し，その実現に努めるかにかかっているので，給付の保障性が完全に確保されるわけではない。もう１つは，前述のとおり，介護保険は要介護リスクが傾向的に高まる後期高齢期の介護ニーズに備えるという側面を持っている一方，年金保険と異なって，年齢の低い被保険者が将来，確実に介護サービスを受給できる仕組み（長期保険におけるような"約束"）とはなっていないことである。しかも，2015（平成27）年の制度改正のように受給権の対象範囲が縮小（予防給付の地域支援事業への一部移行，特養ホーム入所者の要介護３以上への限定，補足給付への資産要件の導入）されることとなれば，この保障性の弱さは致命的となるおそれがある。こんなことでは，市町村にしっかり事業計画を策定してもらい，それを確実に実現させると強調するというだけでは，介護保険の保障性の確保は心許ないものとなろう。

　年金保険は金銭給付であるので，医療保険や介護保険のようにサービス利用の保障という問題は存在せず，給付の保障性は受給資格が法定されることにより明確にされているが，その給付の水準の適切性がどのように判定され，どのように確保されるかという問題は残る。実際，基礎年金の水準については"基礎年金"という名称のみでその水準の意味づけは規定されていない[58]。被用者年金の場合も，法律上の定めはなく，現役世代の報酬に対する割合のおおむねの目安を基に説明され，従来から，給付水準は年金額を計算する際の乗率の引下げや支給開始年齢の引上げなどで調整されてきた。しかし，2004（平成16）年の年金制度改革による保険料固定方式への転換により，給付水準は財源（保

---

[58] 基礎年金水準が生活保護水準より低いことは問題だと指摘されることがあるが，基礎年金が所得や資産とは無関係にすべての国民を対象とすることから明らかなように，それは預金や個人年金などの収入も含めて支えられる老後の生活保障の土台という意味を持っており，生活保護水準との比較には意味がない。

険料収入＋国庫負担）の総額の範囲内で決まることとなった結果，この給付の保障性が著しく弱くなったものと考えられる。新制度は将来の被保険者数や報酬額の推移如何では給付水準が大きく低下してしまう可能性も否定できない仕組みであることから，最終的な政治判断により，所得代替率（現役世代の平均可処分所得に対する平均的な年金額の割合）が50％を下回る場合は，給付と負担の在り方について必要な検討を行うことが法律上明らかにされたが，このことは年金保険において給付の保障性を確保すべきことが如何に重要かを示すものと言えるだろう。

ただ，このような方法で年金給付の保障性がある程度まで確保されたとしても，世代間で年金給付と保険料負担の関係に格差[59]が生じることは，年金保険の長期的性格からして不可避である。これをもって年金給付の保障は世代間で不公平であるという論者もいるが，年金保険の仕組みに対する無理解に出るものと云うほかない。生まれた時代によって経済的社会的条件が異なる以上，世代間で給付の保障レベルに違いが生じるのは不可避である。

給付の保障性は強制加入が拠って立つ社会保障の観点から要請されるが，社会保険が保険契約に基づく「連帯」の制度である以上，保障されるべき給付といえども，保険料収入とのバランスを崩すことはできない。「連帯」としての保険システムにおいては自他の利害が共有されているからである。しかし，現実には政治的思惑から専ら給付水準の充実（さらには保険料負担の軽減）が追求され，社会保険の存立基盤を危うくすることもある。とすれば，保障されるべき給付水準は，政治的思惑から離れて，保険料を負担し給付を受ける被保険者自身の総意で決めるようにするほかあるまい。このことは，社会保険を被保険者先行型のイメージで捉えれば当然のことであり，保険者先行型であっても社会保険の健全な運営を確保するにはそう考えるしかないと思われる。問題は，どのような組織，どのような構成であれば給付と負担の一方に偏ることのない決定ができるかである（後述）。

---

59) 生年別／保険料比率を見ると，1940年生まれは5.1倍，2000年生まれは2.3倍と推計されている。この世代間格差は，賦課方式の場合は両世代の人口比が異なる以上当然のことであり，積立方式においても段階保険料の採用（修正積立方式）によって発生する。

5　社会保険の財源

（1）保険料

①　定額保険料と定率保険料

　社会保険においては収入または所得に応じた保険料の仕組み[60]（通常は定率保険料制，応能保険料制とも云う。）が採られることが多く，これをもって社会保険と民間保険を分かつメルクマールと考える論者もいる。だが，国民年金（第１号被保険者）の保険料のように定額保険料制を採り，所得の低い者に対しては保険料の減免で対応している例もあるように，社会保険であるから応能（定率）保険料制が必須の装備と云うことにはならない。定額保険料の場合，低所得の者には逆進的負担となり，その保険料納付が困難となるおそれがあることから，強制加入制を実効あらしめるための方法・手段として，応能保険料制が採られるものと解すべきである[61]。

　では，応能保険料と保険給付との関係についてどう考えるべきだろうか。被保険者の側は応能保険料をどう受け止めればいいかと云うことである。給付の対価性で述べたところと重複する部分もあるが，再度，保険料の側から考えてみよう。医療保険や介護保険の給付はそれぞれの心身の状態に応じて行われるから個別の給付額は異なるが，必要なサービス給付を受けるという意味では同一条件の一律の給付であると云える。したがって前述のとおりとおり，定額保険料であれば応益的であり，交換的正義の観念にもなじみやすいが，個々の保険料額が異なる応能保険料の場合，負担と給付が見合わないと感じられる場合

---

60)　現代社会では一般の人々は日々の生活を定期的に得られるフローの収入（所得）で支えており，社会保険への強制加入を実現するには，保険料もそのようなフローの収入（所得）からの拠出を前提として仕組むのが自然である。介護保険の補足給付において金融資産に応じて給付の可否・給付額を決めるのは，フローの収入（所得）から保険料を支払う社会保険の基本に反するものというほかない。所得に応じて決められた保険料をちゃんと支払っているのに，どうして他の被保険者と公平に扱ってくれないのかという被保険者の批判に誠実に回答することは困難だろう。

61)　オバマケアでは民間保険への未加入者に追徴税を課すことにより実質的に加入義務を課すとともに，低所得者には所得に応じた税額控除をすることにより，その加入を実質的に担保することとされている。

も出て来よう。給付・反対給付均等原則は当てはまらないとは云っても，とりわけ高所得であるがゆえに高額の保険料を負担させられる者を納得させることが難しい場合もある。もちろん，定率保険料であれば，保険料率は収入（所得）の多寡にかかわらず一律であるから，一応は公平な負担であると考えることはできる[62]が，それでも実負担額の違いを完全に無視することは難しいかもしれない。そこで実際の制度では，保険料負担額と平均的な受給水準の乖離が大きくなり過ぎないよう，保険料の対象となる標準報酬の額（国保では保険料の額，介護保険では所得別保険料段階）に上限が設けられている（これに合わせて，あまりに低い保険料負担でも給付との均衡を失するという観点から健康保険では標準報酬の下限も設けられている）[63]。負担と給付のバランスを考慮したギリギリの工夫と云えるだろう[64]。とはいえ，上下限の範囲内では負担と給付のアンバランスは残ることをどう考えればいいか。おそらく立法者も保険料の上下限を設けた段階で，この問題に正面から解答することはできないと考えたに違いない。結局，ここでも保険システムが「連帯」の装置として自他の共同の利害に立つものであることを強調するほかないように思われる。保険料の上（下）限の範囲内であれば，厳格に云えば給付と負担が見合わなくとも，何とか「連帯」が成立すると考えるのである。医療保険や介護保険の「連帯」の範囲（制度・保険者）が社会的経済的実体に合わせて細分化されている実質的理由の1つはおそらくここにあるのだろう。「連帯」する対象が，想像できる範囲内にあるか否かは，現実の「連帯」の成立範囲も規定するのである。

---

62) これに対し，累進的な保険料制は到底，公平な負担とは云えないから，社会保険での採用は困難である。にもかかわらず，最近，応能保険料制の下で給付も応能的にすべきであるという議論があるのは驚きである。応能保険料と応能給付を一体的に捉えれば累進的負担になることをどう説明するのか。なお，市町村が所得段階別に設定する介護保険料においては高所得者に設定される倍率次第では累進的負担となるおそれがある。

63) 被用者年金の保険料の賦課対象となる標準報酬にも上下限があるが，これは医療保険の場合とは異なり，報酬比例の年金給付が過大あるいは過少とならないためである。保障性が求められる範囲の問題であろう。

64) 標準報酬の上下限とは別に，健康保険では保険者の保険料率自体の上下限も定められている。給付費総額の膨張・極小化に対する防波堤の機能は考えられるが，元々は国家保険であることを前提に，国による一方的な保険料の引上げを牽制する姿勢を示したものであろう。しかし，社会保険を被保険者自治的に捉えれば不要な規定であると思う。

国民年金（第1号被保険者）の保険料が定額保険料であることは，低所得者への減免制度はあるものの，その負担の逆進性は，現在の年金保険が直面している最大の困難—保険料収納率の低下—の要因のひとつである。もちろん，被用者年金の保険料のように源泉徴収ができないという現実的な障壁はあるのだが，その保険料収納率が，同じ困難を抱える国保の保険料収納率と比べても相当に低いのは何故か。おそらく前述のように，老齢による収入（所得）喪失のリスクと病気・ケガで医療を必要とするリスクは，いずれも蓋然性のあるリスクではあるものの，時間の経過を挟むか否かの違いにより，両者の間には保険料納付の時点におけるリスクの切実さの感覚に大きな差があるからであろう。この違いがある限り，国民年金（第1号被保険者）を所得比例保険料と所得比例年金の仕組みに改めても，また，所得税と一体的な徴収体制を作ったとしても大きな変わりはないものと予想される[65]。また，保険料滞納のため無年金・低年金となる者を救済すると云って，仮に拠出制年金に加えて公費財源による最低保障年金を設けるにしても，保険料を拠出した者とのバランス上，十分な年金額が確保できるとは限らない。さらに基礎年金を全額公費財源に切り替えるとしても，今まで保険料を拠出してきた者の利益に配慮しなければならないほか，そもそも国民すべての老後の所得保障を国が公費で行うことが自由社会というわが国の基本的な在り方に相応しいか[66]という問題も出てくる。必要な財源をどう確保するかという問題以前に，理論的・制度的・実務的問題が多すぎるのである。この隘路を突破するには，正規雇用の労働者を増やすのは当然のこととして，非正規雇用であっても被用者であることに変わりはないから，それらの者の被用者年金への加入を進め被用者連帯の範囲を拡大する一方で，姑息な手段かもしれないが，第1号被保険者の保険料については，厚生年金保険料と健康保険料が一体徴収されているのと同様，国保保険料との一体的な徴収ができる方策を考えるほかないのではあるまいか[67]。

---

65) 老後に多めの年金を受け取るより，現在の納税額を減らしたいという動機が強いので，所得の正確な申告を期待することが難しいからである。

66) 国が責任を持って国民の老後の生活費を支給することがどういう根拠から正当化されるのかという問題があることは云うまでもないが，財政事情からその支給水準を切り下げざるを得ないとき，国民の恨みが国に直接向けられるという怖さがある。賢明な統治者であれば採ることを得ない政策であろう。

40　第1章　社会保険の政策原理〜連帯と強制の間〜

　国民年金第2号被保険者は国民年金の保険料納付義務はなく，厚生年金保険の保険料を納付すればよいこととなっている。厚生年金の保険料は定率保険料制であり，それにより基礎年金と第2号被保険者の報酬比例年金の費用が賄われるが，金銭給付であるので，定率保険料と報酬比例年金の組み合わせの部分は，前述のとおり，交換的正義に沿うものとして一般の理解も得やすいだろう。だが，その保険料が定額給付である基礎年金の費用にも充てられることについてはどうか[68]。厚生年金保険はもともと全額報酬比例年金であったが，1954（昭和29）年の改正の際，全額を定額給付にすべしという社会保障制度審議会や経営者団体の意見と従前どおり報酬比例給付を維持すべしとする厚生省や労働団体の意見の中間をとって[69]定額部分と報酬比例部分が半分ずつとされたことは前に紹介した。これによって保障性は増したが，対価性はそれまでに比べて弱くなったことになる。すなわち，全額報酬比例給付の場合に比べて，高所得の被保険者は不利ではないか，その分，低所得の者が有利になっているのではないか[70]ということである。当時の社会保障制度審議会が主張した報酬比例保険料により定額年金給付を行う仕組みは，社会保障（特に最低生活保障）の観点に立てば確かにひとつの見識ではあるが，それが自由社会における市民感覚に合致し難いことも否定できないだろう[71]。報酬比例給付という方法がありながら，一部であってもそれを採用しないことを，国家・社会ではなく，個人の立場から正当化することは理屈の上では難しいものがあり，現行制度は被用者連帯の枠内だからこそ辛うじて成り立っていると云えるかもしれない。

　その意味では，基礎年金改革で国民年金制度を共通の基盤的制度とした際，

67）　かつて市町村に国民年金の事務を委託していた時代は，多くの市町村で国保・国年の保険料が他の公租とともに地域の納付組織で一括徴収されていたが，その再現は今日では不可能である。

68）　菊池馨実『社会保障の法理念』（第4章　年金制度の基本的枠組みとあるべき制度像）は，国による過度の介入をもたらすという観点から，報酬比例部分まで加入強制の対象とする現行制度の枠組みに疑問を呈している。

69）　吉原健二『わが国の公的年金制度』第2章　厚生年金保険制度の再建

70）　この結果，所得の再分配が行われることになり，これを以て社会保険の目的が達成できるとする意見もあるが，社会保険の目的はあくまでリスク分散とそれによる生活保障であって，所得再分配は結果または付随機能と考えるべきである。

71）　実際，定額部分の導入は公共企業体職員，農林漁業団体職員等が厚生年金保険から独立していくことに拍車をかけることとなった（前掲吉原書）。

第２号被保険者も第１号被保険者と同額の定額保険料＋報酬比例保険料を支払うこととして，定額保険料＆定額給付部分と報酬比例保険料＆報酬比例給付の部分の２つに分けるという，基礎年金の思想を徹底する考え方もあったのではないか。もし，そうであれば，第３号被保険者がいる第２号被保険者の給与・賃金から第３号被保険者名義の定額保険料を徴収することも容易かったかもしれない。

② 保険料の事業主負担

　被用者を対象とする社会保険においては，原則として保険料の半分が事業主負担とされている。すなわち被保険者と事業主はそれぞれ被保険者に関する保険料額の１／２を負担する。事業主は，被保険者分の保険料をその賃金・給与等から特別徴収（天引き）するとともに，自らの負担分と合わせて保険料を保険者に納付する義務を負っており，保険料に関する債権債務関係は法律的には保険者と事業主の間でのみ成立し[72]，それが被保険者の保険給付の受給権と保険料負担の関係に影響を及ぼすことはないとされる。ただ，事業主がこの保険料納付義務を怠ると被保険者の保険給付に不利益が及ぶことから，保険者（国）は保険料の徴収を確実に行うため，事業主に対し滞納処分をし，事業主がそれに応じないときは罰則が科されることとなっている。

　このような保険料の納付に関する事業主の義務は，ドイツのビスマルク立法以来の労働者保険の伝統に立っている。健康保険組合の設立が事業主のイニシアティブに基づくこととされているのも同様である。当時，労働者保険に事業主負担が導入されたことについて，被用者の健康水準や（老後の安心を与えることによって）労働能率を向上させることは事業主の利益になるとか，詐病による傷病手当金の不正受給を防止するねらいがあったといった説明は可能であるとしても，昂揚する労働運動や社会主義運動に総資本としても対応せざるを得ない歴史的社会的状況にあったことも忘れてはならないだろう。また，事業

---

72) 被保険者自身に保険料の納付義務はないとされる。ただ，事業主が保険料の納付義務を怠ったときは被保険者に保険料納付を認めるべきとの議論もある（堀 勝洋『年金保険法』第８章第６節）。なお，税における国と源泉徴収義務者，納税義務者の関係も同様とされる（1970［昭和45］年最高裁判決）。

42 第1章 社会保険の政策原理〜連帯と強制の間〜

主負担分が賃金や製品価格に完全に転嫁されているという証拠はなく，実際に経済界も社会保険料の引上げに抵抗する場合が多いことから見て，現在でも事業主負担が実質的な意味を持っていることは否定できない。政府が，国保の公費（国庫）負担について被用者保険の事業主負担の代替という説明をし，国保保険料と被用者本人の保険料水準を比較していること，年金の保険料と保険給付の比率の世代別対比において被保険者本人分のみを対象としていることなどは，事業主負担も保険料として納められることからすれば，便宜主義的の感がある。

　だが，このような沿革的歴史的な説明や現実に果たしている機能は別にして，社会保険において事業主負担が正当化される理論的根拠は何だろうか。極めて抽象的なレベルでは，企業（事業主）は，今日の経済社会の枠組みの支え—市場取引を成立せしめる契約・信用・司法等のルールやそれらを支える治安・教育・公共施設などの社会的インフラ—があるからこそ，その構成員として存立できていることを踏まえ，そういう社会において被用者を雇用することには一定の社会的責任を伴うということに求めるほかないだろう。しかし，現行の制度を参照する限り，雇用関係がある者であっても介護保険の第1号保険料や後期高齢者保険料では事業主負担は求められていないし，拡大する財政調整によって事業主負担分の保険料が被用者関係以外の給付にも回っていることは，そのような社会的責任論による説明の範囲を超えるものと云うべきである。現状では，事業主負担の理論的・制度的根拠は万全とは言い難いのである[73]。もちろん前述のように，医療保険において診療側に対するカウンターパワーとして被用者保険の中核的保険者の事業主が一定の機能を果たしている可能性はあるし，逆に，経済のグローバル化によって事業主負担が社会保険の給付水準を

---

73) 健康保険において労使折半負担とされているのは，業務上の傷病も給付対象としていた創設時の健保において，業務上と業務外の比率を1：3とし，業務上については全額を事業主負担，業務外については事業主：被保険者の分担比率を1：2として計算した結果であるとされ，それが業務上・外を分離した際にも，そのままとなったからである。これについては，"昭和23年に労災保険が成立して健保から業務外が出て行ったにもかかわらず，労使折半負担が残ったのは，大変なメリット，けがの功名だった。当時は理屈から来るとどうなるかと思っていたが，そこは当然という感じで，議論にはならなかった"という興味深い証言がある（特別対談「保険主義の王道（第1回）」（『健康保険』2002年1月号）における山本正淑・元厚生事務次官の発言）。

抑制する方向に機能するという可能性も十分に考えられる。仮に事業主負担にそのようなプラスとマイナスの両方の現実的機能があるとすれば，制度設計や運用において，そのプラスの機能が適正に発揮され，マイナスの機能が過剰に働かないような配慮[74]を怠らないことが重要であろう。

（2）公費負担

① 分立した制度における公費負担

　日本の社会保険は公費負担（国庫負担・地方公共団体等負担[75]）が多いことが特徴だとされている。しかし，労災保険は云うまでもなく，原則として健康保険組合や共済組合には公費負担はない。社会保険が保険である以上，財源は保険料であることが原則であり，国庫・地方負担がある方が例外なのである。とすれば，公費負担の根拠についてはそれぞれの制度ごとに吟味していく必要があるだろう。

　公費負担が投入されている社会保険としては，健康保険（協会健保）・国保・後期高齢者医療制度・国民年金（基礎年金）・介護保険・雇用保険などがあるが，制度が分立している医療保険と一元的な制度である基礎年金・後期高齢者医療制度・介護保険では，その意味合いが異なる。制度が分立している医療保険の場合は，それに伴って必然的に財政格差（保険料水準の違い）が生じることを理由として，財政基盤の弱い制度に対する国庫負担が行われている。協会健保（政管健保）に対する国庫補助は実際には財政対策として始まった[76]ものであるが，その規範的意味としては，被用者保険への加入が強制される者の間における保険料負担格差の是正＝負担の公平性の追求にあると理解すべきだろう。

74）　例，（＋）医療や介護の報酬決定における事業主代表を含む支払側の参画・（－）自らの負担回避のための給付抑制や国庫負担要求。

75）　地方公務員共済の基礎年金拠出金および独立行政法人造幣局・国立印刷局・国立病院機構の基礎年金拠出金では，国庫ではなく，地方公共団体またはそれぞれの独立行政法人が１／２を負担している。基礎年金の国庫負担の趣旨と整合的なのか疑問である。

76）　政管健保の赤字が続いた昭和40〜50年代，財政赤字を減らそうと保険料率の引上げが提案されるたびに，併せて国庫負担の増額も求められることが多かった。国営保険であるからか，保険料は国に召し上げられるものという感覚が強く，それを引上げるのであれば国庫負担を増やして上げ幅を抑制すべしという議論である。国民に社会保険の本質を理解してもらうことが如何に難しいことかが分かる。

44　第1章　社会保険の政策原理〜連帯と強制の間〜

同様に，市町村国保に対しても，保険料負担の前提となる所得があることを当然には前提とすることができない者を対象とするという市町村国保本来の脆弱さを踏まえ，その財政運営を安定させるために多額の国庫負担が投入されているが，この場合も，すべての国民に医療保険への加入を強制する以上，どの制度に加入しても保険料負担の格差はほどほどの範囲にとどまる（被用者保険加入者との間で保険料負担に大きな格差がない）ことが求められるというのが，その理論的な説明になるはずである。

　もちろん，制度間の財政格差は後述する財政調整によっても平準化することが可能であるが，国庫負担による格差是正機能との間で，合理的な役割分担が可能かという難問は存在する。おそらく被保険者集団としての「連帯」が強い制度間では財政調整の親和度が大きく，それが弱い制度間では国庫負担の優先度が高いというのが基本であろう[77]が，現在の医療保険制度では，そのような整理はしっかりとはなされておらず，国庫負担と財政調整の論理と機能が入り乱れているというのが現実である。

　なお，現在の市町村国保には国庫負担のほか，地方負担も投入されているが，これについても国庫負担と同じ理由の根拠づけが可能だろうか。国民皆保険は国の政策として被用者保険と国保の二（1.5）元体系により実現されたのであるから，前述のような観点に立って，国保への国費投入により，国民皆保険体制を維持しようとすることはおかしくはないが，地方公共団体にまでその責任を分担させる理由はあるのだろうか。おそらく真正面からその説明を成り立たせることは困難であろう。

　また，後述の介護保険や後期高齢者医療制度においては一定年齢以上であれば基本的に住民を分け隔てなく[78]対象としているから，地方負担の投入も一般住民の福祉の向上に資するという意味で地方財源の使途として不合理とは云えなくもないが，国保の場合，対象者は被用者保険に加入していない者であり，

---

77)　この観点に立てば，被用者OBやパート労働者もできる限り被用者制度に加えたうえで，被用者グループ内は財政調整で対応し，国保グループは公費負担で対応するというのが妥当な方法である。その場合，被用者と国保間の制度間財政調整は廃止され，国保は被用者内部での財政調整で浮いた国庫負担等を注入して支えることとなろう。

78)　厳密には，後述のとおり，すべての要介護者を対象とする介護保険給付の地方負担と，現役並み所得のない者のみを対象とする後期高齢者医療の地方負担では違いがある。

住民一般とは云えない以上，そのような特定の一部の者の給付費に地方の一般財源を投入することについて一般の住民を十分に納得させることができるかという問題も存在する。実際，昭和50年代初頭までは厚生省も自治省と共同歩調で大蔵省からの市町村国保に対する都道府県費導入の提案に抵抗をしていたと記憶するが，逼迫する国保財政をバックとした市町村長に配慮したのか，現在では国保への地方負担も当然のこととされ，厚労省や総務省は，その範囲や方法を拡大することに注力しているように見える。市町村国保の都道府県移管が実現した後，国庫負担・都道府県負担・市町村負担がどのように整理されるか，注目される。

② 一元的な制度における公費負担

　介護保険と後期高齢者医療制度は一元化された制度であり，制度内における保険者間の財政格差是正のための調整的な交付金を除けば，本来，公費負担の必要はないはずである。にもかかわらず一律的な公費負担が行われているのは，いずれも高リスクの者を被保険者とする独立型の保険制度であり，実際問題として被保険者の保険料だけでは給付費をカバーできない以上，現役世代の負担のほか，公費負担まで加えて制度を支えるほかないという事情による。

　このように両制度の基本骨格は似ているが，公費負担の位置付けは微妙に異なっている。介護保険の場合，国の調整交付金5％も含め，公費負担は5割で，基本部分はすべての者の給付費に一律に行われるのに対し，後期高齢者医療制度では現役並み所得のない者の給付費に限って5割の公費負担となっているからである。このような両制度における公費負担の違いについて，社会保険の在り方に照らしたとき，どう理解したらいいのだろうか。沿革的に云うと介護保険の場合，公費による老人福祉制度と介護的色彩の強い給付について公費5割としていた老人保健制度を合体させたものであるから，公費割合を5割とすることは制度設計上ほぼ必然的な帰結であったし，後期高齢者医療制度の場合，老人保健拠出金負担の増加に音を上げた被用者保険の要望を踏まえ，2002（平成14）年に老人保健法を改正し，同制度の対象年齢を75歳へ引上げるとともに対象者を現役並み所得のない者に限定するのと引き換えに，公費割合を3割から5割に引上げたことを継承したということなのだが，社会保険の在り方論

としては，そのような説明に止まらず，後付けであっても，それぞれの制度に即した公費負担の意味付けが求められるだろう。

介護保険の場合，（第1号）被保険者が要介護リスクのある65歳以上の者とされているだけでなく，前述のとおり65歳以上の者であっても，要介護の発生リスクは年齢の上昇に伴い，傾向的かつ加速度的に増加するという特徴がある。しかも，要介護状態は不可逆的であり交替可能性もないことから，被保険者にとって介護保険料は掛捨て感が大きいという社会保険にとって重大な弱点を抱えている。そうであれば，65歳以上の被保険者の保険料だけで費用を賄うという制度設計には大きな無理があり，それだけ，高齢者の保険料以外の財源による支えが不可欠と云えるだろう。すなわち公費5割という財源構成は，要介護リスクの特性とリスク分散という保険のセオリーを無視して，65歳以上の者を基本的な被保険者とした独立型保険の半ば必然的な結果なのである。

これに対し，後期高齢者医療制度の場合，要医療リスクの高い者を被保険者とするとはいえ，要医療リスクには要介護リスクのような不可逆性や交替不可能性はないことから，保険料の掛捨て感はそれほど大きくないこと，（介護保険が基本的に高齢者のみを対象とするのと異なり）74歳以下の者も一般の医療保険の対象であり，それらの制度には一律の公費負担は投入されていないことが，介護保険とは事情が異なる部分である。その限りで，後期高齢者医療制度には介護保険と同様に一律の公費負担を入れなければならないという理由はないのであり，そこには沿革的理由しかないのだが，だからと云って，現役並み所得のない者の給付費について行われている5割の公費負担の性格[79]が明らかとなるわけではない。一定所得以下の者の給付費が対象という意味で，福祉的要素を含むように思われなくもないが，そうであれば現役並み所得のある者の給付率である7割を上回る部分に公費を充てるのが筋であって，現役並み所得のない者の給付費についてのみ（福祉的配慮により）5割もの公費負担を行うことの説明は困難であろう。高齢者医療は，1973（昭和48）年に老人福祉法の措置により老人医療費の無料化を実現するという"初期設定"の失敗を犯して以来，

---

79) 2000（平成12）年10月に出された社会保障構造の在り方について考える有識者会議報告「21世紀の社会保障」において"高齢者も能力に応じて負担を分かち合う"とされている。これが，2002（平成14）年の老人保健法改正のベースとなった。

5　社会保険の財源　*47*

失敗の"上書き"を重ね続ける歴史を辿ってきたから，その成れの果てとも云うべき現在の後期高齢者医療制度（の公費負担）について合理的な説明をすることは，所詮は無理なのかもしれない。

　年金制度における公費負担は，基礎年金の国庫負担（基礎年金拠出金の１／２に相当する額）に集中されているが，年金制度において，このような高率の国庫負担が行われることはどう根拠づけられるのだろうか。歴史的に見ると，1942（昭和17）年に施行された労働者年金保険法の段階から給付費の10％を国庫負担することとされており，この割合は，同法が厚生年金保険法と改称され，給付の充実・保険料の引上げが行われるのとほぼ並行して引上げられてきた[80]。この間，厚生年金保険は基本的に被用者にとっては唯一の公的年金保険であったが，それにもかかわらず一律に国庫負担が投入されてきたのは何故だろうか。当初は平準保険料方式でスタートし，多額の積立金もあったのであるから，医療保険のように当座の財政逼迫が問題だったわけではない。年金水準を改善するための制度改正の際，医療保険と同様，保険料の引上げに併せて国庫負担率の引上げも主張され，それに対して政治的配慮が行われた結果なのである。

　また，1960（昭和35）年に国民年金が創設された際も，国庫負担は制度化されていた。しかも，それは徴収した保険料の総額の１／２相当分という高率であった。国民年金の創設，特に保険料の徴収には，当時，激しい反対運動があったことから，保険料を納めれば，国もその半分相当額を負担するということで，国民を説得する材料としたのではなかろうか[81]。厚生年金保険にしても国民年金にしても制度創設の当初から，国庫負担が制度化されていたことは，明日の医療費ではなく，遠い老後のために保険料を納めてもらうという年金保険特有の難しさ故でもあろう。

---

80)　厚生年金への国庫負担は，1954（昭和29）年の大改正の際に10％から15％へ，1965（昭和40）年の改正時に国共済が15％から20％へ引き上げられるのに合わせて20％とされ，これが1985（昭和60）年の基礎年金創設まで続いた。

81)　国庫負担の拠出時負担に国民の保険料納付に対する国の支援という側面があったとしたら，保険料免除者への国庫負担分の給付とはどういう論理で結びつくのだろうか。免除者の保険料の一部を国が肩代わりするものという説明の方が，国庫負担分の給付と結びつき易かったかもしれない。保険料免除者にも国庫負担分を給付するという改正は1962（昭和37）年に行われたものであるが，これにより創設時の国庫負担の論理は微妙に変化したのではないか。

48   第1章 社会保険の政策原理～連帯と強制の間～

　この国民年金の国庫負担は，1976（昭和51）年に拠出時負担（保険料の総額
の1／2相当額）から給付時負担（給付費の総額の1／3相当額）に改められ[82]，
基礎年金創設まで続けられた。基礎年金改革の際，それまでの厚生年金保険の
国庫負担（給付費の20％）と国民年金の国庫負担（給付費の総額の1／3相当
額）はどう取り扱われることになったのであろうか。結論から先に云えば，ご
く初期の段階では厚生省の方針はそれまでの国庫負担の仕方を踏襲するつもり
だったようだが，財政当局との折衝などを経て，国庫負担はすべて基礎年金に
集中することとし，その額は，基礎年金拠出金の1／3（現在は1／2にまで
引き上げられている）に相当する額とされた。これは，将来，保険料納付期間
の伸長などにより厚生年金の給付が増加した場合，それに対する国庫負担が巨
額になることを考慮したことによるものであるが，その結果，厚生年金保険・
国民年金という個別制度の事情を離れて，基礎年金という全国民に共通する費
用について一律に国庫負担をすることの意味を考える必要が生じることとなっ
たのである。この問いについて敢えて回答するとすれば，前述のとおり，年金
保険の対象となるリスクに医療保険ほどの切迫性がないこと，長期的な就業構
造の変化に対応するには，医療保険のような連帯を強調できる個別の被保険者
集団ではなく，国民全体を被保険者として扱うほかないことから，その分，強
制加入に伴う保険料負担に対する説得力が弱いということが挙げられよう。

　もちろん，報酬比例年金にまで国庫負担を投入することは全国民的公平の観
点からは問題があった。したがって，国庫負担を基礎年金に集中することには，
それなりの合理的理由があると云える[83]が，その割合を1／3とすることにつ
いては，当時の国民年金の国庫負担が給付費総額の1／3相当額であったとい
う以上の理由は見出しがたい。それかあらぬか，その後，保険料収納実績の低
迷もあって，これからの保険料の引上げ幅を抑制するため，この国庫負担割合

82）　満額年金はまだ発生していない段階であり，給付時負担の方が財政負担は少なくて済むという財
　　政上の判断があったと聞く。

83）　その後の後期高齢者医療制度の公費負担や社会保障制度改革国民会議の議論に照らせば，国保と
　　健保の関係同様，第1号被保険者の基礎年金拠出金について国庫負担を集中したり，ほかより高率
　　にすることも考え方としてはあり得たかもしれない。だが，基礎年金拠出金に対する国庫負担割合
　　に差を設けることはともかく，第2号被保険者の基礎年金拠出金に対する国庫負担をゼロにするこ
　　とは現実的には困難であった。

5 社会保険の財源 *49*

を1／2[84)]に引上げるべきであるとの議論が盛んに行われるようになり，紆余曲折の結果，最終的に消費税率の引上げとともに実現したことは周知のとおりである。

（3）財政調整

社会保険が自他の利害を共有する被保険者による「連帯」のシステムであるとすれば，各自が拠出した保険料はその者が「連帯」する被保険者集団のために使用されるべきであり，その被保険者集団とは関係のない他の被保険者集団のため費消されることまで想定されることはない[85)]。だが，制度や保険者が分立している場合，たまたま属している社会集団によって決められた制度や保険者に加入を強制されることになるから，それに伴う保険料格差は不可避的に発生する。そのため，前述のとおり，全国民に加入を強制する以上，保険料格差が社会的に許容できない水準にまで拡大しないよう何らかの措置が求められる。例えば，被保険者集団の括り直しや財政基盤の弱い制度・保険者への国庫（公費）負担の投入が，その例であるが，制度・保険者間の財政調整も選択肢のひとつとされる。

保険者が分立する医療保険では，かつて赤字続きの政管健保の財政安定化（さらには診療報酬引上げの環境づくり）を図るために被用者保険内部における財政調整をすべきとの議論があった[86)]が，先に実現したのは，高齢化の進展に伴い老人医療費の重圧に悩む市町村国保救済のための事実上の制度間財政調整の制度であった。老人保健制度・退職者医療制度・後期高齢者医療制度／前期高

---

84) 要介護高齢者の介護給付費に対する公費負担と一般の老齢年金受給者の年金給付費に対する国庫負担が同じ割合でいいのかという疑問が湧かなくもないが，それだけ老後の所得保障は国民にとって重大な意味を持つと解すべきであろう。基礎年金の国庫負担率引き上げを巡る議論では，社会保険の給付費に対する公費負担は1／2が限度であるという意見が多かった。確かに"半分"というのは，当初の国民年金の国庫負担率（保険料総額の1／2相当額）がそうであったように，ひとつの割り切りであり，（市町村国保のように保険料部分に着目して裏から国庫負担を導入しない限り）その割合に停留する可能性は大きい。

85) 以下に述べる財政調整のほか，年金保険における福祉施設や2006（平成18）年健康保険法改正による病床転換支援金など，実際には，当該被保険者集団のためとは云い難い使途に費消される例はある。

86) 当時，主張していたのは診療報酬の引き上げを狙う日本医師会（武見太郎会長）であった。

齢者医療費の負担調整といった仕組みが，手を変え，品を変えて次々と作られていったのである。そして，後期高齢者医療制度を支える医療保険者の支援金のうち，被用者保険の支援金に総報酬割を導入することにより被用者保険内における実質的な財政調整も行われ，さらには介護保険の介護納付金も対象とされることとなった。これらの仕組みは，市町村国保に対する国庫負担の増額が容易ではないという財政状況のなかで，端的に云えば，国庫負担減らし（加入者数割の財政調整においては国保から被用者保険への負担転嫁による国保の国庫負担減，総報酬割の導入においては協会健保から健保組合・共済組合への負担転嫁による協会健保の国庫補助減とその減分の都道府県営に移行する国保への投入）のために行われたのであるが，このような経緯から見て取れるように，制度分立下における財政格差を是正する方法として国庫負担と財政調整のいずれに拠るべきかという問題に関する理論的検討が十分に行われた結果とは言い難い。この問題について筆者は，前述のとおり，被保険者集団としての「連帯」が強い制度・保険者間では財政調整の親和度が大きく，それが弱い制度・保険者間では国庫負担の優先度が高いというのが基本であろうと考えているが，その議論は，今は措くとして，現に（あるいは今まで）採られてきた財政調整の仕組みについて，類型化しつつ，その合理性・妥当性を考えてみよう。

　ひとくちに財政調整という語を用いてきたが，実際の制度を見ると，文字どおり保険者間で資金のやり取りをする仕組みと，すべての保険者が共通の給付主体に対し財政力（それに代わる指標としての加入者数の場合もある）に応じて資金を提供する仕組み（謂わば，隠された財政調整）の2つがある。前者の例が退職者医療制度と前期高齢者医療費の負担調整であり，後者の例が老人保健制度や後期高齢者医療制度である。この2つのタイプは理論的に選択されたと云うより，共通の給付主体を作るか否かという制度設計上の都合によるものであり，それぞれの仕組みの合理性・妥当性については個別制度に即して判断するほかない。その場合の判断基準の第1は，保険者と云えども私的財産権の主体である以上，保険者に資金提供を求める根拠に公共の福祉に適う合理性・妥当性があるか，換言すれば拠出やむなしと思わせる説得力があるかどうかということだろう。そういう観点から各制度を見ると，まず，退職者医療制度は被用者保険のOBが市町村国保に流入しているという現実に対応したものとし

て，形式的理論的な根拠はともかく，社会的な合理性・納得性はあったと一応は云えるように思う。ただ，被用者保険のOBを市町村国保に置いたままでの制度であったことから，それらの者の国保保険料率は，その医療給付費とは関係なく，一般の国保加入者の保険料率を流用する[87]という不自然な仕組みとなっている。

　老人保健制度に代わって制度化された前期高齢者医療費の負担調整は，その調整方法自体は老人保健制度の拠出金の算定方法を踏襲したものであるが，自らの被保険者への給付義務免除とそれに代わる共通の給付主体である市町村の資金分担という老人保健制度のフレームを放棄したことによって，給付義務の免除に伴う受益という保険者の資金拠出を支える中核的根拠[88]が失われてしまった。前期高齢者医療費の負担調整においては，高齢者加入率の低い保険者が高齢者加入率の高い保険者に対して何故，資金援助しなければならないかという問いに真正面から解答しなければならなくなったのである。これに対する政府の説明は聞いたことがないが，おそらく考えられるのは高齢者加入の市町村国保への偏りを放置すれば，国保が破綻し，延いては国民皆保険体制も崩壊するおそれがあるという，一種のドミノ理論であろう。しかし，これは国庫負担の投入であっても成り立つ議論であり，何故，被用者保険が，被用者OBといった社会的表徴とは無関係に，市町村国保に資金を提供しなければならないのかという問いには答えていない。被用者保険加入者と非・被用者（被用者保険に加入していない者）とは"熱烈な"連帯の絆で結ばれているはずだとでも云うのだろうか。

　老人保健拠出金の仕組みは，前述のとおり，加入している高齢者に対する（医

---

87) 退職被保険者の保険料率をその給付費に即して決定するには，給付費を保険料と退職者拠出金でどのように分担するかという厄介な問題を解決する必要がある。考えられるのは，根拠はともかく折半とするか，退職者と現役被用者の人数比という方法であるが，そうすると同じ国保のなかで一般被保険者の保険料率と異なる料率となってしまう。それを避けるため，退職被保険者の保険料率は，その給付費とは無関係に，一般被保険者の保険料率を流用することにしたのではないかと推測される。

88) 老人保健制度では高齢者を各医療保険に加入させたまま，保険料を負担させながらも給付は市町村が行うという構成を採ることによって，それに伴う保険者の受益を市町村への資金拠出の根拠とした。もちろん，実際の保険者拠出額は高齢者の加入率に応じて算定するという"財政調整"が行われたが，このような拠出の根拠なしでは"財政調整"は実現しなかったであろう。

療保険による）給付義務の免除という "受益" があることを市町村に対する保険者の資金拠出の中核的根拠（受益者負担）としつつ，高齢加入者に対する各保険者の本来的給付額[89] を基に，全保険者に同じ割合で高齢者が加入しているものとみなす計算方式で拠出金額を算定することにより，実質的に財政調整を行うという巧妙なものであった。これに対し後期高齢者医療制度の支援金の仕組みは，共通の給付主体である都道府県単位の市町村広域連合に対し加入者数に応じて算定される支援金を拠出するという限りで，一見，老人保健拠出金と似た構造を採っている[90] が，後期高齢者は医療保険から離脱して広域連合（独立型保険者）の被保険者となることから，前述の老人保健拠出金にあった保険者の給付義務免除という資金拠出の中核的根拠は失われてしまっている。政府の説明は「後期高齢者医療制度がなかったら医療保険者は後期高齢者の医療給付費を負担していたはずだから」というものであったが，比喩的に云えば，別居はしているものの離婚には至っていなかった老人保健制度の "夫婦" が後期高齢者医療制度になって離婚が成立した後，互いの協力扶助義務はなくなったにもかかわらず，あたかも離婚はなかったものとして，その履行を求められるようなものであり，資金拠出の根拠として，到底，合理性・納得性のあるものではない。結局，この場合も，前期高齢者医療費の負担調整と同様，後期高齢者の医療費を皆で支えることにより，国民皆保険体制を守るためというドミノ理論になるのかもしれないが，前述のとおり，これは国庫負担の投入など，どの仕組みであっても成り立つ粗雑な議論と云うべきである。

　なお，老人保健拠出金や後期高齢者支援金に似ている仕組みとして介護保険制度の介護納付金と年金制度における基礎年金拠出金があるので，これについても付言しておこう。介護保険では 40 歳から 64 歳までの者も介護保険の第 2 号被保険者とされており，本来，市町村保険者が徴収すべきところ，便宜，医療保険者が徴収代行するという説明が行われている。徴収代行という便宜のた

---

89)　給付義務はないが加入関係は残っているので，保険者ごとの高齢者給付費の額は計算可能であった。

90)　加入関係はないので医療保険者ごとの後期高齢者医療費は存在しないから，支援金の算定は後期高齢者医療費の全国平均額により行われる。老人保健拠出金に比し，税に近づいたと云うことができよう。

めに第2号被保険者を医療保険加入者に限るというご都合主義的なところがあり，医療保険者が徴収しない場合の市町村権限について定めがないといった問題もあるが，医療保険者の資金拠出の最終根拠が市町村の第2号保険料徴収権限にあるという限りで，最低限の根拠はあると云えるだろう。基礎年金拠出金の場合は，年金の受給権者のための費用を，各年金保険者が現在の被保険者数に応じて分担するものであり，長期保険・賦課方式という年金保険の構造上，問題とはなり得ないと思われる[91]。

　財政調整の仕組みの合理性・妥当性に関するもう1つの論点は，その量的規模である。社会保険は被保険者が自らの保険給付のために保険料を拠出する連帯の仕組みなのであるから，保険料収入が自分達の保険給付ではなく，他の制度・保険者の保険給付等のために流出していくとしたら，それは保険料の名を借りた税かそれに類する公課という性格を帯びるだろう。もちろん前述のとおり財政調整が一切否定されるべきものとは思わないが，保険料収入の過半が他の制度や保険者に流出するようでは，やはり社会保険の範囲を逸脱するものと云うほかない[92]。もし，財政調整の結果，そのような事態を招くことがあるとすれば，それは財政調整という方法の限界を超えているというべきであって，むしろ被保険者集団の括り直しで対応するのが筋であろう。

91）　基礎年金拠出金の算定基礎には未納の第1号被保険者の数も含まれることから，その分まで第2号被保険者に負担させるのかという問題が指摘されることがある。特別徴収の第2号被保険者と実態として任意納付に近い第1号被保険者を同列に扱うことから生じる問題であるが，実務上は基礎年金拠出金との不足分は年金特別会計国民年金勘定の積立金で賄われているとのことである（河野正輝・江口隆裕 編『レクチャー社会保障法』第6章）。

92）　筆者は被用者保険内部の財政調整は否定しないが，制度・保険者の分立を前提とする以上，100％の財政調整はあり得ないと考える。保険者としての存在意義を考えると1／2財政調整が限度であろう。

54　第1章　社会保険の政策原理〜連帯と強制の間〜

6　社会保険の運営

（1）保険財政の自律性

　社会保険が被保険者の保険料負担の対価として被保険者に保険給付を行う「連帯」のシステムである以上，各保険者において保険料収入の総額と保険給付の総額が等しくなるべきことは当然の帰結である。これを教科書では収支相等の原則と呼ぶ。社会保険において収支相等を実現するにはどうすればいいか。一般財政のように単純に"入るを量って出るを制す"と云うわけにはいかない。"出る（保険給付）"には保障性があるからである。すなわち社会保険では"入ると出るの両方を量って両方を制す"必要があるというべきなのである。特に年金保険は負担と給付の間に長い期間を挟む"お約束"（通時的制度）であるから，その収支相等は，短期的なそれと云うより，制度設計における長期的な負担と給付の均衡において達成されなければならない。現在の財政検証の仕組みは，それを確保するためのものである。

　これに対し医療保険や介護保険は，共時的な仕組みであり，原則として各年度（財政運営期間を数年間としているときはその期間）における厳密な収支相等が求められる。ある時点における被保険者の受益（保険給付の受給）はその時点の被保険者の保険料で賄われるべきであって，次の世代の被保険者にツケ回しをすることは許されないからである。ところがわが国の医療保険・介護保険では，保険者が収支相等を追求しようにも，収支，特に支出を制する手段（権限・機能）が十分には与えられていない[93]。それでも介護保険の場合は要介護認定や在宅サービスの支給限度額・施設サービスの包括報酬により一定の歯止めは設けられているが，医療保険においては"要医療認定"はサービス提供者である医師が行い，医療の内容も基本的に医師の判断に委ねられているのであるから，医療保険者は医療機関から一方的に回ってくる診療報酬債務を支払うだけの組織であるかのようである。しかも，医療サービス機関，介護サービス機関のいずれも，ベッド数の規制はあるものの，原則として自由開業制で，か

---

93)　近年，保健事業の実施など保険者機能の発揮が強調されるのは，支出に関する保険者権限の無さを踏まえた，辛うじて可能な涙ぐましい支出抑制努力というべきである。

つ，患者・利用者にはフリーアクセスが認められているので，供給面から支出を制することも容易ではない。したがって自由市場的なサービス供給を前提とする医療保険・介護保険の保険者にとって収支相等の達成は，主として給付に見合う保険料収入の確保の問題として現れてくる。

では，この保険料収入の確保は，保険財政の運営のどの局面において問題となるのだろうか。まず，予算段階で，既定の保険料率[94] による保険料収入の見込総額で保険給付費の見込総額を賄い得るかどうかが精査され，不足すると見込まれれば保険料率の引上げが検討される。市町村国保等においては政治的配慮から給付費総額を過少に見積もり，保険料の引上げ幅を抑制する例もあると聞くが，本来，保険の財政運営は政治的配慮などとは無縁の，自律的・合理的なものでなければならない。次に，決算段階で保険給付費が見込みを上回ったり，保険料収入が見込みを下回ったりした場合の対応が問題となる。この場合，通常，年度途中での保険料引上げは難しいので，積立金があればそれで補填し，ない場合は一時借入をしてでも収支尻を合せる必要がある。もちろん借入で対応したときは次年度以降，保険料を引上げて償還しなければならない。保険者の財政責任とは，端的に云えば，この決算時の帳尻合わせとその後始末の責任と云ってもよい。

収支相等の原則は，本来は保険料収入と保険給付費の相等を意味しているが，公費負担や財政調整による他からの資金提供がある場合でも，当然，守られるべき原則である。保険者には，給付費のうち公費負担や財政調整による資金では賄えない部分，すなわち最終的に保険料で賄うべき部分について（次年度以降であっても）必要な保険料収入を確保し，帳尻を合わせる責任があるのである[95]。これによって給付費に応じた保険料という関係が明確に担保されるのでなければ，収支相等の原則は名前だけのものになるだろう。介護保険の財政安定化基金や市町村一般会計繰入れ禁止ルールは，給付費に応じた保険料という

---

94) 市町村国保・介護保険では既定の保険料の算出方法。なお，介護保険法では保険料額は条例で定めるところにより算定された保険料率により算定するとされている。

95) この責任が正確に果たされるには，公費負担や財政調整による資金配分は確定したルールに基づき行われる必要がある。それらが裁量的に配分されるようでは，保険者はそれを当てにしがちとなり，規律ある財政運営がなされなくなるであろう。

56　第1章　社会保険の政策原理〜連帯と強制の間〜

関係を確保するための仕組み・行政運用と云ってよい。その観点からすると，現在の市町村国保の保険料が市町村の医療費水準のほか，医療費とは無関係である被保険者の所得水準も加味して決めることとされ，その結果，保険料収入では医療費との帳尻合わせができる保証がないので収入の不足分を公費による調整交付金で補填するとされていることは，保険財政の自律性の観点からは大いに問題がある[96]。市町村国保の都道府県への移管では，市町村への分賦金（国保事業納付金）方式が採用されたのだが，その成否は，このような保険料の決定方法を見直し，給付費に対応する保険料という関係を財政運営にどのように反映させられるかにかかっていると云ってよい[97]。いずれにせよ保険財政は，給付費は自らの保険料で賄うという規律，換言すれば財政運営の自律性をどれだけ守れるか否かによって，その健全性が決まってくるのである。

（2）当事者参加による保険運営

保険財政の自律性が求められることは，社会保険が保険料の対価として保険給付を行う仕組みである以上，その健全な運営のためには当然のことと云ってよいが，前述のとおり，実際には事業運営に関する事項の多くが法律などで決められており，保険者段階で決められるものは極めて少ない。制度運営の重要事項に関し被保険者の代表などが審議会の構成メンバーに加えられることはあるが，基本的な事項はすべて法律や政府によって決められている。年金保険の場合，保険者の存在すら明確には意識されていない[98]。医療保険においても，保険者が自らの責任で決められるのは，具体的な保険料水準のほか，保健福祉

---

96)　後期高齢者医療制度では，この点は，介護保険と同様の仕組みに改善されている。

97)　都道府県国保が行う分賦金（国保事業納付金）の算定において市町村ごとの医療費などの事情をどの程度まで考慮するかによって，この財政責任は都道府県寄りか，市町村寄りかのどちらかになるだろう。市町村の事情に十分に配慮する仕組みであれば，見込み違いの場合の帳尻合わせの責任は市町村の方が大きくなり，都道府県が，市町村の事情を十分考慮に入れず，標準的な基準によって決める仕組みであれば都道府県がより多くの帳尻合わせの責任を負うことになるはずである。これについては，財政安定化基金からの借入を誰が行い，誰がどういう財源で償還するかという制度の詳細設計によって決まって来ようが，中途半端になってまたぞろ国庫負担頼みとなるおそれがないとは云えない。

98)　かつての社会保険庁は年金保険の保険者であったが，現在は国が保険者で，日本年金機構はその業務を行う機関という位置づけになっている（前述）。

6　社会保険の運営　57

事業・被保険者教育・健康管理のなどの分野に限られる。だが，社会保険の運営は，このように法律や政府がほとんどの重要事項を決めることでいいのだろうか。自律的な保険財政が確立すべき目標とされ，保険料収入と保険給付費の収支相等の関係が当然のこととなればなるほど，保険料水準と保険給付水準の真の決定権者は，保険料を負担し保険給付を受ける被保険者自身（その集合としての保険者）になるべきではないか。被保険者による原初的な保険契約の締結の場面を想像してみれば，そこには，自分たちが負担する保険料水準と自分たちが受ける給付水準を両にらみにして，被保険者自身があるべき保険料と保険給付の水準を議論し，決定する光景が見えるだろう。その意味では，社会保険各法を現在の給付法構成ではなく，組織法構成として給付と負担に関する被保険者決定の手続きと組織を定め，法律では給付の保障性の大枠さえ確保しておけばいいとの考え方もなくはないのである。

　そうであるとすれば，少なくとも現在の社会保険における給付水準と保険料水準の決定は当事者である被保険者自身による手続きと判断にもっと委ねられるべきであろう。協会健保のように保険者機能を国から独立させ，その決定機関（運営委員会[99]等）については被保険者（事業主も含む）代表を中心とする構成にするのである。そこには，保険料だけではなく，給付水準（給付率・高額療養費など）についての権限もある程度まで与えられた方がいい。介護保険の場合も同様である。市町村議会とは別に介護保険運営委員会を設置し，本人または家族が介護サービスを利用している被保険者（第1号・第2号）と利用していない被保険者を同数ずつ選んで構成することにより，サービス利用者が後期高齢者に偏ってサービス利用のない者は保険料が掛捨てになっていることの弊害を最小限に抑えられるよう工夫したうえ，例えば給付率7～9割の範囲で，それぞれが納得できる給付率と保険料水準の適切な組合せを保険者が選ぶこととしたらどうか。年金保険の場合も日本年金機構を保険者と位置づけ，被保険者・受給権者代表により運営委員会を組織し，財政検証の結果，必要であれば適切な給付水準と保険料水準の組合せを選択してもらうことが考えられる。この場合，年金財政がほぼ賦課方式となっていることから，被保険者・受

99）　現在の協会健保では，保険料率等を審議する運営委員会は被保険者代表中心の構成とはなっていない。

給権者代表と云っても世代により利害を異にすることを踏まえ，被保険者・受給権者代表も世代別の代表とし，20 歳代〜80 歳代まで男女同数の委員構成とすべきであろう[100]。また，これらの当事者中心の運営委員会の決定については国や地方の議会もそのまま尊重するという慣行が確立される必要がある。

　このような（非現実的と思われる人も多いであろう）当事者自治的な保険運営を主張するのは，現在の社会保険の給付水準と負担水準の決定があまりにも政治の影響を受けていることに対する危機意識があるからである[101]。そのような政治が耳を傾けるのは，給付は充実すべし，保険料は抑えるべし，その分は国庫負担で賄えという大衆の声であろう。それに迎合して給付の改善は先取りし，負担増は後送りにするという政治のビヘイビアの結果は，国庫負担の増額・国債増発による後世代へのツケ回しであった。結果として，大きくなった国庫負担の制約は，真に給付の充実が必要なときに，その脚を引っ張ることになるのである。国や地方公共団体による保険事業の直営を止め，独立した公的保険主体による自律的な保険財政の枠組みを確立し，そのなかで被保険者自身に給付と負担の選択をしてもらうことにより，国民は真に社会保険の合理性を理解し，安易に国家に依存する姿勢から脱却できるだろう。また，被保険者が自ら当事者として社会保険の運営に参画することにより，社会保険を専門家支配に陥らせないことにも繋がるはずである。

（3）簡素・明瞭の要請

　簡素・明瞭の要請は租税原則でも掲げられる[102]が，社会保険においても重要な原則である。というより，租税の場合より社会保険における方がさらに重要

---

100)　このほか 10 歳代未満と 90 歳代以上の世代代表には，その立場に立って発言することを宣誓した学識経験者等を代理のメンバーにしてもよい。

101)　社会保障の規模が拡大し，国民生活に与える影響も巨大なものとなったとき，政治家はそれを有権者の支持獲得の格好の手段としたい誘惑に駆られるのであろう。しかし，とりわけ国民との“お約束”である社会保険を政治的思惑で弄ぶことは極めて危険である。2009（平成 21）年の政権交代において年金制度改革に関する一見，口当たりのいいマニフェストが掲げられたことは記憶に新しい。あのときの苦い記憶を政治家も国民も忘れないようにすべきであろう。

102)　A・スミスは公平性のほか，明確性・確実性・便宜性・徴税費最少を掲げ，A・ワーグナーも税務行政上の原則として同様の項目を掲げている。わが国でも租税 3 原則として公平性・効率性（中立性）・簡素（徴税と納税協力費の最小）が掲げられる。

ではなかろうか。前述したとおり，社会保険における負担と給付の適切な均衡水準は，政治家でも官僚でもなく，被保険者自身が判断するほかなく，その判断が正しく行われるためには，社会保険の仕組みが専門家にしか理解できない複雑なものであってはならないからである。自律的な保険財政の枠組みを前提とした被保険者参加による保険運営が成り立つには，社会保険の仕組みが簡素・明瞭であることが不可欠なのである。

　にもかかわらず，社会保険が複雑化するのは何故だろうか。冒頭の注１にも書いたように，まず，保険給付が保険料の対価であるがゆえに，その保障に漏れがないようにしなければならないという要因が考えられる。これによる複雑化は，特に年金保険において顕著かもしれない。また，経済社会がどのように変化しても対応できるよう制度設計することは理想ではあるが，人間の想像力には限界があり，当初の制度では対応できない経済社会の変化が生じれば制度の追加・変更が必要になることも，複雑化の要因の１つと考えられる。しかも，その対応は，適時適切なタイミングで行われるのではなく，多くの場合，時機を失しがちとなり，その分，大仰なものとならざるを得ないことも複雑化に拍車をかけるだろう[103]。さらに，医療保険や介護保険のようなサービスに関する制度において顕著であるが，被保険者・患者・利用者・サービス事業者の幅広い具体的要望に応えようとするあまり，サービスを規律する基準や報酬体系が加速度的に複雑化する現象も見られる。医療や介護サービスに関する患者・利用者の多様な要望について国会等で何らかの対応が求められた場合，財源や制度の制約のため十分な対策ができない場合でも，基準や報酬で何らかの措置を講じていれば，一応の回答となるからであろう。このほか最近は，政府の政策担当者が“仕事熱心”かつ“お節介”なあまり，制度いじりをし過ぎる面もあるように感じられる。特に，それが制度の本質や経緯を十分に理解しないまま，思いつきのように行われると制度の複雑さは一層，増すこととなる。どんな内容であれ，いったん付け加えられた制度内容を“削除”することは官僚組織にとって不可能に近いからである。

---

103)　高齢者医療制度が現在のように大仰になったのは，老人医療費無料化という初期設定の失敗とそれによって生じた問題への対応の遅れに原因があったと考えられる。本書第２章Ⅲ　高齢者医療制度の構想史参照。

第1章　社会保険の政策原理〜連帯と強制の間〜

このように制度の内在的性向や官僚の行動様式に由来する制度の複雑化を放置していては，社会保険における専門家支配を許してしまうことになるだろう[104]。のみならず，国民や関係者は制度の改正動向を追うことに終始し，過度に制度依存的となったり，社会保険は国がやっているもので自分たちはその対象に過ぎないと思ったりするようになるかもしれない。国民は，社会保険を自分たちが支えるものとは考えなくなるだろう。

それでは，制度の複雑化に対する有効な歯止めはあるだろうか。残念ながら，現在の政治の風景を見る限り，決め手はないように思われる。まずは，制度改正は国民にとって"改正"であるとは限らず，むしろ全体としては好ましくない結果を招くこともあること，制度の複雑化は事業者にとって報酬請求における算定誤りなどの"落とし穴"を増やし，地方行政の担当者にとって自分で考える機会を奪われ真の自治を骨抜きにするものであることを，国民や関係者が知ることから始めるほかあるまい。また，政府の政策担当者には自分たちの"善意"が必ずしも期待する"善意"の結果には繋がらず，むしろ良くない結果を齎す場合があることを認識する冷静さと謙虚さが求められるだろう。国民は政府に何かをしてくれと求めるのではなく，余計なことはしてくれるなと云うべきなのである。

---

104)　F・A・ハイエク『自由の条件Ⅲ　福祉国家における自由』第19章（3 民主主義と専門家）など。この種の社会保険に対する批判は，税による社会保障を主張する論者にも共通する。

7　結びに代えて

（1）近年の社会保険の変容

　近年の社会保険は，以上に述べたような社会保険の理念型から次第に離れつつあるように見える。1つは，社会保険の国家管理の強化である。年金保険が国共済等も含んだ一元化の方向に進む一方，医療保険も，2005（平成17）年の政府・与党医療制度改革大綱では「…医療保険制度の一元化を目指す」とされ，政府方針に初めて医療保険の一元化が掲げられたことは記憶に新しい。制度の一元化は必然的に国の関与を増大させる。また，各制度の給付率が統一されるとともに，療養の担当が保険医療機関へ一本化される状況下で，医療費の適正化が国策化し，国が前面に出て来ることとなった。従来，形式的にせよ，中医協における当事者の関与事項とされていた診療報酬の改定幅の決定が内閣権限とされたほか，医療保険法（高齢者医療確保法）のなかに初めて，医療保険の構成要素としては異質な，国の基本方針に基づく全国および都道府県の医療費適正化計画が制度化されたこともその現れである。これは，その後，2013（平成25）年の社会保障制度改革国民会議報告を踏まえ，医療と介護を総合的に確保するための国の指針に基づく都道府県計画・市町村計画の作成というスキームにも繋がったほか，先の医療費適正化計画自体もさらに強化されようとしている。これらは，前述のように自由開業制・フリーアクセスを前提とする我が国の医療保険・介護保険においてはかなり困難な試みと云うほかなく，おそらく今後，必然的に管理統制を強化する方向に向わざるを得ないものと予想される。

　もう1つの変容は，年金保険において進んだ福祉施設[105]の廃止とは裏腹な，医療保険や介護保険における事業の拡大・義務化である[106]。その一例が，高齢

---

105)　社会保険における「事業」は「施設」と同義で，元来，「保険者は被保険者の保健／福祉の向上のために事業／施設をすることができる」というものであった。年金保険料の無駄遣いとして批判を浴びたグリーンピアなども云うまでもなく施設／事業である。

106)　筆者の印象では厚生労働省の官僚の一部には，保険料を，決められた給付に使うばかりでなく，自分たちが必要だと考える事業に自由に使えるようにしたいという抜き難い願望があるように感じる。

62　　第1章　社会保険の政策原理～連帯と強制の間～

者医療確保法における特定健康診査・特定保健指導（いわゆるメタボリック症候群対策）の制度化・義務化であった。社会保険が個人の保険料拠出の見返りに当該個人に保険給付の受給権を与えるものである以上，受給権とは結びつかない[107]事業に保険料を充てることは目的外使用（例外）であり，仮に，それが許されるとしても，当該事業の実施について各保険者が個別に必要な手続きを経て被保険者の同意を取り付けた場合に限られるはずだった[108]のではないか。ところが，特定健診・保健指導はその実施を法律改正により保険者の義務とした[109]ばかりか，実施状況に応じて後期高齢者支援金を加算・減算する仕組みまで導入されたのである。メタボリック症候群対策の健康水準や医療費に与える効果自体にも種々議論はあるが，それはさておいても，この仕組みは，保険の原則からの逸脱であるのみならず，社会的合理性に欠けるものというほかない。各保険者における特定健診・保健指導の効果と後期高齢者支援金の負担額の間にはどのような関係もないからである。それとも，各人には老後の健康増進に努める責務がある（高齢者医療確保法2条1項）から，それを促すため，保険者にペナルティをかけるのはおかしくないと云うのだろうか[110]。

　介護保険における地域支援事業にも同様の問題がある。これについても各保険者における被保険者の同意手続き抜きで，法律上，保険者に実施の義務が課されているからである。2005（平成17）年改正で制度化された[111]地域支援事業は，さらに2014（平成26）年改正で，予防給付の一部も吸収して介護予防・日常生活支援総合事業と改称されたが，政府の説明によると，これは地域包括ケアシステム構築の有力な手段であると云う。地域包括ケアシステムのイメージ

---

107)　受給権の保障は予算枠との関係で見れば分かりやすい。給付費が当初の予算見込みを上回る場合，保険者は補正予算を組んででも，それに対応しなければならないのに対し，事業費がそうなった場合は当初予算で対応できる範囲で実施を打ち切っても許されるのである。

108)　すなわち施設／事業の実施は保険者の任意であり，健保組合や市町村国保においてそうであったように，各保険者が民主的手続きを踏んで行うのが原則なのである。

109)　権利性を持たせるのであれば，それらを予防給付とする選択肢もあった。ただ，その場合，法定給付と云うより任意給付に止まることになったかもしれない。しかし，メタボ対策が真に有効であれば，保険者はこぞって予防給付としたはずである。

110)　この加算・減算制度は，その後，健保組合・共済組合に限定され，協会健保は都道府県別料率への反映・国保は保険者努力支援制度・国保組合は特別調整交付金によりインセンティブを付与することとされた。保険者の種別によってこのような違いが正当化されるのだろうか，疑問である。

は今ひとつ明らかではないが，介護予防・日常生活支援総合事業のガイドラインを見る限り，"包括的""有機的""規範的統合"など，尤もらしいが具体的内容の乏しい言葉が目立つ。少なくとも，保険においては脇役であるはずの事業が給付と同様に主役を張るかのごとき説明は本末転倒と云うべきであろう。

　さらに社会保険の変容として挙げるべきは，福祉的措置の混入である。これは前述した20歳前障害に対する障害基礎年金の支給や高額療養費・高額介護サービス費における低所得者の優遇（一般より高額費の限度額が低い）にみられるように，従来から全くなかったわけではないが，近年，財政制約が強まるなか，給付の重点化という名目で，負担能力のない者（一定以上の所得や資産のない者）には厚く給付（逆に，負担能力のある者には給付を減らす）するという措置が堂々と講じられるようになってきた。介護保険における施設入所の低所得者に支給される補足給付[112]や一定所得未満の者の利用者負担据置き（一定所得以上の者は2・3割に引き上げ）が最近の例である。さらに今後，医療保険において給付抑制のためのさまざまな措置が講じられることとなれば，低所得者優遇は一層拡大するかもしれない。だが，一定以上の負担能力があると見なされた者が給付において不利な扱いを受ける場合，決められたルールに従ってきちんと保険料を負担しているにもかかわらず，給付がこのように不公平であることに彼らは本当に納得するのであろうか。制度改正により当初の保険加入時の条件を変えるのであれば，国家的詐欺と称されても仕方あるまい[113]。低所得者に対して特別の配慮をすることは必要であるとしても，前述のとおり，その配慮部分はまさに福祉的措置として公費財源により行うべきな

---

111)　制度スタートの際，介護予防・生活支援交付金という補助金が予算計上されていたが，これが毎年度の予算編成で10%削減される費目の対象となったことから，保険料財源を投入して法定することにより，削減対象から外したものと推測される。これが2014年改正で介護予防・日常生活支援総合事業となり，市町村がさらに前面に出て取り組むこととなった。あたかも"措置制度"の復活のようである。

112)　この補足給付は，世帯分離という便法によって多くの利用者が低所得者扱いとなってしまったことから，2015（平成27）年実施の改正では金融資産まで勘案して，受給者を制限することとなった。前述したとおり，フローの所得を基礎とする社会保険の受給要件にストックを持込むのは前代未聞の愚挙である。

113)　支給要件を厳しくする改正を将来についてのみ適用するのであれば，このような約束違反とは言われないかもしれないが，その場合，今後の保険加入の強制の根拠が弱くなるおそれがある。

64 第1章 社会保険の政策原理～連帯と強制の間～

である[114]。

　また，年金においても高所得者については基礎年金の国庫負担分をカットするという提案が一部に行われている。まだ豊かな老後か貧しい老後か分からない若い人々に対し，保険料を納めれば基礎年金の1／2は国が持ってあげるからと保険料納付を働きかけたのは，まさに国なのである。そんな"年金のお約束"を国が自ら守らないで，国民皆年金を守れるはずはない[115]。こんなことが議論になるようでは，誰もまじめに保険料を払う気がなくなってしまうだろう。

　国家管理の強化はともかく，事業の拡大・義務化や福祉的措置の混入のような社会保険の変容を許容してしまうことの底には，どんな発想があるのだろうか。財政制約が強まるなか，何とか給付費を抑制したいという政府の主観的意図は分かるが，それらの措置が社会保険の原則に対して無頓着に行われるのは，「連帯」としての保険契約という社会保険の基本よりも，国の法律に基づく行政的な制度であるという側面が重視されるからであろう。国が社会保障の向上・増進に努めるのであるから，その方法は国に任せてくれという姿勢である。だが，このような発想は，"社会保険とは国民が「連帯」しよう（保険契約を結ぼう）とするのを国が法による「強制」という枠組みを用いることによって支援するものである"という，われわれの制度理解から出て来るものではない[116]。

（2）公助，それとも自助の共同化？

　2013（平成25）年に出された社会保障制度改革国民会議報告において社会保険は"自助の共同化"であると書かれたことを巡って，それを批判する議論が

---

114)　介護保険の場合，すべての要介護者の給付費に公費負担が充てられていることに着目して，そこからこの福祉的措置を根拠づけようする議論があるかもしれない。だが，前述のとおり，介護保険の公費負担は，沿革的理由のほかに，リスクの高い高齢者を主たる被保険者とする独立型保険という制度設計に伴うものである。この場合の公費は"透明のガラス"のようなものであって，保険制度であるという制度の性格を失わせるものではない。保険と福祉という性格を同等に持つヤヌスのような制度の設計は困難である。

115)　これから国民年金に加入しようとする者について，そのような条件付きの"お約束"にするということはあるかもしれない。ただし，それによって保険料の納付率がさらに低下するおそれは大きいだろう。

116)　逆に言えば，国は国民が"連帯"するよう「強制」するという制度理解の方が，このような発想を容認しやすいのかもしれない。

あった。自助の共同化というより，本質は "公助" ではないかという議論である[117]。似たような議論として，社会保障は自助・互助・共助・公助の組み合わせであるという表現もあり[118]，自助の強調＝社会保障後退の口実という疑念から，社会保険＝自助の共同化説にも同様の違和感が覚えられたのだろう。確かに社会保障において "自助" が強調されることは，健康の保持増進・要介護状態の予防・老後生活への備え・勤労による稼得などの自助努力を怠った者を社会保障の対象から排除することに繋がるおそれがある。しかし，それらの努力は市民社会において個人に保障された幸福追求権の発露と云うべきであって，国が国民にそれを求める，ましてや法律上義務付ける筋合いのものではない[119]。そのような意味での "自助" は社会保障以前の市民社会の道徳の問題であって，社会保障を構成する観念として捉えるべきものではない。

　それは別にしても，社会保険や社会保障とは何かについて自助や互助，共助，公助を巡る多様な考え方があることは筆者も否定はしない。しかし，自助や互助，共助，公助の定義を明確にしないままに議論しても不毛である。そこで筆者は，問題をシンプルに考えるために，自助・互助・共助・公助の語を財源の観点から取り扱うことを提案したい。社会保険は保険料によって保険給付のファイナンスを行う仕組みであるし，社会保険以外の社会保障は，現金給付であれサービス給付であれ，公費を財源として行われるからである。

　これまで本稿で述べてきたことからも明らかなように，社会保険における保険料負担は，他者への「寛容さ」から行うものではなく，自らのリスクに備えるために行うものであるから，「自助」と云うことができる。自助として負担した保険料が期せずして他者への保険給付の財源として役に立つことがあるというのが，「連帯」としての社会保険の妙である。それを「互助」と云っても「共助」と称してもいいのだが，保険料の項で述べたように定額保険料と定率保険

---

117)　例えば里見賢治「厚生労働省の『自助・共助・公助』の特異な新解釈」（社会政策学会誌『社会政策』第5巻第2号）。ほかにも堀 勝洋・二木 立・増田雅暢といった論客の批判があった。

118)　ここでいう「互助」の意味は必ずしも明らかではないが，インフォーマルな住民間の助け合いと解する論者もいるようである。住民同士の助け合いの重要性は否定しないが，それをも社会保障の構成要素に加えるのは，社会保障の公的性格に対する無理解というべきである。

119)　老後の備えに関する努力義務の規定はないが，健康の保持増進・介護予防の努力義務は健康増進法・高齢者医療確保法・介護保険法に規定があるほか，勤労の義務は憲法に定められている。

料の違いに着目すれば，前者の場合はお互い様の範囲にとどまるものとして「互助」，後者の場合は高所得者から低所得者への所得移転が含まれるから，お互い様の範囲を超えるものとして「共助」と呼ぶこととしてはどうか。「公助」は文字どおり公費財源を意味する。以上のような用語法を前提とすれば，社会保険を「自助の共同化」と表現することは何らおかしいことではない。社会保険における「連帯」は，いわば「自助を共同化する」という理念なのである。

　そのような要素があることは認めつつも，やはり社会保険の本質は「公助」であると主張する論者の意図は，社会保険を整備し，向上・増進させるべき国の責任を強調しようというのであろうが，それを「公助」と表現することは，社会保険を被保険者自身による自分たちのためのプロジェクトと位置付ける立場からは賛成しがたい。制度整備に関する国の責任は当然であるにせよ，「公助」という語によって本節の（1）で述べたような社会保険の変容，逸脱に対する歯止めが弱くなるおそれがあるからである。なお，医療保険の患者負担，介護保険や福祉サービスにおける利用者負担も，それらの負担は自助であるとか自助でないといった議論ではなく，それらの給付の対象範囲の問題と考え，その範囲が給付の保障性として妥当か否かを議論すれば済むことだろう[120]。

　繰り返しになるが，社会保険を「自助の共同化」と理解するからと云って，社会保障の構成要素の1つとして“自助”を置くことは問題である。それが過剰に働いて給付の抑制に働くおそれがあることは，近年の生活保護バッシングを見ても容易に想像がつく。そう考えれば，生活保護法における「保護の補足性」原理も，制度内に“自助”を位置づけた[121]ものと云うより，前述のように市民社会において認められる幸福追求権が十分に発揮されることを制度の前提としたものと解すべきではないか[122]。また，最近のメタボリック症候群対策，介護予防施策などにおいて，疾病が個人の生活習慣に起因することが強調され，

120）　法律の形式論では医療保険における患者の“一部負担金”は療養の給付の内側という位置づけであるが，家族療養費の支給対象とはならない実質的な患者負担部分との違いを強調しても一般の理解は得られないだろう。両者は現実にはまったく同じ機能を果たしている。

121）　そのように解される根拠となるのが，憲法27条1項の勤労の義務である。憲法制定の国会審議の際，社会党の提案により修正追加されたものであるが，余計なことをしてくれたものである。

122）　とすれば，国が「幸福を追求する諸条件・手段」の整備にどれだけ努力したかが問われることとなる。

それらの努力が十分ではないと認められる場合に保険者や行政の介入が正当化されるおそれがあることも気にかかるところである。そのような傾向を促す契機となったものとして、健康増進法の国民の責務規定[123]が挙げられることが多いが、むしろ、それに先行する老人保健法（現・高齢者医療確保法）2条1項の基本的理念の規定の方が問題かもしれない。同規定には"国民は、自助と連帯の精神に基づき、自ら加齢に伴って生ずる心身の変化を自覚して常に健康の保持増進に努めるとともに、高齢者の医療に要する費用を公平に負担するものとする"とあるが、これは「連帯」によって費用の公平負担を根拠づける一方、「自助」によって、医療費の一部負担も含意しつつ、国民の健康の保持増進の責務を強調するものだったからである[124]。これは当時の立法担当者の発意で規定されたものであるが、それが後の改正で後期高齢者支援金のペナルティ措置の根拠の1つになろうとは発意者も想像さえしなかったであろう。この種の責務規定や理念規定は、法と道徳を混同する発想に繋がるものであり、立法担当者の趣味や法律の体裁などのために安易に定めるべきではない[125]。さもなければ、法の責務規定や理念規定を取っ掛かりに、行政による個人の自由やプライバシーの侵害が増え続けることになるだろう。

（3）　なぜ，社会保障なのか

　本稿の冒頭、なぜ、税による社会保障ではなく、社会保険なのかという問いについて、対象とするその生活ニーズの私的性格に起因する制度の普遍性、保険料の対価であるが故の保険給付の権利性の強さ、各人が加入する"保険契約"という社会保険の仕組みが持つ市民社会原理への適合性を解答として挙げたが、この問いの先にはもうひとつの、おそらくは最終的な問いが待っている。すなわち、社会保険が中核であるにせよ、それを含む社会保障は、なぜ、現代

---

123)　健康増進法2条には"国民は、健康な生活習慣の重要性に対する関心と理解を深め、生涯にわたって、自らの健康状態を自覚するとともに、健康の増進に努めなければならない"とある。

124)　法制定前であるが、当時の園田 直厚相は老人医療に対する患者の一部負担導入のねらいについて"健康への自覚を促す"ものと答弁しており、健康の保持増進の努力と医療費の一部負担は関連付けられて考えられていた。

125)　立法担当者の言によれば、健康増進法の責務規定は同法に法律としての重みを持たせるために書かれたらしい。"善意"溢れる官僚のなかには、この種の責務規定を好む者も多いのである。

社会において必要とされるのかという問いである。福祉国家というスローガンが掲げられて久しいが，それはどれだけの達成をなし得たのか，経済社会の変化のなかで重荷となっているのではないか，といった問いが，戦後の高度成長が終焉した前世紀の第３四半期が終わった頃から問われ始め，21世紀となって経済のグローバル化が一段と進むなか，基本的に"一国制度"である社会保障は規制の塊（「岩盤規制」という語も聞く）や拡大する公経済（官製市場なる語もある）として経済成長の障壁となっているのではないかという見方[126]すら出てきたからである。旧ソ連の崩壊以降，どのような資本主義システムが生き残るかという経済進化の競争場裡のなかで，各国の社会保障の意義や機能も問われているというのが現代の福祉国家を取り巻く環境であろう。とりわけ，新自由主義的なエコノミスト・学者や政治家のなかには，制度の歴史的かつ社会的・文化的な意義について自らが無知であることを知らず，また，それを恥じようともせず，社会保障の新自由主義的解体の旗を振っている者も多い。もちろん整備された社会保障は国民にとって貴重な財産であり，その後退には多大の政治的リスクを伴うから，実際の制度の動きは跛行的であろう。しかし，だからこそ我々は，なぜ，社会保障なのかという問いにしっかりと答えなければならないのである。

　だが，この問いに対し，理論的に正しい解答を与えることはおそらく不可能である。社会保障も経済社会の秩序を構成する要素の１つである以上，自由な社会を前提とすることに変わりはないものの，国によって社会保障を含む自由な経済社会のシステムは異なるのであるから，どれかのシステムの社会が"正しい"と云うことはなく[127]，どのような社会保障を含む（あるいはどのような社会保障も含まない）経済社会のシステムが生き残り，繁栄するかという歴史的・進化論的な評価しかありえないのではないだろうか[128]。もちろん経済社会システムの評価は経済的な豊かさだけではなく，国民全体の満足度・幸福度な

126）　骨太方針2015には，「社会保障給付の増加を抑制することは個人や企業の保険料等の負担の増加を抑制することにほかならず，国民負担の増加の抑制は消費や投資の活性化を通じて経済成長にも寄与する」というほとんど全面的な社会保障否定論の一文がある。

127）　筆者には「正義が行われよ。そして，世界が滅びるがよい。（Fiat justitia et pereat mundus）」と叫ぶほどの勇気はない。（前掲『ラテン語法格言辞典』）

ども含めた長期的かつ総合的なものであるべきであり，経済的なものと非経済的（社会的文化的）なものの按配も重要であろう。だが最終的には，それらの按配の程度や方法も含めた経済社会の進化論的生き残り競争が歴史の審判を下すと考えるべきである。

とすれば，そのような歴史的・進化論的競争において生き残ることのできる，社会保障を含む経済社会の秩序，就中，社会保障のシステムはどうあるべきかを戦略的に考えることこそが重要であろう。本稿で述べてきた社会保険の政策原理は，このような観点から，自由な経済社会に適合的な社会保険[129]の基本的な在り方について具体的な制度に即して考えたものであった。社会保険は被保険者自身による「連帯」のシステムであり，国はそれを支援するものと捉えること，給付の保障性を保ちつつ保険料との対価性を失わないこと，保険財政の自律性を確保し，その枠組みの中で当事者である被保険者の参画による保険運営を目指すことなどは，そのための戦略である。また，社会保険以外の社会保障は，最低生活保障の公的扶助とリスク分散の対象とはならない生活困難への公費給付の範囲内とすることも，それに付加されるだろう。

社会保障の在り方は，国民，それもどの国に生まれて来るか分からないよう無知のヴェールを被された国民によって選択されるか否かという基準によって，（最終的には進化の競争場裡で生き残ることができるか否かにかかっているにしても）先ずは判断されるべきものであろう。それは，たとえ，どのような状態や境遇，能力に生まれようと，この国に生まれてきて良かったと思うことができる社会を国民が選択することを意味する。そこでの社会保障は，人々が伝統的社会から切り離され，アイデンティティの基盤である生涯設計を立て

128）F・A・ハイエク『哲学論集』嶋津 格 監訳 第3部 心と秩序の進化論 IX 行為ルールシステムの進化，X 法秩序と行動秩序などを参照。福祉国家の試み（所得再分配によってすべての集団にそれぞれの所得を保証しようという試み）に否定的なハイエクであるが，老齢年金は認めないものの，健康保険は容認しており，最低生活保障の制度もレベルは別にして否定はしていないようである。

129）自由な経済社会に適合的であることには副作用もある。経済学者が，社会保障制度の特質を無視して，それをも一般の経済政策の対象と同様に考える傾向が強まることである。アンソニー・B・アトキンソンは，その近著『21世紀の不平等』で，マーティン・フェルドスタインの発言を例に挙げ，「社会保障制度をめぐる今日の議論の多くはその制度的な特長を無視したものだし，この点では経済学者はいちばん悪質だ」と書いている。

ることが難しくなった産業社会において，人々の生涯設計の条件を整備し，その アイデンティティを確立することに資するはずである[130]。そのような選択がなされた国の，社会保障を含む経済社会の秩序こそが，社会の統合と安定を実現し，歴史の進展のなかでも生き残っていくことができるに違いない。

（原初稿：2015.03.31，初稿：2018.03，加筆修正：2018.06）

---

130) 筆者は，社会保障は，単に経済生活の保障ではなく，伝統的社会では明確であった個人のアイデンティティの基盤が危うくなった産業社会化以降の人間の意識との関連においても位置づけられるべきであると考える。社会保障を人々のアイデンティティの基盤となる生涯設計の条件を整備するものと捉えれば，それは長期にわたって安定的であることが必須であり，頻繁な改正はむしろ改悪であると云うべきである。

【参考】日本の社会保険の基本構造

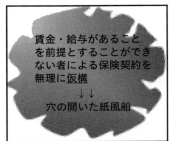

　AとBはいずれも保険契約構成であるが，構造の強度には，それが対象とする被保険者集団の特性によって差がある。社会保険を国民自らが「連帯」するための条件整備と捉えれば，制度の強靭さは強制加入の法規範に拠るのではなく，被保険者の意識に支えられる「連帯」のシステムとしての保険契約の強度により規定される。

　社会保険には次の２つの側面がある。
　① 自他の利害を共有する者による「連帯」のシステムとしての保険契約
　　　→　交換の正義に基づく給付の対価性
　② 社会保障の目的達成のために求められる保険契約への加入強制
　　　→　給付の対価性の範囲で求められる給付の保障性

　Aにおいては，②の観点から①を修正（収入比例保険料・標準報酬の上下限等）。Bにおいては①の要素が脆弱なため，②を確保するため①をさらに修正（公費負担等による給付の底上げ等〜国民皆保険・皆年金は最終的にBの制度化に負っているので，この修正が正当化される）。

　AとBをひとつの制度にする（制度の一元化）には，ゴムボールの中身を出して紙風船の中に入れるしかない。すなわち，Bをベースとする一元的な制度であるが，それはBの持つ脆弱さを受け継ぐこととなる。

＊上記の図は短期保険のイメージで作図してあるが，長期保険の場合，基本は変わらないものの，時間が挟まる（負担者と受給者の分離）ことにより，A・Bいずれの場合も「連帯」の成立がより難しくなる。

第 2 章　医療保険

I　国民皆保険の構成と機能

はじめに

　日本の医療保険制度は 1922 年公布／ 1927 年施行の健康保険法に始まり，日中戦争下の 1938 年に公布された旧・国民健康保険法の下でいったん国民皆保険に近いところまで到達した。この取組みは敗戦による国保の崩壊により頓挫したが，1948 年の新・国民健康保険法により再スタートした後，1959 年，国民皆保険の実施に向けて同法が全面改正され，1961 年に全市町村での国保実施が実現して国民皆保険体制が成立した。

　国民皆保険成立後 50 年，それは国民にとって存在するのが当然のものとなり，その維持は国民のコンセンサスとなっていると言っていい。だが，少子高齢化が進行し，国民経済の負担能力に限界が見え始めた今日，それを維持するには容易ならざる努力が必要となりつつある。国民皆保険は国民の医療に対するニーズと費用負担の微妙なバランスの上に成り立っており，それを維持するには国民各層の理解とその自制・深慮・覚悟が求められるからである。

　本稿のねらいは，現在の日本の国民皆保険について，個々の制度や仕組みに囚われることなく，それらを総体として捉えて，国民皆保険の構成を明らかにした上で，それがどのように機能しているか，また，今後とも機能し続けていくにはどのような見直しが必要かを考察することである。

74　第2章　医療保険

1　国民皆保険の構成

　現在の国民皆保険体制がどのように構成されているかについては，さまざま
観点があるだろうが，ここでは次の3点をその特徴として提示しよう。すなわ
ち，①極めて律儀に全国民をカバーする皆保険体制であること，②負担は被用
者保険（健康保険・共済組合）と地域保険の二元体系である[1]が，給付は事実
上一本の統一的体系であること，③実体面のみならず制度面においても，基本
的に医療機関の自由開業制を認めると同時に患者のフリーアクセスも保障して
いること〜の3点である。これらについて簡単に説明し，そこからどういうこ
とが帰結するかを以下に述べることとする。

（1）律儀な国民皆保険体制

　前述のとおり日本の医療保険制度は，第1次大戦後の不況に伴い労働運動が
盛んになるなかで，大正の末期（1922年）に成立した健康保険法を嚆矢とする。
一般的な医療保障の方法としては，社会保険方式による場合と税方式による方
法があるが，日本において社会保険方式による健康保険が採用されたのは，資
本主義経済社会である以上，半ば当然の選択であった。個人の自己責任を基礎
としつつ，リスク分散のために，それを共同化する保険の仕組みは近代市民社
会の原理に適合的だったからである[2]。ちなみに税による医療保障の典型とさ
れるイギリスの国民保健サービス（NHS）は1948年，アトリー労働党内閣の
A・ベヴァン（Aneurin Bevan）保健相によって公立病院や篤志病院の国営化と

1）　2008年スタートの後期高齢者医療制度は，被用者と否とを問わず，後期高齢者を一律に地域住民
　と捉えて適用する一元的な制度であり，その限りで二元体系の例外というべきであるが，給付費の
　相当部分を医療保険者からの支援金で賄うこととなっており，二元体系と完全に無関係とは言えな
　い。
2）　社会保険方式は，自由な個人が，個人主義の基本原理である自己責任を放擲することなく，自助
　を共同化することによってリスクに備えるものである。P・ロザンヴァロンは，それは「（分配正義
　によって統治される）理想の社会国家と（交換正義に基づく）厳密な法治国家との間の距離を減じ
　せしめる」というライプニッツの文を引用した後，だからこそ「19世紀後半に法律家たちが保険原
　理に熱狂した」のであったと書いている（P・ロザンヴァロン『連帯の新たなる哲学』北垣徹・訳／
　2006 勁草書房 P13・19）。

ともに制度化されるまで待たなければならない[3]。

　日本の健康保険制度は，ビスマルクが創設した疾病保険の例に倣い，ドイツ型の労働者保険を採用したが，ドイツとは異なり，高収入の者も含む適用事業所のすべての被用者(経営者も法人の被用者と見做す)を対象とするものであった。

　戦後，国民皆保険体制を再建しようというとき考えられる方法はいくつかあったが，実際に採られたのは，この健康保険制度の存続を前提として，当時の健康保険が適用対象としていなかった事業所(使用されている者が5人未満)の被用者も含め，既存の制度に加入していない残りの者はすべて地域住民として国民健康保険の下でカバーするという方法であった。労働者保険である健康保険と地域保険たる国民健康保険を統合して新たな一元的な制度を創設するという選択肢も理論的になくはなかったろうが，現に存在する健康保険制度を解体して新たな制度を創設するという選択は，実際問題としては政治的にも行政的にもほとんどあり得なかったものと思われる。

　また，ドイツのように被用者保険の適用を拡大して出来る限り多くの国民を医療保険に加入させるという方法も，第1次産業の就業者が人口の約1／3を占めるという当時の日本の状況では，"国民皆保険"という政策目的を達成するには不適当であったろう。ただ，健保加入者以外を強制的に加入させる国民健康保険は，勤労収入があることが定義上想定される被用者の保険と異なり，所得のあることを確認できない住民まで加入の対象とするものであり，生活保護の適用を受けていない以上，何らかの所得があるだろうという推定の下に立つものでしかなかった。保険料徴収を前提とする保険制度としては何とも心許ない制度と言うほかない。逆に言えば，それほどまでして(生保受給者以外の)全国民を強制加入させようという律儀な皆保険体制を選択したのである[4]。

　このような律儀な国民皆保険体制は，制度設計や運用における様々な局面で，

────────

3)　NHS の主要部分はベヴァリッジ報告が前提としたものであるが，自治体病院や篤志病院の国営化は当時の労働党内閣の手で行われた(一圓光彌「イギリスの国民保健サービスと医療の社会化」，『国際社会保障研究』第 16 号 1975/ 9 所収 P51)。これらの改革は保健相であった労働党最左派のA・ベヴァンが主導したと言われている。もっとも，ベヴァンは後に，その改革案が自ら作成したものであることは否定し，自分が保健省に着任したときには既に机の引き出しに NHS の案が用意されていたという(エイベル・スミスがベヴァンからの直話として一圓光彌教授に語った内容)。

図1　皆保険以前

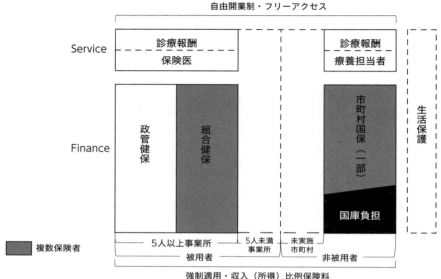

例外がない故の要請をもたらす。例えば、医療給付に関しては、すべての国民が医療保険に加入している以上、国内に存在する医療機関および国内で利用可能な医療技術や医薬品はすべからく保険で利用できるべきであるとされ、その結果、現に開設されている医療機関や標準的な医療技術、薬事承認済みの医薬品はすべての国民に一律に保険適用されることが原則となったのである。そうなると医療機関の収入の大部分が医療保険の診療報酬により賄われるため、その内容や水準が医療機関の経営のみならず、医療内容までも事実上規定してしまう事態が生じてくることとなった。

　また、強制的にすべての国民を医療保険に加入させる以上、それは国民すべてに通常必要な医療サービスを提供することを約束するものと受け止められ、保険給付のみで必要な医療はカバーするという観点から、保険適用と保険適用

4）　もっとも、新・国民健康保険法の制定時（1959年）は、生保の被保護者も3か月間は国保の適用対象とする一方、貧困のため市町村民税を免除されている者とその世帯に属する者は適用除外とする条例準則が制定されるなど、皆保険の"律儀さ"は必ずしも腰が据わったものではなかった（島崎謙治『日本の医療』2011 東京大学出版会 P63）。

図2　皆保険達成

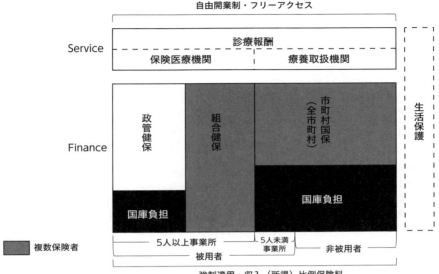

外の診療行為の併用を原則として認めない"混合診療の禁止[5]"という要請が導かれた。

さらに，給付の程度もこの皆保険の約束を実効あらしめるため，国保や健保家族の給付率が当初の5割から逐次，7割に引き上げられてきた。もちろん，健保・国保という二元的制度の下で分立する保険者への加入を法的に強制する以上，各制度・保険者の間で給付や負担はできる限り平等・公平であるべきとの要請があったからである。

(2) 統一的な給付体系

(1)に述べたとおり国民皆保険体制は，制度としては被用者保険・地域保

---

[5] 保険適用外の診療との併用を認めると，自費となる保険適用外部分の費用を負担できない者が出てきて，結果として，強制加入させられ保険料も納めさせられていたにもかかわらず，必要な医療を受けられないこととなるおそれがあるというのが，混合診療禁止の理由である。現在は保険外併用療養費という仕組みによって，将来保険適用するか否かの評価という位置づけの下，限定的に混合診療が認められている。

険の二元体系となり，必然的に保険料負担はそれぞれの制度に属する保険者ごとに行われることとなったが，給付面は幾多の曲折はあったものの，各制度・保険者を通じ，現在ではすべて統一されるに至っている。まず，医療機関に支払われる診療報酬は1959年の国保法の全面改正以来，各制度を通じ，厚生（労働）大臣が定める健康保険の診療報酬の例によることとされ，その基本は今日まで変わっていない。また，当初は健保と国保で保険医療機関と療養取扱機関に分かれていた保険医療の担当機関も1994年には保険医療機関に一本化され，その指定・指導監督権限も2001年からは厚生労働大臣の下に集約された。さらに，給付率も2008年から原則として各制度・保険者を通じて7割（患者負担割合3割）に統一されている。患者負担が一定額を超えた場合にその分が償還される高額療養費制度も各制度共通である。

このように給付面が統一された日本の国民皆保険体制は，1つの形をした上半身（給付）を持ちつつ，下半身は3000近い脚に分かれて保険料という養分を集めている巨大な1つの生命体に比すことができるだろう。この給付体系の統

図3　現行制度

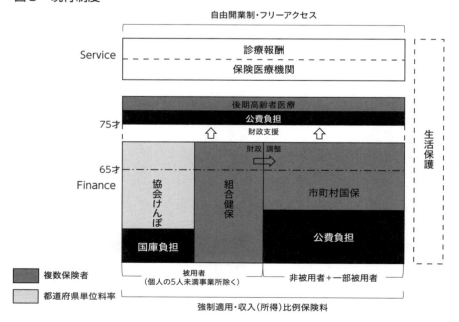

一は，前述のとおり，各制度が強制加入である以上，給付内容（診療報酬）は同一，医療の給付率は平等でなければならないという建て前の下で進められた。

　このうち，給付率の統一は，皆保険である以上"給付の平等"が望ましいという要請があったとはいえ，結果として，給付レベルに関する保険者の権限をほとんど否定してしまう結果となってしまった。比較的近年まで，給付率は制度によって異なり，保険者に給付率を上乗せする権限が認められる場合もあったが，現在は保険者にはこれらの権限は与えられていない。また，入転院の承認などの給付手続きに関する保険者権限も一切なくなってしまった。残ったのは，保険者が保険給付に関連して行う事務事業[6] の機能だけであり，そのような保険者機能の強化に保険者としてのアイデンティティが見出されている現状である。結果として，保険者が自律的な保険運営組織ではなく保険料徴収機関に近い存在となってしまっていることは否定しがたい。このような給付に関する保険者権限がほとんど失われた医療保険においては，保険者のレベルで医療費規模を適切にコントロールすることは極めて困難である。

（3）　制度の二元体系と制度内での保険者の分立

　国民皆保険体制が被用者保険と地域保険という性格の異なる2つの制度体系の下に多くの保険者が分立する構造となっていることをどう考えるべきだろうか。これに関しては，日本のように律儀に国民すべてを医療保険でカバーするのであれば，制度体系を一元化し，保険者も1つに統一して，皆が公平に統一的な基準により保険料を負担すべきではないか，さらには，国民全員を対象とするのであれば，わざわざ保険料として費用を徴収する意味があるのか，保険料のように未納などで受給が制限されることのない，税を財源とする制度の方が医療保障の確実性を担保できるのではないかといった意見が当然に出て来よう。すなわち，律儀な国民皆保険制度は，全国民が統一的に保険料を負担する一本化された制度や，さらには広く国民が負担する税による制度へと直結する契機を内包しているのである。それにもかかわらず，被用者保険と地域保険という二元体系，その下において多くの保険者が分立するという現在の皆保険体

　6）　医療費の事後審査（レセプト点検），受診状況や医療費額の被保険者への通知，メタボリック症候群対策のための健康診査や保健指導などがその例である。

80 第2章 医療保険

制は合理的であると言えるだろうか。

　この問題を考える場合，そもそも国民に対する医療保障をどのような性格の
ものとして理解するかが議論の岐路になるだろう。1つの理解は，貧困者など
に限定することなく，国民一般に対する医療の保障は国家の義務であるとする
立場である。これは憲法レベルでは，25条2項に規定された"社会保障の向上・
増進に努める"という国の責務について，これを医療保障の直接的な責任は国
にあるという前提に立っていると理解する立場であり，そこからは，A-1）国
が税財源で直接医療サービスを提供するという制度か，A-2）憲法13条の趣
旨も加味して，医療保険の制度を採用した上で国が自ら全国一本の保険者と
なって医療給付を行うという制度のいずれかが導かれる[7]。もう1つの理解
は，憲法25条と13条を同程度の重みで受け止め，国民が，自ら健康で文化的
な生活を追求する自律的な個人として，傷病により貧困に陥ることを防ぐため
相互に扶け合う医療保険をそれぞれの集団ごとに組織することとし，国の責務
は，その権限を利用して医療保険の枠組みを設けることにあるとする立場であ
る。ここからは，B）それぞれが属する経済的社会的な同質性のある集団ごと
に医療保険を組織するという国民の選択を前提として，その結果としての制度
や保険者が分立する皆保険体制も許容される余地が出てくる。国の責務は，強
制加入や強制徴収を伴うそれらの制度を法により定立することで果たされるの
である。

　これらのうち，どの理解に立脚するかは，それぞれの社会観・国家観によっ
て異なると言うほかないが，A-1）の考え方は，前述のとおり，個人を基本と
する自由社会である日本の国柄に相応しいかどうか疑問である一方，A-2）お
よびB）の方法は，個人の自助を共同化する社会保険であるから，国家の関与
に程度の濃淡はあるが，一応は日本社会の基本的なあり方に即しているとは言
えるだろう。A-2）およびB）の方法の差は，前者が保険料負担も統一される
のに対し，後者は制度や保険者の分立により制度間・保険者間で格差が生じる

7）　政府が全国民を対象とする全国一本の保険者となっても残るのは，①保険料を負担しない者の保
　　険給付は認められない，②給付が保険料負担の対価である限り，受給権は強く保障される，③これ
　　らを前提に，医療費水準は被保険者である国民自身が保険料負担との見合いで決めるべきであると
　　いう3点であろう。換言すれば，これらが医療保険の本質部分である。

ことである。したがって，仮に B) の立場を選択するとすれば，現行の制度・保険者分立体制に，全国的な保険料負担の統一による"公平の達成"を超える現実的な合理性があるか否かが問われることになる（後述）。ただ，実際に辿ってきた医療保険の制度改革の歴史を見ると，そのような現実的な合理性の有無が問われることなく，給付の平等・負担の公平という理念的な議論のみが行われてきたことは否定し難い[8]。

　仮に日本の医療保険制度がドイツの疾病保険のようにすべての国民をカバーするものでなかったなら，平等や公平がこれほど争点になることはなかったであろう。国民皆保険体制を採る一方で，保険者間格差が不可避な制度・保険者の分立を採用したことによる困難，そこに現実的な合理性があったとしても，実際の制度議論では常にその格差を是正する対応を求め続けられたのは，律儀な現行皆保険体制の抱える宿命と言えるかもしれない。

（4）自由開業制とフリーアクセス

　自由な経済社会においては医療も市場サービスの１つとして，サービス提供者と利用者の自由な取引により行われるのが原則である。しかし，公的医療保険を組織する場合，その対象となる医療サービスの提供と利用をどのような仕組みにより行うこととするかについて一義的な方式は存在しない。もちろん，公的な医療保険でファイナンスする以上，その収入の範囲内に収まるように保険者（全国を通じて１つであれ，複数であれ）が医療サービスの提供と利用をコントロールしたいという発想は普通に出てくるだろう。例えば，医療給付はすべて保険者の直営病院で取り扱うというのは医療保険のプロトタイプの１つである。あるいは保険給付を担当する医療機関をすべて公営または公的医療機関にして，保険者や保険者の意を受けた政府の統制の行き届きやすいものにすることも考えられる。だが，健康保険法制定時に限らず，救貧医療的な医療機関を除けば，民間病院が太宗を占め，公的あるいは慈善的な医療機関が少なかっ

---

8)　2005.12「政府・与党医療制度改革大綱」では，"都道府県を単位とする保険者の再編統合を進め，保険財政の基盤の安定化を図り，医療保険制度の一元化を目指す"とされたほか，2009「民主党マニフェスト政策各論」では，"被用者保険と国民健康保険を段階的に統合し，将来，地域保険として一元的運用を図る"と書かれていた。

82   第2章　医療保険

た日本では，現実にはそれらの方法を採ることはありえなかった。社会主義勢力が政治の主導権を握ることのなかった日本では，ファイナンス面で強制加入の医療保険を整備するという"社会民主主義的政策"が限界だったのである。

　したがって，そのような伝統の下では医療機関の自由開業制も当然のこととされ，それと裏腹の関係[9]において患者の医療機関の自由選択制（フリーアクセス）を否定することもまた困難であった。また，これらの実体面における慣行は，保険制度においてもそのまま承認するほかなかった。それらは，医療法における開設許可を受けた医療機関を原則としてそのまま保険医療機関として指定する条項（健保法65条3項）と療養の給付を受けようとする者は自己の選定する保険医療機関から受けるものとする条項（健保法63条3項）によって担保されている。しかも前述のように，保険者は被保険者の受診に関してはゲートキーパー的な権限は何ら与えられていないので，保険診療は結果として，公定の診療報酬の下で自由な医療サービスの提供と利用を認める「準市場」において行われるものとなったのである。

　医療保険制度上，準市場における患者のフリーアクセスと（診療方針・診療報酬に従う限りでの）医師の自由な診療[10]を認めるということは，医療機関が被保険者である患者を診療した途端，事実上，その保険者に対する診療報酬債権が発生することを意味する。換言すれば保険者にとっては自分の与り知らないところで受診した患者に係る診療報酬債務を自動的に負ってしまうのである。特に，DPC（診断群分類別包括評価）など入院医療の包括払いが増えてきたものの，出来高払いを原則とする現在の診療報酬の下では，この医療機関の保険者に対する一方的関係は，審査支払機関や保険者自身が行う事後的な審査があるとは言え，給付体系の統一によって給付レベルに関する保険者権限が失われていることと並ぶ，日本の医療保険者が抱えている根源的な困難の1つと言えるだろう。

　9）　自由開業制が否定され，希望する地域での開業が否定された医療機関はその決定を下した行政庁に"患者の保障"を求めるだろう。そうなれば，患者は地域を超えた受診が制限されることとなり，フリーアクセスは崩壊に近づく。

10）　1960年代初頭に行われたいわゆる制限診療（抗生物質の使用方法等を制限していたルール）の撤廃により，医師の診療の自由がほぼ完全に実現した。

I 国民皆保険の構成と機能　*83*

　他方，国民皆保険であることは，この保険診療の準市場とは相矛盾する要請も内包している。それは，国民全員に加入を義務付ける以上，全国どこでも必要な医療サービスを受けられる機会が与えられるべきだという要請である。皆保険達成時に全国の市町村に国保直営診療所が拡がったのは"保険あって医療なし"は許されないという，このような要請に基づくものであった。だが，医療資源には限度があるばかりでなく，自由開業制を前提としている限り，この要請に制度上確実に応えることは困難である。したがって最終的には，この問いかけに対しては，必要とあれば医療機関のあるところに出かけて受診できるのだから，必要な医療サービスの保障という皆保険の要請に応えていないわけではないという苦しい釈明が行われることとなる。医療保険給付の受給権は，受診した医療機関で診察を受け，治療が行われた時点で発生するというわけである。しかし，この要請には根強いものがあり，近年の医療法改正では，都道府県が策定する医療計画において具体的な医療機能に即した医療機関の配置を記載することとされた[11]が，それを強制的に実現する手段がないことは前述のとおりである。

2　国民皆保険の機能（分析）

　日本の国民皆保険に対する評価は世界的にも高い。すべての国民を対象に，医療機関へのフリーアクセスを保障した上で，極めて質が高いとは言えないかもしれないが，国際的に見れば相当なレベルの医療を，それほど高くないコストで提供できているからである[12]。しかし何故，それが可能だったのか。人間

---

11)　2006年に制度化された4疾病（がん・脳卒中・急性心筋梗塞・糖尿病＋後に精神疾患），5事業（救急・災害・僻地・周産期・小児）にかかる医療計画であるが，医療関係者は，これらに必要な医療従事者の確保などに関する協議に参画するよう都道府県から求めがあった場合には，それに協力するよう努めなければならないとされているのみである。また，2015年には機能別に病床の適正配置を目指す地域医療構想も制度化されている。

12)　総医療費支出のGDP比は11.4%（米・スイスに次いでOECD中，3位），米16.6%・仏11.1%・独11.0%・英9.9%・スェーデン11.2%などとなっている（いずれも2014）。日本のGDP比はかつてに比べて上昇している。ただし，日本の1人当たり医療費は4,152ドルで順位は15位である。OECD Health Data 2014。

84   第2章　医療保険

の長寿や健康への願望を背景に続く医学医術の高度化や経済社会の成熟に伴って半ば必然的に進行する高齢化によって，国民医療費は傾向的に増加する一方，自由開業制と患者フリーアクセス（医療提供・利用の統制の困難）・出来高払い原則の診療報酬（個別医療費抑制の難しさ），律儀な国民皆保険であるが故に求められる必要な医療内容（混合診療の禁止）などのため直接的な医療費コントロールの手段をほとんど持たない制度において，①医療給付費の伸びを長期的に見れば概ね国民経済の負担能力を超えることのないよう抑制し，②それでも増加する費用を何とか調達することができた要因は何だったのか。

（1）医療給付費の伸びのコントロール

　まず，①の増加する医療給付費を国民の負担能力の範囲を超えないようにすることについては，患者負担分の引上げ・拡大（給付率の引下げ・入院中の食費やホテルコスト負担の導入）などの考えられる措置はほぼ実施し尽くされ，これ以上の給付費の範囲縮小による抑制は限界にあることから，近年の医療給付費の抑制は主としてマクロの診療報酬改定幅の調整によって行われてきた。もちろん，年度ごとの GDP 伸び率と厳密にリンクさせるということではないが，2007 年の厚生労働省の「医療費の将来見通しに関する検討会」で明らかにされたとおり，医療費は 4 ～ 5 年のタイムラグを持って経済成長の伸びを大きく上回らないように診療報酬の改定幅の操作によって長期的にコントロールされてきたのである[13]。問題は，このマクロの診療報酬改定幅の決定が予算編成過程で内閣によって行われるため，主に国庫負担抑制の見地から行われることであった[14]。小泉内閣時代，厳しい概算要求基準の設定によって診療報酬の改定幅が 3 回にわたってマイナス～ゼロに抑えられ，“医療荒廃”の一因となったことは記憶に新しい。

　そういう問題はあるが，マクロの診療報酬改定によって医療費をコントロールするという方法は，それなりに現実妥当性を持っていたように思われる。そ

---

13)　http://www.mhlw.go.jp/shingi/2007/03/dl/s0322-11d.pdf

14)　内閣が予算編成過程で行う以上，与党の介入は必然であった。医療側の意を受けた与党が診療報酬の引き上げを強く要求するのに対し，国庫負担を抑制したい財政当局が抵抗するという構図であるが，2000 年以降，民主党政権時を除き，小泉政権時代は後者の意向がより大きく反映された。

う考える理由の１つは，医療機関の診療行動や患者の受診行動を直接コントロールするものではないということである。自由開業制やフリーアクセスに触らず，価値判断に絡む感情の問題を勘定（お金）の問題として扱うのは賢明な対応だったと言ってよい。もう１つは，逆説的ではあるが，水漏れのない完璧な方策ではないことである。医療費の支払いは総額予算制ではないので，疾病の流行などによる患者数の変動や丁寧な診療行為（例えば，念のための再診を促す）などによって診療報酬の支払い額が変動しうることや，実質的に医療機関の収入となる薬価差[15] などによって診療報酬の減を補うことができたり，室料差額や日用品費などの保険外負担額を医療機関が決められたりすることなどがバッファーの機能を果たしているからである。これらのことにより，医療機関にとって診療報酬の抑制が総体として我慢可能なものにしていたと言えるだろう。なお，言うまでもないが，このようなマクロの診療報酬改定幅の調整によって国民医療費のコントロールが何とか上手くいっていると言えるのは，１（２）で指摘したとおり，国民皆保険下ですべての医療機関が厚生労働大臣による保険指定を受け，厚生労働大臣が全国一本で定める診療報酬の適用を受けるとともに，それ以外の収入の途がほぼ閉ざされているからにほかならない。いわば，日本の医療機関は出口なしの状況で"日本に１つだけのHMO[16]"に組織されているのであり，そのことが日本のマクロ医療給付費のコントロールを可能にした条件だったのである。

（２）財源の調達

　では，②の必要な医療給付費を賄うための財源調達はどうなっていただろうか。必要な保険料や公費の確保は円滑にできたのだろうか。ここで登場するのは，１（３）で述べた制度の二元体系と制度内での保険者の分立の評価である。
　前述のとおり，国民皆保険と言いながら，制度体系は二元的で，そのなかで

---

15)　薬価差益額は1990年代ほぼ一貫して減少していたが，2003年度以降増加傾向にあるとの分析もある（川口秀祐「医療用医薬品卸にとって薬価差益とは何か（２）」『国際医薬品情報』2011.6.27 国際商業出版 P33，同誌 2012/ 8 /13 P27 も参照）。もちろん，薬価差益は次期薬価改定で回収され，医療費の自然増も大きくなれば診療報酬改定幅に影響を与えることになる。

16)　Health Maintenance Organization：アメリカの会員制民間保険組織。会員は組織が契約を結んだ医療機関で受診する。

保険者も分立している状況は，"給付の平等・負担の公平"という理念に反するのではないかと常にその非合理性を批判される宿命にある。給付体系の統一が成った以上，残るは"負担の公平"の実現ということになるが，医療保険がファイナンスの仕組みである以上，これをどう考えるかは，簡単には結論の出せない本質的な問題である。すなわち，"負担の公平"をあらゆる困難を乗り越えても実現すべき理念と考えるか，それぞれが属する経済的社会的な同質性のある集団ごとに医療保険を組織するという国民の選択を尊重し，帰属集団の属性に起因する負担の格差は不可避のものとして，社会的許容範囲を超えない限りは許容されるべきもの[17]と考えるかの違いである。筆者は，医療保険を自由な個人による自助の共同化の企てとして位置付けるべきであると考えるので，各人が加入する制度・保険者間に生じる負担の格差もある程度はやむを得ないものであるとする立場であるが，さらに国民皆保険を維持するためには，"負担の公平"という理想主義的なスローガンを超えて，実際的かつ政治的にも制度の二元体系・保険者の分立にはそれなりの合理性・妥当性があったと考えるべきだと思う。

　仮に医療保険が全国一本の保険者に統合されたと考えてみよう。1（2）で指摘したとおり，勤労収入があることを前提とする，その意味で保険料調達力に優れた，比喩的に言えば強固な地盤の上に立つ被用者保険とは異なり，地域保険は，保険料負担能力の有無を確認できない，その意味では極めて脆弱な地盤の上に構築される制度である。問題は，この2つの異なる地盤にまたがって単一の制度が立つ危険をどう見るかである。完全に統合一本化された医療保険では，保険料は，後期高齢者医療と同様，住民税の課税所得をベースに定額部分（負担能力に応じた軽減あり）と所得割部分に分けられ，しかも全国単一の方式で決められるだろう。被用者・非被用者を通じた保険料であるから，当然，被用者といえども事業主負担を求めることはできず，その分の保険料は高くな

――――――――――
17)　政策的議論では，「保険者の責めに帰すべき事由」による負担の格差は容認されるが，「保険者の責めに帰すべきではない事由」による負担の格差は是正すべきであるとして，保険者間の財政調整が正当化されることがある。しかし，本当に「保険者の責めに帰すべき事由」として皆が納得するのは，保健事業による医療費効果（の一部）やレセプト点検などの保険者事務により生じる医療費効果くらいではないか。そうであるとすれば，保険者間の負担の格差の大部分は容認できないものとなり，医療保険は一本化すべきということになるはずである。

るに違いない。また，所得捕捉率の差による不公平感から保険料負担に対する不満が強まることも予想される。しかし深刻な問題は，保険料に定額部分があることにより，保険料水準が実額で表示され，その水準が全国一本の平均保険料額として発表されることにより，常に政治的争点となることである。比例保険料率であれば引上げとは受け取られない場合（所得水準が上がれば料率が同じであっても保険料額は上がるが，保険料引上げとは受け取られない）であっても，実額表示の保険料では，その引上げ幅が所得の伸びを上回らなくとも，常に負担増と受け止められるからである。それらを考慮すれば，収入比例の保険料率制を採る被用者保険は一般的には保険料調達力に優れているといえるだろう。また，（数が多すぎるという嫌いはあるが）国保も含め多くの保険者が分立しているため，個々の保険料引上げについては具体的な給付と負担の関係に基づき被保険者の理解を得やすいということもある。

　比喩的に言えば，２つの異なる地盤にまたがって構築された一個の建物は，脆弱な部分の地盤に耐えうるよう，その全体が特別な材料で強力に補強されなければならないように，全国的に統一された単一の医療保険は巨額の国庫負担で支えられた制度となるであろう。それにもかかわらず，経済社会情勢の激変で地盤が大きく揺らげば，制度全体が一気に崩壊してしまう怖れがあることも避けられない。それに対し，二元的な制度体系であれば，少なくとも強固な地盤に立つ被用者保険は倒れずにすむであろう。戦後，西ドイツの医療保険制度が早期に復活できたのは自治的な疾病金庫の伝統があったからだとされているし[18]，日本でも第２次大戦によって市町村国保は崩壊したが，健康保険は完全に崩壊することなく生き延びたのであった。

　これらにかんがみれば，日本の国民皆保険の強みは，その主要部分を構成する被用者保険の保険料調達力が確実であったからだと考えることができよう。高齢者医療費の負担に関し，強引ともいえる財政調整により被用者保険，とりわけ健康保険組合に多くを負うことができた理由も，限界に達しつつあるとはいえ，その保険料調達力に求めることができる。被用者保険の確実な保険料調達力，これが国民皆保険を支えた二元体系・保険者分立の現実的合理的根拠で

---

18) 土田武史「戦後医療保険政策の展開−日独比較の視点から−」（『日独社会保険政策の回顧と展望』所収 2011 法研 P303）

88　第2章　医療保険

ある[19]。

3　国民皆保険の機能（方向）

　これまで日本の国民皆保険体制が，フリーアクセスを保障しつつ，質・コストの両面でほぼ良好なパフォーマンスを維持することができたのは，診療報酬改定幅の調整によるマクロの医療給付費コントロールと，二元体系・保険者分立の制度下における被用者保険の保険料調達力の確かさであった。だが，今後，一層の高齢化の進展や医学医術の間断ない進歩，長期低迷する経済環境が続く下で，混合診療を現在の保険外併用療養費以上に拡大させることなく，原則7割の給付率をこれ以上引き下げずに，国民皆保険の機能を維持することができるだろうか。国民皆保険の維持を可能にしてきた2つの要因は，これからも機能し得るだろうか。2つの要因が今後も機能し続けるためにはどうしたらよいかを考えてみよう。

（1）診療報酬改定幅の調整

　医療給付費の規模が国民の負担能力を大きく超えないようにすることは，日本に限らず，先進各国の医療制度に共通する課題である。各国がそれぞれの国情・制度の実態に応じて工夫するほかない問題であり，日本の場合も，すべての国民に必要な医療を提供するという律儀な皆保険体制の実質と患者のフリーアクセスという利便を守りながら，多様な手段を組み合わせて進めることになるだろう。医療制度に"抜本的改革"などはあり得ないのである。すなわち，診療報酬の個別内容の工夫（包括化・要件の厳格化など）・保険者権限や機能の強化（給付関与権限の付与・保健事業の推進など）・物のコストの低減（薬価や材料価格の適正化・後発品の使用促進など）・医療供給面からのアプローチ（機能に応じた病床数の適正化・削減など）ほかのさまざまな方法が考えられるが，

---

19)　もちろん，医療給付費の財源は保険料だけではない。医療費の4割近くが公費負担である以上，その安定的な確保も重要な課題であり，相当部分を赤字公債に依存している現状が続けば，公費財源の保険料への置き換えでもしない限り，公費負担の制約から国民皆保険の維持が難しくなる可能性は否定できない。

それらの取り組みを進めつつも，中心的な役割を果たすのは，2（1）で述べた理由から，これまでと同様，診療報酬改定幅の調整によるコントロールであると思われる。

　では，現在の診療報酬改定幅の決定のあり方について見直すべき点はないのだろうか。診療報酬改定幅の決定は中央社会保険医療協議会の議を経て決めることとされていたが，2004 年以降，内閣の権限とされた。医療給付費の相当割合を国庫負担が占めている以上，予算編成とは不可分であり，その意味で予算編成に関する内閣権限とも無関係ではあり得ないが，診療報酬は保険者から保険医療機関に支払う費用なのであるから，その本質にかんがみれば，政府も国庫負担者として強い発言権は有するにしろ，中医協における支払い側と診療側の協議を基に決定するのが筋である。もちろん，2004 年以前においても実際は政府と与党間の調整により決められていたが，保険者の意思や負担能力とは関係なく政治的に決定されるのは不合理であり，保険の仕組みに沿った決定方式に改めるべきであろう。現在の方法では，医療レベル維持のために改定の必要性が認められ，保険料の引上げが可能な場合であっても，国の財政事情からそれが抑制される一方，逆に診療側の政治的な圧力により，保険者の負担能力を超える引上げが求められる可能性もあるからである。

　したがって中医協の審議対象に戻すとしても，実質的に政治決定を温存することでは意味がない。中医協において双方がそれぞれの主張とデータをぶつけ合い，オープンな場で実質的な当事者協議が行われるようにする必要がある。医療給付に関する権限が与えられていない保険者にとって，その代表が出席して診療側と対峙する中医協は医療給付費の規模の決定に関与できる唯一の場だからである。このような協議のプロセスを経て医療費の規模が決まることは，その後の保険料調達における納得に繋がるであろう。

（2）保険者の再編

　国民皆保険が機能してきた要因の１つとして，2（2）では二元体系と保険者分立を挙げ，そこでの被用者保険の保険料調達力に焦点を当てたが，これについては今後どう考えるべきだろうか。論者のなかには，雇用形態の多様化・労働市場の流動化が進行していることをもって，被用者保険という制度の括り

方は時代にそぐわないとする意見もある。"負担の公平"を掲げる理念派もそのことに一元的な制度の必要性の根拠を求めるかもしれない。だが，雇用形態・就労形態がどうように変化しようと賃金労働であることに変わりはない。賃金労働という稼得形態に変化がない以上，稼得形態の同質性に基づく保険集団の編成にも基本的な変わりはないはずである[20]。また，雇用者責任に基づく事業主の社会保険関与の根拠が失われるものでもない。

　しかし，被用者保険という制度構成の基本は変わらないとしても，被用者保険のあり方は今までどおりでいいのか，現在，高齢者医療費に関して財政調整が行われている被用者保険と国保の関係についてどう考えるべきか，そもそも空洞化が進んでいるとされる国保はこのままでいいのかといった問題は残っている。

①　被用者保険の拡大

　被用者保険のもつ確実な保険料調達力に着目すれば，被用者およびそれに準ずる集団はできる限り被用者保険に取り込んで，国民皆保険において被用者保険がカバーする範囲の拡大を図るべきであろう。そのためには，多くが国保の適用を受けている短時間労働者の被用者保険への適用をさらに拡大する必要がある。また，被用者OB（被用者年金の受給資格期間が一定年数，例えば20年以上の者）のための被用者年金受給者保険を創設する[21]ことも考えられよう。この構想は，高齢者医療に関するいわゆる突き抜け方式の1つであるが，被用者OBが現役時代に所属していた医療保険者が，そのOBから長期にわたって個々に保険料を徴収することは困難であることから，被用者OBが被用者年金受給者という地位にあることに着目し，委託を受けた年金保険者によって被用者年金から徴収されるOBの保険料と被用者年金被保険者（現役）が年金保険料の例により負担する連帯保険料（保険料率はOBと現役で共通）で必要な給付費を賄う，新たな保険制度（保険者は全国に1つの公法人）を創設しようと

---

20)　行き過ぎた労働規制の緩和を見直して，安定した雇用を増やすべきことは言うまでもない。

21)　筆者の被用者年金受給者健康保険の構想については，拙稿「高齢者医療制度をもう1度考える」（『文化連情報』2009/ 6 ～2009/ 8 日本文化厚生農業協同組合連合会）を参照。なお，この保険制度が創設されれば，現在の後期高齢者医療制度および前期高齢者医療費の財政調整は廃止される。

図3　筆者の改革イメージ

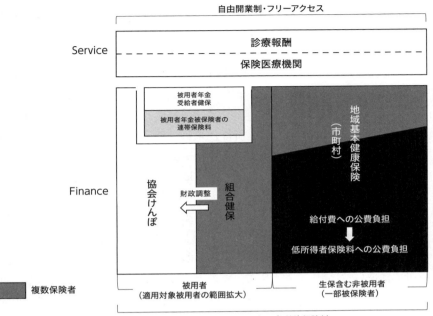

いうものである。これに伴い，基礎年金のみの受給者と被用者年金の受給資格期間が一定年数未満の者は原則として国保に加入し，年金収入以外の収入も含めた合計所得に応じて保険料を負担することとなる。公的年金制度が基礎年金のみの者と被用者年金も受給する者を想定して設計されていることを踏まえ，年金受給者に対する医療保険もその整理に倣うものと理解すればよい。

さらに，特定求職者支援法の対象者など，被用者であった者および被用者になろうとしている者を被用者保険の対象とすることを検討することも考えられる。このように被用者連帯をできる限り拡大しようとする方向は，国民皆保険達成時の考え方を前提に，それをドイツ型の被用者保険中心の制度体系として再構成するものと言えるだろう。

② 被用者保険と国保の関係

上述の被用者年金受給者保険の創設に伴い，高齢者医療費に関して財政調整

92　第2章　医療保険

が行われている被用者保険と国保との関係は,抜本的に見直すべきこととなる。その理由はまず,①両保険の保険制度としての性格のあまりに大きな違いである。被用者保険は収入比例保険料制を採っているが,これは必要経費（給与所得控除）や基礎控除額・人的控除額を差し引く前の収入額を保険料の賦課標準とするものであり,いわば仲間内の助け合いが課税より優先されるという位置づけとなっている。これに対し,国保では所得比例保険料制（定額部分の軽減も所得額が基準）であり,課税所得（収入−必要経費−基礎控除−人的控除）または地方税法の「旧ただし書き所得」（収入−必要経費−基礎控除）が保険料の賦課標準となっている。保険による相互扶助は課税以降に位置づけられているのである。換言すれば,国家以前にある被用者保険と国家以降の国保と言ってもいい。この両者の間で高齢者の加入率という単純な指標を用いた財政調整により"相互交通"を行うことは相当に乱暴なやり方というべきである。

　次には,②現在の高齢者医療費の財政調整の規模が大き過ぎることである。多くの健保組合では高齢者医療費のための拠出金や支援金が保険料収入の1／2近くに達しており,今後さらに,この割合は拡大するものと予想される。自分たちの給付費用に充てるべき保険料収入の過半が他に流出するようでは保険料の域を超えると言わざるを得ない。それは保険料負担への納得を弱め,その拠出意欲の低下を招くだろう。国民皆保険を機能させてきた被用者保険の保険料調達力が劣化することは必至である。

　さらに,③被用者年金受給者保険が創設されれば,制度間の高齢加入者の偏りが相当程度まで是正されることである。この点に関連して,被用者年金受給者が国保から抜けてしまうと"国保財政がもたない"との指摘[22]がある。しかし,これは本末転倒の議論と言うべきであろう。被用者年金受給者は,その稼得形態や生活実態からして,どのような保険集団で括るのが適当かということが"本"であって,結果として生じる財政影響は"末"の問題だからである。また,国保への高齢者加入の偏りは,農業や自営業者層の減少とその高齢化にも原因があるのであって,被用者のOBが退職後に健保から流入することだけ

---

22)　厚生労働省資料。"国保がもたない"という表現が政府の説明資料で用いられているのを知ったときは唖然とした。そんな理由で,あるべき医療保険の体系を目指さないというのはおかしい。"国保がもつ"ような改革を考えるべきなのである。

が原因ではないという指摘もあるかもしれない。だが，これは，保険者の責め
に帰することができない格差はすべて是正すべきであるという立場,すなわち,
前述（注17）のとおり，年齢構造の差に止まらず，健康水準や所得水準の差も
同様に是正すべきであり，実質的に保険者を全国一本に統合すべきだとなる立
場に繋がるものであり，そこまで本気で主張するのであれば格別，そうでない
限り，二元体系と制度分立が国民皆保険の機能を支えたと理解する本稿の立場
とは相容れない。もちろん制度や保険者間の負担の格差が社会的許容限度を超
える場合には何らかの対応が必要ではあるが，被用者保険と地域保険という性
格の大きく異なる制度間においては，被用者サイドが責任を持って対応すべき
高齢者は，被用者保険から退出させたOBの扱いだけであろう。

③　国保の見直し

　現在の国保から被用者である者や被用者OBを外したら，国保は限られた自
営業者等のほかは，無業やそれに近い者が多くを占める制度となる。文字どお
り，被用者保険に加入しない者のための"その他保険"である。それに加えて
被用者保険との間で現在行われている財政調整も原則として行わないとした
ら，確かに国保は極めて厳しい財政状況に置かれることになるだろう。

　もちろん，そうなった国保であっても，国民皆保険を支える最後の砦である
ことに変わりはない。とすれば国保は，公費負担を重点的に投入する地域基本
健康保険という基本的性格を明確化するほかないのではないか。被用者保険や
高齢者医療制度の改革によって浮く公費（後述）を思い切って投入することに
よって，適用拡大される被用者保険でも対象とならない者を最後に受け止める
ことができる制度である。その際には，現在は国保の適用除外となっている生
保受給者について，介護保険と同様，保険料相当額を生活扶助に上乗せして,
その地域基本健康保険の対象とすることも検討されよう。この地域基本健康保
険では給付費の一部に保険料を充て,残りの大部分を公費で賄うこととなるが,
被用者年金の資格期間が所定の年数に満たない者の医療給付費の一部に充てる
ために行われる被用者サイドからの財政支援は残る可能性がある。また，公費
負担は，給付費全体に対するものと個々の被保険者の保険料軽減分に対するも
のの2つが考えられるが，後者のウエイトを現在の国保より相当程度拡大すべ

94   第2章　医療保険

きであろう。所得のある自営業者等とそれ以外の者との所得格差が大きいと考えられるからである。なお，保険者は現在の高額医療費の共同事業を拡大することを前提に，従来の国保と同様，市町村とする方が現実的かもしれない[23]。

④　被用者保険の再編成

　被用者保険は共済組合のほか，長く政府管掌健康保険と健康保険組合という2つの健康保険制度によって行われてきたが，2008年10月から政府が管掌していた健康保険は全国健康保険協会が管掌することとされ，併せて保険料率も都道府県単位で設定されることになった。それまでは健保組合であれ，政管健保であれ，保険料率は全国を通じて一本であり，被用者は企業や業種に応じた縦割りのグループごとに助け合いをしていたが，協会健保へ移行したことにより，健保組合に加入していない事業所の被用者は都道府県単位という横割りのグループごとの助け合いを行うこととなったのである。地域の医療費が保険料率に反映される中小企業の被用者（協会健保）と地域の医療費とは関係なく全国一本の保険料率で企業集団内の助け合いが優先される大企業の被用者（組合健保）という異なる2つの原理で保険集団が構成されることをどう理解すべきだろうか。

　どちらの原理もそれぞれ医療保険の理屈からして不合理というわけではない。だが，医療保険の集団を構成する原理として異質な2つの原理が併存することを合理的に説明することは困難であろう。被保険者集団の経済的同質性・結び付きを重視して，地域とは関係なく，そのグループごとに保険料を設定すべきであるとしたら，協会健保の保険料は政管健保と同様に全国一本とすべきであるし，逆に，地域の医療費水準の差は保険料水準に反映させるべきである[24]とするのなら，健保組合（共済組合も）はすべて地域ごとに分割すべき[25]こととなるだろう。仮に，どちらかに統一するというのであれば，保険の原点に戻って被保険者集団の経済的同質性・結び付きを重視した方が理解を得やす

---

23)　2018年度から国保は都道府県単位で運営される制度となったが，その保険者は政府の資料では市町村と都道府県とされている。しかし，保険制度においては，保険財政の規律に最終的な責任を負うのが保険者であり，保険者が市町村と都道府県というのは何を意味しているのだろうか。市町村にしろ都道府県にしろ，最終的な財政責任を負うのが保険者である。

いかもしれない。収入比例保険料制を採る被用者保険では，被保険者にとって，地域ごとの医療費の差による保険料率の違いより，被保険者の収入水準の差による保険料率の格差がより切実だからである。ただ，そういう前提に立てば，協会健保と健保組合・共済組合が併存するより，同じ収入であれば同じ保険料額になるよう，すべての被用者を通じて全国一本の保険者に加入させるべきであるという意見も出てくるだろう[26]。仮に，その途を選択する場合は，どうすれば巨大保険者のデメリットを回避し，被用者保険としての自律性が発揮される保険者組織とすることができるかという問題がクリアされなければならない。

　筆者は，そのような全国一本の巨大保険者を設けるより，現在の複数保険者の分立を前提に，協会けんぽと健保組合・共済組合間の財政調整により被用者連帯を進めるべきではないかと考える。その場合，全部の財政調整を行えば複数保険者のメリットがなくなるので，1／2調整を限度とすべきであろう。それにより，協会けんぽに投入されていた国庫補助は全部が不要となるので，その全額を被用者年金受給者保険制度の創設・（前期および後期）高齢者医療制度の廃止により財政的に厳しくなる国保（地域基本健康保険）に投入することになる。

4　むすびに代えて－国民皆保険の憲法的保護－

　1961年の国民皆保険・皆年金の成立をもって日本における福祉国家の枠組みが成立したことは衆目の一致するところである。他方，憲法25条が明らかに

24）被用者保険の負担のメルクマールが被用者の収入に対する保険料率であるとしたら，それが負担能力に見合った水準となるよう地域の医療費がコントロールされなければならない。そのためには，保険者と医療担当者が協議して診療報酬の1点単価を変える仕組みとすることを検討する必要も出てくるかもしれない。ただし，実務的には多くの技術的難点がある。

25）トヨタ健保や防衛省共済を地域ごとに分割することが果たして現実的だろうか。

26）医療保険の連帯の基礎が経済的社会的集団の同質性にあることを重く見れば，企業グループや業界ごとに別の保険集団とすることにも十分な合理性はある。その場合，保険者間の保険料負担の格差が生じるが，それについては従来のように国庫補助により是正する方法もなくはないが，本文で述べるように，むしろ被用者全体の連帯を組み込む方法（被用者保険内の部分的財政調整）が検討されるべきであろう。

96   第2章 医療保険

しているように，日本があるべき国家の姿として福祉国家を想定していること
も国民の共通理解となっている。なかでも国民皆保険については，国民はその
存在を空気のように感じており，日本の福祉国家を支える中核的制度として完
全に定着している。しかし最近は，長期化する経済の停滞，グローバル競争の
激化などを背景に，一部政党のなかには，国民皆保険を実体的に崩壊へと導き
かねない主張も散見されるようになってきた[27]。また，社会的閉塞感の増大，
既存制度への根拠なき不信などという社会心理に訴えて，"医療にも市場原理
を導入すべし"・"既存制度はいったん解体して，再構築すべし"といった乱暴
な主張をして支持を集める政治家が増える兆候もある。

　従来，生存権の充実を訴える論者は行政府の取り組みの遅れを批判すること
に重点を置いていたが，これからは，前述のような市場原理主義もしくは大衆
デマゴギーに立つ政治からの攻撃に対して，日本の社会保障制度の根幹をどう
守るかが焦点となるだろう。もちろん，政治のリーダーシップは尊重すべきで
あり，民主主義の下では，福祉国家のあり方についても政治過程に委ねるべき
という考え方も成り立たなくはないが，社会保障制度の多くが憲法25条1項
および2項を踏まえて制定され運用されてきた以上，その改変をできる限り憲
法的統制に服させようという試みも「憲法は，全体として，福祉国家的理想の
下に，すべての国民に生存権を保障し…」（最大判昭47.11.22刑集26巻9号）
という認識に照らせば，当然のことであろう。

　ただ，問題は福祉国家の後退を招く事例として取り上げられるケースの大半
が，生活保護などのような国が（税財源により）国民に直接給付する制度にお
ける給付水準切り下げの妥当性を争うものだったことである。例えば，近年行
われた生活保護の老齢加算の引下げについて，"憲法25条1項の生存権は抽象
的権利に過ぎないとは言っても，それが制度化された後の水準切り下げの局面
では「制度後退禁止原則」という形で法的規範としての効力を発揮するのでは

---

27) 2012年6月の民主党・自民党・公明党の3党合意をそのまま条文化した社会保障制度改革推進法
　では，それまで政府の公式文書で使われていた「国民皆保険制度の堅持」という表現が「医療保険
　制度に原則として全ての国民が加入する仕組みを維持する」という微妙に緩やかな表現に変わった
　ほか，混合診療の拡大を窺わせる「保険給付の対象となる療養の範囲の適正化等を図る」という表
　現も加わっている。日福大・二木立名誉教授の教示による。

I 国民皆保険の構成と機能 　97

ないか"といった議論[28]である。また，全体の保険料収入との見合いで給付水準が決まる社会保険においては司法の場で問題となることが多いのは労働保険や年金保険のように国が給付主体である制度であり，司法的統制の視点も制度の自己完結的な性格に応じて憲法25条のみではなく，憲法14条（法の下の平等）などを根拠とする場合も多いように思われる。

　これに対し医療保険については，1（3）で述べたようにその制度の性格付けには幅があることから，司法的統制に服する範囲は制度の性格付けによって異なってくると思われる。特に1（3）で述べたBのタイプ（制度や保険者が分立しており，本来は保険者に給付レベルや保険料水準の決定権限が付与されている，自律性の強い被保険者自治的保険）の場合，被保険者の同意を得た保険料水準の決定など，制度の枠内で保険者権限とされている部分には司法的統制は直接及ぶと考えることは難しい。筆者は，保険者の給付に関する権限をもっと強化すべきものと考えているが，そうなると被保険者自治に委ねられる部分が拡大し，司法的統制の範囲はさらに狭まるに違いない。

　それでは，現在の国民皆保険制度において国がその枠組みとして決めている部分を改変しようとする立法的介入があった場合にも，憲法は歯止めの役割を何ら果たしてくれないのだろうか。

　医療保険各法の憲法上の根拠をあえて求めれば，国民年金法1条[29]の規定が明示しているとおり，憲法25条2項に求められる。同項は「国は，すべての生活部面について，社会福祉，社会保障及び公衆衛生の向上及び増進に努めなければならない」と定めるが，ここでいう"社会保障"はGHQの初期原案が"社会保険"であったことから，通常はそのような前提（社会保険などによる普遍的な生活保障）に立って解釈されている[30]。この25条2項の規定ぶりなどを根拠に，「後退禁止原則」より厳格な「現状保障原理」を導き出す論者[31]もいる

28）　棟居快行「生存権と『制度後退禁止原則』をめぐって」（『佐藤幸治先生古希記念論文集／国民主権と法の支配（下巻）』所収 2008 成文堂 P388）など。

29）　国民年金制度は，日本国憲法第25条第2項に規定する理念に基き，老齢，障害又は死亡によって国民生活の安定がそこなわれることを国民の共同連帯によって防止し，もって健全な国民生活の維持及び向上に寄与することを目的とする。

30）　この条項を「社会全体の幸福・社会全体の安全・社会全体の健康」と極めて拡散的に解釈する論者（武川正吾『福祉社会 新版』2011 有斐閣 P 8）もいるが，憲法解釈としては一般的ではない。

98   第2章　医療保険

が，仮に 25 条 2 項を根拠とするにしても，社会経済情勢や国家財政の制約から
自由ではあり得ない社会保険について「現状保障」を主張することには無理が
ある。医療保険では具体的な給付水準が保険料水準とのバランスに基づく選択
によって決まると考えた場合，それを前提とする国民皆保険において社会経済
情勢が変わっても守るべき核心的な利益とは何であろうか。それは，本稿の考
察に従えば，①すべての国民をカバーする保障，②通常必要とされる医療内容
の保障（例えば，プライマリケアのみの保障では足りない），③保障として意味
のある給付程度（例えば，5 割未満の給付率は許されない）といったことだろ
う[32]。もちろん，"保障"という以上，恩恵的に与えられるのではなく，権利と
して要求できるものでなければならないのは当然である。

　憲法 25 条 2 項はドイツ憲法学でいう国家目標規定にあたる条文である。国
家目標規定とは"市民に主観的権利を与えることなく，国家権力（立法，執行，
司法）を特定の目標の遂行に向けて法的拘束力をもって義務づける憲法規範"
であるが，それは，ある規範（全国民に必要な医療保障がなされるべき）が国
家目標として特定の制度（例えば，国民皆保険）の創設を求め，この目標が達
成された後に，さらなる目標の実現に向けて努力するという積極的な制度形成
を内容とするだけでなく，創設された後，定着して制度の伝統と化した核心部
分を立法者による侵害から防護するという消極的側面を持つ「制度保障」に性
格を変えることもあるとされる[33]。「制度保障」とは難しい概念であるが，財産
権や婚姻自由，契約自由などのように具体的な法制度によって初めて「守るべ
き権利内容」が形成され，具体的に確定される～そのような制度によって権利
が保障されることと理解していいだろう。とすれば，憲法 25 条 2 項の国家目
標規定の指示を受けて創設された国民皆保険制度によって保障される"すべて
の国民が必要な医療を受けることができる地位もしくは権利"は，個々の受給
権としてではなく，拠出を求め，その対価として給付するという制度全体のな

---

31)　岡田裕光「ドイツの国家目標規定について－わが国の憲法 25 条，特に同条 2 項が有する規範的
　　拘束を論じる手がかりとして－」（『関西大学法学論集』50 巻 4 号 2000 P92）

32)　憲法 25 条 2 項から当然に社会保険方式を導くことは困難かもしれない。これらの核心的利益が
　　保障されるのであれば，税方式による医療保障も許容されるだろう。

33)　小山　剛『基本権の内容形成－立法による憲法価値の実現－』（2004 尚学社）が紹介する K.P. ゾ
　　ンマーマンの議論（同書 P271）

かで保障されるに至っていると考えられないだろうか。特に，被用者保険の受給権については，課税以前の収入から拠出を求める保険法により形成される財産権[34]と考え，憲法29条1項の財産権保障という観点からも捉えることができるかもしれない。いずれにしても，①すべての国民をカバーする保障，②通常必要とされる医療内容の保障，③保障として意味のある給付程度の3つは，国民皆保険制度の核心的部分として，憲法的保護の下に置かれると考えるべきであろう。

　社会保障，なかんずく社会保険は本来，人々の共同の企て・自助の共同化のはずであった。しかし，専ら国家が福祉国家を主導するという歴史を辿った日本では，多くの国民にとって，社会保険とは国家が行っているもの，保険料は国家から一方的に取られ，給付は国家がしてくれるものという理解が一般的である。国家も，政府が自ら保険者となっただけでなく，保険者のものとされていた権限を次々と政府に回収するなど，国民の理解を後付けするようなことをしてきた。国民の社会保険に対する認識もあながち不正確とは言えない面もあるのである。

　国民の間に，社会保障は自分たちのために自分たちで行っている共同の企てであるという認識が正しく行きわたっていれば，"現在の制度は行き詰っている，一度壊して抜本的に作り直したらよい"といった威勢がいいだけの議論が政治的に支持を集めることもないはずであるが，社会保険は国家の業であるという理解のもとでは，その懸念もなしとはしないように思われる。出来上がっている制度を壊し，再度，組み立て直すことは途方もなく難しい。歴史のある制度の場合はなおさらのことである。わざわざ憲法の議論を持ち出し，その保護を求めることはできないかと論じた理由もここにある。しかし，医療保険における被保険者自治の要素を強化するなど，それが人々の共同の企て・自助の共同化であることを確認した上で，国民皆保険の構成と機能の基本部分を守り，それが将来とも機能し続けていくことができるよう再構成すること，それは最

---

34)　税についてではあるが，L・マーフィー／T・ネーゲルは，「『所有』は租税システムによって攪乱されたり浸食されたりするものではなく，租税システムによって創出されたものと考えるべきで，所有権は課税前にではなく，課税後に人々が支配する資格を与えられた資源に対して持つ権利にすぎない」と言う（伊藤恭彦訳『税と正義』2006 名古屋大学出版会 P199）。

終的には，裁判所ではなく，医療関係者を含む国民の自覚と深慮と覚悟にかかっ
ていると思う。

（初稿 2013.03〈大阪大学大学院・人間科学研究科紀要 vol.31〉，
加筆修正 2013.04〈国際医薬品情報 2013.03.11／03.25／04.08〉，
再加筆修正 2018.08）

［参考文献］

Rosanvallon, P. （1995），*La nouvelle question sociale : Repenser l'État-providence*（＝2006，
北垣 徹訳『連帯の新たなる哲学−福祉国家再考−』勁草書房）

一圓光彌（1975），「イギリスの国民保健サービスと医療の社会化」，社会保障研究所『国際社
会保障研究』第 16 号

Abel-Smith, B. （1964），*The Hospitals 1800 − 1948: A Study in Social Administration in
England and Wales*（＝1981，多田羅浩三・大和田建太郎訳『英国の病院と医療−100 年の
あゆみ−』保健同人社

島崎謙治（2011），『日本の医療』東京大学出版会

厚生省保険局・社会保険庁医療保険部監修・医療保険半世紀の記録編集委員会編（1975），『医
療保険半世紀の記録』社会保険法規研究会

OECD Health Data 2014，OECD

厚生労働省・医療費の将来見通しに関する研究会，2007 年 3 月 22 日第 3 回検討会配布資料 4
「医療費の伸びと経済成長率について」

川口秀祐（2011），「医療用医薬品卸にとって薬価差とは何か」，『国際医薬品情報』2011 年 6 月
27 号 国際商業出版

土田武史（2011），「戦後医療保険政策の展開−日独比較の視点から−」，幸田正孝・吉原健二・
田中耕太郎・土田武史編著『日独社会保険政策の回顧と展望−テクノクラートと語る医療
と年金の歩み−』法研

堤 修三（2009），「高齢者医療制度をもう一度考える」，『文化連情報』2009 年 6 月号～8 月号
日本文化厚生連農業協同組合連合会

棟居快行（2008），「生存権と『制度後退禁止原則』をめぐって」，『佐藤幸治先生古希記念論文
集 国民主権と法の支配』下巻 2008 成文堂

武川正吾（2011），『福祉社会 新版』有斐閣

岡田裕光（2000），「ドイツの国家目標規定について−わが国の憲法 25 条，特に同条 2 項が有
する規範的効力を論じる手がかりとして−」，『関西大学法学論集』第 50 巻第 4 号

小山 剛（2004），『基本権の内容形成 − 立法による憲法価値の実現』尚学社

小山 剛（2012），『「憲法上の権利」の作法　新版』尚学社

Nagel, T & Murphy, L.（2002），*The Myth of Ownership: Taxes and Justice*（= 2006，伊藤恭彦訳『税と正義』名古屋大学出版会

102　第2章　医療保険

Ⅱ　国民皆保険をめぐる理想主義者と現実主義者の対話

はじめに

　日本の皆保険は，すべての国民に対し，患者のフリーアクセスを保障しつつ，先進国のなかでは比較的ほどほどのコストで，まあまあのレベルの医療サービスの保障を達成しているものとして，国際的にも評価が高い。しかし，理想主義者（≒平等主義者）はそれでも不十分であると言う。与党の政治家や政府の役人も，それに対し正面から反論しづらいためか，現行制度は理想を実現しているものではない，とか，現状からすればやむを得ないものであると伏し目がちに語る。しかし，そんなに卑屈になることもないではないか。何ごとにも理想と現実があり，おそらく真理はその中間にあるからだ。理想主義者と現実主義者の対話にその辺りの事情を覗いてみよう。

1　国民皆保障と国民皆保険

理想主義者（理想）：国民が誰でもどこでも必要適切な医療を受けられることが医療制度の理想であるとすれば，国が，国内に居住するすべての者を対象に，所得・資産，年齢，居住地などに関係なく，必要適切な医療を平等，かつ，無料で提供する国民皆医療保障の制度こそが理想であると思う[1]。ベヴァリッジ報告も，このような無料の保健サービス制度を前提としていた。

現実主義者（現実）：君の言う国民皆医療保障は，財源が公費であることに伴う予算制約により，必要適切な医療を十分提供できないおそれがあるのではないか。イギリスや北欧の長い待機期間はよく知られている。最近，カナダの高齢者の生活を調べている研究者のレポートを読んでいたら，年度後半に

　1）　憲法の生存権条項を至上とする人には叱られるかもしれないが，国家が税による保健サービスや基礎的な年金を個々の国民に何の見返りもなく提供・支給する根拠は何なのかと疑問に思うことがある。国家への請求権である生存権は国家に対する忠誠（例えば，徴兵に応じる義務）の見返りかもしれない。

Ⅱ　国民皆保険をめぐる理想主義者と現実主義者の対話　103

　なって予算の見通しがついたのでようやく白内障の手術ができることになっ
たと喜ぶ高齢者の話が紹介されていた。社会保険では通常は，そんなことは
ない。それは約束違反になるからだ。

理想：だから日本の皆保険制度は世界的には理想に近いと言われるが，国民皆
　　保障からすれば，国民皆保険は必要適切な医療を行うのに必要な財源を確保
　　するために社会保険の仕組みが採られたという意味において現実的選択では
　　ないのか。この選択は，理想を断念したうえでの"方法の問題"としてなさ
　　れたのだ。

現実：国民皆保障ではなく，国民皆保険という選択が財源確保という現実的観
　　点に立っていることは確かだが，公費を財源とした国による医療サービスの
　　提供か，個人の拠出を前提とする社会保険による医療サービスの保障かとい
　　う選択の基底には，方法の問題だけでなく，個人と国家の関係に対する考え
　　方の違いもある。国による医療サービスの提供と保険契約に基づく医療サー
　　ビスの利用の間には，国家による社会保障と市民自身による社会保障という
　　違いがあるのだ。

理想：君は，社会保険は市民自身による社会保障だと言うが，年金のように，
　　国が自ら保険者となって国民から保険料を集め，国が自ら給付をする社会保
　　険は，国家による社会保障の性格が強いのではないか。そう考えれば，社会
　　保険料を租税に近いものと捉えて憲法94条の租税法律主義を準用するのも
　　当然だし，憲法を改正して"納保険料の義務"を定めることも検討すべきだ
　　となるかもしれない。そうなれば僕の言う国民皆保障に近くなる。

現実：憲法に"納保険料の義務"を書き込むなんて，社会保険の敗北だと思う
　　けれど，社会保険にも多様な見方があることは否定しない。①保険料拠出と
　　いう自助を共同化（＝互助）するものという見方がひとつ[2]。民間保険と共
　　通のベースに立てるので，この理解の方がより普遍的な立場に立てると思う

2）　医療・介護保険における自己負担金や公的年金という土台の上で老後の生活を支える貯蓄や個人
　　年金などを「自助」と捉える考え方もあるようだが，それは社会全般の原理としての自助であって，
　　それを社会保障の説明原理に加えるべきではない。保険料拠出を自助の現れとして捉え，それが期
　　せずして互助・共助となるところに社会保険の妙を見出し，それを自助の共同化と理解することは
　　極めて自然である。その理解に違和感を覚えるという論者の発想に，筆者は違和感を禁じえない。

からだ（なお，社会保障制度改革国民会議は共助まで含めて"自助の共同化"
としている）。社会保険では，通例，そこに所得再分配の要素（所得比例保険
料）も含められる（僕はこれに共助という言葉を充てたい）。しかし，②自助
と互助の要素を含む公助という見方もあるようだ。社会保険は公助のための
１つの手段であり，公助の手段として社会保険方式と社会扶助方式があると
いう理解である（堀　勝洋，最近の論考では「社会保障制度改革国民会議報告
書とその『社会保険観』」『週刊社会保障』2013/11/11，里見賢治「厚生労働
省の『自助・共助・公助』の特異な新解釈」『社会政策学会雑誌』2013/12）。

理想：②のように，公助の手段として社会保険方式と社会扶助方式があると考
えれば，社会保険は国による社会保障と言えるのではないか。

現実：①と②では「公」の責任の在り方が基本的に違うのだ。①における「公」
の基本的責任は，自助を共同化（互助＋共助）するための強制保険の法的な
枠組みを作ることにある[3]。ここからは，国営保険に限らず，さまざまなグ
ループによる保険も含まれることとなり，当事者自治的保険運営も導かれる。
②の立場に立つと，社会保険における「公」の責任（公助）は，年金保険の
ように国が自ら社会保険を運営することに端的に現れる（組合健保は政管健
保の代行という説明となる。共済組合・国保組合などの説明は困難）。

　　もっとも僕は，年金保険も国民自身による社会保険と捉えたいと考えてい
るのだが…。

　　ただ，仮に②のように社会保険も公助，すなわち「公」が行うものと解す
るとしても，国が公費で直接的に保障するニュアンスが強い「公助」の語は
適当でないと思う。

理想：保険料拠出が自助の現れであることを強調する①の立場の方が，日本が
自由社会であることと整合的であり，したがって現実的だというわけか。

現実：社会保障を経済社会に浮かんでいる[4]ものと捉えるより，社会保険を①

3）　社会保険の制度化は，憲法25条2項の<u>社会保障</u>の向上・増進の責務の現れと解されるが，ここ
　　からは①，②のいずれも導き出せるのではないか。①を公的責任の後退とする批判は当たらない。

4）　公費により行政庁が行う給付は交換原理を基調とする市民社会に適合的とは言い難い。公費に
　　よる制度給付の受給権は，国家による"口先"の約束であり，立法裁量には弱いのである。近年の
　　生活保護バッシングをみてそれを痛感した人も多いだろう。他方，社会保険の受給権は保険料拠出
　　に裏付けられたものだけに，容易に立法裁量に浸食されない強さがある。

のように捉えることによって経済社会に繋留されたものと位置付ける方が，その変化に耐えて維持することができると思う。それでも強制加入により実現される国民皆保険は，自由の侵害（加入しない自由の否認・強制徴収を伴う所得比例保険料による私的財産権の侵害）であるから，個人主義的な自由主義を前提とする限り，アメリカの共和主義者などは到底，認めないであろう，かなり理想主義的なプロジェクトだ。だから，国民皆保険にも理想主義と現実主義のギリギリのせめぎ合いがある。

2　強制的な，例外なき国民皆保険から導かれる要請

理想：国民皆保険が理想主義と現実主義のせめぎ合いだというのはどういうことなのか説明してくれないか。

現実：すべての国民が例外なく強制的に"保険契約"を締結させられる以上，その保険契約は，納得のいくものであり，将来とも確実に守られるものでなければならない。国民の一部の特定グループに加入が義務付けられるのではなく，国民すべてが加入義務の対象となることは，それが実質的に"国民の義務"となったことを意味するからである。すなわち，≪納得性≫については，まず，①保険契約による給付と負担について加入者の間に不公平があってはならないという要請が出て来る。よく言われる「給付の平等・負担の公平」だが，それはどこまで求められるのか。一定程度の格差（特に保険料）はやむを得ないのか，それとも格差は一切許されないのか。前者であれば，二元体系の下で制度・保険者の分立も許容される余地があるが，後者の場合には全国一本の保険者でなければならないということになろう（3で詳述）。なお，完全な負担の平等ということになれば，保険料の額自体がすべての者において同額である必要があるかもしれないが，現在の制度では，強制保険の実効性を確保するため，多くの人が無理なく保険料負担ができるよう保険者ごとに収入比例（国保は1／2が所得比例，1／2の定額部分も所得に対応した軽減）保険料制が採られており，収入（所得）によって保険料額は異なっても，同じ収入（所得）であれば同じ保険料率であることをもって公平な負担とされている。しかし，この保険料率も保険者ごとに差があることか

106　第2章　医療保険

ら"負担の公平"が問題となることとなる。

　次は，②保険契約による医療の水準は必要かつ適切なものでなければならないという要請である。保険契約に強制加入させられるにもかかわらず，利用できる医療のレベルが低くて病気も直せないということでは，契約違反と言われかねないからだ。そうなると，必要な医療の水準とはどれくらいのレベルか，新しく開発された高度で先駆的な医薬品や医療技術はどの程度まで保険でカバーされるべきかという問題が生じてくる。"混合診療"の可否の問題である。（4で詳述）

　さらに，③保険契約による必要な医療は国内のどこでも受けられなければならないという要請もある。地域によっては必要な医療を受けられる医療機関がないというのでは，保険料を納める甲斐がないというわけだ。これに関しては，どの地域でも均一に医療機関の配置がなければならないか，住んでいる地域に限らず自分が選んだ医療機関に自由にかかれることが保障されればいいかという問題がある。（自由開業制・フリーアクセスと医療機関・医療機能の配置統制の問題として5で詳述）

　≪確実性（制度の安定的存続）≫については，まず，保険の仕組みである以上，個人レベルでは"負担なくして給付なし"，制度（保険者）レベルでは"収支相償うべし"という形で給付と負担の対応関係の規律が働くことによって担保されるというのが基本である。すなわち，保険運営が自己完結的であることにより，必然的に医療費の適正な支出と必要な保険料負担が求められるのである。しかし，現在の制度には，保険運営の自己完結性が本当に機能しているか，すなわち医療機関・被保険者の双方に対して，医療費の適切な支出を阻害するモラルハザードが働いていないか，必要な保険料さえ引上げを避ける傾向があるのではないかという問題がある。実際，安易な公費負担や財政調整に依存する傾向がある一方，保険者機能・保険者権限の強化などが模索されてもいる。もう1つは，個々の保険者レベルの対応では，医療の高度化等に伴い増加する医療費を国民の負担能力の範囲内に収めることは困難ではないか，保険運営の自己完結性を超える医療費増加圧力にどう対応するかという問題である。多くの先進国で，人口の高齢化や医療技術の進歩が進み医療費が増え続ける一方，経済成長の鈍化・停滞により国民経済がそれ

を支えきれないという問題が切実になっている。先進各国がマクロの医療費
政策に懸命に取り組んでいる所以である。（6で詳述）

3 給付と負担の在り方をめぐる理想主義と現実主義

理想：僕の立場では，国民皆医療保障ではないにしても，国民すべてを強制的
　　に加入させる国民皆保険なのだから，給付が平等（現在は，給付率・診療報
　　酬は制度共通で"平等"を達成済）であるのはもちろん，保険料負担につい
　　ても制度・保険者を全国一本にして公平にすべきことになる。

現実：論点はたくさんある。まず①被用者とそうでない者では所得捕捉率が違
　　うので，定額保険料にするのなら別だが，所得（課税ベース）に応じた一定
　　率の保険料とする以上，被用者と非被用者との間で実質的に大きな不公平を
　　生むのではないか，さらに，被用者の保険料の事業主負担を維持できるのか，
　　もしそれができないと被用者の負担が大幅に増えるのではないかという実際
　　上極めて困難な問題がある。②皆が保険料を出し合う助け合いのシステムで
　　ある以上，メンバー（被保険者）間に仲間意識，少なくとも稼得形態の同質
　　性がないとうまく行かないのではないか。それに，現実に個々人の所得水準
　　に格差があるのに，保険料率には一切の格差も許されないと言えるのだろう
　　か。仮に社会保険がなかったら，能力と意思に応じて民間保険に入るほかな
　　いのだから，社会的に許容される一定の格差というものがあるのではないか。
　　③医療費をたくさん使っているグループとそうでないグループでは保険料に
　　差が生じるのは，各グループの成員の健康状態や受療行動などの反映でもあ
　　るのだから，すべてが不合理とも言えないのではないかといった論点である。

理想：国民皆保険でありながら，負担の格差はグループごとにある程度の差は
　　仕方がないというわけか。しかし，①雇用形態が流動化し，増加した非正規
　　の者の相当部分が健康保険に加入していないという状況を踏まえると，被用
　　者と非被用者で制度を分け続けることが本当に良いのだろうか。全国一本に
　　すれば，保険料は同じになるし，仕事や住む場所が変わっても，そのまま同
　　じ保険に入っていられる。被用者分の保険料は制度を一本化した後も事業主
　　に半分負担してもらえばいいではないか（非被用者は1／2公費負担）。②

近年は社縁も地縁も弱くなっているのだから，連帯感とか仲間意識と言っ
てもあまり意味がないと思う。③医療費の差があることは確かだが，保険料率
の違いを決めるのは何といっても収入・所得水準だ。医療費の差を反映させ
るために保険を分けるというのは本末転倒ではないか。

現実：①安定的で継続的な雇用は社会の基本なのだから，社会保険もそれを前
提にすべきだ。制度が雇用の流動化に掉さす必要はないと思う。（地域保険
に一元化，あるいは全国一本の保険にして）使用関係を前提としない保険制
度とした場合，使用者に保険料の一部（被用者相当分の１／２）を負担させ
るという理屈が立つのだろうか。ご都合主義ではないか。社会保険負担を逃
げたがっている事業主は素直にそれに応じるだろうか。また，保険料の事業
主負担がなくなるから，使用者が正規雇用を増やすとも思えない。②連帯感
とか仲間意識は希薄になっているかもしれないが，稼得形態が同じであるこ
とはお金を出してもらう上では重要な前提条件であることに変わりはない。
その場合の方が，負担の不公平感を招きにくいからだ。③保険料の差に医療
費を反映させるにしても，同じ稼得形態の者の間で収入・所得水準の差の方
が大きいと保険料率格差が大きくなって，不公平感が増すことはそのとおり
だ。協会健保は全国一本の料率を都道府県別の料率に分けたが，被保険者の
理解を得るのは簡単ではなかった。言いたいことは，保険集団によって医療
費や収入・所得水準には差があり，それらを反映して保険料率に格差が生じ
ることはある程度までやむを得ないということだ。

理想：だからと言って，制度や保険者を分立させておいて，保険料水準の不公
平を放置しておいて良いとはならないだろう。

現実：もちろん極端な格差は問題だ。国庫負担による調整は格差を是正するた
めに行われているものだし，保険者間の財政調整もすべてを否定するもので
もない。

理想：保険者間の財政調整を全面的に行えば，事業主負担を維持したまま，事
実上，制度・保険者の一本化に近くなるのではないか。

現実：自分たちのための保険料の過半が余所に出ていくような財政調整には反
対だ。何のための保険料拠出かという根本的な疑問が出て来るだろう。ま
た，そんな制度になれば，費用を効率化しようというインセンティブも失わ

Ⅱ　国民皆保険をめぐる理想主義者と現実主義者の対話　*109*

れる。さらに全国民から同じように保険料を取るのであれば，それは税とどう違うのか。せいぜい目的税のようなものだろう。しかも，負担能力のない者からは保険料を取るべきではないとなれば，ますます，それは税と変わらなくなる。

理想：社会保険の欠点として低所得者に保険料負担を求めるのが難しいと問題がある。そういう人には保険料を免除すべきだ。

現実：被用者は定義上，収入があるのだから保険料負担を求めることができるが，未納・滞納の問題が起こるのは，収入・所得のあることが前提できない非・被用者だ。だからと言って，それらの者の保険料を免除すれば，まじめに保険料を払っている人は納得しないだろう。必要であれば，介護保険の生保受給者のように公費で補填した保険料を払ってもらうことを考えてもいい。いずれにせよ，収入のあることが前提の被用者保険は，その分，保険料の調達力が強いのだ。それらの者と，収入のあることを前提できないため保険料徴収が困難な者とを一本にまとめて，増加する医療費を賄うだけの保険料を確保できると考えるのは現実的ではない。きっと直ぐに保険料確保の限界に立ち至るだろう。<u>大きすぎる制度は，激しく倒れるのだ</u>。一本化しなければ存続可能な被用者保険まで一緒に…。したがって，二元的制度体系は現実的であり，合理的なのだ。

4　混合診療の是非をめぐる理想主義と現実主義

理想：国民皆保険は国民に必要な医療を提供すると言うが，患者にとっては病気が治るのであればどんな高額な医療でも必要な医療であって，そう言い出したら際限がないのではないか。現実主義者であれば，昭和37年に制限診療が撤廃される以前のように，国民皆保険で提供される医療には限界があると考えるべきであって，その意味で混合診療の解禁はやむを得ないのではないか。もっとも，これは私が唱える国民皆保障でも同じだが…。

現実：昭和37年の制限診療撤廃にはいろんな評価があるようだが，それが国民皆保険の成立後になって打ち出されたことに意味があるのではないか。国民の義務になった以上，医療保険はすべての国民に必要適切な医療を提供しな

けれればならなくなったのだ。もちろん，どんな医療であっても際限なく医療保険から提供されるべきとまでは言えないが，その患者にとって必要な医療はできる限り提供されるべきであり，そこはより柔軟に考えるべきだ。そうでないと，強制的に保険料まで取っておいて必要な医療が行われないのなら，それは詐欺だと言われかねない。必要な医療が保険で受けられないとなると，高額所得者は強制加入から外し，民間保険で"高度"に必要な医療も受けられるようにすべきだということになるだろう。

理想：この点に関する限り君は理想主義者のようだ。だが，そうは言っても，診療報酬に収載されていないような新規の高度先進的な医療が次々と出てきて，その全部を保険に取り入れて行ったら，皆保険は持たないのではないか。

現実：だからと言って，医学的な裏付けが十分でない医療（民間療法も含め）も含め，混合診療の対象にして皆の保険料や税金で下支えすべきではない。だからこそ，保険外併用療養費の評価療養という形で，いわば管理された混合診療が認められており，それが限度ではないかと思う。

理想：分子標的薬，遺伝子治療，再生医療など，これからの日本経済を引っ張る新薬や新技術の開発を進めるためには，保険外併用療養費の制度では窮屈に過ぎるのではないか。やはり，現実主義者であれば，いさぎよく混合診療を解禁すべきだ。

現実：経済成長のために国民皆保険を道具化するのは如何なものか。強制保険においてできる限り幅広く必要適切な医療を確保するためのギリギリの知恵が保険外併用療養費の制度であり，この仕組みをなくして，何でもありの混合診療を認めるわけにはいかない。それほど経済成長のために新薬や新技術の開発が必要というのであれば，国民は投資家ではないのだから，国民が自分のために出した保険料財源ではなく，国が一般財源で国家戦略として取り組むべきではないか。問題は，そのような保険適用になっていない医薬品や医療技術による医療費の高額化ではなく，まず対応すべきなのは2010年に出現した月額1億円超のケースのような超高額医療ではないか。

理想：それは支払基金の査定で削るべきだ。

現実：1億円を7,000万円に削っても問題解決にはならない。よほど極端でもない限り，主治医が必要と認めた医療内容を支払基金が査定することは難し

い。イギリスなどでは事前に保健当局がチェックし、場合によれば裁判所の判断を仰ぐこともあるようだが、司法に重い荷を負わせるのではなく、医療界自体がそのような医療分野における標準的な治療のガイドラインを作って現場はそれに従うという形を採るべきだろう。

理想：それはそうかもしれないが、やはり開発された画期的な新薬や新技術を使いたいという患者には混合診療を解禁して応えるのが、現実主義者たるゆえんではないか。

現実：実は、混合診療というのは保険財政を担当する者には麻薬のようなものなのだ。混合診療の解禁（保険外併用療養費の大幅な緩和）をすると、新薬や新技術を直ぐには保険適用せず、一定の普及率まで待つという口実ができる。保険適用の時期を遅らせれば遅らせるほど保険からの支出は抑えられるし、患者には混合診療が認められているから使えないことはないという言い訳ができる。結果として、中間層以下に属する多くの国民がそれらに裨益する時期が遅れることになるだろう。医薬品や医療器機メーカーも本当は望んではいないはずだ。にもかかわらず混合診療が解禁され、新薬や新技術の保険適用の時期が遅くなれば、メーカーはその開発コストを既存薬・既存技術の価格に上乗せすることになるだろうから、やはり公的医療費の増加に歯止めがかかることはないのではないか。だから、この点では僕も理想主義的立場を取るほかないのだ。

5　医療機関・医療機能の配置をめぐる理想主義と現実主義

理想：全国どこに住んでいても強制的に加入させられる以上、どこでも必要適切な医療が受けられるよう病院や診療所などの医療提供施設が整備されていることは、国民皆保険にとって当然の前提ではないか。

現実：しかし、病院や診療所がすべて公立施設ではない以上、現実的には全国どこでも均等に必要な医療が受けられる体制を整備することは難しい。また、実際にも必要となれば遠隔地にある病院に受診することもできるのだから、被保険者の権利が阻害されているとは必ずしも言えない。つまり、医療機関は全国どこでも自由に開業でき、患者も自分で医療機関を選んで自由に

112   第2章　医療保険

かかれるので，それで良いではないかということだ。

理想：医療費のファイナンスは社会保険で公的に行い，医療サービスの提供と利用は自由という組み合わせには，そもそも無理がある。税方式のイギリス・北欧はもちろん，保険方式のドイツ・フランスでも病院は公的主体というところが多いし，日本でも市町村国保創設時，"保険あって医療なし"との批判を受けないよう多くの市町村で直営診療所が作られたではないか。

現実：確かに国民皆保険である以上，医療機関や医療機能が地域に適正に配置されることが望ましいことは否定しない。ただ，それを確実に行うためには自由開業制や患者のフリーアクセスを制限する必要があるが，国民や医療機関がそれを本当に受け入れられるだろうか。例えば，特定地域でしか医療機関の開設を認めないのであれば，住民は地元の医療機関しか受診できないようフリーアクセスを制限して，医療機関の患者を確保してやることが求められる可能性がある。

理想：しかし，医療法では圏域ごとの病床数が規制され，それを超えて開設しようとする医療機関には知事がやめるよう勧告でき，それに従わない場合には保険医療機関の指定をしないこともできるようになっている。また，近年の医療法改正では地域医療構想において病床機能の区分ごとに必要量を定め，それに医療機関を従わせるべく，努力義務が課せられているほか，勧告・指示・要請・医療機関名の公表などの措置が講じられることになるではないか[5]。

現実：病床数規制に関する一都道府県の勧告に従わないことが，本当に，全国の被保険者に対して開放されている保険医療機関の指定拒否事由に当たるのか疑問である。保険医療機関の全国通用を認めている以上，それは被保険者の受給権の侵害ではないか。また，今回の医療法改正における地域医療構想を実現するための措置が微温的なものでしかないことからも，医療提供体制の規制がいかに難しいかが想像できると思う。しかも，必要適切な医療の提供体制というテーマは追求すればするほど，細かく具体的になっていく傾向

5）改正医療法では病床の機能区分に応じた医療計画の実効性を確保するため，健保法の指定拒否ではなく，要請・医療機関名の公表といった措置が定められている。勧告の拒否－保険指定拒否の規定は残っているが，どちらのルートが使われるかは明らかではない。

があり，最終的には完全な統制医療にまで行き着かなければ止まらないだろう。しかし，それでも天野医師（天皇の執刀医・順天堂大）の手術を受けたいという心臓病患者の希望にすべて応えることはできないのだ。実は，公的な保険制度の下で自由な医療サービスの提供と利用が認められるという日本の皆保険はひとつの奇跡であり，換言すれば理想と言ってもいいものだと思う。医療計画による病床規制導入後，供給の面からもアプローチが行われることとなったが，日本の医療制度は市場作用による供給最適化を基本としているのである。もちろん，微温的だからと言って医療計画における地域医療構想まで否定するつもりはないが…。

理想：“自由”の立場から見れば理想かもしれないが，“保障”の立場からは理想とは言えない。現に医療過疎地などの住民は困っているではないか。

現実：医療機関が不足している地域の診療報酬を引上げてその開設を誘導促進することもできなくはないが，そうすると患者負担や保険料が高くなるので難しい。そうとすれば，そのような地域には，公的責任で医療機関が開設され，安定した経営ができるよう，保険の外で財政措置を講じるほかないだろう。国民皆保険における医療機関・医療機能の適正配置は，保険制度とは別に公的責任による“下支え”が必要なのである。もちろん，それは“下支え”であって“丸抱え”ではない。

6　国民皆保険は将来にわたって確実に存続できるか

理想：国民皆保険を維持するため保険者レベルで必要な対応とはどういうものか，もう少し詳しく説明してほしい。

現実：医療給付に関する権限（給付率・給付内容・診療報酬改定率および改定内容・保険医療機関の指定および監督）はすべて国が回収してしまっているため，個々の保険者には給付率や給付内容（診療報酬単価も含む）についての“権限”はなく，患者受診⇒診療行為⇒診療報酬債権の発生という保険診療の仕組みからして，保険者が支出を直接，効果的にコントロールすることは極めて難しい。定率自己負担（3割）により安易な受診・過度な診療に一応の歯止めはかかっているが，保険者は，医療給付費に応じて保険料水準を

決め，徴収し，それを医療機関に支払うのみと言っても過言ではないのだ。だから，保険運営の自己完結性と言っても形式だけというほかなく，保険料引き上げを回避するため，安易な国庫負担や財政調整頼みも生じることとなる。そこで最近，強調されているのが保険者機能の強化論である。保健事業の実施（最近はデータヘルスなどと言われている）・医療機関情報の提供・医療費適正化事務の実施など涙ぐましいほどの事業や事務が取り上げられているが，これらの保険者機能強化も，高齢者医療制度への拠出が過半を占める現状では空しさを否定することはできない。とするならば，保険者は個別の医療費コントロールに精力を使うのではなく，全国レベルで保険者団体として医療費が負担能力の範囲に収まるよう働きかけるほかないことになる。

　もし仮に，保険者レベルで医療費支出のコントロールを十分行おうとすれば，医療給付のみならず，医療機関・医療機能の配置まで保険者が管理するほかないだろう。具体的には，国保及び健保の保険者を都道府県としたうえで，給付に関する諸権限（給付率・高額療養費限度額，場合によれば一点単価），保険医療機関の指定・監督に関する権限を都道府県保険者に集中させるとともに，医療法上の諸権限や機能も都道府県と都道府県保険者が事実上一体となって行使することとなる。これに伴い，当然，保険医療機関の全国通用も廃止し，当該都道府県の被保険者のみの通用になるだろう。

　だが，このような都道府県営医療保険への全面的な改組が実現すると，皆保険ではあっても，都道府県保険者間で保険料負担はもちろん，給付面でもさまざまな格差が生じる可能性は避けられないだろう。長い制度改正の歴史を通じて給付面での全国統一がようやく実現されたことを考えると，それらの権限を個別保険者に戻す改革に現実性があるとは言えまい。

理想：そうなると，個々の保険者を超える全国レベルでの対応が重要になるわけだが，具体的にどのようなことか，説明してほしい。

現実：全国レベルで医療費をコントロールするためのもっとも効果的な手段は診療報酬の改定（改定率と改定内容）である。1で述べたとおり，それらは，本来，保険者団体と診療団体が対峙する中央社会保険医療協議会において審議すべきであるが，診療報酬の個別の配分は中医協に残っているものの，診療報酬改定率は予算編成過程で内閣（実質的に財務省）が決定することとなっ

た。結果として診療報酬改定率の決定は国の財政制約を強く受ける構造となっている。そうした仕組みのなかで，診療報酬の引き上げを抑制したい保険者団体も，国の抑制に同調もしくは便乗するというのが現実の姿である。その結果，多額の政府債務残高がある現状では，景気回復により保険料収入が増える事態となっても，国の財政制約による診療報酬抑制はより長く継続するだろう。その結果，過度の診療報酬改定率の抑制が医療現場に深刻な影響を及ぼす可能性も否定できない。逆に，診療団体の政治的圧力が強ければ，国の財政制約を押し切って保険者の負担能力を超える診療報酬改定が行われるおそれもないとは言えない。やはり本来は診療報酬改定率も保険者団体と診療団体の協議で決めるべきものなのだ[6]。

　いずれにせよ，国民皆保険の確実な存続という観点からは，このマクロの医療費政策（診療報酬改定率の設定）が重要な意味を持っていることは確かである。では，このマクロの医療費政策は国民皆保険の存続を確保する（換言すれば，医療費の伸びが国民経済の範囲内に収まる）ことに成功してきたと言えるだろうか。

　マクロ医療費の増加傾向は，診療報酬改定率のような制度的要因に止まらず，疾病の流行，患者のビヘイビア，医療機関の対応など，さまざまな社会的要因によって決まってくるし，それらの社会的要因も物価や賃金など経済的要因に規定される部分がある以上，長期的には医療費はマクロ経済の伸びにおおむね沿った動きをするはずである。2012年のアメリカの国民医療費は4年連続でマイナスとなったが，これについてメディケア＆メディケイド・サービス庁（CMS）の数理担当者は，「最近4年間の相対的に低い伸び率は，国民医療費とGDPとの関係についてこれまで見られた歴史的トレンドと一致している。すなわち，過去の景気後退期に見られたトレンドと一致している」と述べている[7]。アメリカと比べより管理された市場における医療サービスである日本の場合も，診療報酬改定率と経済成長率が4〜5年のタ

6）　診療報酬改定の際，診療団体が与党政治家に働きかけ，与党政治家もそれに応えるのが政治だと思っているふしがあるのは不思議なことである。政治家は保険料を拠出する被保険者・国民の代表のはずなのに，まるで片方の診療団体だけの代表であるかのようである。

7）　『国際医薬品情報』2014/1/27 国際商業出版 P44

116　第2章　医療保険

イムラグをおいて概ね相関してことは 2007 年厚生労働省の「医療費の将来見通しに関する検討会」の資料で明らかにされたとおりである。

　もちろん，診療報酬改定率を前期の医療費額に乗じたら次期の医療費額が導き出されるような単純なものでないことは確かである。長い送水管のように若干の水漏れが生じることは否定できない。これが，人口の高齢化やインフルエンザ等の流行，診療日の日数などでは説明できない医療費の自然増と呼ばれるものである。再診や診療行為の増で医療費の目減りを補填しようという医療機関の対応などがその内容だろう。この水漏れを完全に封じ込めようとすれば，各年度，診療団体と政府が医療費総額について契約を締結し，実際の支払額は点数単価をフロート制にしたうえで，年度後半に単価調整をすることにより，契約した総額内に医療費を収める“総額請負制”を採るほかないと思われる。これはドイツで採用されていたはずであるが，果たしてこれによりマクロの医療費コントロールがしっかりできるであろうか。おそらく各医療機関は自らの取り分を増やすために診療行為の密度を挙げるに違いない。その結果，年度後半には点数単価が下がって，投下した診療行為の量ほどは診療収入が得られず，医療機関の収入不足感は弥増すだろう。結果として，次年度の総額請負契約の締結は難航し，政治的圧力も集中して，総額の上振れを招くおそれが大きいのではないか。とすれば，若干の水漏れがバッファーとなって概ね診療報酬改定率の線に沿ったマクロの医療費に収まることをもって可とする達観した見方がかえって現実的なのかもしれない。

　結局，マクロの医療費政策としては，診療報酬改定率のコントロールを基軸としつつ，需要と供給の両面からあの手この手の方策を講じていくほかないのである。だが考えてみれば，これは財政・金融政策に止まらず，産業政策・構造政策などのさまざまな対応を，その都度その都度，重ねていくほかないマクロの経済政策と似たようなものではないか。通常の財・サービスの市場取引と同様，医療サービスも準市場取引であることを踏まえれば，これは当然と言えば当然のことかもしれない。

理想：国民皆保険は複雑で微妙なバランスの上に成り立っているのだな。やはり，これさえやればうまく行くという伝家の宝刀はないのか。

現実：世の中の仕組みは多面的で複雑なものだ。少しずつ時間をかけて改良し

ていくのが，経験に基づく賢者の知恵だと思う。医療保険の世界ではよく“抜本改革”という言葉が使われたが，あれはどこかにしわ寄せすることなく，すべてがよくなるという幻想を振りまくお呪いの言葉だったのだ。世の中にそんなうまい話などないことは少し考えれば分かるはずだが…。

おわりに

　以上で，現実主義者として対話に参加しているのは筆者である。国民皆保険を理想主義的プロジェクトと捉えつつ，その具体的な在り方は，国民皆保険が制度運営者とすべての国民との“約束[8]”であることに規定されるものである一方，その安定的運営は，結局，国民（被保険者）自身が責任を持つべきものであることを，現実主義的バランス感覚で理解する必要があること，それらを踏まえ，制度は時間をかけて改良していくほかないことは，ご理解いただけましたか。

（初稿 2014.04.07，加筆修正 2018.06）

8）　制度上は，制度運営者と被保険者・国民との約束であるが，社会保険を当事者自治的に理解すれば，本当は被保険者同士の約束と理解することもできる。

118　第2章　医療保険

Ⅲ　高齢者医療制度の構想史
～日医・自民党・厚生省を中心とする4幕劇～

はじめに

　医療保険制度において高齢者医療はどう在るべきかという問題は20世紀末から21世紀初頭における大問題であったが，長い議論の末，2006年に医療制度改革法が成立し，それに基づく後期高齢者医療制度と前期高齢者医療費の保険者間調整が2008年度からスタートして今日に至っている。現在の制度の抱える制度的問題点については，制度創設当時，何回かにわたって批判してきた[1]ので，本稿では繰り返さない。本稿は昭和40年代前半から今日まで行われてきた高齢者医療（当時は老人医療）の在り方に関するさまざまな制度構想を振り返ってみて，それが誰の手によって主導され，誰がどのように受け止めて行ったのかを4幕の芝居仕立てで整理してみようというのである。結論を先に述べれば，多くの場合，日本医師会が独自の構想を提起し，自民党がそれに追随し，厚生省は不承不承付いて行ったというのが，歴史から見えてくるメインストーリーである[2]。もちろん長い歴史を見ると，それ以外に昭和40年代半ばには老人医療費の無料化で地方自治体も登場したほか，また，健保連・日経連（当時）・労働組合などの支払側は常時舞台に上がり，ときには重要な役割を果たすという展開もあった。しかし，むしろ制度の在り方については，内閣と同列とされた社会保障制度審議会（当時）が政府の構想に対して本質を突いた渋い意見を述べ続けてきたというサイドストーリーの方が重要かもしれない。

1）　「迷走する高齢者医療制度－今，その歴史に学ぶとき」（『社会保険旬報』2008/6/11），「高齢者医療費重荷論を超えて」（『社会保険旬報』2008/10/21），「後期高齢者医療制度で再生可能か」（『月刊・保険診療』2008/1），「高齢者医療制度はどこに行くのか～姥捨て山は変わらない!?～」（『月刊・保険診療』2010/12），「高齢者医療制度改革をもう一度考える」（『文化連情報』2009/6～8），「高齢者医療制度はどこで間違えたか」（『論座』2008/7），「後期高齢者医療制度は何故失敗したのか」（『週刊エコノミスト』2008/8/26）ほか多数。

2）　このストーリー（物語）は，部分的には筆者の経験に基づくが，他は文献資料に拠るものであり，歴史（ヒストリー）の例に漏れず，ひとつの"構成"であり"解釈"であることは言うまでもない。

日医→自民党→厚生省という流れが基本図式であるとは言っても，実は必ずしも日医が首尾一貫していたわけではない。その辺りの変身ぶりとそれに振り回される関係者の反応も興味深いところである。さらに，医療保険制度には高齢者医療以外のさまざまな問題があるし，高齢者医療に限ってもメインストーリーには登場しない関係者も多いことは前述のとおりである[3]。しかし，それらをすべて視野に入れて論じるのは筆者の能力に余るし，かえって輪郭がぼやけてしまうおそれもある。そこで本稿では，日医→自民党→厚生省というメインストーリーを基本に，この間の諸構想の変遷を辿ることによって，高齢者医療の在り方に関する議論の焦点を明確にし，読まれた方が，もう一度，それを冷静な目で考え直すきっかけにしていただければ幸いである。

1　医療保険抜本改正論議～一幕目～

日本がようやく戦後混乱期を終わろうとしていた昭和30年という時点において，早くも日本社会の高齢化に警鐘を鳴らした論文が発表された。日医会長だった武見太郎が昭和30年3月号の『中央公論』に書いた「老人の増加にどう対処するか」という論文[4]がそれである。そういう極めて重要な伏線はあるのだが，それが淵源となったかもしれない構想が日医の意見として世に出るのは，昭和43年10月1日の日医「医療保険制度の抜本改正に関する意見」まで待たねばならない。その頃，政管健保の財政は，昭和30年代末から，医療費が制限診療の撤廃（昭和37年）などにより高い伸びを示す一方，経済の二重構造の下で対象事業所に中小企業が多いため保険料収入ではそれをカバーすることができないという極めて深刻な事態が続いていた（いわゆる国鉄・コメ＝食管会計と並ぶ3K赤字の1つ）。それに対応すべく厚生省はさまざまな財政対策[5]を打ち出したが，国会や社会保障制度審議会（制度審）・社会保険審議会（社保審）

3）　政管健保の運営や国保の財政，診療報酬・薬価基準などの問題について，経済界・労働団体・地方団体，財政当局などの関係者を抜きにして論じることの無謀さは十分認識しているつもりである。

4）　この論文では，健康保険関係消失後の国保加入による国保被保険者の老齢化，予防的老人医学に立脚する医療社会保険の予防給付の重要性などは論じられているが，老齢保険という構想は語られていない。

120 第2章 医療保険

などでは次第に医療保険の"抜本改正"が必要であるという意見が強くなってきた。そこでまず出されたのが昭和42年11月17日の厚生省保険局「医療保険制度改革試案」（いわゆる事務当局試案）であるが，これは被用者保険間の1／2財政調整を最大の眼目とするものであり，老人医療について特段の言及をしたものではなかった。

この事務当局試案が自民党に提出された後，昭和43年10月1日，日医は「医療保険制度の抜本改革に関する意見」を公表したが，その内容は医療保険を地域健康保険・老齢保険・産業保険の3本建ての体系に再編成するというものであった。ここにおいて日医の老齢保険[6]という制度構想が初めて登場したのである。この考え方は翌，昭和44年6月4日の自民党「国民医療対策大綱」[7]にも強い影響を与え，同大綱では，日医の3本建て構想を踏まえ，その1つの柱として70歳以上の国民（勤労者保険の本人を除く）を対象とする老齢保険制度が打ち出されている[8]。この制度構想は，高齢者本人から独自に保険料を徴収するのではなく，財源は国民保険・勤労者保険からの総所得に応じた一定率の拠出と国庫負担とされていることから，完全な独立型保険ではなかった。

いずれにせよ，与党が老齢保険という制度構想を打ち出したことは重大である。与党から大綱の送付を受けた厚生省は，ほぼ同じ内容の「改革要綱試案」を昭和44年8月，制度審・社保審に提示することとなる。両審議会からの答申

5）昭和40年の薬剤一部負担などの健保改正法，昭和42年の保険料率の引上げなどの健保特例法。この健保特例法は昭和44年度8月末までの時限立法であり，政府はその間に抜本改正の実現を迫られることとなった。小手先の財政対策ではなく"抜本改革"をという呪文はいつの世でも人々を"思考停止"にすることが多いものである。

6）当時の日医改革案の詳細は筆者が参照した文献には記載がなく，65歳以上の高齢者を対象とするというのみで，高齢者から独自に保険料を徴収するか否かは明らかではない。

7）ただ，この大綱には健保連等支払い側を中心に反対も強く，政府への送付状には当時，"右向け左"と言われた附帯意見が加えられている。

8）この大綱では「老人対策は，今後の行政の一大重点として，有機的に関連を持った総合施策を樹立し，段階的に実施する必要がある。しかしながら，生命と健康に関連する医療問題については，早急にその解決に着手する必要があり，且つ将来のための対応制度を準備しておくべきである。この観点からわれわれは，この際老齢保険制度の創設を決意し，被保険者，国が一体となって相協力して，老人のための，且つ，青壮年の老後のための医療を確保する端緒を開くこととした」と述べられている。

は約2年後の昭和46年9月と10月に出されたが，公費負担による制度を主張した社保審はともかく，制度審が老齢者医療制度について「全額医療保険制度は，いかにも不自然でもって廻った感じが強い。現行の制度内で給付率を高め，その制度に含まれる老人の数に応じて国庫補助する案の推進が最も望ましい」と述べているのは，各保険制度の枠内で財政責任を完結させるべしという制度審の基本姿勢を明確に示すものであった。

この前後，保険医総辞退問題が起こり，厚生大臣と日医会長の合意事項に"抜本改正案の次期国会提出"が盛り込まれたこともあって，昭和47年2月5日に厚生省は被用者保険の財政調整を含む医療保険各法の改正案要綱を両審議会に諮問したが，そこには老齢保険制度案は含まれていなかった。厚生省は次の第2幕（老人医療費支給制度の場）で述べるように，老人医療の問題を老人医療費の負担軽減問題と捉え，医療保険制度の外で対応する方針に転換したのである。この医療保険改正案要綱は4月に出された両審議会の答申では"抜本改正の名に値しない。前提条件をそのままにしての財政調整は不合理であり無理である"とされて実現を見ることはなく，結局，昭和40年代初頭からの抜本改正論議は，昭和48年の健保法改正で家族給付率の7割への引上げ，高額療養費制度の創設，政管健保の国庫補助率10％への引上げ，国庫補助率の保険料率の引き上げとの連動等が実現したことにより終焉を迎えるのである[9]。

2　老人医療費支給制度の創設～二幕目～

場面は一転し，ここで地方自治体が舞台に登場する。昭和40年代に入り，老齢化について社会の関心が高まり始め，そのなかでも医療費の自己負担に焦点が当たることとなった。その先鞭をつけたのが横浜市や秋田県[10]である。横浜市が昭和43年に打ち出した対応は80歳以上の国保被保険者の給付率を引上げ

---

9)　高度成長が加速化して国の財政にも余裕ができ，経済の二重構造も解消して政管健保の財政も好転したことがその背景にあった。

10)　医療費の自己負担と言えば，昭和20年代から無料化していた岩手県の沢内村が有名であったが，これは村営の医療機関でほぼ全ての住民の医療需要をカバーしていた農山村特有の先駆例であり，昭和40年代の老人医療費とは背景が異なる。

るという国保法の枠内のものであったが，昭和44年の秋田県の措置は80歳以上の者の医療保険の自己負担分のうち，一定額（外来月1,000円，入院月2,000円）を超える部分を公費で償還払するという国保を含む医療保険の枠外での対応であった。これらの動きに対し，昭和43年8月17日厚生省は「老人医療対策」[11]として高齢者に対する医療費の公費負担制度を提示した。その内容は，70歳以上の健康保険の被扶養者と国保被保険者を対象に自己負担額が，入院時月額2,000円，入院外月額1,000円を超える場合，その超えた部分を市町村が公費で支給（患者は窓口で支払った後，市町村から償還してもらう方式。費用分担は国8割，都道府県・市町村各1割）するというものであった。なお，所得制限があり，老齢福祉年金の受給資格者程度の所得階層が対象に予定されていた。この案に従い，厚生省は昭和44年度の概算要求を行ったが，老人の医療費負担問題は医療保険の抜本改正の一環として検討すべきであるとして認められるところとはならなかった。

こういう経過もあったが，厚生省は前述のとおり，昭和44年8月，抜本改正の流れに沿って老齢保険制度要綱試案を含む医療保険制度改革要綱試案を制度審・社保審に諮問する一歩，同年6月，並行して中央社会福祉審議会にも「老人医療対策を含む老人問題に対する総合的諸施策」の諮問も行っている。このようなダブルトラックの戦略について当時，厚生省の省内ではどの程度真剣に調整を行ったのだろうか。推測の域を出ないが，おそらく保険局は，抜本改正の流れの中で必ずしも本意ではない日医・自民党のいう老齢保険構想に付き合わざるを得ない状況にあり，むしろ社会局が公費により福祉的対応をすることを是としていたのではないかと思われる。後に，昭和46年12月の老人医療費支給制度の予算化などを担当した社会局の老人福祉課長は，保険局に老人医療費対策を押し付けられた旨の述懐をしていたらしいことからもそれが推測される。

こうしたなか，東京都は70歳以上の老人の自己負担分全額を公費負担する無料化制度に踏み切った[12]。しかも，実施方法は償還払ではなく，患者が窓口

---

11) 昭和43年といえば医療保険の抜本改正問題が登場したばかりであり，厚生省がこの対策にどれだけ本気であったかは不明である。当時の園田直厚相の意向が強く働いたのではないかと推測される。なお，対策の内容は年齢と費用を別にすれば秋田県の措置と酷似している。

Ⅲ　高齢者医療制度の構想史〜日医・自民党・厚生省を中心とする４幕劇〜　　123

で支払う必要のない現物給付化だったのである。東京都がこのような措置を講じたインパクトには絶大なものがあり，同様の措置は，昭和46年10月段階で28都府県・5指定都市に拡大，昭和47年段階では45都道府県が実施するまでになっていった。

　このような地方自治体の措置が拡大する状況下で，昭和45年11月中央社会福祉審議会は“老人医療費の軽減は喫緊の課題である。”とする答申をしたほか，革新自治体の拡大[13]に危機感を抱いた自民党は昭和46年9月「老人対策要綱」で老人医療特別措置の創設を打ち出した。また厚生省も，抜本改正における「老齢保険制度要綱案」は前述のとおり昭和46年9月及び10月の制度審・社会審で肯定的な評価を得られなかったことから，医療保険外で公費による対応を行うことに方針転換し，昭和47年度予算において老人福祉法を改正して創設する「老人医療費支給制度」の概要を固め，昭和47年1月にそれを制度審に諮問している[14]。制度審は，それに対する答申において，一応の前進とは評価しつつ，“これまでの論議や準備に上滑りと検討不足が感じられる。今回の措置は暫定的な方法であり，なるべく速やかに医療保険制度のなかに公費を取り入れながら給付率を高める方法に変えること”などと指摘し，前年9月の抜本改正に関する答申で示した認識を再び確認した。

　かくして老人医療費支給制度を創設する老人福祉法改正は昭和47年6月に成立し，昭和48年1月から“老人医療費無料化制度”がスタートした。その後，数10年に及ぶ老人医療費を巡る政策の苦難に満ちた歴史（老人医療費の無料化から現在の制度に至る変遷については，別表を参照）を振り返るとき，“論議や準備に上滑りと検討不足”のままに制度を作ることが如何に将来に禍根を残

---

12)　当時の厚生省（国保課）は完全無料化に反対したが，東京都の受け入れるところとはならなかった。

13)　当時は，東京都（美濃部）・大阪府（黒田）・京都府（蜷川）・福岡（奥田）・神奈川（長洲）・横浜（飛鳥田）など，革新自治体が急増した。

14)　これに先立つ昭和46年3月に厚生省内に設置された「老齢者対策プロジェクトチーム」は①医療保険の自己負担分を公費で負担（直接補助または間接補助），②老人を現行保険から外し，老人のための新たな公費負担制度を創設，③医療保険における老人の給付率を10割に引き上げるという選択肢を示している。②の別建て制度創設案が高齢者の保険料もない純粋の公費のみであるかどうかは明らかでない。

124   第2章　医療保険

すものかと思わずにはいられない。なお，この老人医療費支給制度については，医療保険制度外で公費による対応をするものだったからか，日医は特段の反対意見は出していないようである。無料化により患者が増え，その懐具合を気にせず診療ができることに大きなメリットがあると考えたのだろう。

3　老人保健制度の創設〜三幕目〜

（1）梯子を外された厚生省〜老人保健医療問題懇談会意見書の場

　昭和48年の老人医療費の無料化により老人の受診率は上昇し，老人医療費も急増したが，同時にそれは特に老人加入割合の高い国保の財政に大きな打撃を与えた。そのため，国保に対して毎年，巨額の臨時補助金が計上され，国の財政上も問題視されることとなる。大蔵省（当時）は昭和51年度予算編成に際して自己負担を求めることを要求するなど，無料化制度の見直しは避けられない政策課題となった。そのため昭和51年2月に厚相の私的諮問機関として設置されたのが「老人保健医療問題懇談会」である。同懇談会は昭和51年10月に意見書を取りまとめているが，その主な内容は市町村を実施主体として予防から治療，リハビリなどに至る総合的制度を創設し，適正な一部負担を求めるとともに老人医療費負担の不均衡を是正するというものであり，財源は公費のほか，住民や事業主の拠出で賄う方式が具体的検討に値するとした。この財源方式が選択された理由として，意見書は，全額公費は財政的に不可能であること，現行制度のままでの財政調整や新制度の財源を保険者から拠出させる方式は関係者の理解が得にくいことを挙げている。老人だけを対象とする制度の建て方は，昭和43年1月の日医意見に盛り込まれている老齢保険制度構想（その後，昭和44年の6月の自民党の国民医療対策大綱や同年8月の厚生省の医療保険制度の改革要綱試案でも追随）に親和的であるほか，住民・事業主から拠出を求める財源方式は，この間の抜本改革論議で厚生省が打ち出す財政調整案にアレルギー状態となっていた健保連等に配慮しているなど，この構想はすべての関係者が反対しにくいように考えた（つもり）の内容であった。厚生省では早速，この意見書に沿った制度の具体的検討に入ったが，昭和53年8月，その案が新聞報道されるや，日医は『日医ニュース』で"老人姥捨山，老人切捨

て，健保組合温存”と厳しい批判に出たのである。後の老人保健法の衆議院修正などから推測すれば，日医は，老人別建ての制度が老人医療費を抑制するため出来高払いの診療報酬支払方式の変更に繋がるおそれを見て取ったのであろう。そんな懸念を躱すためか，日医は，昭和53年8月15日，25歳から積立てた費用で35歳ないし40歳から定期健診や健康指導をする予防給付を実施するという対案を発表している[15]。とすると，昭和43年に日医が発表した老齢保険とはいったい何だったのだろうか。稼ぎ盛りである40歳からの予防給付に充てる費用を就職したての青年期から積立てるという，この対案は不自然極まりなく，厚生省の制度案を批判するために急拵えしたのかもしれない。ちなみに日医は，その後，この老齢予防保険構想に触れることはなかった。

　予想に反して日医の虎の尾を踏んでしまった以上，昭和53年12月2日に退任間際の小沢辰男厚相が小沢私案として公表はしたものの，この厚生省の案が陽の目を見ることはなかった。ここにおいて老人医療費問題は袋小路に入ってしまったのである。それに一石を投ずべく昭和54年10月19日に発表されたのが，橋本龍太郎厚相による橋本私案であった。この私案は，全保険者間で老人医療費の一部（例えば3割程度）を加入者数に応じて財政調整する（加えて被用者保険では老人医療費の5割程度を財政力に応じて財政調整する案も併記）というものであった。患者負担の有料化は含まれず，予防対策は40歳以上の者を対象に市町村が公費で行うという前提である。大蔵省は早速，昭和55年度の予算編成に際し橋本私案＋患者一部負担の内示をしてきたが，直ちにそれを制度化できるはずもなく，厚生省は，改めて本腰を入れた検討に着手するべく，制度の在り方について社会保障制度審議会に諮問することとして，急場をしのいだ。これにより，この問題は実際上，再度，医療保険制度という舞台に戻ることとなったのである。

（2）どちらが苦い水を飲むか～老人保健法を巡る駆け引きの場

　昭和55年3月，制度審に「老人保健医療対策の基本方策」について“白紙諮問”した厚生省は昭和55年9月に，市町村が老人医療の給付を行い，公費のほ

---

15)　『日本医師会創立記念誌－戦後50年の歩み』による。ただし筆者自身は，予防給付は40歳からであったと記憶する。

126 第2章 医療保険

か保険者からの拠出で費用を賄う，保険者からの拠出はその半分程度を加入者数に応じて行うことにより国保の負担を軽減し，患者も医療費の一部を負担するという老人保健制度第1次試案を提示した。制度審は，本音では保険者間財政調整が望ましいと考えていたようだが，厚生省の熱意に押されてか，昭和55年12月，第1次試案をおおむね評価するという中間意見を公表した。基本的な方向性についてお墨付きを得た厚生省は昭和56年3月に制度審・社保審に「老人保健法案大綱」を諮問，制度審の答申は"制度の仕組みの上で若干の無理はあるものの，1つの新しい考え方に立つもの"という評価であった。政府部内での調整[16]を経て老人保健法案は昭和56年5月に国会に提出され，論議は国会の場に移った。

　この老人保健制度案について日医は，昭和53年8月に老人保健医療問題懇談会の意見書に基づく厚生省の制度構想（後に小沢私案として公表）を激しく非難したときのような絶対反対という強い態度は取っていない[17]。その理由は，①小沢私案が住民・事業主からの直接拠出方式を採用し，健保組合などの被用者保険には手を付けなかったのに対し，老人保健制度案では健保組合等から直接，相対的に多額の拠出を求める仕組みであったこと，②老人の心身の特性に配慮した診療方針・診療報酬が導入される危険はあったが，それは自民党を通じた国会修正により回避することができるであろうこと，③老人医療費の不均衡問題が深刻さを増しており，それを放置すれば医療費水準の抑制に繋がるおそれがあることなどを考慮したものと推測される。

　老人保健法案の国会審議でまず問題となったのは，まさに日医が反対していたいくつかの事項を取り除くことであった。すなわち政府原案にあった，①医療は保険医療機関がそのまま担当するのではなく，別の手続きで指定される老人保健機関が担当すること，②診療方針・診療報酬は，中医協ではなく，老人

---

16) 大蔵省は老人だけを別建てとする制度は，構造的な赤字要因を内包する制度となりかねず，支払方式の改善を含めた収支均衡を確保するための方策を検討する必要があるという態度であったため，昭和56年度予算編成の際，「新制度の実施に先立ち，新制度の診療報酬のあり方について検討する」旨の厚生・大蔵両大臣が合意している。

17) 日医は「1つの医療機関が2つの支払方式を強制されることは絶対に受け付けえない」としつつも，昭和56年3月に出した方針は，一部にあった保険医総辞退等ではなく，老人保健法案の成立を前提とした老人保健機関の指定辞退だった。

Ⅲ　高齢者医療制度の構想史〜日医・自民党・厚生省を中心とする4幕劇〜　*127*

の心身の特性等を考慮して，新たに設置される老人保健審議会の意見を聴いて定めることという規定について，医療の担当は従来どおり保険医療機関とし，診療方針・診療報酬の審議も従来どおり中医協で行うという修正[18]が自民党主導で実現したのである。また，これに併せて，医療保険者の拠出で賄う医療給付費の70％のうち，各医療保険者に加入する被保険者の実績医療費ではなく各医療保険者の加入者数に応じて拠出する割合（加入者按分率）を50％〜100％の範囲で政令で定めるとする条項[19]について，加入者按分率は50％で法定するという修正が，自己負担金を減額する修正とともに施され，法案は衆議院を通過した。

　この日医の意を受けた衆議院修正は参議院で問題化した。新たな診療方針・診療報酬が定められ，老人医療費の増加に歯止めがかかるという前提で法案を受け止めていた健保連・日経連が，その歯止めがなくなったとして，拠出金による負担増自体に歯止めを設けるよう強く主張してきたからである。結局，拠出金による負担増は老人数の伸びの範囲に収まるよう加入者按分率を50％から逓減させるという“理不尽”な修正が実現し，老人保健法案は昭和57年8月にようやく成立を見たのである。この修正は老人医療費負担の不均衡を是正して医療保険，特に国保財政の健全化を図るという制度目的を否定しかねないものであり，その修正がもたらす矛盾の増大に伴い，最終的に健保連が加入者按分率100％の実現という痛いしっぺ返しを食うことは後述するとおりである。結局，最終的に苦い水，それも飛び切り苦い水を飲んだのは，健保連だったと言えるだろう。

　時限爆弾を抱えた形ではあったが永年の懸案であった新しい高齢者保健医療の仕組みである老人保健制度は昭和58年2月から実施に移された。老人医療費支給制度は昭和48年1月のスタートであったから，10年余の命脈を保った

---

18)　老人保健法では，70歳以上の被保険者はそのまま従来どおり，被用者保険・国保に加入し続け，保険料もそれら保険者に納める一方，医療に関する給付は保険者の代わりに市町村から受けるという仕組みを採っていたから，これらの衆議院修正の内容は筋が通っていたというべきである。

19)　制度スタート当初は老人医療費の1／2につき加入者数調整を行うことにより，国保の財政負担は軽減され，全体としての健保・国保の財政は安定するとの想定であった。高齢化の進展により，国保の老人医療費負担が重くなれば，それに従い50％の加入者按分率を引き上げて行き，健保・国保全体の財政バランスを図ろうというのが当初の考え方だったのである。

128　第2章　医療保険

こととなる。

4　老人保健法から高齢者医療確保法への道行き〜四幕目〜

（1）退職者医療制度の導入〜見込み違いで次の展開へ…の場

　昭和58年2月から実施された老人保健制度により70歳以上の老人医療費の負担の不均衡はかなり是正されたが，国保の立場からから見れば60歳以上で70歳未満の被用者OB（退職者）が健保から国保に流入してくるという問題は未解決であった。そこで次の課題として退職者医療制度の導入が俎上に上がることとなる。その導入を求める国保の要望を踏まえ，昭和59年の健康保険法改正に合わせて国民健康保険のなかに退職者医療制度が創設された。すなわち国保の被保険者となった退職者の医療給付費のうち，退職被保険者の保険料では賄えない分の費用は被用者保険が総報酬に応じて分担するという制度である。この制度は，国保の退職被保険者の保険料は彼らの医療給付費とは無関係に決められる一般の国保被保険者の保険料率を代用するという保険原理にそぐわない仕組み[20]を内包していたが，それ以外の給付費部分を被用者保険が負担するという仕組み自体は，老人保健制度のように加入者数で按分するという数学的公平性ではなく，被用者OBの費用を現役の被用者が負担するという社会的合理性（納得性）に基づいているという意味で，被用者保険にとっても比較的受け入れやすいものであった[21]。被用者保険側が退職者医療制度を受け入れざるを得なかったのは，被用者本人の1割負担導入により財政的余裕が生じるということもあったが，この負担根拠の社会的合理性によるところも大きかっただろう。この制度では，退職者被保険者については，国保の一般被保険者より高い被用者保険並みの給付率が設定され，多くの一般被保険者が退職被保険者に移行するものと見込まれたが，実際はその見込みどおりには行かなかった。この見込み違いが次の動きに繋がることとなる。

---

20)　仮に退職被保険者の医療給付費の一部をその保険料で賄うとした場合，それをどの程度の割合とするか理論的に決められなかったからであろう。

21)　この系列に属する高齢者医療の提案としては，平成7年7月4日の制度審勧告が「被用者保険については，退職後の高齢者等を被用者保険の延長に含めることも検討する」というものがある。

（2）加入者按分率100%の実現〜変わってしまった老人保健制度の性格の場

　昭和59年の健保法改正の際，国保では，退職者医療制度の導入に合わせて，国庫補助率の見直しが行われた。それまでの医療費の45%が療養の給付費の50%に改められたのである。これは実質的な国庫補助率の引下げであり，前述の退職者医療制度の対象者数の見込み違いにより，それをカバーする財政効果が得られなかったことから，結果として国保財政に大きな打撃を与えることとなった。そのため国は，特別の補助金（特別調整交付金）による財政補填を強いられることとなる。しかも，老人保健法の参議院修正による加入者按分率の逓減措置により，国保財政の苦境はその面からも深刻化していった。

　このような状況に対応するため，昭和61年2月，厚生省は，健保連等の強い反対を押し切る形で，加入者按分率の100%への引上げを主な内容とする老人保健法改正案を国会に提出した。同法案は，加入者按分率100%への引き上げを昭和65年度から（それまでは段階的に引上げ）とするなどの修正が行われ，昭和61年12月成立した。

　この改正は被用者保険の大幅な負担増を招くものであり，以後，高齢者医療問題の論議は，老人保健制度自体の存否が大きな争点となっていくのであるが，ここで強調しておきたいのは，それによる老人保健制度の変質である。保険者間で老人医療費を加入者数に応じて按分するねらいは，前注19のとおり，それにより老人医療費を含む各医療保険財政全体の健全化を図ろうというものであった。老人医療費だけを取り出して，それを各医療保険者が公平に負担するというものではなかったのである。かつての橋本私案による財政調整が"例えば老人医療費の3割程度"とされていたのも同旨であった。もちろん，老人加入率の保険者間格差が拡大し，医療保険全体の健全化を図るため，将来的に加入者按分率が100%になることが予想されていなかったわけではないが，昭和60年代半ばにはそこまでは至らず，せいぜい80%程度と見積もられていたにすぎない。それが一気に100%こそがあるべき数字とされたのは，そこに大きな思想転換がなされたからであった。すなわち，老人医療費だけを取り出し，それを各医療保険者で支えようとするものである以上，その負担は公平でなければならない，健保・国保に共通する負担の指標としては加入者数しかないの

130　第2章　医療保険

であるから，当然，公平な分担は100%加入者数に応じて按分することで実現されるというわけである。

　このような思想転換が実現したのは，老人医療費の公平な負担という一見すると万人に分かりやすい説明のほか，その説明を容易にした市町村の老人医療給付費をすべての保険者が拠出するという老人保健制度の仕組み[22]，さらには老人保健法の参議院修正がもたらした逆バネ，退職者医療制度対象者の見込み違いなどによるところが大きいが，結果としてみれば，これによって高齢者独立保険制度への下地が（知らぬ間に）整備されたということができるだろう。

（3）どこまで続く泥濘か！～混迷した高齢者医療論議の場（其の1）

　老人保健法については平成3年，平成7年，平成9年と，介護部分の公費5割負担や拠出金の算定にかかる老人加入率上限の引上げ，一部負担の見直しなどの改正が行われたほか，平成10年の国保法改正では退職被保険者にかかる老人保健拠出金の被用者保険への負担転嫁と毎年のように関連する制度改正が行われ，被用者保険関係者を中心に老人保健制度の限界が強く意識され始めた。この平成10年の国保法改正の参議院修正により，抜本改正の時期が「平成12年度までのなるべく早い時期」とされたことから，再び老人保健制度を含む医療保険制度の抜本改正が政治の焦点となってきたのである。

　この前後の動きをいくつか拾えば，まず，社保審が改組されて設置された医療保険審議会が平成8年11月27日，"老人保健制度に代わる新たな仕組みを創設し，現役世代とのバランスを考慮しつつ，老人医療費の費用負担の仕組みを見直す"との建議をまとめたほか，平成8年12月2日には老人保健福祉審議会が老人医療費の負担に関する4つの選択肢[23]を示している。また与党においては，平成9年度の医療保険改正作業と予算編成が難航するなか，医療保険制度改革協議会が平成8年12月19日にまとめた検討事項の1つとして"老人保

---

22)　保険者間でやり取りする財政調整の下では，不可能ではないが，すぐに出て来る発想ではない。市町村のために全保険者が拠出するという"上納金方式"であったことが大きいだろう。

23)　①全高齢者対象の独立保険制度，②高齢退職者は被用者保険に継続加入し，高齢者の加入率の差に着目して制度間で財政調整，③医療保険を全国民対象に統合，④老人保健制度の基本的枠組みは維持して必要な見直しの4つである。

Ⅲ　高齢者医療制度の構想史～日医・自民党・厚生省を中心とする4幕劇～　　*131*

健制度の在り方を見直す"ことを挙げ，さらに平成9年健保改正法成立の前提
条件として提示することが求められていた平成9年4月の「医療保険制度改革
の基本方針」において，高齢者医療については「別建ての高齢者医療制度の創
設や退職後も継続加入する方法なども視野に入れながら，老人保健制度を根本
的に見直す」とされた。以上のように，この段階では老人保健制度の見直しと
いうのが基本線で，新たな独立型の高齢者医療制度という方向は政府や与党の
なかの議論でも中心的ではなかったが，ここで，高齢者からも保険料を徴収す
る新たな高齢者保険制度構想を打ち出してきたのが日本医師会である。

　平成9年7月29日，日医が発表した「医療構造改革構想（第2版）」では「老
人医療保険制度の創設」が謳われており，その内容は高齢者全員を被保険者と
し，独自に保険料を負担するという独立型保険であった。これに加えて，現行
の拠出金制度は段階的に廃止し，現役世代からは積立型の保険料を徴収し，基
金化する。基金化した保険料は，高齢者になったときの医療費に充当するが当
面は有利子で国に貸し付け，現在の老人医療費を賄うために利用するというユ
ニークな財源案が示されている。果たして，日医は昭和53年8月に示した予
防給付のための積立型保険の新構想や昭和43年10月の老齢保険制度構想に先
祖帰りしたのだろうか。老人医療費に充てるための積立型保険料という部分は
昭和53年8月構想の残滓かもしれないが，予防給付に充てるものではない以
上，この構想はやはり基本的には昭和43年構想に戻ったと考えるべきだろう。
それにしても日医は，積立式保険料で医療費を賄うという仕組みを採用した場
合，積立金の範囲でしか医療費が支払われなくなるおそれがあるにもかかわら
ず，なぜこのような（日医にとって）危険な財源案を提案したのだろうか[24]。

　これを受けた厚生省と与党の反応はなかなか興味深いものであった。平成9
年8月7日に厚生省が発表した「21世紀の医療保険制度」における高齢者医療
制度部分は，①独立の保険制度又は市町村が実施する各保険者の共同事業，②
すべての高齢者について保険料を徴収，全額を高齢者医療費に充当，③若年世
代の負担について，稼得階層である20～69歳の加入者数を基礎として各保険

---

24)　年金のように積立時に約束した給付を支払えばいい制度とは異なり，積立後の水準をコントロー
　　ルできない医療費について予め予測して保険料を積み立てることは不可能である。保険料の追加拠
　　出を求めれば，それは積立式ではなくなる。

132   第2章　医療保険

者に按分するという，見方によっては独立型新制度の創設とも老人保健制度内
での対応とも読めるような内容であったが，平成9年8月29日に与党医療保
険制度改革協議会がまとめた「21世紀の国民医療」においては，高齢者を対象
とする独立した保険制度を創設するとして，全高齢者からの保険料徴収，定率
患者負担，3〜4割の公費負担（若年負担の在り方等も踏まえて検討）と，明
らかに同年7月の日医構想を意識したものとなっている。

　これらの基本方針や構想の発表に併せて高齢者医療制度の在り方を巡って
は，平成9年〜11年の時期，健保連・日経連・連合・国保中央会なども構想や
提言を発表し，議論百出の状態となったため，医療保険審議会と老人保健福祉
審議会を統合して設置された医療保険福祉審議会（制度企画部会）はさまざま
な形の制度案を比較検討し，議論を重ねることとした。しかし同部会は，最終
的に改革案を一本化できず，平成11年8月13日に出された意見書は4案を併
記するものであった。念のため，その4案を記せば以下のとおりである。①公
費を主要な財源としすべての高齢者を対象とした地域単位の新たな医療保険制
度を設ける[25]，②国保グループとは別に被用者グループの高齢者を対象とした
新たな医療保険制度を設ける，③現行の保険者を前提とし保険者の責によらな
い事由（特に年齢構成）に基づく各グループ（保険者）間の負担格差について
はいわゆるリスク構造調整を行う，④現行の医療保険制度を一本化して新たな
医療保険制度を設ける〜という4案である。このように結局，平成12年度を
目途とした抜本改正案を得るには至らなかったため，平成12年の老人保健法
改正は上限付き定率1割負担を導入するなどの部分改正に終わり，政府は平成
14年度の改革を目指すこととなる。そういうなか，平成12年8月に発表され
たのが日本医師会の「2015年医療のグランドデザイン」であり，その内容はな
かなか画期的なものであった。

（4）何とか泥濘を抜け出したか？〜混迷した高齢者医療論議の場（其の2）

　日医「2015年医療のグランドデザイン」は今までの日医の方針を大きく転換
する構想である。すなわち，すべての高齢者を対象とする独立保険制度構想で

25）　公費を主とするとしつつも，高齢者が一定の保険料を負担する仕組みとするとしている。

Ⅲ　高齢者医療制度の構想史～日医・自民党・厚生省を中心とする４幕劇～　　133

あることは平成９年７月の「医療構造改革構想」と同じであるが，対象者を後期高齢者とし，財源は公費90％のほか高齢者保険料５％，患者一部負担５％とするとともに，この制度においては"独自の診療報酬支払方式を設定する"という表現が盛り込まれていたからである[26]。昭和53年の老人保健医療問題懇談会の意見書に基づく小沢私案を批判し，老人保健法案の衆議院修正で「老人医療は老人保健審議会の意見を聴いて作られる老人の心身の特性等を踏まえた診療報酬により老人保健機関が担当する」[27]という規定を変えさせたのは，老人医療を突破口に現在の（出来高払い中心の）診療報酬支払方式が変えられるのではないかという強い警戒感だったのであるから，日医自らが後期高齢者の医療には独自の診療報酬支払方式を設定するというのは随分，思い切った転換であったと言うべきであろう[28]。筆者は，当時，このグランドデザインの立案者であった日医の副会長に真意を糺したことがあったが，その回答は"2025年の高齢化のピークを乗り切るには後期高齢者の医療費を圧縮しないと一般の医療費も確保できない"という趣旨のものだったと記憶する。思わず筆者が武見会長時代の対応に言及したところ，"武見語録は読まない"との返事であった。この日医の真意がどこまで理解された上でのことか疑問なしとしないが，この後期高齢者の独立保険構想は後に実際の制度選択に大きな影響を及ぼすこととなる。

　平成14年度を目指した高齢者医療改革であったが，被用者本人の３割負担問題もあって老人保健制度の存廃にかかわるような制度改正の結論を得るには至らず，平成13年９月25日に厚生労働省がまとめたのは"老人保健制度の対

---

26)　といっても，急性期医療については出来高払いによる診療報酬支払方式，慢性期は独自の包括支払方式という内容であるが，日医が独自の診療報酬支払方式という表現を使ったことは画期的であった。

27)　健保・国保の被保険者でない後期高齢者の医療を担当する機関には独自の診療報酬支払方式を設定するというのなら，グランドデザインでは触れられていないが，老人保健法政府案のような独自の担当医療機関制を採ることが自然である。その意味では平成20年にスタートした後期高齢者医療制度において独自の担当医療機関制が採用されず，保険医療機関がそのまま後期高齢者の医療を担当することとされたことは不徹底であった。

28)　このグランドデザインは平成13年３月の日医「医療構造改革構想」でも踏襲されているが，独自の診療報酬支払方式の設定という見出しは消え，診療報酬については"慢性期は医療度，自立度を加味した合理的な包括払い方式を導入する"とあるのみである。

象年齢を75歳に引き上げるとともに公費負担割合も5割とする”（「医療制度改革試案」）というものであった。この方針は与党にも受け入れられ，平成13年11月29日の政府・与党社会保障改革協議会「医療制度改革大綱」でも明記されたが，同時にそこでは“高齢者医療制度については，新たな制度創設を目指す。この制度では75歳以上の者を対象とし，高齢者自らが負担能力に応じて保険料の負担をすることを基本としつつ，保険制度間の公平な負担が確保されることを目指す”とされ，前記の老人保健法の改正もその間の措置と位置づけられたのである。この「医療制度改革大綱」の文言を読むと，政府も後期高齢者の独立保険制度にコミットしているように見える。おそらく日医の構想に影響を受けた与党に引きずられた表現であろうが，最終的な決着は約1年後の平成14年12月を待たねばならない。実際，平成14年3月に国会に提出された健保法等の改正法案においては「保険者の再編・統合を含む医療保険制度体系の在り方，新しい高齢者医療制度の創設，診療報酬体系の見直しに関する基本方針を平成14年度中に策定する」ことが附則の形で確認されたものの，後期高齢者を対象とした独立保険制度とは決め打ちされていないのである。

　平成14年7月の健康保険法等改正案の成立を受けて，早速，平成14年度中の基本方針決定を目指して政府・与党の調整が開始された。まず，平成14年9月25日，厚生労働省の構想が坂口　力厚労相私案として発表されたが，それは「基本方針の策定後，おおむね2年を目途として『新しい高齢者医療制度』を含む制度改革を行い，制度を通じた年齢構成や所得に着目したリスク構造調整方式を導入」するというものであった。意味不鮮明な文章であるが，厚労相自身は“保険者の統合・再編により，制度を通じた給付の負担の公平が図られれば（高齢者医療制度は）必ずしも必要ないかもしれない”と発言しており，一般的には全年齢リスク構造調整方式の提案と受け止められたのである。これに対し，与党は医療基本問題調査会の中間報告の形で平成14年11月28日，“高齢者医療制度については，75歳以上を対象とした独立した保険制度とする。社会保険方式を維持し，高齢者にもある程度の保険料負担を求める。”との立場を改めて鮮明にした。その結果，平成14年12月17日に発表された厚生労働省試案では，A案として全年齢構造調整案（＝坂口私案）が掲げられたが，B案として後期高齢者の独立型保険制度案も付け加えられたのである。ここにおいて事

実上，後期高齢者の独立型保険制度案が基軸となる動きが決定的になったと解され，またも日医→自民党→厚生（労働）省という筆者の描くメインストーリーどおりの展開となったと言えるだろう。この後，政府・与党の調整を経て策定された平成 15 年の 3 月 28 日閣議決定の基本方針では，後期高齢者は独立型保険制度とし，それだけでは前期高齢者医療費負担の不均衡に対応できないことから前期高齢者医療費の年齢構造調整方式を組み合わせるという結論となっていくのである[29]。

　閣議で基本方針が定められた後は，その方向に沿って制度の具体的検討が進められ，平成 17 年 10 月 19 日に厚労省の「医療制度構造改革試案」が，平成 17 年 12 月 1 日政府・与党医療改革協議会の「医療制度改革大綱」がまとめられ，それに基づく健保法等の改正案が平成 18 年 2 月 10 日に国会に提出されたことは周知のとおりである。老人保健法は平成 18 年 6 月 14 日に成立した同改正法により名称を「高齢者医療の確保に関する法律」と改められ，平成 20 年 4 月 1 日に施行された。結局，老人保健制度は約 25 年間，保ったこととなる。

5　高齢者医療制度構想史の評価

　現行法による後期高齢者医療制度と前期高齢者医療費の保険者間負担調整の具体的内容と制度施行後の混乱・見直し論議について詳述はしない。本稿の目的は現行制度に至る制度構想の歴史について日医・自民党・厚生省の 3 者を軸に辿ることだったからである。それに社会保障改革国民会議によれば後期高齢者医療制度は“既に定着している”というではないか。本稿が辿ったメインストーリーは日医→自民党→厚生省の流れであったが，仮にこの見方が正鵠を得ているとしたら，この 4 幕劇はどのように評価すべきだろうか。その際，冒頭にも触れたように 2001 年の省庁再編で消えた社会保障制度審議会が通奏低音のようにサイドストーリーを奏で続けていた内容を思い起こすことは，この間の議論を冷静に振り返ってみるとき，拠るべき規準になるかもしれない。

---

29)　後期高齢者については B 案，前期高齢者については A 案と年齢別に 2 つの案を折衷したとも見えるが，このような異質な原理の 2 つの制度をなぜ木に竹を接ぐように繋げられるのか，従来の議論の経過を知っている者には理解不能であろう。

136　第2章　医療保険

　まず，医療保険が結局のところファイナンスの仕組みである以上，支出や収入の状況次第では何らかの財政対策が求められることは不可避であり，それを通じて支出適正化や保険料引上げのモメンタムも付くのであるが，マスデモクラシーの世界では常に"負担増の前に抜本的な改革を"ということが言われ，"抜本改革"という不毛な議論に時間とエネルギーを費やすこととなったのが始まりの蹉跌であった。現実的・技術的・実務的・専門的な問題が多いファイナンスの制度（保険料の賦課徴収と保険財政の規律）について，必ずしもそれらについての十分な知見のない者も議論に参加し，足が地に着かないと思われる構想まで百出する事態となったからである。日本医師会もその1人であった[30]。昭和43年10月の日医意見にある地域健康保険（被用者も含む老齢者以外の全国民を対象とする一般疾病の保険。事業主負担廃止）・老齢健康保険・産業保険（業務上傷病の保険，事業主負担のみ）という3本建て構想から始まり，昭和53年8月の若年期からの予防給付のための積立保険，平成9年の積立方式による老人医療保険，平成12年8月の9割公費の後期高齢者医療保険と，必ずしも首尾一貫しない構想が発表されたが，政権与党であった自民党も，それに若干の修正を加える程度で，日医に追随することが多かったことは見てきたとおりである。

　日医の政治力の強さから言えば，与党として無理からぬ反応と言えるかもしれないが，制度運営の責任を担う厚生（労働）省までもが，かなりの程度までそれに引きずられたことは情けないというほかない。議院内閣制の下では自らの意思を貫き通すことは容易でないとは言え，専門家集団にしては無責任な対応も多かった。昭和40年代を通じた抜本改正論議のなかで出された厚生省の老齢保険制度構想はどこまで真剣に問題を詰めたのか，その本気度が疑われるものであったし，昭和47年には政管健保の財政対策で手一杯の保険局は老人

---

30)　給付は別として，保険料の賦課徴収・保険財政の規律といった問題についての日医の構想が十分な現実性を欠いていたことは見てきたとおりである。ただ，武見太郎にはある種の理想主義者の側面もあったと思われる。医師にとって理想の医療の姿は，貧富の差なく人々に医療が提供されるという平等主義的なものであり，それは地域健康保険への一本化構想にも表れているのではないかと思う。ちなみに戦前の内務省衛生局が国保創設に消極的であったのも，"救療"を所掌事務に掲げる衛生局にとって国の責任に裏打ちされた平等な医療が理想だったからではないかというのが筆者の推測である。

Ⅲ　高齢者医療制度の構想史〜日医・自民党・厚生省を中心とする４幕劇〜　　137

医療費の負担軽減を医療保険制度外の対応に委ねるという選択までしている。もし，制度審が言うように医療保険各制度のなかに公費を入れてでも保険制度内で老人医療費軽減問題に対応することとしていたら，各保険制度の財政規律が働き，自己負担の導入などの対応ももっと速やかにできていたのではないだろうか。

　一定年齢で区切って高齢者だけ集めた独立の保険制度を作ることは，そもそもリスク分散の保険原理にも反するし，被用者保険や国保から籍を抜いた後期高齢者の医療給付費の相当部分をそれらの医療保険者に負担（支援金）させる理論的根拠は薄弱[31]であるほか，世帯単位の被用者保険・国保の上に個人単位の高齢者保険を乗せることには実務的に無理が多いことは明らかであるから，平成９年ころから始まった第２次抜本改革の議論では厚生（労働）省もそれなりの粘り腰を見せた。与党が日医を意識して独立型の高齢者保険制度に固執するのに対し，保険者の共同事業や年齢構造調整を対置し，または併記し続けたのであるが，それも平成14年12月段階で事実上，与党の圧力に屈してしまうこととなった。仮に，制度審が存続していたとしたら，後期高齢者医療制度（とそれと組み合わされた前期高齢者医療費の負担調整）について，どのような意見を述べたであろうか。"高齢者にも保険料負担を求めることは評価できるが，後期高齢者だけを集めて独立した保険を作るのはいかにも不自然であるし，前期高齢者の扱いとも整合性を欠く"といったような意見となったのではないかという気がする。

　しかし，いろいろと途中経過はあったにしても，結局，厚生労働省が後期高齢者の独立保険制度案で押し切られてしまったのはなぜなのだろうか。政治的な動きは別として，老人保健制度の改良案はもちろん，保険者間財政調整案も政策としては地味で，一般にアピールしにくいし，前述の架空の制度審意見でも書いたとおり，これらの案では高齢者の保険料負担が明確に打ち出されるこ

---

31)　老人保健制度では70歳以上の者は被用者保険・国保に籍が残っており，保険料も納めている一方，医療給付は医療保険者に代わって市町村が行うのであるから，一種の受益者負担として医療保険者に負担（拠出）させる根拠はあったが，後期高齢者医療制度では籍を抜いた後期高齢者のために医療保険者に医療給付費を負担（支援）させる説得的な根拠はない。前者は，別居してはいるものの離婚してはいない夫婦間に扶養義務があるようなものであるのに対し，後者は，別居し離婚が成立している元夫婦間に扶養義務の履行を求めるようなものである。

とがないという点に21世紀の超高齢社会の政策として相応しくないという側面があったのではないか，これが筆者の見立てである。高齢者にも保険料負担を求めつつ，世帯単位と個人単位の制度を繋ぐような不整合を生じさせることのない制度設計ができなかった厚生労働省の敗北だったというべきかもしれない。

　被保険者自身が保険料水準と医療給付費水準を意識して自律を効かせるという機制がほとんど働かず，したがって常に高齢者保険料の抑制が求められ，さらに公費や現役世代からの支援の増額も難しい後期高齢者医療制度が長期にわたって維持できる可能性は少ない。もし，ある程度までそれができるとしたら，日医の「2015年医療のグランドデザイン」が盛り込んでいた独自の診療報支払方式の設定によって，後期高齢者医療費の抑制に成功した場合であろう。だが，それは同時に後期高齢者への診療の忌避や診療レベルの低下をもたらし，まさに"老人姥捨山"を現出させるに違いない。それを避けるとしたら，後期高齢者医療に適用される診療報酬支払方式を全年齢層に拡大して適用するほかない。だが，そうなれば後期高齢者を独立保険とする必然性はますます無いこととなろう。厚生労働省は，その段階で，"高齢者にも保険料負担を求めつつ世帯単位と個人単位の制度を繋ぐような不整合を生じさせることのない制度設計"への再挑戦することを求められるはずである。

【参考】高齢者医療制度の諸構想を形ごとに時系列に沿って示したのが別表である。ここでは，高齢者から保険料（他の名称のものも含む）を徴収する形を独立型，高齢者保険料を徴収せず，保険者が拠出する半独立の形を中間型とし，ほかに保険者間財政調整，退職者医療，医療保険給付率引き上げ，医療保険外対応という計6タイプで整理してある。小沢私案には高齢者保険料はないが，拠出金を負担する住民には高齢者も含まれるので，便宜的に独立型とした。いずれにしても奇妙な制度案であった。

【主な参照文献】

武見太郎「老人の増加にどう對處するか－老人學と社會保障－」（中央公論社『中央公論』
　　1955/3月号）

厚生省保険局・社会保険庁医療保険部監修『医療保険半世紀の記録』（社会保険法規研究会 1974）

有岡二郎「日本医師会通史」（日本医師会『日本医師会創立記念誌－戦後50年のあゆみ－』1997）

吉原健二・和田 勝『日本医療保険制度史』（東洋経済新報社 1999）

小沼里子「資料・医療制度改革を巡る論点」（国立国会図書館『調査と情報』2003 No.413）

吉岡成子「後期高齢者医療制度をめぐる経緯と見直しの論点」（参議院調査室『立法と調査』2009 No.288）

特集「高齢者医療制度」（法研『週刊社会保障 No.2500』2008/10/ 6 ）

島崎謙治『日本の医療－制度と政策－』（東京大学出版会 2011）

（初稿 2014.02.12，加筆修正 2017.09）

[別表] 高齢者医療の形を巡る議論の推移

年代	独立型（高齢者保険料）	半独立型（保険者拠出）	財政調整（加入者数調整）	退職者医療（突き抜け）	医療保険給付率引上げ	医療保険外での対応	関連事項・武見論文
S30年							厚生省審議会同意案（加入者なし）
S42	日医・抜本改正意見（？）					厚労・老人医療（4年度臨時案x）	
S43						東京都・老人医療費無料化	老人総合対策諮問（中社審）
S44		日医・国民医療対策大綱／厚生政法要綱 調査課関係費・出産					
S45							中社審答申（老人医療費軽減は懇の課題）
S46					制度審答申（国庫補助）	社保審答申（全額公費）	
S47					制度審答申（なくなく繰上引上げ 切り替えとく）	厚労・老人医療費制度調整制度書	
S48	老人党意見（住民・事業主拠出）					老人医療費総制度実施・老人福祉法	
S52	老人党意見（住民・事業主拠出）						老人医療費急増・国保財政圧迫
S53	読売厚生の在り方委員会案（住民・事業主拠出）小沢厚相私案（住民・事業主拠出）						医療・不況関係・報酬改定と地域化資料
S54			橋本厚相私案（＝橋本私案） 大蔵原案（制度審の本音）				
S55		厚労・老人医療試案／老人保健制度／制度審・Z					
S56		厚労・老人保健法大綱／試案					
S57		老人保健法成立（59年度施行）施行／老健法					
S59				退職者医療制度創立（給付一〇割）			健保本人9割・国保補助率引下げ
S61	老人保健法改正（加入者按分100%）						退職者見込み違い／国保赤字急迫
昭P7							老健法改正
H8							医保審（新制度）老健審（4案提示）
H9	与党医療保険改革協議会報告（現役世代と高齢者で保険料別）医保・低費制度の基本案諮問（厚）／与党協高齢者（65歳以上の高齢者）・与党高齢者国保加入論（厚）など 与党医療保険改革協議会報告（21世紀の国民健康保険構想）	厚労・21世紀の医療保険制度（保険者の共同事業）		与党医療保険改革協議会報告（各世代・退職後も保険料負担の制度別）など			健保本人2割・老健受診時定額分の制限上げ 介護保険法成立（4案併記）
H10							国保改正（退職者拠出金繰入）
H11	医保・グランドデザイン（独立型・公費制）／給付の後期調整						医保審部会意見（4案併記）
H12		厚労・年齢別独立保険案（主要公費・公費別）					
H13	我が国の医療保険制度の基本的あり方（公費独立一本建案）	坂口私案（全年齢調整）					健保本人3割・明細報保険の段階的引上げ誤調整なり誤保険案
H14	与党医療保険改革協議会基本方針（75歳独立型案）	厚労省試案（全年齢調整）					
H15	基本方針閣議決定（後期独立）	基本方針閣議決定（前期調整）					
H17	政府与党大綱（後期独立）	政府与党大綱（前期調整）					
H18	高齢者医療確保法成立（前期調整＋後期独立）	高齢者医療確保法成立（前期調整＋後期独立）					

Ⅳ　国民皆保険下における医療費増加とそのコントロール～2014年度予算編成を巡る議論も踏まえ～

はじめに

　今日，先進各国はどこも医療費の増加に悩んでいる。国民皆保険制度下にある日本の医療に関するパフォーマンスは OECD 諸国と比べても比較的良好であり，医療費の対 GDP 比も中位にあるが，それでも国民医療費は毎年 1 兆円ほど増加しており，政府や経済界を中心に将来の医療費増に国民経済は耐えうるのかという懸念は強い。そこで本稿では，国民皆保険下で医療費は何故増加するのか，それが国民の負担能力を大きく超えないようコントロールするにはどうすればいいかを改めて考えてみたい。

1　医療保険における診療報酬の意義

　本稿で問題とする医療費は医療保険から診療報酬として支払われる医療費である。では，診療報酬とは何なのか。なぜ，診療"報酬"なのか。

　保険診療を担当する医療機関の 1 つに（保険医療機関の指定を受けない）保険者直営病院（診療所等も含む）がある[1]。そこで行われる保険診療の費用は，医師給与等の人件費・医薬品や医療材料等の物件費として保険者がそれぞれ計上した予算から支出される。予算計上額は医療機関の必要経費を賄うという建前である。その医療機関で実際に行われる<u>診療の量に直接にはリンクしない</u>。なお，診療の量が当初予算の前提を上回る場合に補正予算を組むなどして必要な額を確保するか，患者の待機等により当初予算の範囲に収めるかは，保険者の判断である。

　これに対し，保険者契約病院（ここでは保険医療機関の指定を受けた病院を指す）の場合は，あらかじめ保険者と当該病院との間の契約により，あらかじ

1）　（保険者直営でも保険医療機関でもない）特定の保険者が指定する医療機関（多くは事業主が開設する病院）にも保険診療が認められる。この医療機関に支払われる費用についても，法律上の定めはなく，指定の際の契約による。

142   第2章　医療保険

め診療の対価として定められた額が保険者から支払われる。診療の対価である
以上，程度の違いはあれ，その額は診療の量にリンクする。ここに"診療報酬"
の原意が存する。日本の場合，保険者と医療機関の契約は，保険者代表として
の厚生労働大臣が行う保険医療機関の指定という形式を採っており，保険指定
を受けた医療機関は，厚生労働大臣の定める診療報酬[2]の支払を受けることを
前提として，厚生労働大臣の定める診療方針に従い，厚生労働大臣の定める範
囲内の診療行為を行うことが，その効果として含意されている[3]。この厚生労
働大臣の定める診療報酬の額は，契約で合意されたという以上の根拠は有せず，
本来，医療機関の必要費用を補償することまで当然に含意するものではない。

*

　なお，医薬品の費用について，他から購入する場合も含め，すべて診療報酬
（本体）の対象とするか，それと別建てにして保険償還の対象とするかは，方法
選択の問題である。わが国でもかつては，例えば内服薬1剤1日1点というよ
うに，原則として医薬品の費用も含めて診療報酬が支払われていたが，高価な
医薬品の場合，それではアシが出てしまうので，1950（昭和25）年，現在のよ
うに診療報酬（本体）とは別に薬価基準に基づく全額償還の制度が確立された。
その後，特定の保険医療材料についても，材料価格基準が定められている。

　しかし，このような診療報酬の対価的性格も，国民皆保険によって実質的に
大きく変容することとなる。国民皆保険体制の成立後，幾多の法改正を経て，
日本の医療保険は給付面の統一化が進み，診療報酬は厚生労働大臣の定める健
保法のそれに統合され，担当医療機関も健保法により厚生労働大臣の指定する
保険医療機関に一本化されたのみならず，給付率も一般・高齢者・幼児の別は
あるものの，制度や保険者間の違いはなくなってしまった。すなわち，給付に
関する限り，日本の医療保険は一本化された制度になったのだが，同時に，原

2）　保険医療機関であって保険者との間で特に契約を結んだものについては，保険者が厚生労働大臣
　　の定める診療報酬とは異なる別段の定めをすることができることになっている（健保法76条3項）
　　が，ここでは取り敢えず捨象する。

3）　具体的な診療報酬の額を定める中医協の診療側委員が団体推薦制であったのは，保険医療機関指
　　定の効果として2年ごとに改定される診療報酬をその団体のメンバーである全国の個々の医師・医
　　療機関に受け入れさせる根拠ともなっていたのだが，それが廃止されたことにより，その根拠は保
　　険指定自体に求めるほかないこととなった。

則として全国民が医療保険に加入する以上，保険医療を担当しない医療機関の存在も事実上，ほとんど不可能になっているのである。

このことは，日本の医療機関が，<u>国民皆保険の丸抱え</u>[4]という意味で，前述の保険者直営病院に近い地位に立ってしまったことを示している。その結果，保険医療機関に診療行為の対価として支払われる診療報酬も，単なる契約上の対価である以上に，保険医療機関の存立や経営を可能にする必要経費（換言すれば原価補償）的色彩を帯びることとなる。現在の診療報酬改定の際，医療経営実態調査の結果として現れる医療機関の収支率が重要な判断要素とされていること，各診療科のバランスを保つためにさまざまな名目の点数設定がなされていることなどはその証左であろう。国民皆保険でないとすれば，対価として支払われる診療報酬では必要経費を賄えない場合には，医療機関の経営やそこにおける医療従事者の生活は自由診療その他の関連医療サービスにも支えられるであろうが，国民皆保険達成後，日本の医療保険は，全国民に必要適切な医療を保障すると同時に，全医療機関（およびそこで働き，そこと取引する多くの関係者）の経営・生活を支える制度となったのである。

このように国民皆保険後，全国の医療機関が保険診療を担当するようになり，それに伴い，診療報酬が単なる契約上の対価から，医療機関の必要経費を補償するものに変質したということは，皆保険下の医療保険において保険料収入と医療費支出のバランスを確保できるという制度的担保が無くなったことを意味する。診療報酬の水準を単純に保険料収入との見合いで決めることはできなくなったからである。

2　国民皆保険下の医療費の増加要因

国民皆保険体制は，それにより支払われる医療費が国民の負担能力を大きく上回らないようにとどめることができなければ，その長期的存続は難しい。だが，国民皆保険が日本の全ての医療機関を丸ごと抱え込んだ以上，その経営や存立を維持しつつ，そのための医療費を国民経済の許容範囲内にとどめること

4）　混合診療がかなり厳格に禁止されていたことも，この丸抱え度を強めるものであった。

144   第2章　医療保険

ができるという制度的担保がなくなったことは前述のとおりである。しかも，国民が負担すべき医療費はほぼ恒常的に増加傾向にある。それにしても医療費は何故，増加するのであろうか。

（1）制度に内包された構造的要因

　健康保険法施行後，政管健保の診療報酬はドイツに倣い，政府と日本医師会がその総額について契約を結ぶ団体請負方式（診療報酬の総額を政府が日本医師会に支払い，日本医師会が個々の医療機関にそれを配分する）が採用されていたが，それは1942年に廃止され，翌年から個別の診療行為に応じて個々の医療機関に直接支払う出来高払い方式が採用された。それは1958年の新・国民健康保険法の成立とほぼ同時期に施行された新医療費体系においても踏襲され，医療保険全体を通じた共通の仕組みとなったのである。さらに1961年の国民皆保険達成後ほどなくして制限診療（例えば，結核患者にはまずA剤を使用し，抗生剤はそれが効かなかった場合に使用を認めるといった疾病ごとに診療の手順と内容を限定するもの）も撤廃もしくは大幅緩和されることとなった。これは，プロフェッショナル・フリーダムの確立を目指す日本医師会の主張に応えるとともに，すべての国民に必要適切な医療を提供するという国民皆保険の理想に沿うものであったが，現物給付・出来高払いの下で，制限診療という方法を放棄することは，医療費コントロールの重要な手段の1つを失うことを意味していた。診療報酬の請求内容に対する審査制度はあるものの，診療行為が行われると直ちに保険者に対する医療機関の診療報酬債権が発生する（医療機関に対する）直接支払制度の下では，医療給付は，保険者の立場から見れば現実には尻抜けに近い状態となってしまったのである。実際，その後，医療費は増加を続け，特に財政基盤が脆弱な一方，本人10割の給付率であった政管健保の財政悪化の要因となった。このように，医療保険の基本要素である診療報酬の支払い方法自体が，医療費の増加を惹起する構造となっていることの意味は重大である。

*

　これに対する対策の1つは，患者の定率負担の導入であった。1984（昭和59）年の健保本人1割負担，2000（平成12）年の老人1割負担は，患者の安易な受

診を抑制するのみならず，医療機関の過剰な診療を牽制する効果も期待されたのである。

　診療報酬が診療行為に対する対価である以上，予算制のように医療機関が行う診療の量に全くリンクしないことはありえない。しかし，診療の量にリンクするといってもその程度には大きな幅がある。個別の診療行為にひとつひとつ対応する細分化された出来高払いもあり得るし，個別の医療行為からは離れて診療の日数のみによる支払方法や，1疾病単位（転帰単位）で算定するという方法もあるだろう。日本の診療報酬の細かな出来高払いは医師の裁量性が尊重され，医学医術の進歩に即応した医療を行えるというメリットがある一方，過剰診療を招きやすいというデメリットがあることも指摘されてきた。そこで，医療費の適正化を図る観点から，1980年代以降，医療行為の評価単位の包括化（いわゆるマルメ）が進められてきたことは周知のとおりである。また，2003年度からは急性期病院の入院を対象にDPC（急性期医療に係る診断群分類別包括評価）が特定機能病院を皮切りに導入され，その後，逐次拡大されて今日に至っている。ただし，DPCは手術等の出来高部分を残しているほか，基本は1日定額報酬（入院日数による段階設定）であり，アメリカのDRG（疾病治療分類）のような転帰単位の包括評価ではないことに注意を要する。さらに2006年度からは，療養病床を対象として医療必要度・介護必要度の組み合わせによる一歩進んだ包括評価が導入されている。診療報酬における評価単位を大きくすれば，後述のように医療機関が自らの行為により医療費の増加を引き起こす余地（過剰診療）は少なく（ただし，ゼロにはできない）なるが，逆に過少診療を招くおそれもないとは云えない。診療報酬における評価単位をどう設定するかは，常に，必要適切な医療を提供するという皆保険の要請と国民の負担能力の限界というもう一つの要請の中間に位置する問題なのである。

（2）制度外生的に作用する要因

　日本は自由主義国家として基本的に営業の自由が保障され，実際，明治以来（実際はそれ以前から）医師の自由開業が認められていた。しかし，前述のような国民皆保険が全医療機関（およびそこで働き，そこと取引するすべての関係者）の経営・生活を支える制度となってからは，医師の増加，医療機関や病床

数の増加は医療保険の外部から（前述の意味で国民の負担能力を超えて）間接的に医療給付費の増加をもたらす要因となったのである。戦後すぐの臨時医専卒の医師の抱え込み，田中内閣による１県１医大構想による医師養成数の増加などがそうである。加えて，医療法人制度の創設や医療金融公庫が行う政策融資に後押しされた個人診療所の病院化は病床数の増加につながった。

このため，これらによる医療費の増加に歯止めをかけようと講じられたのが，医大・医学部の新設抑制，医学部入学定員の抑制，医療計画による種別ごとの病床数の規制であった。医療計画による病床数の規制は，建前としては病床の適正配置であったが，本音の１つとしては病床数の抑制もあったことは否定しがたい。しかし，この医療計画による病床数抑制のプロジェクトは，それによって適正配置が実現したとは明確には云えないのみならず，法施行前の駆け込み増床により逆に全体の病床数が増加してしまうという皮肉な結果に終わってしまった。

医師数の増加による医療費の増加と似たような現象は，柔道整復師の養成数の増加と柔道整復の費用の増加，医薬分業の拡大に伴う調剤薬局及びそれを見込んだ薬剤師養成数の増加と調剤費用の増加にも見ることができる。前者は，柔道整復師養成校の新設を認めないという行政方針が裁判所で否定され，その養成施設が次々と設置されたことによるものであった。後者は，日本薬剤師会の主張に沿って医薬分業を診療報酬等で後押しした結果，薬剤師養成数の増加とも相まって，近年，急速に普及したものである。

*

営業の自由の原則から医療機関の開設や増床を直接的に規制することが難しいとしたら，医療費を国民の負担能力を大きく超えないようにするには，医療供給について，国民に対する必要適切な医療の提供という皆保険の要請に配慮しつつ，保険指定の段階でコントロールすることは避けられないかもしれない。むしろ，国民皆保険のキャパシティの限界という観点からはその方法が正攻法と云うべきだろう。実際，医療計画の計画病床数を上回る医療機関の新設・増床に関する都道府県知事の勧告に従わない者については，健保法上，保険指定をしない途も開かれているのである。この規定自体，全国民に開かれて然るべき保険医療機関を利用する権利が都道府県内の一定地域の事情で否定されてい

いのかという問題を内包しているが，保険医療機関の一律の全国通用を見直すなど法的洗練度を上げて，保険指定の病床数（あるいは保険医数）を国民皆保険の負担能力という観点から制限することは否定されるべきではあるまい。

＊

　日本社会の人口構成の高齢化に伴う高齢者の増加も制度外生的要因であるが，医療従事者の増加等とは異なり，医療費の増加に直接影響を与えるという意味で極めて重要な要因である。すなわち，高齢者は一般的に有病率が高く，同じ1人の患者であっても医療費の単価も高い患者であることから，その数の増加は医療費の増加に直ちに結びつくからである。実際，これが医療費の自然増と云われる部分の半分程度を占めている。そういうリスクの高い高齢者（70歳以上）の患者自己負担を完全に無料化した昭和40年代後半の革新自治体とそれを後追いした国の政策は，医療費のコントロールという観点からは，大いなる失敗であった。それは現在に至るも，一般の被保険者が3割負担であるにもかかわらず，例えば75歳以上の高齢者は原則1割負担という形で残っている（少しずつ修正されつつある）。国民皆保険である以上，政治的な困難はあろうが，給付率は全年齢を通じて統一されるべきであろう。

　今後，当分の間，高齢者数が増加すること自体はわが国の避けられない現実である。高齢者用の診療報酬を一般より低く設定して，その医療費を抑制するという露骨な方法も考えられなくはないが，そうなると“老人姥捨山”との批判を浴びることになるだろう。とすると，高齢者の有病率を下げるほかに高齢者医療費を抑制する方法はないこととなる。そのためには壮年期から生活習慣病の予防に気を配ることが重要であるという観点から，老人保健法による各種健診，それを引き継いだ高齢者医療確保法による特定健診・特定保健指導（いわゆるメタボ健診）が制度化され，国を挙げて取り組まれてきた。これが生活習慣病予防の実を挙げて医療費抑制に繋がるのか，逆に患者の掘り起こしとなって医療費を増やす結果となるのか，長期的効果と短期的効果，延命による生涯医療費に与える影響などを多角的に評価する必要があるが，少なくとも短期的には患者掘り起こし効果の方が大きいという見方が多いようである。

　生活習慣病患者の増加は，人口の高齢化という社会変化の現象面の現れの1つであるが，食生活など日本人の日常生活が大きく変わってきたことの現れと

148　第2章　医療保険

見ることもできる。そういう見方に立てば，早期発見・早期治療より，食生活
や運動・休養・睡眠など日常生活全般の改善に焦点を当てることが重要となろ
う。健康診査以上に保健指導を重視するメタボ対策は，そのような前提に立っ
ている。ただ，これらは正攻法ではあるが，医療費に対する効果としては長期
的なものと冷静に捉えるべきだろう。

　インフルエンザや花粉症の流行なども患者数に影響を与える制度外生的要因
である。ただし，これは趨勢的な増加要因ではなく，年によって医療費の変動
があることの説明要因にすぎない。

（3）制度内生的に作用する要因

　医療費の増加には，人口の高齢化やインフルエンザの流行等の要因では説明
できない部分がある。「医療の高度化等」による増加部分と説明されることも
あるが，その定量的な分析はないし，定性的にも説明尽くされているわけでも
ない。

　新薬や新技術（材料）が保険適用となると医療費に影響を与えそうである。
新薬等の保険収載は，診療報酬改定とは関係なく年に4回行われているが，そ
の都度，医療費予算（協会健保・市町村国保）が変更されることはない。これ
は，それらが既存の薬剤や技術と置き換わるので，医療費に影響を与えること
はないという前提に立っているからである。だが，実際にそのとおりになると
いう保証はない。現在は，保険適用の際の想定（市場の置き換えのはず）を大
きく上回るまでに市場規模が拡大した場合には，数年後，薬価の市場拡大再算
定が行われるが，再算定が行われるほどではない市場規模拡大や，あるいは再
算定が行われるまで続いた市場規模拡大などによる医療費の増加もあるはずで
ある。また，再算定が医療費増加分に見合うという保証もない。さらに新技術
については，そのような使用に拡がりの見込と実績を調整する仕組みすらない。
したがって，新薬や新技術が医療費増加の要因となっていることは十分に考え
られよう。

　また，新薬や新技術と同様のことは，診療報酬の新しい評価においても起こ
り得る。診療報酬改定において高評価の新点数を設定した場合，改定年度にお
いては，当然，それに伴う医療費増（＝政策増）は想定されている。だが，診

療報酬の改定年度以降，その算定要件を満たす医療機関が想定を超えて出てきた場合，それは政策増の範囲を超えた医療費増と云うべきであろう。2006（平成18）年度診療報酬改定で創設された7対1看護の入院基本料を算定する医療機関が，その後，予想を超えて継続的に増加し，医療費増の要因となったのはその例である。この点に関する後述の財政審建議の指摘は的外れとは云えない。

＊

表面に現れにくく，分析も難しいが，一部の医療機関に見られる診療報酬やそれを通じた収入の確保行動も医療費増の要因の1つと考えられる。"念のため"と称して行われる，不可欠とは必ずしも云えない医療行為の実施である。そのなかには，寛解の見通しの高い患者への再診の促しや健診対象者への積極的な受療勧奨もあるだろう。差益を目的とした薬剤や医療材料などの多用，検査・画像診断の過度の実施もあるかもしれない。また，医療資源の効率的使用という意味では望ましいことではあろうが，診療報酬の低い長期療養患者をやみくもに単価の高い患者に置き換えようとする医療機関もある。保険給付費に直接は影響しないが，保険外負担の引上げも同じ動機に出るものだろう。これらの医療機関の行為は診療報酬の改定幅が抑制された際の増収策として採られることも多いのではないかと推測される[5]。

以上のように医療費の増加要因には，制度に内包された構造的なもの，外生的に作用するもの（そのなかには直接的なものと間接的なものがある），内生的に作用するものとさまざまなものがある。それらに応じて，医療費あるいは医療給付費の増加を抑制するため，かつては給付率の引下げや給付範囲の見直し（入院患者の食費・室料など）といった制度改革のほか，種別ごとの病床数の抑制など供給面からの対応も行われてきたが，近年採られている医療費コントロールの主たる方法は診療報酬改定幅の調整である。給付面の制度改革メニューがほぼ出尽くした一方，事実上給付の一本化が行われている現状ではそれがもっとも手っ取り早いからである。診療報酬改定は基本的に2年に一度，予算編成過程で行われるが，決定される改定率だけではなく，国民の負担能力

---

5) これらの医療機関の増収行動の全てを否定すべきではないかもしれない。水漏れのない配水管（制度）はかえって壊れやすいからである。

150　第 2 章　医療保険

に見合うかという観点からは，それが掛けられる改定前の医療費総額の規模も重要であることは云うまでもない。

3　2014 年度予算編成過程における財務省主導の医療費増加抑制策

　診療報酬改定が予定されている年度における（改定前の）医療費総額（見込）は，その国庫負担分が改定年度の前年 8 月末に厚生労働省から財務省に提出される概算要求に計上されるが，この見込額が適正かどうかもしっかりと精査されるべきであるとする[6]のが，財政当局である。改定年度の医療費見込額は，概算要求時点までの医療費の増加傾向（自然増と呼ばれる）を踏まえて推計されるが，従来は，その増加傾向としてどういう数値を採るかに焦点が置かれがちであった。しかし，2014（平成 26）年度の予算編成過程において財務省は，財政制度等審議会の建議（平成 25 年 11 月 29 日）という形で，今までは医療費の自然増として要求された額を前提に診療報酬改定の議論がなされてきたが，医療費の自然増を前提とする予算要求自体を不可避的な歳出増加と捉えるのではなく，その内容を精査したうえ，徹底的な合理化・効率化を図るべきであると主張したのである。消費税を 10％に引き上げても日本財政の健全化への道は遠いと考える財政当局が，国庫負担が 4 割近くを占める医療費に着目して，その抑制を図ろうとするのは不思議ではない。財政審建議は，それを薬価部分と診療報酬本体部分に分けて指摘する。

（1）薬剤費の自然増についての財政当局の認識と提案

　毎年 8 月末に概算要求される医療費のなかの薬剤費（薬価部分）は，その前年（またはその年）の 4 月に改定された薬価ベースの金額[7]であるが，現実に医療機関や調剤薬局が購入している実勢価格はその薬価を下回っているので，

6）　各年度の当初予算に計上される医療費（国庫負担）予算額は，公共事業予算のようにそれで医療費規模が確定するというものではなく，単なる当初見通しに過ぎない（見通しを超える場合には予備費や補正予算による対応が行われる）。それでも国の財政状況のパフォーマンスには大きな影響を与えるから，財政当局としては当初予算の規模に重大な関心を寄せざるを得ないのである。

7）　実際，保険者から医療機関・調剤薬局には公定薬価により支払われているので，その金額が間違いというわけではない。

概算要求の医療費は，その分，実態的には既に過大要求となっているというのが財政当局の基本認識である。したがって彼らは，予算編成過程で行われる診療報酬改定と同時に実施される，改定年度の前年9月に行われた薬価調査の結果に基づく薬価の引下げは，「薬価改定率」と称される類の政策的なものではなく，薬剤費を薬価調査の9月という時点をベースに実勢価格で置き換えるだけの"時点修正"にすぎないと云う。したがって，従来，この「薬価改定」のマイナス分を当然のように診療報酬本体のプラス改定に回していたが，それに必然性はないし，「薬価のマイナス改定」を診療報酬本体に振り向ける根拠とされていた"薬価差"＝医療機関等の経営原資という考え方も，そのこと自体に大きな問題があるほか，「薬価のマイナス改定」が続いてきたのもかかわらず薬剤費総額は上昇を続けていることからしても，「マイナス改定」が医療機関や調剤薬局の収益構造を圧迫しているとはいえず，薬価と診療報酬は通算すべきではないと主張するのである。【図1】

これを踏まえて財政当局は，薬価の実勢価格に応じた引下げが医療費の自然増の時点修正である以上，毎年，薬価調査を実施して薬剤費の"時点修正"をより頻回に実施すること，さらには薬価調査の結果が判明する時期がいつになろうと実績に基づく機械的な予測値により概算要求段階で薬剤費の時点修正を

図1 2014年度 薬価引下げと診療報酬改定

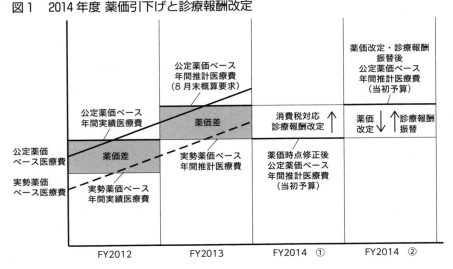

152 第2章 医療保険

先取りすることも検討すべきであると提案する。

　これに対し，二木 立氏（日本福祉大名誉教授）は，薬価改定の診療報酬振替は，1972（昭和47）年の中医協建議に基づくものであり，その後，橋本龍太郎首相や安倍晋三議員も国会で確認してきた"根拠に基づく慣行"であるとする[8]が，中医協の診療報酬改定率に関する決定権限が内閣に剥奪され，その根拠が形式上失われたことはさておいても，保険から支払われる給付費には薬価の全額が含まれている一方，医療機関等は支払われた給付費中の薬剤費とは別に薬価差収入を得ているのであるから，その部分は二重取りと云うほかなく，それを正当化することは困難であろう。また，現在のように診療報酬も相当の水準に達する一方，平均的な国民の所得が低下している状況では，薬価差が医療機関等の経営を補填するものだという考え方（かつての日医・武見会長）に説得力があるとは言いがたい。薬価制度はかつてと比べると，市場価格主義の原則が確立され，かなりの程度まで合理化・透明化されてきたとはいうものの，薬価差益が存在する限り，仮に薬価引き下げによる薬剤費の時点修正を頻回に行い，さらに機械的な計算によって先取り的に薬価引下げを実施したとしても，薬価差を前提とした医療機関や調剤薬局の経営姿勢・収入確保行動はなくならず，医薬品メーカーや医薬卸も薬価差ビジネス（どれだけ薬価差益を進呈するかという歪な商行為）から抜け出せないだろう。とは言え，薬価基準制度に代わる実購入価格償還制や医薬品購入公社構想も，薬価の高止まりや行政機構の肥大化を招くのみである。薬剤価格に関する市場メカニズムを機能させつつ，積年の通弊であり倫理的正当性もない[9]薬価差収入とそれを前提とした薬価差ビジネスを解消するには，公定薬価による全額償還制自体を見直すほかないと思われる[10]。【図2】

8）　『国際医薬品情報』2014年3月24日号「特別インタビュー」，『文化連情報』2014年3月号「二木学長の医療時評」，『日本医事新報』2014年3月29日号「深層を読む・真相を解く」。

9）　昭和53年5月30日の日医理事会では「6月下旬をめどに院外処方箋運動を実施する」と決められているが，それは，医師会員は薬剤費の差額をあてにして医業経営をしているわけではないというデモンストレーションをねらった決定であったとされている（『日本医師会創立記念誌～戦後50年の歩み～』）。

図2 薬価差の診療報酬振替と薬価の全額償還廃止

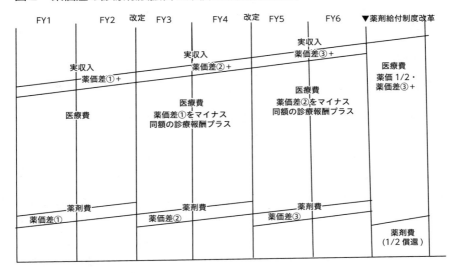

*

　前述の財政審建議を受けた2014（平成26）年度の診療報酬改定は，結局，薬価が1.36％引き下げられる一方，その分を診療報酬本体に振り替えることはせず，別途，消費税対応分として1.36％引上げることで決着した。消費税率の引上げの影響を受けるのは医療機関等が消費税分を転嫁できない物品や病院設備などを購入した場合だが，この診療報酬改定ではそれらの部分に着目することなく，初診料や再診料などの一般的な診療報酬の部分を引上げたこと，薬価引下げ率と診療報酬改定率がいずれも1.36％と同率であったこと，医療機関が支援を受けられる900億円の基金の造成（後述）もあったことから，全体として見れば実質マイナスの診療報酬改定であったにもかかわらず，診療側も受け入れた（押し切られた）のであろう。診療報酬の改定は極めて大きな政治的イッ

10）例えば，公定薬価制度は存置させつつ，保険償還は公定薬価の1／2とし，保険償還から外れた分は診療報酬本体に上乗せするという改革が考えられる。公定薬価の1／2未満で納入する医薬卸はそうそうないであろうから，医療機関や調剤薬局が公定薬価以下で，かつ，公定薬価の1／2以上で購入した場合，それは単純なコスト削減（その分，診療報酬が残る）であって，薬価差益が生じることはない。また，後発品の使用促進のために診療報酬などで無理な誘導をしなくとも，医療機関や調剤薬局は当然のように後発品を使用することになるだろう。

154 第2章 医療保険

シューであり，この薬価引下げと診療報酬改定の切り離しは，小泉内閣時の診
療報酬マイナス改定と同様，第2次安倍内閣の政権基盤が強固であることによ
り実現したものと考えられる。財政当局がそういう政治環境をねらったである
ことは間違いあるまい。

（2）診療報酬（本体部分）の自然増についての財政当局の認識と提案

　財政審建議は，過去の医療費の伸びの実績に基づいて概算要求がなされてい
る薬価部分以外の医療費の自然増のうち，人口増や人口の高齢化によっては説
明できない「医療の高度化等」と称されている部分にも不可避的な増加とは云
えないものがあるとして，2006（平成18）年度の診療報酬改定で導入された「7
対1入院基本料」の算定を受ける病床数が，その後，予想を大きく超えて急増
したことを挙げた。その分の増加もビルトインされた過去の医療費の伸びの実
績に基づく自然増まで，この「医療の高度化等」に含めるべきではないという
わけである。また，「医薬分業による院外処方」の拡大もこの「医療の高度化等」
に含まれているのはおかしいとして，大手調剤薬局チェーンの高収益を考えれ
ば，調剤報酬体系の見直しによる更なる引下げも検討すべきであると主張して
いる。

　この主張を受けて，2014（平成26）年度診療報酬改定では，7対1入院基本
料算定の病床に関し，90日超の入院患者に対する診療報酬を抑制する措置が講
じられたほか，1月に2,500枚を超える保険薬局で特定の保険医療機関に係る
処方せんによる調剤の割合が90％を超えるもの（いわゆる門前薬局）を調剤基
本料の特例対象（調剤加算1の算定不可）に追加する措置が講じられたことは
周知のとおりである。

　財政当局は7対1入院基本料を算定する病床が想定を上回って急増したこと
に懲りたのであろう，診療報酬という全国一律の，加減が効かない手法によっ
て医療提供体制改革に取り組めば，全国的にも地域ごとにも，行き過ぎた医療
提供体制の変化をもたらすか，改革効果が乏しい結果に終わる可能性が高いと
主張する。財政審建議は，このような国民の受益への還元が保証されない診療
報酬による試行錯誤のために，新たな国民負担によって得られる消費税増収分
を費消する訳にはいかないとし，2013（平成25）年度末開始事業で終了する地

域医療再生基金について，消費税増収分を活用した新たな財政支援制度として位置づけ，医師不足など喫緊の課題への対応を行うことを含め，以降の地域のおける医療提供体制改革の原資としていくことも選択肢となることを指摘した。

　2014（平成26）年度予算では，この財政支援制度（基金）のために900億円が用意され，その法的根拠が平成26年国会に提出された「地域における医療及び介護の総合的な確保を推進するための関係法律の整備等に関する法律案」による改正後の「地域における医療及び介護の総合的な確保の推進に関する法律」によって与えられている。だが，政策誘導的に設定される診療報酬が曲がりなりにも医療サービスに対する対価として支払われるのに対し，個々の具体的な医療サービスに対応しない基金による財政支援は，結局，都道府県内の"小政治"によって食い荒らされてしまう怖れなしとしない。また，医療ニーズは変動するものである以上，この財政支援制度には永続性が求められるものと考えられるが，その保証はあるのだろうか。7対1入院基本料の失敗を踏まえ，診療報酬による政策誘導の手法のブラッシュアップも追求すべきであろう。

（3）2014（平成26）年度予算成立後に財政審に提出された財務省資料

　2014（平成26）年度予算が成立した直後の同年3月28日には早くも，これからの医療費の増加抑制に関する次のような内容を含む財務省資料が財政審に提出されている。ⅰ）70歳以上の高額療養費制度における外来特例の廃止・受信時定額負担・大病院の外来患者負担引き上げなどの患者負担の見直し，ⅱ）先発医薬品の参照価格制度（先発品の保険償還額を後発品に基づいて設定）によるジェネリックの使用推進，ⅲ）市販類似薬品のさらなる保険適用除外（湿布・漢方薬など），ⅳ）保険外併用療養の対象拡大（保険適用の医療技術等で費用対効果が低いものは保険適用から外し，保険外併用療養の対象とする「逆評価療養」の検討），ⅴ）柔道整復に係る保険適用の厳格化（柔道整復師のうち保険を利用できる者を限定），ⅵ）被用者保険の保険者機能の発揮・強化として，後期高齢者支援金の加算・減算の指標をメタボ健診の実施率から「医療費の効率化の度合い」といったアウトカムに変更し，その達成度等に応じて加算・減算率を引き上げる仕組み（具体的には，インセンティブ指標を保険者ごとの支出目

標〈性別・年齢階級別の構成等の客観データに基づき設定する〉とし，その達成度に応じて加算・減算率を引上げる）などの効率化項目である。

これらの項目のうち，薬価も含む診療報酬の適正化とは異なる医療費抑制策として注目されるのが，vi）の保険者ごとに医療費支出目標を設定し，その達成を後期高齢者支援金の加算・減算措置により促すという提案である。これと同趣旨の提案は経済財政諮問会議でも議論されているので，それも含めて考えてみよう。

4　経済財政諮問会議の議論にちらつく財務省の影

（1）既視感のある提案

2015（平成27）年度概算要求を念頭に置いた「骨太の方針」については，経済財政諮問会議と産業競争力会議との合同会議で議論が続けられたが，同年4月16日と22日の会議には委員から社会保障の効率化に関する資料が提出された。その内容は玉石混淆，極めて多岐にわたるが，そのなかに前述した医療費の支出目標の達成を後期高齢者支援金の加算減算措置で保険者に促すという財務省資料と類似する，次のような意見が含まれていた。

1）経済財政諮問会議・産業競争力会議合同会議（平成26年4月16日）有識者委員資料
　・都道府県ごとにベストプラクティスをベンチマークにしたあるべき医療需要に基づく医療費支出目標を設定し，その実現に向けた保険者（都道府県）の単位の医療介護費のPDCAマネージメントを導入。
　・後期高齢者広域連合による頻回受診者の指導など被保険者管理の推進。被用者保険の健康管理努力が後期高齢者支援金等の負担軽減で報われるようインセンティブを強化。
2）経済財政諮問会議・産業競争力会議合同会議（平成26年4月22日）麻生議員資料
　・都道府県は，地域医療ビジョンにおける数量面の取組みにとどまらず，費用面を含め，人口・年齢構成や疾病構造等に対応する合理的かつ妥当な水準の医療需要を地域ごとに算定し，それを支出目標として医療費を適正化。

Ⅳ　国民皆保険下における医療費増加とそのコントロール〜2014年度予算編成を巡る議論も踏まえ〜　　*157*

　・このような医療費の支出目標を地域ごとにとどまらず，国レベル・保険者
　　レベルでも設定し，それにより，国は，フランスの医療費支出国家目標制
　　度と同様の支出目標制度を実施。
　・保険者に，支出目標の達成度合いに応じた後期高齢者支援金の加減算を行
　　うことで医療費適正化インセンティブを付与。

　以上は，どのような制度を前提としているのか，趣旨不明のところもあるが，
"あるべき医療需要を地域ごとに算定し，それを保険者等の医療費支出目標と
して（PDCAマネージメントにより）その適正化を図る。そのための手法の1
つとして後期高齢者支援金の加算減算制度を活用する。それらをフランスの国
家目標制度と同様，国家制度化する" ということが大体の趣旨であろう[11]。細
部はともかく，何となく既視感が漂うのは，第1次小泉内閣の経済財政諮問会
議のおける医療費総額管理論を思い出すからだろうか。

（2）どう考えるべきか

　問題は2つある。1つは，地域ごとのあるべき医療需要は，現在の医療計画
および改正後の医療計画が奏功している（するはず）という前提に立てば，病
床の種別ごとの病床数に関する計画や救急医療等確保事業に関する計画，病床
の機能区分に応じた地域医療構想などから導き出すことができるかもしれな
い。だが，それをどのように医療費の支出水準に結び付けようとするのだろう
か。麻生議員資料は「費用面を含め，人口・年齢構成や疾病構造等に対応する
合理的かつ妥当な水準の医療需要を地域ごとに算定」するというが，それでは
結局，人口・年齢構成等から外挿的に医療費を算出することに終わるのではな
いか。あるべき医療需要を満たすに足る医療供給体制を地域からの積み上げに
より算出しようという今までの医療計画のプロジェクトは宙に浮いてしまうよ
うな気がする。需要と費用の両方を満足させるあるべき（合理的かつ妥当な）
医療水準を先験的（演繹的）に導くことなどできないのだ。ましてや，費用面
も含めて算定するとは云うが，その医療需要の水準をどうやって医療費支出水

---

11)　予算編成を担当する者には，コントロールの効かない社会保険（に投入される国庫負担）はもと
　　もと気にいらないのであろう。医療費の支出目標を設定し，その達成を事実上保険者に義務付ける
　　という発想は，医療費をコントロールしたいという予算担当者の本能の現れとも考えられる。

準に変換することができるのだろうか。前述のように，医療費の増加要因には制度内外の多くの要因が絡まり合っているのである。

　もう1つは，何らかの方法で医療費支出に関する目標が策定できたとして，その達成を（後期高齢者支援金の加減算措置により）保険者に事実上義務付けることができるかという問題である。実際，日本の医療保険者は給付に関する権限をほとんど国に剥奪・回収されており，"保険者機能の発揮"の名の下に特定健診・保健指導の実施，健康教育，健康管理，レセプトの点検，医療費通知，第3者求償といった涙ぐましい努力をしているのが現状ではないか。いずれも医療費支出のコントロール手段としては迫力不足で実効性に乏しく，また，特定健診・保健指導のように長期的にはともかく，短期的にはかえって医療費増を招きかねないものもある。しかも，後期高齢者支援金の加減算措置と云っても，各保険者に割り当てられる後期高齢者支援金の額は，老人保健拠出金のように当該保険者に加入している高齢者の実績医療費に基づくのではなく，（後期高齢者医療制度の被保険者は医療保険から離脱しているため）全国平均の単価で算定されることから，各保険者が自らの保険に加入している74歳以下の者に対して前述の取組みをどれほど一生懸命に行っても支援金の額には何の影響も及ぼすことができないのである。自分たちの個別の支援金も減らせるというインセンティブもなしに，全体のために努力せよ，しなければペナルティだというのは世の中の常識に反する仕組みというほかない。

　それでも，74歳以下の者の医療費適正化は保険者にとっても十分なインセンティブがあるはずだという意見があるかもしれない。しかし，それらの者の医療費について，江戸の敵を長崎で討つが如き後期高齢者支援金の加減算という鞭を使ってでも，保険者に適正化努力をさせたいというのであれば，保険者にそれを可能にする権限が与えられなければならないだろう。保険者機能として喧伝されている手法で医療費支出目標を達成しろというのは，手漕ぎ舟で太平洋を横断せよというようなものである。医療費適正化のために有効と考えられる保険者権限としては，保険者と医療機関の個別契約の容認（その場合の独自の診療報酬設定），保険者に対する一定範囲内での給付率の決定権限の付与，保険者による個別医療機関の保険取扱の拒否などであろうか。もちろん，個別の保険者ではなく，保険者の集合体が全体の診療報酬改定率の決定や地方医療協

Ⅳ　国民皆保険下における医療費増加とそのコントロール〜2014年度予算編成を巡る議論も踏まえ〜

におけるに医療機関の保険指定などに拒否権を持つことも考えられる。かつて保険者には，給付率の決定権限，入転院の許可権限，個別契約による独自の診療報酬決定権限などが（機能していないにせよ法律上は）認められていたのであるが，国は，それらを今まで剥奪し，機能させないようにしておきながら，ここに至って保険者に医療費支出をコントロールしろというのは，もともと身勝手で，無体な要求なのだ。財務省も，本気で保険者に医療費支出目標の達成義務を課したいのであれば，これらの強力で実効的な権限を保険者に認めることにより齎されるに違いない混乱の政治リスクも覚悟したうえで臨むべきであろう。その覚悟がないのであれば，医療費適正化についても，経済成長戦略において財政政策・租税政策・金融政策などを硬軟織り交ぜながら手を変え，品を変えて取り組まんでいるように，提案のような官僚統制的・計画経済的な手法ではなく，診療報酬改定幅の調整を中心としつつ，需給両面から直接的・間接的のさまざまな方法を時宜に応じて組み合わせるしかないという"覚悟"を決めるべきではないか。

　それにしても経済財政諮問会議の委員たちはどうしていつまでも PDCA マネージメントなどと出来の悪い経営コンサルタントのようなことばかり云っているのだろう。責任を負わなくともいい立場の気楽さがそうさせるのか。医療という準市場は，経済的要因以外の社会的・自然的なさまざまの要因に規定され，かつ，一般の市場のようにすべてのプレイヤーが無名化されているわけではなく，だからと云ってプレイヤーのすべての顔が見えるわけでもない中途半端な市場なのである。だから，そこには，強い政治的プレッシャーが働いたり，プレイヤーによる個別政策の先取りや裏読みも生じたりして，時に政策の切れ味が悪くなってしまうこともある。準市場だからと云って，統制的計画的手法が有効であるというのは思い込みに過ぎないのだ。諮問会議の委員にはもう少し世間知に持った方々になっていただきたいものだ。

（初稿 2014.06.08，加筆修正 2018.06）

V　後期高齢者支援金の総報酬割を巡って

はじめに

　後期高齢者医療制度における被用者保険の支援金の総報酬割は，はじめ一部が特例措置として導入されたが，現在は全面的に実施されており，制度としてすっかり定着しているように見える。被用者保険の支援金を総報酬割とすることにより，協会健保の支援金に投入されていた国庫負担を縮減し，協会健保の給付費の国庫補助率引上げのために使用したり，さらに国保の救済にも充てられたりすることとなっているからである。だが，総報酬割という方法の妥当性が十分吟味されることなく，その実施を当然の前提として，それによって縮減される国庫負担分をどこに充てるかの議論ばかりが行われていたことに違和感は残っている。曰く，国保への投入ではなく，前期高齢者給付費に投入すべきであるなど…。後期高齢者支援金に総報酬割を導入するとしても，本来，それを行う政策目的は何かをまず明確にしたうえで，その方法としての妥当性がしっかりと確認されるべきである。

1　なぜ，総報酬割なのか

　まず，はじめに感じる疑問は，従来，高齢者医療確保法による後期高齢者医療制度の費用を医療保険者に分賦する際の考え方についてどう説明されてきて，それが今回の被用者保険の支援金の総報酬割の導入によってどう変わると説明されたのだろうかということである。ここでは医療保険者が，健康保険や国民健康保険とは独立した制度である後期高齢者医療制度の費用を何故，負担しなければならないかという根本的疑問はさて措くとしても，支援金を各医療保険者にどう割り振るかについては少なくともきちんとした説明があったはずである。察するに，それは，各医療保険者は加入する被保険者（被扶養者も含む）の数に応じて公平に負担するということであったろう。この方式は，老人保健法由来のものであるが，加入者数が保険者の負担能力を必ずしも正確に反映するものではないことを承知のうえで，健保・国保を通じて加入者の収入・

所得を共通に捉える基準がないことを踏まえ，次善の方法として採用されたものであったことは間違いない。加入者数であれば，各医療保険者に共通して適用可能な指標と考えられたのである。制度立案者は（やや形式的かもしれないが）健保と国保の壁を超えて全医療保険者に通じる客観的公平性にこだわったのである。

　では，後期高齢者医療制度の支援金の分賦方法において，国保の各保険者には加入者割を維持しつつ，被用者保険の各保険者のみに総報酬割を導入することにより，従来の考え方は変わったと説明されたのだろうか。考え方が変わったとして，新たな分賦方法の考え方は何と説明されたのだろうか。あるいは国保全体と被用者保険全体の間は引き続き加入者割であるから，基本的考え方に変更はないという詭弁的説明が行われたのだろうか。

2　国保はそのままでいいか

　仮に，後者の"詭弁的説明"に沿い，国民皆保険を維持するためには，協会健保への国庫補助を維持し，窮状にある国保に国庫負担を投入することが必要である（この裏には国費の増額は困難と云う条件が隠されている）という説明を受け入れるとしても，被用者保険・国保の間はともかく，両制度内の各保険者については加入者の負担能力（収入または所得）に応じて支援金を負担することにしないと支援金の分賦における基本原則である公平性が片手落ちということになってしまうだろう。被用者保険内の総報酬割は，被用者保険の保険者間の負担能力に応じた助け合いであるが，同様の助け合いは国保内部でも行われなければ，能力に応じた公平な負担方法とは言えないからである。国保の各保険者にも負担能力の差はあることは確かであり，それを無視して，被用者保険だけに総報酬割を導入するのでは被用者保険関係者の納得も得られまい。

　具体的には，各国保保険者でも保険料の半分は所得割で算定され，それが保険者の負担能力となるのであるから，国保の後期高齢者支援金の財源である保険料の内容に着目して，その半分は"総所得割"とするのである。そうすることにより，例えば総所得割額の多い東京都の国保と少ないであろう沖縄などの国保との間で，支援金の額の半分が負担能力に応じたものとなるはずである。

その結果，国保保険者間の負担能力の差を調整している国の調整交付金の額も一部減額できるのではないか。その結果として浮く国庫負担は，より重点化した形で国保に戻してやることもいいだろう。こうした提案に対しては，調整交付金は後期高齢者支援金の負担も対象にしており，それによって国保保険者間の負担能力は調整済みであるという反論があるかもしれない。しかし，そういう理屈で国保保険者間の総所得割を否定するのであれば，被用者保険間の負担能力の格差を是正しているのが協会健保に対する国庫補助金なのであるから，むしろ，それを維持し，被用者保険の総報酬割は不要ということになるのではないか。この反論は，被用者保険の総報酬割を主張する限り，成り立たない議論なのである。

3　国庫負担縮減のためには方法は問わない？

　筆者自身は，被用者保険と国保は保険としての性格が違いすぎることから，両者の間の財政調整（後期高齢者支援金や前期高齢者納付金の加入者数割）は廃止し，被用者連帯の観点から協会健保と健保組合・共済組合の間の１／２財政調整に切り替え，それによって縮減される国費を国保に投入することが望ましいと考えているが，ここで問題にしたかったのは，総報酬割という方法を考えるにしろ，政策の方法としての妥当性をもっと真剣に議論すべきではないかということであった。特に，公平性を欠く方法は正義に反するというべきであり，政策当局がそれに無頓着なのは嘆くべきことであると思う。方法の妥当性の検討が疎かになっている原因は，別に論じたように，厳しい財政制約の下において国庫負担の縮減が自己目的化していることにある。"貧すれば鈍する"のかもしれないが，いやしくも政策である限り，政府は，国費縮減のための政策を採るとしても，その制度上の位置づけを明確にするとともに，政策の方法の妥当性についても厳しく吟味して欲しいものである。

（初稿 2013.05.24／2013.12.01，加筆修正 2018.08）

Ⅵ　医療保険とモラル～互恵的利他主義とその条件～

はじめに

　社会保険は共助の仕組みであると言われる。医療保険はその典型である。筆者は，自助（保険料拠出）が期せずして共助（必要な者への保険給付）となることに功利的な個人も納得しやすい医療保険の"妙"があると考えるが，その仕組みの底に利他主義のモラルがあることは確かであろう。しかし，そこで言う利他主義とは，井戸に落ちそうになった子どもを思わず助けようとする孟子の性善説でも，飢えた虎に身を投げる仏陀の慈悲心でもない。お互い様という言葉があるとおり，それは互恵的な利他主義というべきものであろう。「互恵的利他主義」は進化生物学者R・トリヴァースの用語であるが，お互いの関係が安定していて将来の見返りがあることが見込まれる場合に成り立つ利他性のことである。自助＝共助という医療保険を支えるモラルは互恵的利他主義にあると言ってよい。

1　互恵的利他主義と医療保険

　互恵的利他主義はヒトに限らず，広く集団的動物に見られるものであるが，ヒトは将来の見返りを期待できない利他的行為をすることもある。これを社会的な仕組みにしたのが社会保護（生活保護・社会福祉）である。その意味では，社会保護の方が社会保険（医療保険）より高次のモラルを基礎としていると言えるかもしれない。

　もちろん，だからと言って，医療保険が自生的に社会保険として成立するというわけではない。ヒトのなかには，仮に互恵的であっても利他心など持てないとか，自分の場合は互恵という条件が当てはまらないと思い込んでいる人もいるからである。医療保険が強制加入制を採っているのは，互恵的利他主義のシステムを確実に成り立たせるためであるが，それだけでは十分ではない。具体的な制度設計においてできる限り互恵的利他主義が機能しやすい条件を備える工夫も必要である。

164   第2章　医療保険

　そのひとつが，医療保険に加入するメンバー同士が将来の見返りを期待でき
る安定した関係にあることである。医療保険の単位が，企業ごとの健保組合や
業界ごとの薬業健保や医師国保のように，できる限り実際の社会的経済的集団
に準拠して設定されていることはその現れと言えよう。日本の医療保険が単一
の保険者ではなく，職域・地域ごとの複数保険者となっていることにはそれな
りの合理性があるのである。

　もうひとつは「互恵性」という条件の担保である。医療保険では，誰もが病
気になったりケガをしたりするという前提の下，"公平な保険料拠出"に対応す
る"必要な者への平等な保険給付"という関係が制度化されており，それによ
り互恵性が担保されている。公平な保険料拠出とは，厳密な意味では定額保険
料制であろうが，収入や所得に応じた一律の保険料制でも可とされている。し
たがって，必要な者に対する平等な保険給付は，本来は一律の給付率で行われ
るべきものであるが，この原則は高額療養費の限度額における低所得者優遇に
始まって，高齢者や児童に対する給付率の優遇，さらには後期高齢者医療制度
における現役並み所得のある者への冷遇などによって次第に揺らぎつつある。
それらの特別扱いは福祉的措置として公費財源により行われるべきであって，
それをズルズルと保険料財源によって拡げていけば，いずれ「互恵性」の条件
を毀損し，医療保険の崩壊に繋がることになるだろう。

2　介護保険の場合

　介護保険は，医療保険と同様，保険料を拠出した者に対し，その時点におけ
る保険給付受給権が付与される短期保険の仕組みを採っている。ただ，医療保
険の場合，病気やケガのリスクは誰にもあると前提できるので，保険料を拠出
する集団＝保険給付を受ける集団という等式が成り立つのに対し，介護保険の
場合，40歳〜64歳の第2号被保険者はもちろん，実際には65歳以上の第1号
被保険者（保険料を拠出する集団）であっても実際に保険給付を受ける集団と
完全に重なっているわけではない。すなわち，要介護状態の特性上，要介護者
と非・要介護者とは交替可能性がないことから，それらの者の間に，厳密な意
味での互恵関係があるとは言いがたいのである。さらに要介護状態となるリス

クは加齢に伴い急増する傾向があることから，現在の前期高齢者の保険料は同じ前期高齢者の給付ではなく，大部分が現在の後期高齢者の保険給付に充てられる構造となっている。実質的にそれは順送りの利他主義（お蔭さま＝世代間倫理）というべきものであって，同一時点での助け合い（互恵性）のような体裁を採っているが，実際は似て非なるものである。こう考えると，介護保険は医療保険と同じ短期保険ではあるが，保険料拠出と保険給付の関係を見る限り，実際にはその間に時間的懸隔のある年金保険に近いと見ることもできる。そのような介護保険の性格に無理解のまま，保険給付の範囲（≠給付レベル）を縮小することは現在の前期高齢者から見れば，将来の保険給付が保証されない国家的詐欺と受け止められても仕方あるまい。年金保険の場合，将来の給付水準は制度上約束されているが，介護保険の場合は，それがない分，違約の程度は大きいと言うべきであろう。

3　医療保険の互恵的利他主義を毀すもの

　医療保険には，介護保険のような問題はなく，ほぼ典型的な互恵的利他主義のシステムと考えていいのだが，だからと言って，それが常に安定的に維持されるということにはならない。被保険者の誰かが身勝手な行動をとり，他の人々もそれに追従すれば，互恵的利他主義システムは簡単に崩壊してしまうからである。例えば，被保険者の多くが安易な受診行動を取ることで，給付費の急増－保険料の上昇を招くような場合である。だが，誰が非常識で勝手な行動を取ろうとも，その者が被保険者集団の一員として行動する限り，さほどの大きな危険はない。保険財政の自律性が働くからである。問題は，システムにとって脅威となる行動を取る者が被保険者集団の一員として行動しない場合である。例えば，医療機関による過剰診療もそうであるし，医薬メーカーが研究不正に手を貸すとか，医療機関や調剤薬局が薬価差益を追求し，医薬卸やメーカーもそれを前提とした販売促進活動をするといったこともある。これらにより医療保険財政が被る被害には，被保険者集団による規律では対応できない。

　このような制度を毀損する行為は，法人の利益のために，通常，各人が法人の一員として行うものである。しかし，法人の立場から経済合理性のあるこれ

らの行為をする者は，法人の一員であると同時に，個人としては医療保険の被保険者でもある。各個人が被保険者として属する制度の利益をその者自身が法人の一員として侵害するという矛盾を彼らは自覚しているのであろうか，それとも彼らは2つの人格を生きているのだろうか。

4　個人のモラルと法人のモラル

　個人としてのモラルと法人の一員としてのモラルは対立することがあり，それを架橋することは簡単ではない。このような個人と法人の一員としてのモラルの対立は現代社会では珍しいものではないが，通常は良心の呵責の問題として現れるのに対し，この被保険者個人と医療機関や医薬関係企業の一員との対立は，どちらの経済的利益を優先するかということであるから，ある意味，単純な問題である。医療保険の被保険者としての利益は公益であるから，それが優先されるべきであることは当然であるが，しかし，日本社会では個人より法人の一員という立場が優先される傾向があるから，やはり，個人を板挟みにすることなく，公益の優先を促すような社会的な仕掛けを考えねばなるまい。関係者の自浄能力向上も不可欠だが，意識改革を訴えるだけでは限界がある。医薬品開発の研究不正に対する薬価算定上のペナルティ，薬価差益が生じないような薬剤費償還制度への改革など，被保険者個人と医薬品関係企業の一員との間で矛盾・対立が生じさせない工夫はいくらでもあるはずである。

（初稿 2017.05.15，加筆修正 2018.06）

第3章 薬価基準・診療報酬

Ⅰ 薬価基準制度・再論

はじめに

　厚生省薬務局経済課長（当時）として 1994 年度の薬価改定に関係した筆者は，その経験を踏まえ，『ジュリスト』1994/ 7 /17 号に「国民医療と薬価基準」という論文を書いたことがある。そこでは，薬価算定は厚生大臣と製薬メーカーの"契約"のようなものとして捉えるべきであることを述べ，それを前提として，当時，話題を呼んだプラバスタチンとインターフェロンの薬価再算定の意味を説明し，さらに市場で取引される医薬品を公的な医療保険の償還対象とする以上，公定薬価の妥当性は公正な市場競争の下で形成された価格であることによって担保されるべきことを強調した。その後，医薬品業界関係者から近年の薬価算定や医薬品流通の状況について話を聴く機会を得たことをきっかけに，再び，薬価基準制度について考え始めた。本稿は，この間の考察に基づき，若干の復習も含め，20 年ぶりに薬価基準制度について再論しようとするものである。

1 薬価基準の市場価格主義は守られているか

（1）なぜ，市場価格主義なのか

　前述のとおり，筆者は公定薬価の妥当性の根拠は公正な市場競争下で形成された価格であることに求めるほかないと考えているが，このことは法律上制度

168 第3章 薬価基準・診療報酬

的に明らかにされているわけではない。薬価基準は，健康保険法の療養担当規則（厚生労働省令）および診療報酬の算定方法（厚生労働省告示）に基づく厚生労働省告示[1]によって定められている。法律の条文だけを見れば，薬剤の使用も診療行為の1つであるから，薬価基準収載品目とその価格は，一般の診療行為の場合と同様，厚生労働大臣が定める公定品目であり公定価格である。すなわち，薬価基準への収載と薬価の設定は，法令の形式をとって行われる行政庁の一方的な処分とされているのである。しかも，介護報酬が建前上はサービス市場における平均的な費用の額を勘案して定められる[2]こととは対照的に，診療報酬および薬価基準においては，厚生労働大臣が必要な定めを行う際に拠るべき基準は，法令上は何ら定められていない。換言すれば，診療報酬および薬価基準は創設的かつ裁量性の高い行政庁の処分なのである。もちろん，健康保険法77条には「厚生労働大臣は，前条第二項の定めのうち薬剤に関する定めその他厚生労働大臣の定めを適正なものとするため，必要な調査を行うことができる」と定められており，一般的には，この条文が市場における取引価格の調査を行う根拠とされているので，ここから薬価は市場価格を基に決められるものとの理解を導き出せなくもない。しかし，この条文を以て，薬価の市場価格主義が闡明されたとは必ずしも言えないだろう。実際，この条文が追加された後でも，市場価格主義とは相いれない薬価改定（後述）が行われており，薬価基準の設定が創設的かつ裁量性の高い行政処分であるという基本的性格は変わっていないとの見方もできるからである。

しかし，そうだからといって医療保険において使用できる医薬品やその償還価格は，煮ても焼いても自由といった塩梅で決められていいものではない。医薬品が医療に不可欠な要素であり，その製造を国が自ら行わず，自由企業に委

---

1) 「保険医療機関（保険薬局）及び保険医（保険薬剤師）療養担当規則」においては"厚生労働大臣の定める医薬品以外の医薬品を施用・処方（調剤）してはならない"とされており，厚生労働大臣の定める医薬品は「療担規則及び薬担規則並びに療担基準に基づき厚生労働大臣が定める掲示事項等」という殺風景なタイトルの厚生労働省告示において「薬価基準別表に収載されている医薬品」とされている。

2) これは介護保険の給付が「介護サービス費の支給」という市場における介護サービスの存在を前提とする構成を採っているからである。これに対し，健康保険では「療養の給付」という市場サービスの存在を前提としない構成が採られている。

ねている以上，国民皆保険による医療に必要な医薬品については彼らがその製造販売を続けられるものでなければなるまい。国民医療に必要な医薬品であるかどうかは基本的に薬事関係法令の承認手続きを経て判断がなされるが，その価格については製薬企業が製造販売を続けられるとともに，かつ，医療保険財政上も許容できる適正なものとして定められることが求められるのである。

　では，そういった意味において医薬品の適正な価格とは何なのだろうか。公正な価格とは何かという問題については古今，様々な議論[3]があったが，市場経済システムの下では，適正な市場競争によって形成された市場価格を一応は適正な価格と看做すほかない。現在の薬価基準制度も，特に1992（平成4）年の市場取引価格の加重平均値を基本とする方式に移行した後は，そのような考え方に立って市場価格主義を原則としている。また，市場取引価格の存在しない新医薬品の薬価算定についても，ストレートな市場価格主義の適用はできないが，それに準じた市場価格主義的な考え方が採用されている。すなわち，類似薬効比較方式または原価計算方式による新薬の薬価算定である。類似薬効比較方式の含意するところは，ある新薬が仮に既存の医薬品市場に投入されるとすれば，どのような価格帯で取引されるかを経済合理的に想定し，その価格をもって“想定市場価格”とするものと理解できるからである。その想定価格は，通常は同等の薬効を持っているために市場において競合する類似医薬品の価格帯に属するであろうし，有効性や安全性等が類似品より上回るということであれば，類似医薬品を上回る価格帯で市場競争が繰り広げられるだろう。有効性や安全性が既存薬を上回る場合，その程度に応じた薬価の加算が行われるが，それは上述のような市場競争の姿を経済合理的に想定することができるからである。もちろん，製薬メーカーにとっての望ましい価格と厚生労働大臣が医療保険上許容できる価格が常に一致するとは限らない。そこでは，双方の思惑を踏まえ，どの医薬品を比較対照薬とするかなどを巡って，中医協を表舞台としつつ，厚生労働省と製薬メーカーとの間で“薬価交渉”が行われる。双方の見解が一致すると交渉成立となり，薬価が算定されて薬価基準への収載となるが，これは，国は当該価格での保険償還を保証し，製薬企業は当該医薬品の安定供

　3）　「公正価格」について，あるべき正しい価格であるという立場を採らず，正常な競争が行われる
　　市場で決まった価格が事実上の「公正価格」と考えたのはトマス・アクィナスが最初だとされる。

給を約束する契約の成立と見ることができる。原価計算方式の場合も基本は同様である。類似薬効の比較対照薬がない場合，製薬メーカーは通常は必要原価を前提として，一定の利益を確保できる価格帯で当該新薬を市場に投入するに違いない。そして，それが適正に計算されたものであれば，その価格を"想定市場価格"と呼んで差支えないというわけである。

　前述のとおり筆者は，かつてプラバスタチンとインターフェロン製剤の薬価再算定にかかわったことがあるが，それらはいずれも当初の薬価算定の構成要素（前提条件）に変更があったことを根拠とするものであった。すなわち，新薬の薬価算定に関する契約の構成要素に重大な変化があったと捉え，当初契約は変更すべきものになったと位置付けたのである。契約法における「事情変更の原則」の援用であった。まず，プラバスタチンの場合，当初薬価は，重症患者に使用される比較対照薬 A・中等度の症状の患者に使用される比較対照薬 B・軽症患者に使用される比較対照薬 C の各剤の薬価を基に，それぞれの患者の割合に応じて A・B・C の薬価を加重平均した額が算定されていたが，市販後の使用実態を見ると各剤に対応する患者の割合が当初の薬価算定の前提とは大きく異なり，中等度や軽症の患者の割合が多くなっていたことから，実態に応じた患者割合に即して比較対照薬の価格の加重平均をやり直しものである。インターフェロン製剤の場合，原価計算方式による薬価設定であったが，設定価格の構成要素であった市場規模（原材料費の額を算出する前提となる）が市販後，大きく拡大していたことから，これも事情変更による当初契約の変更ということで再算定が行われたのであった。正直に言えば，これらの再算定の考え方は，医療保険財政の見地から再算定の必要性が言われ始めた後，いわば後知恵的に考え出したものであり，事後的に再算定を行うためには「事情変更の原則」を持ち出すほかなかったのである。しかし，再算定は，本来はできる限り事前にルール化・明文化しておくべきものであろう。そういう観点から，再算定を含め薬価算定のルールとして定められているのが，中央社会保険医療協議会の了解を得た上で保険局長通知として出されている「薬価算定の基準について」（直近版は平成 24 年 2 月 10 日保発 0210 第 1 号）である。

（2）市場価格主義は徹底されているか

　「薬価算定の基準について」が定められたこと自体は，ひとつの前進であることは間違いない。事前ルールとしての運用（ルールの適用はルール設定後に収載された新薬に限られ，遡及効は認められない）が徹底[4]されれば，製薬メーカーは開発・販売戦略を立てる際，このルールを前提条件として織り込むことができるだろう。仮に，この基準の趣旨に反した薬価の算定が行われた場合には，裁量権の乱用として争う余地も出て来るはずである。

　では「薬価算定の基準について」で定められた個々の算定基準において，本当に市場価格主義はしっかり守られているだろうか。

　まず「外国平均価格調整」である。これは，新規収載品と類似の薬剤が米・英・独・仏における薬剤価格表[5]に収載されている場合，それらを相加平均した額と算定基準により計算された新規収載品の薬価を比較し，外国平均価格が上回る（1.5倍超）場合，または下回る（0.75倍未満）場合，その程度に応じて新規収載品の薬価について調整（引上げまたは引下げ）を行うというものであるが，市場価格主義という観点からは納得しがたい。この調整の仕組みが導入された経緯はともかく，ビジネスの論理からしたら，企業が他国の市場に参入しようという場合，その国の制度や市場の実態に応じた価格戦略を採るのは当然のことではないか。強気の高価格戦略であれ，市場確保のための低価格戦略であれ，日本の薬価算定ルールに則っている限り，企業の経済合理性に基づく行動をあえて否定することはない。仮に日本のメーカーが新興国の医薬品市場に参入しようとする場合，日本の薬価と同じ価格では当該国の市場では売れないであろうから，低価格戦略を採って市場確保を狙うだろう。その場合，政府は，外国でそれほど安く売っているのなら，日本での価格もそこまで引き下げるよう求めるのだろうか。実際，外国平均価格調整が行われた品目には，近年，引上げの例がずっと多い[6]ことからしても，いつまでも残しておく仕組み

　4）　実際にはオプジーボの薬価再算定などについて特例が定められており，事前ルールとして徹底されているとは言い難い。

　5）　外国の薬剤価格表の価格が実際の保険者と医療機関との契約価格であるとは限らないようである。患者の割引クーポンなどにより実際の契約価格が価格表以下であることも多いという。

172 第3章 薬価基準・診療報酬

ではあるまい。

次に「市場拡大再算定」についてはどう考えるべきだろうか。原価計算方式で算定された新薬については，前述のとおり，薬価算定式の中に市場規模が含まれているから，それが当初薬価設定時より拡大した場合に再算定することは当然である。問題は，類似薬効比較方式により算定された新薬の場合である。プラバスタチンのように薬価算定の計算式に市場規模（使用患者割合）が含まれている場合は，使用患者割合が当初設定時と異なってしまったとして，事後的であっても再算定の根拠とすることができたのであるが，そうでない場合には，事前に，市場規模が拡大したときには再算定することをルール化しておかねばならないだろう。いわば，薬価算定契約の付款（条件）として市場規模拡大の際の再算定を決めておくのである。これが，薬価算定の基準における現行の市場拡大再算定[7]であると考えられる。具体的な運用の詳細については不知だが，このルールが適用されるのは当然，ルール設定後に新薬として薬価算定されたものに限られなければならない。

だが，事前ルールであるとしても，薬価算定の構成要素でもないのに，なぜ，市場規模が拡大したら再算定すべきなのだろうか。按ずるに，その根拠は薬剤費が医療保険財政に与える影響に求めるほかあるまい。すなわち，一種の医療費総額管理理論の発想である。新薬の市場投入による医療費総額への影響については，従来から，新薬が既存薬に置き換わって薬剤費総額に変動はないという考え方に立っていた。であれば，市場拡大再算定が制度化された以上，薬価算定の際に示される新薬の市場規模は既存薬の市場規模と基本的に変わりはなく，既存薬との置き換えにより薬剤費総額に変動はないことが明示される必要

6） 1997〜2007年は引上げ49，引下げ30，2008〜2009年は引上げ8，引下げ2，2010〜2011年は引上げ4，引下げ0である（薬事日報社『薬価基準のしくみと解説2012』）。

7） プラバスタチンの再算定の後に出された1995（平成7）年の中医協建議では，類似薬効比較方式により収載された新薬については「価格設定の前提条件である使用方法，適用対象患者の範囲等が変化し，収載時に選定された比較対照薬との類似性が損なわれ，市場規模が大幅に拡大した場合」に再算定を行う旨が明記されているが，現行の算定基準では「薬価収載後に当該既収載品の使用方法の変化，適用対象患者の変化その他の変化により，当該既収載品の使用実態が著しく変化したもの」とされており，「価格設定の前提条件である」という縛りが落ちてしまっている。これにより，1995年の再算定基準は変質し，当初，新薬の薬価算定がどのように行われた場合でも市場拡大再算定は自由にできることとなった。

があろう。もし，高薬価等のため市場規模が従来に比し大きくなり，薬剤費総額が増える場合には，それにより治療効果が上がって医療費総額には変動がないことが示されなければならない。逆に，新薬の薬価収載により医療費総額が増加すると見込まれるとしたら，それは医療費国庫負担額の政策増[8]となるので，予算上の手当てが必要となる可能性がある。その場合，厳密に考えれば，各年度の当初予算編成の際，当該年度における新薬の薬価収載による医療費総額への影響をすべて事前に見積もって計上することになる（年度途中に当初予算で予定していない新薬を収載する場合は補正予算で対応する）。市場拡大再算定の論理を突き詰めていけば，このように，当該新薬の市場規模とそれによって置き換えられる既存薬の市場規模を差し引き計算し，医療費総額の純増額をあらかじめ推計するとともに，それを国の予算に反映させるべきことになるのだが，新薬を薬価基準に収載する際，この辺りの整理は明確にされているのだろうか。

　「初めて後発品が薬価収載された先発品の薬価改定の特例」も市場価格主義からは説明しにくい仕組みである。これは，本来は市場取引価格で改定されるべき先発品（既収載品）について市場取引価格から4〜6％（以前はもっと引下げ幅が大きかった）を差し引いた額を薬価とする取扱いである。この取扱いは，後発品が出れば先発品の価格も一気に安くなるという市場の動きを先取りするものではあろうが，現実の市場取引価格の数値を前提としないものであり，相当に乱暴なやり方というほかない。製薬メーカーや医薬品卸の自業自得的側面があるとはいえ，仮に市場取引価格の先取りをするとしても，後発品が出た後，実際，どれくらい価格が低下しているのか，例えば薬効分類ごとの実績を調査し，それらのデータに応じて引下げ幅を別にするといったきめ細かな工夫が必要ではないか。要は，市場価格主義の特例を設けるとしても，できる限り，その延長線上にあるという体裁を取るべきだということである。

---

8) 新しい医学医術の普及などによる医療費増は自然増（なお，人口高齢化による医療費増は当然増）と呼ばれることがあるが，新薬の場合，薬価収載という政策行為がある以上，既存薬との置き換え以上に医療費が増えるのであれば，（概算要求基準では認められない）政策増というほかない。だが，医療費の増加要因の分析は極めて難しく，その国庫負担分への影響をどのような方法で予算（当初または補正）に反映させるかも実務的には厄介な問題である。

174　第3章　薬価基準・診療報酬

　これに類似する特例として2012（平成24）年度において講じられた「後発品のある先発品および後発品の追加引き下げ」も問題が多い取扱いだった。これは，後発品の使用促進が政府目標に達していないことから，製薬企業の負担分として長期収載品の薬価を市場取引価格より引下げるというものであるが，後発品の使用が政府の思ったように進まないのは製薬メーカーの責任なのだろうか。このような市場価格主義の原則に反する裁量的な取扱いが頻繁に行われるようであれば，薬価算定の基準をルール化・透明化しようという試みも画餅に帰してしまうだろう。

　「新薬創出・適応外薬解消等促進加算」は製薬業界の熱烈な要望を受けて2010（平成22）年度に試行的に導入され，2012（平成24）年度以降も継続されているものであるが，考えてみれば不可思議な加算である。すなわち，この加算制度は，かつて新薬として薬価収載された既収載品であって，まだ後発品が薬価収載されていない品目のうち，その市場取引価格の既定薬価に対する乖離率がすべての既収載品の平均乖離率を超えないもの[9]について，本来のルールで算定される薬価に対して「（加重平均乖離率－2％）×0.8」を加算するというものであるが，当該既収載品目の有効性・安全性等の評価とはまったく無関係に薬価の加算をするというのは，個別の診療行為・医薬品の価値を評価して決めるという診療報酬／薬価基準の在り方に果たして沿うものなのだろうか。市場価格主義の原則に反するという以前に，そもそも薬価基準の立て方にそぐわないのではないか。加算の名称が示すように，革新的な新薬の創出や適応外薬への対応に大きな費用がかかることから，その費用を製薬メーカーに確保させるため，後発品が出る前の新薬の薬価を維持してやろうという政策意図は理解できなくもないが，政策目的と政策手段のミスマッチ感は免れない。なぜ，被保険者は市場価格より高い薬価を支払わなければならないのか。保険料を負担する被保険者は新薬メーカーへの投資家ではないのだ。しかも，新薬の開発や適応外薬への対応という政策意図と既収載品目の薬価への加算という政策手段が乖離している以上，新薬の開発や適応外薬への対応という政策意図の実現

　9）　薬価の市場価格主義は全品目に一律に適用されるべき原則であり，平均乖離率の範囲に収まっているからという理由で特定品目を例外扱いすることが市場価格主義に反しないという類のものではない。

I　薬価基準制度・再論　*175*

を担保するため，その進捗状況の評価といった形で企業の開発戦略に中医協が介入することを容認せざるを得ないとなれば，自由企業としての製薬メーカーの矜持はどこに行ったのかと思いたくなる。

　ところが製薬業界は，この新薬創出・適応外薬解消等促進加算の恒久化を求めているらしい。むかしから厚生省には医薬品に関する産業政策がないと業界関係者に言われていたが，筆者は，経済課長を務めていた当時から，保険給付の費用を保険者や国家が確保するという国民皆保険の下で医薬品が保険給付の対象となり，その償還価格も市場取引価格を基に品目別に決められていること，すなわち医療保険制度・薬価基準制度があること自体が"最大の産業政策"ではないかと考えていた。しかし，このような薬価基準制度の客観的な機能とは異なり，政策目的の実現のため無関係の品目に加算するという，薬価基準制度の立て方にも反する新薬創出・適応外薬解消等促進加算は，保険給付として国民に戻すべき保険料をストレートに企業の開発費用に充てるものであり，それを薬価基準制度の中に恒久化することは，前述のとおり，保険料負担者の納得を得られるようなものではない。また，薬価算定の基準の事前ルール化を徹底させて製薬メーカーの開発・経営戦略の前提条件を透明化し，公正な競争の下で製薬メーカーの企業努力を促そうという市場価格主義の流れにも逆行すると言うべきである。国民皆保険により強制的に集められた保険料によって薬剤給付の費用が支払われるという他の商品では考えられない制度環境にあるにもかかわらず，このような発想をする業界関係者の制度依存体質は相当な重症であるというほかない。もちろん，薬価基準制度の枠内で結果として製薬メーカーの開発促進に資する画期性加算のような仕組みもあり，それはそれで大いに活用されるべきであるが，開発の促進はあくまでも間接的な結果としてもたらされる効果であって，それを直接的なねらいとするものではない。世の中の制度にはそれぞれ"分"というものがあり，"分"を超えた役割まで負わせることは，いずれ制度の崩壊に繋がるおそれがある。特に，保険制度という個人の拠出を求める制度は，制度の"分"が強固であることに注意が必要である。それを弁えずに被保険者の保険料拠出に疑問を持たせるような政策を採れば，国民皆保険制度は危うくなり，薬価基準どころではなくなるだろう。

　薬価基準制度をストレートに新薬創出という政策目的に使うことは問題であ

るが，当然ながら，制度の"分"として活用可能な手法を用いて新薬メーカー等の開発意欲を促進する政策が採られることまで否定されるべきではない。税制・公的融資や助成・特許などの一般的な制度において，それらの目的に資する政策手法は大いに検討・実施されるべきである[10]。ただ，高度な新薬や医療技術の開発普及と国民皆保険の維持をどのように調和させるかは悩ましい問題であることも確かである。革新的新薬等の上市後，それらの巨額の開発コストをすべて国民皆保険で吸収できるのか，新薬・新技術の効果により医療費総額は全体として増加することはないというハッピーなシナリオが描けるか，それが難しい場合，開発された高度な新薬や医療技術は保険適用されず，せいぜい保険外併用療養費の適用に留まるのであれば，その恩恵を受けるのは一部の富裕層に限られるばかりでなく，開発したメーカーも市場規模の小ささから開発コストを十分回収できないのではないか～といった問題群である。健康長寿に対する人間の欲望には限りがない一方で，その財源を生み出す経済の成長は追いつかないという矛盾が拡大するなかで，これからも新薬や新医療技術の研究開発を進めるには，国民皆保険の破綻を招かないようそれらの新薬・新技術の適切な使用を担保するガイドラインの策定を並行して進めるといったバランスのとれた政策が不可欠であろう。

2　薬価を形成する市場は真の競争市場か

（1）異様な取引慣行

　さて薬価算定が市場価格主義に拠るべきことは縷々述べてきたとおりであるが，では現在の医療機関・調剤薬局と医薬品卸の間の医薬品取引は真の競争市場で行われていると言えるだろうか。

　現実の価格交渉では，医療機関・調剤薬局の値引き要求は熾烈を極め，医薬品卸は低い利益率に喘いでいると聞く。一見，厳しい競争が行われているとは

10）　特定の産業の振興を対象とした産業政策の効果は必ずしも明らかではない。三輪芳朗は"戦後の産業政策の代表的成功例とされる機械工業振興臨時措置法に基づく政府の働きかけは一部に喧伝されるように機械工業の発展にとって重要な役割を果たしたと評価することはできない"としている（三輪芳朗『政府の能力』有斐閣）。

I 薬価基準制度・再論　*177*

言えようが，その過程では相変わらず，総価山買い（一山いくら），未妥結・仮
納入など，一般の商品では普通は考えにくい取引が横行しているらしい。政府
や医薬品卸の業界は危機感を強め，様々な"流通近代化"の取り組みを続けて
いるようだが，十年一日のごとくで目立った改善はないようである。これらの
取引慣行のうち薬価基準制度上，看過できないのは総価山買いである。薬価基
準は個別品目ごとに定められ，健康保険法ではそれを前提として厚生労働大臣
の薬価調査に関する権限まで定められているが，総価山買いでは個別品目の価
格が付けられないからである。その意味で，総価山買いはこの厚生労働大臣の
調査権限の執行を妨害するものと言ってよい。その是正のため，今まで様々な
呼びかけが行われてきたが，行政的な対応によってはこれを封じることができ
ないとすれば，制度的対応もやむを得ないかもしれない。すなわち医療機関・
調剤薬局と取引をする医薬品卸を登録制とし，医療機関・調剤薬局はこの登録
卸から購入することを制度化するのである。医療機関・調剤薬局からの総価山
買い要求に応じて総価納入をした登録卸は登録取消の処分を受けることにな
る。総価を個別価格の薬価で案分して報告するような，実態は総価山買いと変
わらない場合も同断である。

　また，未妥結・仮納入の慣行も，最終的な妥結額が薬価調査に正確に反映さ
れないようであれば，薬価基準の改定幅を高止まりさせて，その振替[11] として
行われてきた診療報酬改定率にも影響を与えることとなる。医療機関や調剤薬
局が採るミクロの薬価差確保行動が，マクロの診療報酬改定に事実上マイナス
の影響を与える"合成の誤謬"と言えるだろう。現行制度の下では，医療機関・
調剤薬局や医薬品卸の契約の自由を尊重しつつ，これを是正することは容易で
はない。医薬品卸の登録制が導入されたとしても，総価山買いの場合のように，
未妥結のまま仮納入を繰り返す医薬品卸の登録を取り消すといった制度的対応
は困難である。未妥結であるにもかかわらず仮納入を求める医療機関・調剤薬
局に対しては，それらの行為を一種の優越的地位の乱用と看做し，医薬品卸が
カルテルを作って対抗することを認めるほかないのかもしれない。（2014 年度
診療報酬改定で導入された未妥結減算制度については，本章Ⅲを参照。）

---

11)　近年，財務省が指摘しているとおり，この振替は当然に行われるべきものとは言えないだろう。

（2）薬価差を求める競争は真の市場競争か

　それにしても何が医療機関や調剤薬局をそれほど厳しい値引き要求に向かわせるのだろうか。言うまでもなく，公定薬価と購入価格の差額（薬価差）が医療機関・調剤薬局の収入となるからである。しかし，市場における私人間の取引とはいえ，このような取引は普通の商品の取引と比べて何か変ではないか，と思うのが健全な常識であろう。医薬品の購入費用は全額公定価格により保険から償還されるのであるから，その費用は医療機関や調剤薬局にとってコスト（必要経費）ではない。取引の当事者の念頭にあるのは，商品の価値とそれを体現する価格ではなく，公定薬価との購入価格の差であり，商品の価値とそれに対応する価格は裏に隠れてしまっているのだ。効能効果と価格を比較したら明らかに優れている医薬品があっても，それより劣る医薬品の方が大きな薬価差を得られる場合，医療機関は後者を選択する可能性もあるのである。このような医療機関・調剤薬局の購買行動は，製薬メーカーにとっては自社製本のブランド価値が評価されない一方，患者に対する医療としても好ましいことではない，このような取引をもって真の市場取引と言えるのだろうか。要すれば，医療機関・調剤薬局は本物の市場取引をしているのではなく，公定価格で償還される薬価基準制度がもたらす“儲け”を巡って偽りの市場競争をしているのだ。これについて日医会長だった武見太郎は，薬価差は医療機関に支払われる診療報酬が低すぎるのを補填する“隠れた診療報酬”だと主張したが，そうとでも言わなければ医師のプライドが許さなかったのであろう。医療機関・調剤薬局と医薬品卸の取引によって形成される市場価格は薬価差という“裏価格”により形成される歪さを孕んだ価格と言うべきなのである。

　医薬品の取引を商品の価値とその価格に基づく本物の市場取引とすること，換言すれば医薬品の購入がコストとなるようにするにはどうすればいいだろうか。そのためには，医薬品の購入費用を最終的に負担する保険者が取引の当事者とするのが手っ取り早いかもしれない。かつて日本医師会は医薬品を一括購入して医療機関や調剤薬局に配布する「日本医薬品供給公社」という構想を発表したことがあったと記憶するが，これも公社を保険者の集合体と考えれば，発想は同じであろう。しかし公的な，あるいは半官半民の「日本医薬品供給公

I　薬価基準制度・再論　　*179*

社」が経済合理的な取引主体となるとは考えにくいし，保険者であれ公社であれ，実際の医療行為に当たる者ではない以上，商品の価値とその価格を治療効果とその費用という観点から判断できる主体とは言えない。

　では，公定薬価制度の下で，医療機関・調剤薬局と医薬品卸（医薬品メーカー）の間における自由な取引を維持しつつ，商品の価値とそれを体現する価格に基づいて市場価格が形成されるようにする方途はないのだろうか。医薬品メーカーや医薬品卸はいつまでも"薬価差商売"を続けるほかに生きる手立てはないのか。筆者は『ジュリスト』論文の後，医薬品の患者負担割合を引き上げれば，患者の負担増を避けようと（薬価差ではなく）公定薬価自体が安い品目が選択されるのではないかと考えたこともあった（「医療保険における薬剤費問題を考えるために」『社会保険旬報』1997/ 4 /21 号）が，3 割負担になった今日でも薬価差が拡大している現実を見ると，患者負担という経路は迂遠に過ぎるし，どんな割合であっても患者が薬価の一部を負担し，残りは保険償還されて，全体としては医療機関の収入に影響がない以上，薬価差追求の歯止めにはならないと見るほかなさそうである。

　とすれば薬価差を追求する価格競争を克服するには，最終的には公定薬価の全額償還を止め，薬価の一部を償還対象からはずしたうえで，その部分は医療機関・調剤薬局の負担とする以外に方法はないのではなかろうか。それによって医薬品購入価格の一部はコスト化されるから，医療機関や調剤薬局は薬価差ではなく，本体価格で安く購入しようとするに違いない。過剰な薬剤の使用には歯止めがかかるだろうし，ジェネリック医薬品の使用促進となることも確実である。もちろん，薬価の一部を保険償還外とした結果，医療機関や調剤薬局の負担となる分については，診療報酬・調剤報酬に上乗せして対応することが必要である。各診療科や医療機関の種類・機能によって薬剤の使用比率が大きく異なるようであれば，実態に応じて診療報酬の上乗せ率に差を設ければよい。こうすることにより，使用薬剤の決定権限を持ち，自ら購入している院内処方の医療機関は主として先発品について，その価値（有効性・安全性等）と本体の購入価格を勘案したうえで品目を選定し，購入することになるだろうし，調剤薬局は主としてジェネリック医薬品について，主に本体価格の交渉に力を入れることになるだろう。もちろん薬価制度は存続し，価格の一部が保険償還外

とされる制度の下で形成される市場価格が薬価基準の価格となる。

　では，薬価のどれくらいを保険償還外にすることが適切だろうか。筆者は当初，薬価の1～2割程度を償還対象外とするイメージを持っていたが，永年の薬価差追求に慣れきった医療機関・調剤薬局は薬価の償還対象となる9～8割額から価格交渉をスタートさせ，薬価差収入の獲得に走るおそれがあるし，医薬品卸もそのラインを守るどころか，同様に，そのラインから薬価差ビジネスを始めるかもしれない。それでは，薬価差競争から真のブランド間競争に転換させるために保険償還対象から薬価の一部を除く意味がなくなってしまう。とすれば，はじめから保険償還対象は薬価差追求の可能性の範囲外にするほかあるまい。例えば，保険償還の範囲を薬価の1／2まで思い切って縮減すれば，価格交渉はすべて薬価差確保ではなく，コスト縮減のため行われることになるだろう。

　このようなドラスティックと見える提案も，実際は既に多くの分野で進んでいる包括化（マルメ）を薬剤費の一部について行うにすぎないのだが，永年，薬価差を前提に購入し，公定薬価で償還を受けていた医療機関・調剤薬局，薬価差を前提に価格戦略を立てていた医薬品卸や製薬メーカーは，すぐには付いて来ることはできないかもしれない。医療機関・調剤薬局は診療報酬や調剤報酬に上乗せすると言っても，その保証は確かなのかと問うだろう。心配であれば，診療報酬・薬価改定の際，中医協の場で，医療機関（診療科・機能別）や調剤薬局における薬剤購入の実態を踏まえ，次回改定における診療報酬・調剤報酬への上乗せ率について審議すればよい。また，製薬メーカーや医薬品卸も（本体価格に着目して）従来以上に厳しい価格交渉が行われると予想し，強い反発を示すことも予想される。しかし，医療機関や調剤薬局にとって薬価差に頼る経営は邪道であるし，製薬メーカーや医薬品卸にとっても薬価差ではなく本体の価値と価格で勝負することはビジネス本来のあり方であって，ちゃんとした製薬メーカーや医薬品卸にとってはむしろ望むところではないか。

　製薬メーカーや医薬品卸が薬価の全部が償還対象とはならない新しい薬価制度に対応するためには，どのような環境整備が必要となるだろうか。医療機関との価格交渉は薬価差ではなく，個々の品目の価値（有効性・安全性など）とその価格を巡って行われるから，医薬品卸にはそれらの専門的知識を身につけ，

それに基づき品目間の比較をして医療機関に提案できる力量が求められるようになるだろう。しかし医薬品卸がそこまでの力量を身につけられず，医療機関の値引き要求に安易に応じてしまう場合，あるいは逆に専門的知識に関する力量を身につけた医薬品卸が医薬品流通を支配してしまう場合，そのいずれの場合であっても製薬メーカーは医薬品流通への関与を強めようとするかもしれない。現在は，独占禁止法による再販売価格拘束規制・拘束条件付取引の規制とそれらの解釈指針である「流通・取引慣行に関する独占禁止法上の指針」（流通取引慣行ガイドライン）によって，製薬メーカーによる医薬品卸の再販売価格（医療機関への納入価格）の拘束は禁じられているが，新たな薬価制度の下では，その見直しが必要となる可能性もある。この可能性について敢えて言及するのは，2013年6月19日に経産省から「消費インテリジェンスに関する懇談会」の報告書が公表されたからである。この報告書では，安倍政権の脱デフレ戦略の一環として，ミクロのデフレ脱却のためには，従来のシェア確保や売り上げ増といった「量的拡大」を目指す戦略から，消費者に付加価値を提供し，適切な価格と収益を確保することで，それをさらなる魅力的な商品開発とイノベーションや人材に対する投資，賃上げにつなげる「質的成長」を目指す戦略に転換することが必要という観点から，さまざまな分析と提言が行われている。そのなかで注目すべきが，独禁法とそれに基づく流通取引慣行ガイドラインの見直しに関する提言である。

　経産省の懇談会報告書の問題意識の中心にあるのは，消費者理解を重視しブランド価値を高める上ではメーカーと流通が一体となったイノベーションが欠かせないが，そのような取組みを現在の競争政策が阻害することとなってはいないか，特に現在のガイドラインでは価格制限行為は実質的にすべての場合において違法とされているが，イノベーションに取り組む企業から見れば，新商品投入初期においては一定の価格を維持してイノベーションへの投資を回収しようとする行動はむしろ自然ではないか，ということのようである。そのような観点から，報告書は次のような理由により，メーカーが流通を拘束する垂直的制限行為を違法とする考え方は改められるべきであるとする。すなわち，①ガイドライン制定後メーカーと流通の関係は，流通側の交渉力の向上などにより大きく変わってきたことから，現行ガイドラインのリバランスが必要である

こと，②消費者理解を起点としてブランディング競争に移行するには，メーカーと流通の間で協力関係を構築してイノベーションを行う[12]必要があるが，それを行う上で現行ガイドラインは不必要に制限的であること，③カルテル等の水平的制限行為が排除されており，ブランド間競争が担保されているのであれば，そもそも垂直的制限行為に直接政府が介入する必要性は基本的にないと考えられること，④これらの環境変化や競争政策の考え方の変化を踏まえ，欧米の規制は緩和されてきており，結果として日本の規制が突出して制限的となっていることという４つの理由である。これを受けて報告書は，再販売価格拘束に関する規制を廃止する案から，非価格制限行為規制のみを見直す案までの４つの選択肢を提示しているが，なかでも注目すべきは，再販売価格拘束に関する規制の廃止案である。現行ガイドラインの問題点として列挙された４つのなかに，状況変化を理由とする①・②・④と並んで，垂直的制限行為への政府介入自体の必要性を否定する③が紛れ込ましてあり，執筆者の本音もそこにあるものと推測されるからである。

　医療用医薬品の保険償還価格が薬価基準により公定されていることを前提とすれば，製薬メーカーが薬価維持のために医薬卸から医療機関への納入価格に関与しようとすることは必ずしも不自然なことではない。特に新薬の場合は，膨大な開発経費を回収したり，副作用情報の収集など新薬メーカーとしての責任を果たしたりするうえでも，できる限り公定薬価に近い価格で医療機関に購入してもらいたいと考えるのは当然のことだからである[13]。その意味で，経産省報告書が掲げる理由の③は，とりわけ新薬の流通に当てはまるのではないだろうか。

　前述の薬価の一部を償還対象から除外する提案は，医薬品の市場競争を薬価差競争ではなく，真のブランド間競争にしようとするものであった。薬価の全額償還廃止（１／２償還）が実現すれば，必然的にブランド間競争を招来する

---

12)　報告書を読む限り，"メーカーと流通の間で協力関係を構築して行うイノベーション"の具体的イメージは残念ながら明らかではない。

13)　だからと言って，そういう製薬メーカーの欲求がそのまま実現されるべきだというのではもちろんない。市場における適切な価格競争は製薬メーカーの立場と医療保険財政のバランスを取るうえで不可欠である。

だろうから，それを前提とすれば，経産省報告書が提言する独禁法とそれに基づく流通取引慣行ガイドラインの見直しにより，製薬メーカーの価格関与も認められる余地が出て来るだろう。それにより製薬メーカーと医薬品卸が一体となったイノベーションが実現されれば，新薬の開発促進にも資することになるはずである。

そうは言っても，薬価の全額償還廃止（1／2償還）というドラスティックな改革の実現は容易ではない。薬価差があることを当然と考えている関係者の意識や行為には牢固たるものがあるからである。それを崩すためには，薬価差が医療機関や調剤薬局の収入になっていることのおかしさを国民に広く理解してもらうことが先決であろう。特に最近，進展著しい医薬分業による調剤薬局の薬価差は問題が大きいように思う。調剤薬局では後発品を除き，銘柄の決定権がないため，医療機関以上に厳しい価格交渉が行われていると聞く。縮小傾向にあった薬価差が2003年ごろから拡大傾向にある原因の1つにはそれもあるかもしれない。

公的医療機関や配当が禁止されている医療法人立の医療機関の薬価差収入はその医療機関における経常経費や機器整備などの費用に回るので，薬価差収入の確保もまったく理解できないわけではない。しかし営利法人である調剤薬局の場合は，それが配当などの形をとって医療の世界の外に流出してしまうのだ。このことを，保険料を拠出する被保険者や税金を納めた国民はどう受け止めるだろうか。会社法の世界では問題なくとも，医療保険の世界では調剤報酬に上乗せされる薬価差収益はなかなか理解を得られないだろう。

もちろん，現在の調剤報酬の水準が十分でないとの声もあろうが，薬価差収入が事実上，医療機関や調剤薬局の経営原資になっているとしたら，少なくとも，事実上行われるその一部還元は医療機関と調剤薬局の薬価差収入の実態に応じて行われるべきではないか。すなわち，薬価引下げ分を診療報酬・調剤報酬に還元する場合には，それぞれの薬価差の程度に応じて差をつけるのである。例えば，全体の薬価引下げ分が▲4％で，うち医療機関が▲3％，調剤薬局が▲5％の場合，両者のウエイトが半々で，薬価引下げ分のすべてを診療報酬・調剤報酬に還元すると仮定すれば，診療報酬には薬価5％相当分，調剤報酬には薬価3％相当分，全体平均では薬価4％相当分を還元するのである。この考

え方は，薬価差の実態に応じたものである限り，不公平な取扱いではなく，むしろ医療機関と調剤薬局の間の公平を図る措置ということができる。このような取組みが世間の耳目を集めることによって，薬価差という不可思議なものについての国民の関心も高まっていくのではなかろうか。

おわりに

　国民皆保険の下で保険料が投入されているにもかかわらず，国民の薬価基準制度に対する関心や知識は診療報酬以上に低い。確かに分かりにくく，インナーサークルだけで議論されている感じで，厚生労働省でも経済課（薬務局→医政局）経験者か，薬系技官以外にしっかり理解している者はいないと言ってよい。あるメディア関係者は"薬価の闇は深い"と漏らしていたが，理解しようという彼らの努力が十分か否かは別問題として，広く国民に理解してもらおうという努力が関係者に欠けていることは否定しようがないように思われる。それが本来は被保険者・国民に帰属すべき薬価差が，医療機関・調剤薬局と製薬メーカー・医薬品卸の間だけの問題として議論されてきた原因であろう。しかし，保険財政の中で薬剤費が大きなウエイトを占め続け，その負担が大きくなる一方で，国の成長戦略においても画期的な新薬の開発が取り上げられる今日では，薬価がどう算定されるのか，それがどのように取引されているか，画期的な新薬の開発はどのように進め，それをどう国民皆保険と調和させるか，より多くの国民が関心を持たなければならない状況に至っているのではないか。医薬品に関しては後発品の使用促進が政策の中心になっているが，それ以外にも薬価制度全般にわたって手を付けるべき多くの問題があることを再度，強調しておきたい。

（初稿 2013.10.28／2013.11.11，加筆修正 2018.06）

I 薬価基準制度・再論

【参考】

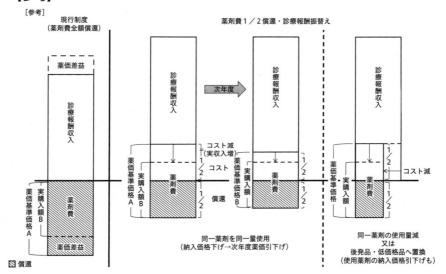

Ⅱ　昨今の薬価問題に寄せて

1　オプジーボへの対応

　2016年度は，オプジーボの高薬価問題が火をつけた形で，薬価改定年度でもないのに薬価問題に関心が集まった年であった。挙句は薬価制度の"抜本改革を"という声まで飛び出してきた。かつての健保の抜本改革という言葉は内容の理解は関係者間で呉越同舟を招き，不毛な結果を招いたが，制度の内実や経緯を知らない者が"抜本改革"と言いたがる傾向は変わらないようだ。と言って，抜本改革という言葉の空疎性を分かっているはずの，利害関係者や政策当局者も，制度対象に目を近づけすぎて問題を捉え損なうことが多いのも否定できない。

　まず，オプジーボの問題を考えてみよう。混乱の原因はどこにあったのか。日赤医療センターの医師が財務省の財政制度等審議会で問題提起をしたのがきっかけとなり，官邸や野党まで巻き込んで"高薬価が国を亡ぼす"との大合唱が起こったのだった。薬価改定年でもないのに，緊急的に市場拡大再算定の特例ルールが適用され，50％の引下げとなったが，結果的には財務省の思う壺に落ちてしまったようだ。一部には市場拡大再算定の際の販売予想額の推計が恣意的であるという批判もあったが，それはさておき，そもそもの問題は，悪性黒色腫から非小細胞肺がんへの適応拡大の際，当初の高薬価が見直されなかったことにあるのではないか。では，どうすべきだったのだろうか。適応拡大の時点で市場拡大再算定を特例的に実施することもあり得たかもしれないが，薬価改定年でもないのに行うこととなりイレギュラーであることは否めない。むしろ，2014年の新規収載の際，原価計算方式で算定したのであるから，2015年の適応拡大の際は，悪性黒色腫＋非小細胞肺がんを適応対象とする新薬として原価計算をやり直すべきだったのである。その場合，非小細胞肺がんの効能追加のための開発費用を上乗せするとともに，悪性黒色腫の開発費用から上市後の利益回収分を差し引く一方，非小細胞肺がんへ適応拡大による市場規模拡大分を適正に見込むといった措置が必要になっただろう。要は，初めから

悪性黒色腫＋非小細胞肺がんの適応の新薬という考え方で原価方式による算定のやり直しをすればよかったのである。これであれば，薬価改定年以外の時期に行う不自然さも左程は感じなくて済んだだろう。もちろん，原価計算方式で算定された新薬であっても，上市後，何年も経過して市場で十分に揉まれた薬価となっている場合は，別の方法が考えられてよい。オプジーボの場合は，僅か１年余しか経過していない適応拡大であるから，このような方法が適用できるのだ。今回の50％の薬価引下げが妥当であったかを検証するためにも，誰かこの方法でオプジーボの薬価を算定してはくれないものか。

　本件に関連して，業界紙に"すべては「中医協了解事項」に始まった"という記事が出ていたが，この指摘について考えてみよう。確かに，1993年の「中医協了解事項」により，薬価調査に基づく市場価格とは無関係に薬価改定が行われたが，それが今日の「市場拡大再算定」に繋がったという認識は正確さを欠く。「中医協了解事項」は①原価計算方式により算定した医薬品は，価格算定の前提条件である患者数等が大きく変化した場合，②類似薬効比較方式により算定した医薬品は，価格設定の前提条件である使用方法，適用対象患者の範囲等が変化し，対象薬との類似性が損なわれた場合」に再算定を行うとしたものであって，市場規模＝患者数が着目されるのは，原価計算方式による新薬のほか，「価格算定の前提条件に適用対象患者の範囲が含まれていた類似薬効比較方式による新薬」のみであることを見落としてはならない。すなわち，「中医協了解事項」は，市場価格主義の延長線上にあると言ってよい類似薬効比較方式および原価計算方式による新医薬品の薬価算定に関し，当初の価格設定の前提が変わって，その妥当性が失われた場合に発動されるものであり，あくまで当初薬価算定のやり直し・是正なのであって，それまでの薬価算定方式のルールの範囲内にとどまるものであったのである。

　これに対し，その後ルール化された「市場価格拡大再算定」は本質的に異なるものに変わっている。すなわち，市場規模の拡大を理由とする再算定の対象が，それが当初の価格設定の前提条件とされていた原価計算方式による新薬のほか，適用対象患者の範囲が当初価格設定の前提条件とはなっていなかった類似薬効比較方式による新薬にまで拡げられてしまっているのである。市場規模拡大による再算定が類似薬効比較方式による全ての医薬品にまで拡大されたこ

188　第3章　薬価基準・診療報酬

とは，市場価格主義の考え方に基づく薬価算定方式からの逸脱というべきであろう。

2　市場拡大再算定は正当化できるか

　薬価算定の市場価格主義という薬価制度の基本原則から離れてしまった市場拡大再算定は何によって正当化されるのか。前稿のとおり，薬価制度に内在する根拠はない以上，そこに医療保険財政という別の視点を持ち込むほかないだろう。だが，これは本当は，危険な選択というべきである。医療保険による給付費の予算の在り方と分かち難く結びついてしまう怖れがあるからである。財政学の教科書で触れられることはないが，わが国の歳出予算には2つのタイプがあると考えられる。必ずしも截然と分かれるわけではないが，1つは見通し額としての歳出予算ともう1つは確定額としての歳出予算である。インフルエンザなどの流行，新薬の発売・新医療技術の普及，医療機関の開設や増床，診療報酬改定の予想を超える影響などのため，医療給付費が当初予算額の範囲に収まるという保証はない一方，被保険者には医療保険により必要な医療を受ける権利が保障されていることから，医療給付費の総額が当初予算額を超えてしまう場合には，保険者は予備費を使用したり補正予算を組んだりしででも，その費用の手当てをしなければない。すなわち，医療保険給付費の予算は見通しという性格を色濃く持っているのである。したがって，年度途中における新薬の薬価収載も，医療機関の新設・増床も，当初予算の変更を伴うことなく行われ，それらの要因によるものも含め，当初予算を超える見込みとなったときは補正予算などによる対応が行われる。

　これに対し，例えば公共事業費予算などは確定額として計上されているから，当初予算額の範囲でしか事業の執行はできず，補正予算などにより追加費用の手当てが行われるのは例外的に政策上必要な場合に限られる。

　このような医療給付費に対する予算統制の難しさは，財務省などにとっては忌々しいことに違いない。かつては医療給付費の補正予算編成に鷹揚であった財務省も近年，予算屋の本領に目覚めて，補正予算を組まなくとも済むよう，医療給付費の額に箍をかけようと躍起になっているのは，その現れであろう。

すでに介護保険では，要支援や軽度の要介護の者に対する給付を廃止して，市町村の事業に移行させるというプロジェクトが始まっているし，医療保険でも，医療費の総額管理に通じるような給付費の抑制目標や具体的な給付抑制のための方策が打ち出されている。

　市場拡大再算定が薬価制度の基本原則から離れて医療保険財政の論理によって行われることの延長線上には，この医療給付費の予算統制強化路線による惨劇が待っているだろう。おそらく新薬の年度途中収載は医療給付費予算に中立（新薬による薬剤費の増＝旧薬の薬剤費または関係する診療費の減）であることが厳格に求められるのではないか。年度当初における新薬の薬価収載についても，全体の診療報酬改定率により認められる医療費総額の範囲内で，それに準じた取扱いとなるだろう。さらに余程の費用効果が期待できない限り，新薬の薬価収載にブレーキがかかることも予想される。

3　薬価の毎年改定

　オプジーボの高薬価問題に端を発する薬価制度の抜本改革論議は，薬価の毎年改定ということに収まったようである。具体的な方法はこれからの検討に俟つことになるが，医療関係者や医薬品業界からは反対の声が上がっているから，全面的に行われるか否か，先行きは未だ不透明と言うべきかもしれない。

　薬価の毎年改定について，日本医師会は，「診療報酬改定と薬価改定はセットで行うことを前提に薬価算定ルールが設定されているため，診療報酬とのバランスを欠くことになる」（2014年6月4日日医定例記者会見）として反対の意思表示をしている。確かに，診療報酬と薬価はセットで改定することが慣行となっていたが，その実際の理由は①レセコン等の更新の事務負担がかかること（日医等の主張）のほか，②薬価差益が実質的に医療機関や調剤薬局の収入となっており，薬価改定が単独で行われるとその分減収になってしまうことが中心であろう。だが，IT技術の進歩により①が決定的な理由ではなくなったとき，②の理由だけで保険料や税を負担する被保険者や国民に納得してもらえるだろうか。医療機関等が実際に購入する医薬品の価格について保険償還するのが薬剤給付の本旨であり，それを個々に行うことが困難なことから，大量の事

190　第3章　薬価基準・診療報酬

務処理の便宜を考えて全国一律の償還価格（薬価基準）が公定されているのだが，実際は，医療機関等と医薬卸間の取引は自由であることから薬価差益が生じ，その分は医療機関等にとっては制度外の収入に，被保険者・国民にとっては本来負担すべき額を超える負担となっている。このような実態を被保険者・国民が正確に認識したら，保険償還額はできる限り医療機関等の実購入額に近づけるべきだと考えるに違いない。それかあらぬか，日本医師会等は②の理由をあからさまには主張せず，従来からの慣行だとする一方，健康保険法では診察・薬剤の支給・処置などの療養の給付を受けることができ，診察等と薬剤は不可分一体であるとの法律解釈を持ち出している。

　しかし，医師会が慣行の根拠として挙げる1972年の中医協建議も「当分の間」の措置としているし，1997年の衆議院予算委員会における橋本総理答弁も薬価差益について「国民皆保険移行時に技術評価との絡みにおいて薬価差益が医療機関経営の柱の1つとなることを是認したうえで診療報酬体系の設計がなされたときから，その問題点は内蔵していた」と述べており，薬価差益はかつて診療報酬が不十分とされた時代の産物であるというのが共通認識であろう。とすれば，診療報酬の水準も向上し，医師のみならず看護師等の給与も改善された一方，介護職や保育士の低賃金が問題となり，高齢者の年金水準も抑制されるほか，非正規の低賃金労働者が増加し，国保保険料も払えない者が増えている状況において，医療関係者は，まだ，薬価差益による診療報酬の補填が必要だと被保険者・国民に対して抗弁できると考えているのだろうか。また，薬価基準が診療報酬本体と別建てとなった現在では，診察や処置・手術等と薬剤が不可分一体であり，診療報酬改定と薬価改定はセットであるとする主張も説得力はない。診察や処置等は医療機関が価値を創造する行為であり，それ故に診療報酬として価格が公定されているのに対し，薬剤支給は，処方はともかく，医薬卸から薬剤を購入して行う行為に止まり（医療機関は価値を創造しない），薬価基準はその実費を補填するという考え方で定められているに過ぎないからである。

　ところで，『日本医師会通史』を見ると，1978年5月30日，日医は理事会で「6月下旬をめどに院外処方箋運動を実施する」と決めた。医師会員は薬剤費の差額をあてにして医業経営をしているわけではないというデモンストレー

ションをねらった決定であったという記述がある。実際，6月に入って，「7月3日から8日までを処方箋発行強調週間」と決めて都道府県医師会に通知したという。にもかかわらず，しかも医薬分業が当時とは比べ物にならないほど進んでいるのに，毎年改定に反対するのはなぜか。医薬分業が進んでいる診療所の薬価差益はそれ程ではなくなったが，病院における院内処方は診療所よりは多いはずであるから，全体の薬価改定分を一律に診療報酬改定に振り向ければ，診療所は相対的にプラスになるとの計算ではないかと邪推したくもなる。

　日薬連ほか製薬関係4団体も，「イノベーションの創出や医薬品の安定供給等，保険医療に貢献する医薬品の提供に重大な支障を及ぼすことになる」として，薬価の毎年改定に反対の意向を示した（2018年11月30日声明）が，毎年改定して医療機関や調剤薬局の実購入額に近づけることが何故，挙げられているような「重大な支障を及ぼすことになる」のか，その理路は定かではない。途中，「毎年改定が行われると医療機関や調剤薬局からの薬価差要求がますます強くなって十分な利益が得られないから」という中間項が抜けているのではないか。だが，表向きこんな理由は言えないから，論理が飛躍した表現になるのだろう。

　今回の薬価の毎年改定を巡る議論は，薬価差益の絡繰りを多くの国民が知ることとなる良い機会である。関係者には是非，オープンに議論を続けてもらいたいと思う。その中から，薬価差益という歪な不純物を取り除く良い智慧が出てくるかもしれないではないか。

4　中医協の薬価算定ルールの性格

　最後に，今回の市場拡大再算定の特例やかつての「中医協了解事項」に立ち戻って，それらに投げかけられる「後出しジャンケン」という批判について考えておこう。これらは本当にルール違反なのだろうか。そもそも中医協の薬価算定ルールとはどういう性格のものなのだろうか。

　薬価算定に関して定められている中医協のルールはあらゆるケースに適応可能な完全なものではない。新薬の形態は，事前に想定される範囲を超えて極めて多様であり，それらに完全に対応できるルールブックをあらかじめ定めてお

くことは不可能である。ちょうど民法が市民社会の基本ルールを定めるもので
はあるものの，すべてのケースに適用できるだけの条文が並んでいないのと同
じである。当然，民法に規定されている条文だけでは判断できないケースも生
じてくる。その欠如部分を補うため，裁判所は判例を通じて一種の法創造機能
を発揮する。例えば民法の不法行為の条文はわずか26条しかないため，膨大
な判例がそれを補っているごとくである。

　薬価算定においてもルールブックでは判断できないケースについては，中医
協が裁判所のようにルール創設機能を果たすと考えるべきであろう。では，
ルールブックに書いていない事項について中医協は自由自在に判断することが
許されるのだろうか。司法の場では裁判官たちは，どのような根拠や方針で法
を補う判断をしているのか。これについては法哲学の分野でさまざまな議論が
行われているが，1つの説明は，法規の全体を規定する原理と首尾一貫性があ
るか否かという観点から判断をしているというものである。中医協がルール
ブックにないケースについて判断する場合も，薬価制度の基本的原理と首尾一
貫性を保てるか否かがメルクマールとなろう。その基本原理とは市場価格主義
に基づく価格設定であることは言うまでもない。とすると，1993年の「中医協
了解事項」は市場価格主義に照らして許容されるが，その箍の外れた2012年の
「中医協了解」における市場拡大再算定ルールやその特例適用は問題があると
いうことになるはずである。

5　いわゆる参照価格制（薬剤療養費支給制度の提案）

　参照価格制と言うと，かつてドイツに倣って医薬品のグループごとに一定の
保険償還額を定め，それを超える部分は患者負担とする仕組みとして議論され
たものであり，そのグルーピングの難しさ等から，導入が断念されたというこ
とがあったが，近年，議論となっているのは，先発品と後発品の価格差という
視点から，"参照価格制"的なものの導入ができないかということのようである。
　後発品の価格を超える部分を患者負担とする"いわゆる参照価格制"につい
ては，さまざまな議論があろうが，医薬品に係る保険給付費を抑制するという
意味で，医療費の適正化効果は大きく，いずれ検討しないわけにはいかないも

のと思われる。医療費の効率化の観点から，さらなる患者負担を求める議論も出て来ようが，同じ患者負担でも，例えば（かかりつけ医普及という大義名分の下）かかりつけ医以外の医療機関受診につき，定率負担とは別に受診時定額負担を求めるという近時の財政審の提案などと比べれば，いわゆる参照価格制導入に伴う患者負担の方が未だしも罪が軽いのではないか。前者は患者にはほとんどメリットのない負担であるのに対し，後者は後発品と先発品が同等である以上，患者負担を回避することも可能であり，患者へのデメリットはほとんど考えられないからである。

この問題に関し，厚生労働省保険局から医療保険部会に示されたのは，①先発品と後発品の価格差額を「選定療養」とする，②先発品と後発品の価格差額を「新たな患者負担」とする，③先発品の価格（薬価）を後発品と同額まで引下げる〜という３つの考え方であった。これらについては医療保険部会でも，賛否いろいろな意見があったようだが，現実的な利害得失や実現可能性を考える前に，それらの考え方を制度的・理論的にどう裏付けるかをしっかりと詰めておくべきであろう。当局の示した３つの考え方は，その意味では，全く詰めが足りないように思われる。

この問題を考える場合に，押さえておかねばならないのは，「療養の給付」と「療養費の支給」という給付方法の違いである。療養の給付は，初診から始まって治癒・寛解等に至る診療行為そのものを給付対象とするというものであり，診療行為の特性から必要な行為は全てカバーするというのが原則である。したがって，薬剤の支給も療養の給付の内容とされている（健保法63条１項２号）以上，保険医療機関や保険薬局が必要な薬剤の支給をしようとする場合，市場で販売されている医薬品を購入する費用が保険からの償還額で賄えることが担保されている必要がある。薬価基準における薬価がかつてのバルクライン方式や現在の実勢価格加重平均方式により算定され（た）るのは，その証左である。療養の給付が薬剤の支給も含め，必要な診療行為のすべてをカバーする以上，そこに患者負担が発生することは本来，あり得ない。実際，健保法制定当初の療養の給付には一部負担金はなかった。にもかかわらず，現在の健保法に療養の給付に関する一部負担金の規定（同法74条１項）が置かれているのは，もっぱら保険者の都合によるものなのである。したがって，一部負担金はそもそも

194   第3章　薬価基準・診療報酬

療養の給付とは相容れない特別の負担なのだ。保険医療機関や保険薬局が一部
負担金を徴収することができなかったときは，その徴収を保険者に請求できる
とする同法74条2項にそのような一部負担金の性格が現れている。

　では，療養費の支給とは何か。一定のルール・範囲内で行われた診療行為に
要する費用の全部または一部について，その費用を支給するという保険給付で
ある。本来，被保険者に支給されるべき療養費であるが，一部を除き，法律上
保険医療機関や保険薬局が被保険者に代わって保険者から受領することになっ
ているので，外見的には療養の給付と変わらないように見えるが，療養費とし
て支給する額は必ずしも，診療行為に要した費用の全額である必要はなく，必
要な医療を保障するという医療保険の趣旨に反しない限りで，その一部でも差
し支えない点が療養の給付とは異なる。療養費が費用の一部しかカバーしない
場合，残りの部分は，保険医療機関・保険薬局と患者の間の診療契約に戻って，
自動的に患者の負担となるので，法律上，特別の規定は必要としない。健保家
族の3割負担分について患者負担金あるいは自己負担金と呼ぶのは俗称に過ぎ
ない。

　以上を踏まえて，医療保険部会に出された3つの考え方を検討してみよう。
まず，①の選定療養案であるが，既に批判されているとおり，個室ベッドなど
のような医療の内容には直接には関係せず，患者の選択に委ねても問題がない
ものという選定療養の元々の趣旨に反するのではないかという疑念は消えな
い。特に，療養の給付の場合，どの薬剤を支給するかは医師の処方権に基づく
ものであり，それを患者の選択に係らしめることは不自然というべきである。
一定期間を超える長期入院を対象としたあたりから，厚生労働省の選定療養制
度の安易な利用が目立つように感じる。

　次に，②の新たな患者負担案はどうか。これも療養の給付のなかに，特別な
負担として後発品を上回る費用を位置づけられるかどうかがポイントである。
前述のとおり，一部負担金自体が特別な負担であることからすれば，2つを別
の負担金として規定することの根拠は薄弱であろう。

　さらに，③の先発品価格引下げ案も，療養の給付における薬剤支給の費用の
担保という薬価基準制度の意義を真っ向から否定するものであり，話にならな
い。

以上，3つの考え方を検討してきたが，そのいずれも"「療養の給付」制度の下においては"という前提に立っていた。では，「療養費の支給」制度を前提とすればどうなるだろうか。もちろん，そのためには，現行制度のままではなく，療養の給付から薬剤の支給を取り出し，「薬剤療養費の支給」という給付方式に改める必要がある。かつては療養の給付の内容の1つである「入院及びその療養」の「療養」に含まれていた「食事療養」を療養の給付から抜き出し，「入院時食事療養費の支給」としたことを思い起こせばよい。「薬剤療養費の支給」という療養の給付とは別の給付として構成したうえで，その薬剤療養費の額は後発品価格を基に定める額（先発品価格は参考として表示）とすることにより，先発品と後発品の価格差は自動的に患者負担となる。②案のように「新たな負担」をわざわざ法律に規定する必要はない。家族の場合は，食事療養の例に倣えば，「薬剤療養費の支給」を別に立てることなく，家族療養費の支給範囲から，この先発品と後発品の価格差を除くことによって，同じ目的を達成することになろう。また，同様に，この価格差は高額療養費の支給範囲にも含まれないこととなる。

「療養の給付」のなかの「薬剤の支給」が「薬剤療養費の支給」という給付形式に変わり，薬価基準が薬剤療養費の支給基準となっても，それが保険診療で使用可能な医薬品リストであるという性格は変わらない。先発品と後発品がある医薬品については，両方ともすべてが薬価基準に登載され，医師にはそれらのどれを選んで処方することも認められる。療養の給付ではないので，先発品の場合，必要な購入費用が保険では担保されないだけである。薬剤療養費の支給とすることにより，療養の給付が前提としていた診療行為と保険給付の一体性が切断されるのだ。まさに，薬剤に関する「モノと技術の分離」である。

それでは，薬剤療養費の支給基準額を後発品価格を基にする額とすることが許される根拠は何か。先発品と後発品は医療効果において同等であることを前提に，後発品が安定的に供給されていることを条件として，後発品価格による償還でも，医療保険として担うべき必要な医療の保障機能がしっかり実現できることに求められるだろう。

なお，医療保険部会では独・仏の参照価格制の経験から後発品価格の高止まりを懸念する意見もあったようだが，後発品といえども薬価差益を追求する医

療機関や調剤薬局がある限り，その心配はあるまい。

　以上のように医療保険部会に示された①と②の患者負担を求める案を制度的・理論的に説明可能な方法で実現しようとすると，この薬剤療養費支給案がもっともスマートであろう。③の先発品価格引下げ案も，わざわざそんな市場介入をしなくとも，本稿の案によりほとんど自然に実現できるはずである。もちろん，本稿は制度的・理論的な検討であり，それを制度化する場合の現実的な利害得失や実現可能性については，次の段階で検討されるべき課題である。

（初稿 2017.01.16 ／ 01.30，加筆修正 2018.06）

Ⅲ　薬価・流通改革のオメガポイント

　薬価・流通改革の骨格が 2017 年末に固まった。診療報酬（特に DPC）もそうであるが，近年の制度改正は，数字に強い偏差値秀才が精緻な部分適合性を追求するあまり，いたずらに複雑化の途を辿っているように思われる。制度の基本的考え方についてどれほど深い議論が行われているのか疑問に思うことも多い。

1　医薬品卸業者の責任の自覚と覚悟

　そんななか，国が 2017 年末に示した「流通改善ガイドライン」の作成・個別相談への対応などの流通改善策に対して，医薬品卸売業連合会が同年 11 月末の薬価専門部会に出した意見を読んで，医薬品卸は医療機関や調剤薬局との間で自由な経済取引を行う主体であるはずなのに，そんな主体性はどこへ消えたのだろうと思ってしまった。どうやら，従来から進めてきた流通改善が首尾よくいかないので，国が主導して医薬品の流通改善に取り組むべきだという主張のようらしい。しかし，このガイドラインは法律上の根拠を持たない単なる行政指導に過ぎず，その実効性は疑わしいのだ。自由への介入には法的根拠と社会的合理性がなければならないのに，政策担当者がそんなことに無頓着であることも不思議というほかない。

　だが，ここで今更，医薬品卸の主体性のなさをあげつらっても詮無い気もする。永年にわたって，医療機関や調剤薬局から価格未妥結のままで行われる納入要求に唯々諾々と応じてきたのみならず，総価山買など様々な形で薬価差益の提供を求められる一方，メーカーからは厳しい仕切価を提示されて一時売差がマイナスとなるなど，厳しい経営を余儀なくされているようだからである。

　そういう厳しい環境下でも，医薬品卸が医療機関や調剤薬局に対し頻繁に（少量）多品種の医薬品についてデリバリーを行ってきたことは，わが国の国民皆保険を根底で支える機能の一翼を担ってきたものと言ってよい。まさに，医薬品の安定供給は医薬品卸の社会的使命である。そのような医薬品卸の役割につ

いて関係者の理解が進んだのか，2014年度診療報酬改定では未妥結減算制度が導入され，医薬品卸関係者に好評をもって迎えられたという。診療報酬・調剤報酬での対応とは言え，健康保険制度が医薬品流通の問題に一定の関心を示したものとして，この減算制度の導入は画期を成すものであった。

とは言え，この診療報酬・調剤報酬の減算制度は保険報酬上の仕組みとしてはどう考えてみてもおかしい。納入価格の妥結率が低いと，その医療機関や調剤薬局の初診料や調剤基本料はなぜ安くなるのか。薬価差益を強く要求する医薬品購入部門があるからといって，医師や薬剤師の技量が落ちるはずはない。自己負担分が安くなる患者に対して，それらの医療機関や調剤薬局はそれをどう説明するのだろうか。

価格について合意していないのに医療機関や調剤薬局が商品の納入を求めるのは，独禁法でいう優越的地位の濫用そのものではなくとも，それに近いものであり，仮に納入側がそれに応じるからと言って是認されるものではない。すなわち，それは行為の是非の問題として考えるべきことであり，損得の問題（診療報酬・調剤報酬の減算）として扱うべきではないのである。是非の問題であるなら，それに相応しい対応方策が採られるべきであろう。具体的に言えば，健康保険の運営を円滑に行う観点から，未妥結納入を医療機関や調剤薬局の優越的地位を利用した医薬品卸に対する問題行動と位置付けて，その行政的規制を制度化することである。

2　薬価・流通制度改革の基本的考え方

だが，仮に医薬品卸の社会的役割を重視し，その経営安定のために，これら特別の制度的スキームを考えるとしても，薬価差益の追求と提供に終始する現在の関係業界の実態を前提としたままでは，国民の理解は到底得られないだろう。薬価差益の生じない薬剤費償還制度への転換や後発品と同じレベルの償還に止める診療報酬・調剤報酬の合理化（いわゆる参照価格制）などにより国民医療費の効率化を図る大きな政策パッケージのなかに位置付けなければ，単なる業界保護策と受け止められかねないからである。それでは，そのような大きな政策パッケージはどのような基本的考え方に基づいて組み立てられるべきだ

ろうか。それを次に列挙してみよう。

①まず，薬剤費償還の基準となる価格は，市場取引価格であるという原則を確認することである。価格の公正さを判断できる客観的基準は存在せず，結局，市場価格をもってそれと捉えるほかない。新薬の薬価算定における類似薬効比較方式や原価計算方式も市場取引価格の延長として位置付けられる。メーカーが上市する際の判断はそのようなものだからである。実際には，この原則を前提としない新薬等創出加算や市場拡大再算定などが行われているが，それらが拠って立つのは，薬剤費償還額は政府が自由に決められる（健康保険法に薬価調査の規定はあるものの，薬価基準告示では厚生労働大臣が定めると書くのみ）との考え方であることはあまり意識されていない。

②次に，薬価差益の追求・提供というビジネスモデルではもう国民の理解は得られないと知るべきである。もちろん，医薬品メーカーから医療機関・調剤薬局までの自由価格による取引により，市場取引価格が下がることは国民医療費の観点から望ましいものであるが，それは薬価差益という商品価値を顕すとは言えない「裏価値」を通じたものであってはならない。競争は，商品の医療的価値のほか，経済的価値を顕す価格そのもので行われるべきである。

③後発品と先発品との生物学的同等性が確認されている限り，先発品の保険償還額を後発品のそれと同等とすることは国民医療費の観点からは合理的である。医薬品の研究開発費用の相当部分について，国民の医療費に充てるべき保険料に財源を求めることは正当化されない。

④医薬品卸業者は，国民皆保険下における医薬品の安定供給と薬価調査の正確な実施に関して重要な役割を果たしていることから，この際，健康保険法上でも登録卸として正式に位置付け，一定のメリットを与えるとともに必要な義務を課すべきである。ただし，それは，保険給付を担当するメインプレイヤーとしてではなく，保険制度の運営を支えるサブプレイヤーとしてという意味である。以上の基本的考え方に基づき構築される政策パッケージは次のようなものとなろう。

3　薬価・流通制度改革の具体的内容

　　まず①健康保険法を改正し，「療養の給付」に関する規定（63条1項）から
「薬剤の支給」を削り，別途，新たに「薬剤療養費の支給」という給付規定を設
ける（本稿では治療材料については触れない）。療養の給付のなかから，入院時
食事療養費の支給が別の給付とされたことと同じである。薬剤療養費の支給額
は，新薬・後発品のない先発品の場合，市場価格基準額の1／2（市場価格基
準額の1／2以下で納入してまで薬価差益を献呈する医薬品卸業者がないとは
言い切れないが，当面はこの1／2償還とする）とし，後発品のある先発品の
場合，個別の市場価格基準額にかかわらず，後発品の市場基準価格の1／2と
する。新薬・先発品・後発品を問わず，全額償還が廃止されることで価格競争
が本来の形で行われるようになるほか，後発品のある先発品の場合は，さらに
償還額が後発品価格ベースとされることで，後発品への置き換えが一気に進む
こととなる。その際，健康保険法上の原則として，保険償還価格は市場価格を
基準とすることを明確に示すこととする。ここでいう市場価格基準額は従来の
薬価基準による「薬価」であり，毎年調査の上，参考価格として告示される。
市場価格基準額（後発品のある先発品の場合，後発品の市場価格基準額）の1
／2しか保険償還されないので，医療機関・調剤薬局の購入価格のうち，保険
償還額を超える部分は医療機関・調剤薬局のコストとなる。そこで薬剤療養費
支給制度への切り替え時点で，従来の薬価基準による「薬価」の1／2相当額
を診療報酬・調剤報酬にそれぞれ上乗せする措置を講じる。この上乗せ措置を
講じたとしても，市場価格基準額の1／2しか保険償還されないことは同じで
あるから，コストとなる分を縮減しようとする医療機関・調剤薬局が納入価格
の引き下げ圧力を緩めることはないし，むしろ一層，強めることだろう。医薬
品卸に対する優越的地位を利用した未妥結仮納入の圧力が強まる可能性も大き
い。そのため，後述する③の制度的対応が必要となる。医療機関や調剤薬局に
よる医薬品納入価格の引下げ圧力により，市場取引価格も毎年低下することに
なるから，市場価格基準額も毎年改定が行われることになる。ただし，薬価差
益が生じない以上，従来のようにその改定分を診療報酬や調剤報酬に振り替え

るべきとの議論が起こる余地はない。

　前述のとおり，②薬剤療養費の支給制度は後発品にも及び，当然，その償還額も市場価格基準額（価格の差がある複数の後発品がある場合，その最低価格）の１／２となる。それに伴い，後発品はすべて一般名収載とし，その市場価格基準額も統一する。なお，飲みやすさなどの工夫をしている後発品には，選定療養と同様の考え方により，一定の患者負担額の上乗せを認めることは考えられる。薬剤療養費による償還額が後発品並みとされる先発品については，個別品目の市場価格基準額が参考価格として告示されるが，その仕組みの導入により，その価額は急速に低下するであろう。

　③健康保険法のなかに医薬品卸業者（専ら医療機関や調剤薬局を対象とする医薬品の一般販売業者）に関する登録制度を創設する。保険医療機関・保険薬局は保険医療で使用する医薬品については登録医薬品卸業者から購入しなければならないこととする（先般，Ｃ型肝炎の偽薬を購入した医療機関があった旨の報道があったが，一体，どこから買ったのだろうか）。登録は，医薬品の一般販売業の許可を有している限り，ほぼ自動的に受けることができる。保険医療機関・保険薬局のほか，登録医薬品卸業者も厚生労働大臣の行う薬価調査に協力しなければならない旨を明定するとともに，それを担保するため，双方に単品単価契約の締結を義務付ける。また，医療機関・調剤薬局が価格未妥結のまま医薬品卸業者に商品納入を求めることについて優越的地位を利用した問題行為として健保法の立場から禁止する。医薬品の安定供給を維持するとともに薬価調査の正確性を担保するため，価格交渉の頻度などに関し，厚生労働大臣は，以上の法規定に基づき，関係者間の協議を踏まえて当事者が遵守すべきガイドラインを定めることも考えられる。これらの義務に反した医療機関・調剤薬局，医薬品卸業者については，厚生労働大臣は必要な措置を執るべき旨を勧告し，それに従わない場合はその旨を公表するほか，場合によっては保険指定または登録の効力を一部停止することができることとする。

4　いくつかの課題

　前述の医療機関・調剤薬局による優越的地位を利用した問題行為の規制につ

いては，独禁法の特別法的位置づけとなるので，厚生労働大臣と公正取引委員会の権限調整が問題となるおそれがある。この政策パッケージが医療費の国庫負担・国民負担にもたらす絶大な効果について公正取引委員会にもしっかり理解してもらう必要があるが，仮に，公正取引委員会による権限を独禁法など健康保険法以外の法律に書き込むこととなっても，健康保険法に公正取引委員会の勧告に従わない者への保険指定拒否・効力停止を規定することはあり得る。医療法による都道府県知事の勧告に従わない医療機関の保険指定拒否と同列に考えるのである。

　なお，医薬品卸業者の団体が指摘するメーカー仕切り価（一時売差マイナス）の問題については，この健康保険法の問題としては取上げない。どちらかの優越的地位の利用とは言い難いのみならず，それが医薬品の安定供給を阻害するという論理は直ちには成り立たないからである。新しい制度の下で，メーカーと医薬品卸業者間の交渉に委ねるべき問題であろう。割り戻し・アローワンスの取扱いも同様である。単品単価契約は薬価制度の前提となることから，前述のとおり，規制対象となるが，形式は単品単価契約のように装っても実質は総価契約と変わらないケースは残るかもしれない。後発品の一般名収載で事情は変わる可能性もあるが，さらに実務的な工夫が必要であろう。

＊

　以上の"抜本的な改革パッケージ"を読んだ多くの人は何と非現実的な提案だろうと思われるかもしれない。だが，目指すべき方向を全く意識しないで具体的方策を考えることができるだろうか。あえてオメガポイントとも言うべき"極論"の政策パッケージを示したのは，関係者にそのための議論を深めてもらいたいからにほかならない。

（初稿 2018.01.25，加筆修正 2018.06）

Ⅳ　薬局法人の勧め

　病院・診療所の開設主体が個人や公的主体のほかは医療法人などの非営利法人に限られ，営利企業には認められていないは何故だろうか。そこにはなかなか複雑な歴史があって，まず，大正末から昭和初期にかけて開業医（地域医師会）と低廉な費用で患者を診る実費診療所や医療利用組合（産業組合の１つ）との間の軋轢から，医師でない者の診療所の開設が届出制から許可制に変わったことが１つの転機であった。開業医と営利企業が争ったわけではないところが面白い。それまでは，法律上，診療所の開設主体について特段の制限はなく，営利企業が開設した病院も認められていたのである。それらの多くは，戦後，医療法人に衣替えしたものの，福岡県の飯塚病院（株式会社・麻生）や大阪回生病院（株式会社・互恵会）など現在まで株式会社形態を維持しているものもある。この間の経緯は，医療法第７条第６項が「営利を目的として，病院，診療所又は助産所を開設しようとする者に対しては，第４項の規定にかかわらず，第１項の許可を与えないことができる」と規定し，「許可を与えてはならない」としていないことに痕跡をとどめている。

1　営利目的とする者の開設規制

　戦後，この規定が営利企業による医療機関の開設は一切認めない形で運用されていることに加え，医療法人制度が創設された際，医療法人は剰余金の配当をしてはならない（医療法第54条）とその非営利性が明確化され，医療機関の開設主体から営利企業を排除する取扱いは確立されたかに見えるが，その法的・制度的理由は明らかにされてきたとは必ずしも言えない。もちろん，医療という人の生命・健康に直結するサービスの性格に鑑み，それが営利目的で行われることに対する常識的な抵抗感は多くの人が感じるところだが，病院開設の営利企業への開放を主張する規制改革論者もいる以上，理論的には議論の余地を否定し去ることはできないのである。

　他方，調剤薬局については，法律上，医療法のような規制はなく，大部分は

営利企業が開設している。これについては，どのように正当化することが出来るのだろうか。薬局が，法律上，調剤及び調剤された薬剤の販売又は授与の業務を行うものとされている以上，法定要件さえ満たせば営利企業を排除する理由はないということだろうか。筆者は，調剤は医師の発行する処方箋に従って行われる業務であり，薬剤師には裁量の余地がほとんどないことから，営利企業であっても支障はないという説明を考えていたのだが，最近の調剤薬局を巡る動きを見ると再考の余地があるのではないかと思うに至った。その理由を3つ挙げよう。

2　調剤薬局の営利性と非営利性

1つは，医療法に定める医療提供施設のひとつとして調剤を実施する薬局が追加されたことである（第1条の2第2項）。薬剤師の行う調剤の作業が乳鉢の中で薬剤を調製するといった昔のイメージとは異なるものになったにしても，現在行われている調剤の業務は，患者に情報提供したり患者からの相談に応じたりすることも含め，医療に該当するということなのだろう。しかし，そうとすれば，他の医療提供施設と同様，調剤業務も人の生命や健康に直結するものとして，その開設主体には非営利性が要求されるのではないか。近年の医療法改正で，医療法人の非営利性は強化される方向にあり，そうである以上，医療提供施設に仲間入りした調剤薬局についても非営利法人化を求めることに不自然さはない。

もう1つは，構造改革特区においてであるが，営利企業による病院の開設が，保険外の自由診療に限って認められたことである。もちろん，これは医療機関への民間企業参入を求める規制改革論者の要求に対する妥協であったが，保険制度の内外を問わず，医療が人の生命・健康に重大な影響を与えるサービスであることに変わりはないのであるから，通常の保険診療を行う医療機関には営利企業の参入が認められないことについては別の理由を探さなければならないこととなった。その理由は，おそらく保険診療であること自体に求めるほかあるまい。すなわち，国民皆保険体制下で，すべての国民に医療保険への加入を強制している以上，その制度において有無を言わせず徴収された保険料は医療

のために用いられるべきであるという要請である。医療法人等の非営利法人は配当が禁止されており，収益を上げて剰余金が発生したとしても，それは当該医療法人等の単純あるいは拡大再生産に充てられ，保険診療の世界の外に拡散していくことはない。もちろん，医療法人における配当まがいの脱法的行為はないとしてのことである。保険医療機関には，このように国民皆強制保険であるが故の縛りがかかっているのである。これを保険薬局に当てはめれば，当然，その開設主体も非営利法人に限られるべきだとなりはしないか。

最後のひとつは，近年の保険薬局が行っている値引き要求とそれによる薬価差益の問題である。処方権を持たない分，保険薬局の薬価差獲得のための値引き要求はストレートであると聞く。だが，前から述べてきたとおり，国民・被保険者に薬価差益の正当性を納得してもらうことは容易ではない。病院・診療所の薬価差益も簡単に正当化できるものではないが，まだしも，それは保険医療資源の単純あるいは拡大再生産に向けられる分，若干の言い訳が成り立たなくもない。しかし，営利企業である保険薬局の薬価差益が配当等の形で保険医療の世界の外に放出していることを国民・被保険者が知ったとき，それを理解し許容してくれるとは到底，考えられまい。

加えて保険医療機関の薬価差益には，前にも触れたとおり，かつて診療報酬が不十分だった時代にそれを実質的に補填していたものという歴史的説明があったが，医薬分業が本格的に実現したのは，近年のことであるから，保険薬局の薬価差益が不十分だった調剤報酬を補填するものという説明は成り立つはずもないのである。もちろん，筆者は保険薬局が非営利法人化されたとしたら，それが薬価差益を追求することも是認されると言うわけではない。歪な形ではあるが，薬価差益が果たしている価格低下の機能を別の形で実現しつつ，薬価差益という保険料の無駄遣いをなくすための仕組みは，保険医療機関・保険薬局を通じて知恵を絞るべき課題であることに変わりはないからである。ただ，調剤薬局の開設主体を非営利法人化することによって，少なくとも営利企業である保険薬局が薬価差益を保険医療の外に発散させている事態にストップをかけられることは確かである。

3　薬局法人の勧め

　では，調剤薬局の非営利法人化はどのような形で実現されるべきだろうか。医療法人化するということもあるかもしれないが，制度的にも実態的にも独自の変化を遂げている医療法人の仕組みをそのまま利用するよりも，薬局法人といった新たな非営利法人類型を創設する方が，薬剤師が開設の一翼を担うことを担保するうえで適切であろう。もちろん薬局法人となっても，医療法人と同様の税制上の取扱いを受けることにはならない。法人類型と税制上の措置は別個の問題であり，税制上の優遇が欲しければ薬局法人自身がその業務を通じ，国家や地域にどれほど貢献しているかを示すほかないのである。蛇足ながら，非営利法人である保険薬局がポイントで患者集めをすることなどもっての外である。まあ，これは少なくとも調剤薬局が医療法上の医療提供施設となった時点でそうだったのであるが…。

（初稿 2017.02.27，加筆修正 2018.06）

V　診療報酬・調剤報酬の機能と限界
～噴出する個別報酬への疑問～

1　診療報酬の基本的性格

　原則として隔年度に改定される診療報酬・調剤報酬は，年を経るにしたがって複雑さを増し，一部の限られた関係者のみが知り，一般の患者・国民にとって不可知の領域となっている。しかし，医療機関や調剤薬局が請求の具体的内容が記載された領収書を発行するようになり，一般の患者・国民も少しずつ関心を持ち始めたようだ。そこで，本稿では，診療報酬（以下，調剤報酬も含む）が果たしている機能という観点から，診療報酬とは何であるのかについて考えて見たい。診療報酬が果たす機能については，①医療費の総額管理，②医療費のセクター間配分，③医療機関の政策誘導の３つが挙げられてきた（島崎謙治『日本の医療』2011）。現実の診療報酬改定プロセスを見れば，この指摘は当たっていると言ってよい。だが，島崎も言うとおり，診療報酬の基本的性格は，保険医療サービスの費用の補填であり，それが適正に行われていることが，３つの機能の大前提であることも確かである。

　それでは，この診療報酬の基本的性格は，上記の３つの機能において損なわれることなく反映されているのだろうか。①の診療報酬のマクロの議論は別として，②のセクター間配分や③の政策誘導の機能を発揮させるために設けられている個別の診療報酬のなかには，同じ医療サービスであるにもかかわらず，異なる点数が設定されているため，補填されるサービス費用の額が異なる（＝一部負担金が違ってくる）こととなり，患者の立場から見ると容易には理解できない場合もあることは否定しがたい。ある時点では同一財には１つの価格しか成立しないという一物一価の法則（law of one price）は，完全競争市場を前提条件とする経済学の法則であるが，医療保険という１つの制度の中においても成り立つべきだという考え方は，ねらいはともかく，医療関係者も夙に主張してきたところである。だが，法的制度的には，むしろ被保険者＝患者の受給権の平等という観点から捉えるべきであろう。決められた保険料を納めている

208　　第 3 章　薬価基準・診療報酬

以上，受ける保険医療サービスの価値＝価格は同じでなければ平等原則（憲法
14 条）に反するからである。

2　調剤報酬の在り方への問題提起

　このような診療報酬の基本的在り方に照らしたとき疑問を感じさせる個別点
数の設定は，多くの加算・減算の仕組みがそうであるように，実は山ほどある
のだが，専門技術性が高く，なかなか表舞台での議論にはなりにくいようだ。
そういう中で，調剤報酬を巡って，この問題に関する議論が浮上してきた。調
剤報酬に関しては，大型門前薬局グループを対象とした調剤基本料の減算制度
が設けられているが，それに対して関係者から疑問・不満の声が上がってきた
のである。そのひとつが，『社会保険旬報』（2017/11/ 1 ）に掲載された日本保
険薬局協会の南野利久会長のインタビューである。同会長は「外形的な基準に
よる評価は疑問，患者に分かりやすい調剤報酬に」として，“門前薬局などのよ
うに処方箋が集中しているかどうかよりも， 1 人ひとりの患者に対する付加価
値を高め，その結果として薬局の対応に満足してもらうことが重要だというこ
とである。チェーン薬局は前回マイナス改定となったが，チェーンだから悪い
とは思わない。店舗数の拡大は経営者の努力の結果だ。前回は調剤基本料が 6
段階に分類されたが，グループの処方箋受付回数や処方箋集中率といった外形
的なもので判断するのではなく，薬局の機能に応じて評価してほしい。患者か
ら薬局によって値段が違うと訊かれて説明に困ることもある。患者にとって分
かりやすい制度であるべきだ。一物一価の法則が大きく揺らぎ，同一サービス
の価値が法人や組織によって異なる状況が生まれているのは問題だ。”と主張
している。経済人としては筋が通った主張であろう。また，患者から見ても，
患者にとって関係のない事情で調剤報酬に差がつけられ，一部負担金の額が
違ってくるのはおかしい（むしろ大型門前薬局チェーンの場合，調剤報酬が抑
えられることにより一部負担も安くなる）という南野氏の主張はもっともなよ
うに思われる。

　しかし，仮に南野氏の調剤報酬に関する指摘は首肯するにしても，一物一価
の法則に基づく疑問は財政審等が主張するとおり院内処方と院外処方の評価の

格差についても当てはまる。これについては，南野氏はどう反論するのだろうか。院内であろうと院外であろうと薬剤師の行う業務は基本的には変わらないのであるから，国民の中には財政審の指摘に同感する人も多いだろう。院内処方と院外処方の格差は医薬分業推進のために設けられたものであるが，その格差について患者の理解が得られていないとしたら，医薬分業のメリットが患者には十分に浸透していないということを意味する。調剤薬局の存在意義にも関わる問題である以上，国民の理解獲得に向けて関係者の一段の努力が求められよう。

3　調剤報酬における逆インセンティブ防止のための受診時定額負担

　ところで，2018年5月の財政審建議は，この調剤報酬の矛盾（大型門前薬局チェーンの点数が安いことから，患者は一部負担金の低い，こちらの薬局を選択する）への対応に言及し，具体的には，かかりつけ薬局へ患者を誘導するため，従来の定率一部負担に上乗せする定額患者負担を提案した（2018/04/11財政審提出の財務省資料）。政策誘導の診療報酬により生じる矛盾を解消するため，さらに受診時定額負担を政策誘導的に重ねようというわけである。しかし，かかりつけ薬局が調剤報酬の高さに起因する一部負担の高さにより，患者を大型門前薬局チェーンに取られているとしたら，それは，かかりつけ薬局の高い調剤報酬がそのサービスに見合う価値を提供し得ていない，少なくとも患者に理解してもらうに至っていないということではないか。そのかかりつけ薬局の努力不足のツケを何故，患者が負担しなければならないのだろう。患者は，高い調剤報酬が算定されている「かかりつけ薬局（大型門前薬局チェーン以外の薬局）」を利用することで得られる（とされる）メリットを自らの判断で放棄したからと言って，どうしてペナルティのように受診時定額負担の追加支払いをしなければならないのか。受診時定額負担を制度化するとすれば，政府は患者・被保険者・国民に対して，その必要性を説明しなければならないが，果たしてどういう説明ができるというのか。それは，どんなサービスの対価だというのだろうか（プラスの価値があるサービスとは言えない）。かかりつけ薬局の利用を進めたいというのは，そちら側（政策担当者・薬局関係者）の論理・

210　第3章　薬価基準・診療報酬

願望・押付けに過ぎない。患者は，一部負担の安さのほか，便利さ・場所など
の要素も考慮して，大型門前薬局チェーンの薬局を利用している可能性もある。
仮に，保険財政の厳しさを理由に挙げるのであれば，患者に負担を強いるよう
なことはせずに，一部の調剤薬局に関する特別扱いをやめて，調剤報酬を引下
げる方がずっと手っ取り早いというものである。

4　診療報酬における○○管理料等への疑問

　2017年11月16日（木）の朝日新聞に面白い投書があった。80歳を超える投
書者（女性）は10年来，高血圧で通院しているが，最近，診療所を変えたと言
う。前の診療所では「お変わりありませんか。それではいつものお薬を出しま
す。お大事に。」で終了。ところが明細書を見ると再診料720円・外来管理加算
520円・処方箋料（長期投薬加算込み）1,330円・特定疾患療養管理料2,250円
とあったので驚いたらしい。医師からは何の指導もなかったからだ。次の受診
では血圧測定もなく，「寒くなったので薬を倍にします」で終わったとも書いて
いる。もちろん医師は，患者の顔色や様子などを見て指導が必要かどうか判断
しており，ちゃんと「管理」はしていると言うだろう。だが，普通のサービス
であれば，それだけの御代（外来管理加算・特定疾患療養管理料）をいただく
以上は相手にもそれと分かる言動をするはずである。医師に対し尊敬の念を
持っているはずである投書者のような年配者にまでこのような疑念を持たせる
診療報酬とは何であろうか。同様の素朴な疑問は，多くの人が持ちつつあるよ
うである。2018年5月22日の朝日新聞にも，75歳を超える男性からの同様の
趣旨の投書が載っていた。慢性疾患を抱え7種類の薬を処方してもらっている
投書者は，事前に電話し，看護師にいつもの薬の名前と分量を伝え，診療所で
は看護師から処方箋を受け取るのみだという。しかし，診療報酬の明細を見る
と，特定疾患療養管理料が半分ほどあるのに驚き，彼は「健保財政が厳しい今
日，同じ内容の処方箋を出す場合には，意味不明な療養管理料などを省き，処
方箋料だけにしてよいのではないか」と主張する。このケースでは，再診行為
が行われたかも疑問であるが，少なくとも特定疾患療養管理料に不信の眼差し
を向けていることは明白であろう。

V 診療報酬・調剤報酬の機能と限界〜噴出する個別報酬への疑問〜　211

　このような健保財政の厳しさを理解したうえで，個別の診療報酬について疑問や不信が出されるに至った以上，きちんと診療報酬の趣旨に沿った対応をしない医療機関は患者から忌避され，淘汰されるはずということで済ませるのではなく，このような疑念を招く診療報酬の在り方を問題とすべきではないか。仮に，多くの医療機関が診療報酬の趣旨に沿った対応をしているとしても，患者・被保険者は，何故「○○管理料」が上乗せされているかについて理解し得ていないからである。さもないと，余分な診療報酬に相当する保険料は払いたくないという声も出て来るだろう。

　これらの○○管理料（管理加算）と称する診療報酬の多くは，初診料や再診料といった基本診療料による収入が病院・診療所の別（病院の規模も含む）や診療科の別によって大きく異なることを是正する狙いで設定されているらしい。一物二価とならないように"工夫"された，いわゆる各科バランスへの配慮である。島崎の言う医療費のセクター間配分機能（②）の現れのひとつであろう。だが，この機能の活用も保険医療サービスの費用の補填であるという診療報酬の基本的性格を損なわない範囲で発揮されるべきであり，その乖離が大きくなれば投書者のように医療機関，延いては診療報酬制度への不信を増幅してしまうおそれがあることは言うまでもない。

　では，診療報酬の各項目が保険医療サービスの費用の補填という基本的性格の枠内に収まっているかどうかをどうやって判断したらいいのだろうか。それはさほど難しいことではない。政策誘導を狙ったものであれ，目的にセクター間配分が隠されたものであれ，当該診療報酬の項目を"市場化テスト"にかけてみればいいのである。もし，この医療サービスを全額自費の自由市場で購入するとしたら，その価格に value for money を感じることができるかどうかを問うてみるのだ。その際，一般の財サービスの市場取引と比べてみるのも一法であろう。もし，その結果が医療人と一般人とで大きく異なるとしたら，どちらかが常識外れということになる。形式的には一物一価の原則に抵触しないよう工夫されていたとしても，余程説得力のある説明ができなければ，一般人の常識を覆すのは難しいかもしれない。要すれば，診療報酬を政策誘導やセクター間配分に利用しようという方法には，そろそろ限界が近づいているということである。

5 診療報酬における逆インセンティブ防止のための受診時定額負担

前述の財務省の財政審提出資料では，受診時定額負担の導入に関しては，かかりつけ薬局とそれ以外の薬局を前面に出しつつ，診療報酬本体も視野に収めて，"患者と医療機関等とで逆方向のインセンティブとなる「診療報酬での評価」などと比べて定額負担は有効な手段"と謳っている。資料では，かかりつけ医を受診した場合とかかりつけ医等以外を受診した場合に生じる診療報酬の差に起因する一部負担金の差を受診時定額負担として，定率一部負担金に上乗せすることが示されているのだ。

「かかりつけ医」への受診促進の実を上げるために行う受診時定額負担の上乗せには，「かかりつけ薬局」の場合のそれと同様の問題があり，ここで繰り返すことはしないが，むしろ指摘しておきたいのは，患者と医療機関とで逆方向のインセンティブとなる「誘導的診療報酬の評価」の是正手段として導入される受診時定額負担上乗せの先に見えてくるものである。患者と医療機関とで逆方向のインセンティブとなるケースは，政策誘導目的の場合にとどまらず，医療機関の種別・規模に応じた配分や診療科別配分の機能を付与された診療報酬においても，余程，その診療報酬設定に合理性と説得性がない限り，山ほど具体例が見られるからである。疾病や患者特性に着目した○○管理料（○○管理加算）や特定の体制や機能に着目した加算の類は，多くは個々の医療機関の対応が問題になるだけで済みそうだが，患者や体制等への着目がなく，医療機関や診療科のバランスのためだけに設定された診療報酬の場合はどうだろうか。それらの診療報酬が医療機関の種別や規模に応じて別異に設定される場合であっても，機能的にサービスの内容に大きな違いはないと患者に判断されたときは，それにより生じる一部負担の差が医療機関の選択に対する逆インセンティブとなる可能性はある。とすると，その場合にも一部負担金の差を受診時定額負担として上乗せしなければならないのではないか。例えば，前述の特定疾患療養管理料は，診療所の場合は225点，病床数が100床未満の病院の場合は147点，病床数が100床以上200床未満の病院の場合は87点と医療機関の種別・規模に応じて差が付けられているが，この場合も，患者にとって規模の

V 診療報酬・調剤報酬の機能と限界〜噴出する個別報酬への疑問〜 213

大きい医療機関を選択する逆インセンティブが働くだろう。財政審建議路線で行けば，診療所以外の医療機関を受診した患者は受診時定額負担を上乗せして支払うこととなるのではないか。それとも特定疾患療養管理料は特別の政策目的への誘導ではないと言って，受診時定額負担は求めないことになるのだろうか。筆者には，診療所や小規模病院への誘導目的もあるような気がするのだが，それは格別，この特定疾患療養管理料の優遇を受けている医療機関等は患者が増えるに違いないと受診時定額負担の上乗せを求めるかもしれない。その場合，財政当局も給付費が抑制できるのであるから，直ぐに話に乗るだろう。しかし，患者の立場から見れば，同じサービスを受けているのに，診療所以外では余計に支払わなければならないと不満・不信が募ることは確実であろう。

　思うに，政策誘導や医療費のセクター間配分のために，診療報酬の基本的在り方に反しかねない診療報酬の点数設定をしたことによる矛盾を，合理性・説得性に欠ける受診時定額負担で糊塗しようという発想に無理があるのである。また，医療機関等の側の一部に，自分たちの得になる措置であれば患者に説明不能な負担をかけても構わないという発想があるとすれば，彼らには国民皆保険を担う資格はないと言わねばなるまい。

（初稿 2017.12.11，加筆修正 2018.06）

第4章 介護保険

Ⅰ 日本における介護保険制度の成立とその設計思想[1]

はじめに

　日本は急速な高齢化が進行するなか，深刻化する介護問題に対応するため，2000年4月に日本で5つ目の社会保険として介護保険制度をスタートさせた。爾来，さまざまな問題を抱えながらも，介護保険制度は日本の社会に定着し，国民生活にとってなくてはならないものとなっている。多くの国では経済が成長過程に入り，国民の生活水準・健康水準が改善されるにしたがい，平均寿命が伸びて要介護高齢者の数が増加すると同時に，都市化や家族規模の縮小等により要介護高齢者を支える家族や親族の力が脆弱化してくる。経済成長の進む東南アジアの国々は，これから多かれ少なかれ高齢化に伴う要介護者の増加に社会として向き合わざるを得なくなるだろう。

　本稿では，日本の介護保険制度の概要については既にいろいろな径路で紹介されているので，それについての解説は省略し，日本における介護保険制度の成立過程を振り返りつつ，その制度設計の基本的な考え方を紹介することとしたい。もちろん介護保険創設の前提条件である社会保障制度やそれを支える経済社会や歴史文化の条件は国によって区々であるから，日本の経験が国情の異なる他の国々においてそのまま適用できるものではあるまい。しかし，どのよ

---

　1)　本稿は，日本の介護保険制度について紹介するJICAのレポートのために書いたものである。

216　第4章　介護保険

うな国情であれ，それらの国々が社会保険という技術を用いるとすれば，日本の介護保険創設の経験やその制度設計の思想には参考になる部分もあるのではないかと思う。

1　介護保険制度の成立過程

（1）介護保険制度以前

①　救貧制度における対応

かつては70歳の呼称が古稀とされた（杜甫）ように，高齢になるまで生きる者は少なく，また，稀に高齢に至る者があっても，その介護は血縁や地縁の共同体の中で支えられることが大半だった。したがって，社会的に介護が必要とされる高齢者は，身寄りもなく経済的に困窮している者に限られた。すなわち，それらの高齢者に対しては救貧制度による対応があるのみだったのである。日本では1874年に国の恩恵として実施された恤救規則，1929年にようやく国の責任として実施されることとなった救護法，1950年に憲法の生存権に基づくものとして制度化された生活保護法がそれに対応する。それらの制度による要介護高齢者に対する救済は，もっぱら収容保護による方法であり，救護法による養老院，生活保護法による養老施設がその舞台であった。

②　老人福祉制度の充実

日本では，第2次大戦後，憲法で「国は，すべての生活部面について，社会福祉，社会保障及び公衆衛生の向上及び増進に努めなければならない」こととされ，社会福祉に関する公的責任が強調された。それを受けて，国や地方公共団体が自ら，または他の主体に委託して社会福祉事業を行う制度が作られた。それが福祉の措置制度である。具体的には，孤児や障害を持つ子供などを対象とする児童福祉法（1947年）による措置，さまざまな身体障害を持つ者に対する身体障害者福祉法（1949年）による措置がまず制度化された。これらの制度による措置の対象者は，もともと社会的な援護・対応が必要とされてきた者であるが，長い人生の経過によって介護が必要となった高齢者の場合は，前述のとおり，まだ人数が多いわけではなく，多くは家族や親族による対応が可能で

I 日本における介護保険制度の成立とその設計思想 *217*

あるから，経済的な困窮を伴う場合のみを対象とすれば事足りると考えられていた。しかし，日本が1950年代半ば以降，高度成長の時代に入ると，さまざまな生活困難を抱えた高齢者が増加することが予想されるところとなり，それらの高齢者を単に救貧制度の対象としておくことには問題があると考えられるようになってきた。すなわち高齢者も，スティグマを感じさせる救貧制度ではなく，社会福祉の措置の対象と位置付けようという発想である。1963年，そのような発想に基づき，老人福祉法が制定された。老人福祉法では，生活保護法の施設であった養老施設を養護老人ホームとして引き継ぐとともに，新たに日常生活において常時介護を要する高齢者を入所させて介護を行う特別養護老人ホームが制度化された。この特別養護老人ホームは，養護老人ホームが身体的精神的環境的要因のほか，経済的要因も入所の要件としていたのに対し，身体的精神的な要因により日常生活において常時介護を要することのみが入所の要件とされており，経済的要件は課されていない。この老人福祉法では，その後の改正でホームヘルプ，デイサービス，ショートステイの3つの在宅サービスが措置のメニューに加えられ，特別養護老人ホームと併せ，後の介護保険の給付メニューとなるサービスが準備されていった。

老人福祉法による介護サービスは地方公共団体（市町村）が公費財源（国は1／2を負担）で行うものであり，特別養護老人ホームの整備も社会福祉法人（社会福祉事業を行うために設立された公益法人）が公費による補助や公的融資を受けて行うのが大半であったため，その財政的制約から，高齢化の進展に伴って増加する介護ニーズに十分対応することはできなかった。また，特別養護老人ホームの入所者とその入所先は市町村が決定し，高齢者には施設選択の自由がなかったので，特別養護老人ホームへの入所は一般的には所得の少ない者の入所が優先される傾向にあった。そのような状況下で特別養護老人ホームを補完する役割を果たしたのが，医療保険による老人を対象とした病院である。

③　医療保険制度による対応

日本では1961年に医療保険が全国民をカバーする国民皆保険が実現し，被保険者は誰でも，自己負担金さえ払えば，自ら医療機関を選んで受療することができることとなっていた。しかも，1973年に行われた老人医療費の無料化制

218 第4章 介護保険

度により，大半の高齢者は医療保険の自己負担分を支払わなくとも済むこととなったのである。その結果，1980年代に入ると要介護高齢者は特別養護老人ホームだけではなく，医療保険の適用を受ける"老人病院"に入院するようになってきた。高齢者を抱える家族の中には，当時まだ救貧施設的な記憶が残っていた特別養護老人ホームを嫌って，むしろ"老人病院"を選好する傾向すらあったのである。また，所得に応じて費用が徴収される老人福祉の制度と異なり，医療保険による入院における自己負担は所得とは無関係な負担であり，中堅所得層以上ではかえって負担が少なくて済むことも，"老人病院"への入院を促すこととなった。これが「社会的入院」と呼ばれた現象である。"老人病院"の中には劣悪な療養環境にあるものもあり，当時大きな社会問題ともなった。そのため，政府は老人保健法[2]の給付のなかに，医療よりも介護機能に重点を置いた施設類型（療養型病床群，後に療養病床）を設けるとともに，病院を退院した後，円滑に自宅復帰ができるようリハビリテーションを行う老人保健施設や在宅生活を支える訪問看護ステーションが制度化された。これらのサービスメニューは，老人福祉法のメニューとともに，後の介護保険の給付に繋がることとなる。

　このように高齢者に対する介護サービスは，老人福祉法による行政サービス（措置）と医療保険（老人保健）制度による医療給付による二本立てで行われてきたが，1990年代に入ると次第に，窓口や手続きのほか利用者の負担や財源も異なる2つの制度が並立する状態では，21世紀においてますます進行するであろう高齢化，特に要介護高齢者の増加に対応することは難しいのではないか，新しい包括的な公的介護制度が必要ではないかという認識が国民の間に広がってきた。

---

2) 1983年に創設された老人保健制度は，65歳以上の高齢者を対象とする医療保険の共同事業の仕組みで，高齢者は各医療保険に加入したまま，給付は住所地の市町村から受ける。費用は公費のほか医療保険から拠出金で賄われる。この老人保健制度において僅かな額の定額自己負担が導入され，無料化は終わりを告げた。

（2）介護保険制度の創設

① 関連制度やサービス基盤の整備と介護問題への国民の関心の高まり

　1990年代に入ると介護問題に対する国民の関心は一気に高まりを見せた。その背景にあったのは高齢化や核家族化・都市化の進行に伴う，要介護高齢者の増加・介護期間の長期化・支える家族の脆弱化である。このため，高齢者対策は政治的にも大きな争点となり，日本で最初の大型間接税である消費税（税率３％）の導入を1990年４月に控えた政府は，その前年末にゴールドプランを作成し，消費税収を特別養護老人ホームや老人保健施設の整備，ホームヘルプサービスの充実に充てることとして，国民にアピールした。また遡るが，1987年には社会福祉士及び介護福祉士法が制定され，福祉・介護職の人材確保の体制が整えられている。その後，1995年に行われた消費税率の引き上げ（３％→５％）に合わせて，政府は再び，ゴールドプランを上回る新ゴールドプランを策定し，介護保険制度の前提となる介護サービスの基盤整備が進められた。

　これに合わせて市民の間でも，高齢者介護問題に取り組む動きが広がりを見せた。特に，それまで家庭における介護の主な担い手と看做されていた女性の関心は高く，1983年に設立された「高齢社会をよくする女性の会」（樋口恵子理事長）などの女性団体は，1990年代半ば以降，公的介護制度の創設に向けて積極的な活動を展開した。また，1996年に設立された「介護の社会化を進める１万人市民委員会」（堀田　力代表）は明確に介護保険制度の創設を目指して運動を行った。社会的な制度の創設に向けて市民が積極的に係わるというのは日本でも初めての例であり，それだけ国民の介護問題に対する関心が高かったことの証左であると言っていい。また，労働組合の全国組織である「連合」も組合員アンケートの実施などを通じて介護保険制度創設の機運を大いに盛り上げた。それらの結果，全国規模の新聞各紙が行った世論調査でも公的介護制度が必要だとする声は概ね８割という極めて高い水準に達していたのである。

② 政府部内における介護保険制度の構想と審議会での議論

　1990年代は日本の政治状況も転機を迎えていた。1955年以降続いた自由民主党の政権に代わり，1993年８月に７党による連立政権が成立したが，その内

220　第4章　介護保険

閣の厚生大臣（民社党・大内啓吾）は「高齢社会福祉ビジョン懇談会」（座長・宮崎 勇）を設置し，その懇談会は "国民誰もが身近に，必要な介護サービスがスムーズに手に入れられるシステムを構築する" 必要性を強調する報告書を取りまとめた（1994年3月）。

　この報告を受け厚生省では1994年4月，省内に「高齢者介護対策本部」が設置され，専任スタッフからなるその事務局において，学識経験者によって構成される「高齢者介護・自立支援システム研究会」（座長・大森 彌）での議論を軸に，制度の具体的構想が練られていった[3]。この研究会の報告書は，社会保険方式による公的介護制度の構築を強く示唆しており，これによって日本における介護保険の制度設計の実質的なスタートが切られたと言ってよい。

　この時期，厚生省が社会保険方式による公的介護制度創設の方向を打ち出した動機・背景事情は何だったのだろうか。大きく分けて2つが考えられる。1つは，今後ますます増加する介護ニーズに対応できるようサービス量を増やすには，公費財源のみの老人福祉制度では限界があり，国家財政に制約されにくい保険料財源を投入してそれに応えることが適当であるという考え方である。かつ，そのサービスの提供と利用を保険制度の下で管理される市場における契約に委ねることにより，サービス提供における民間企業の活用やサービス利用における受給者の権利尊重が実現可能であるとの観点も重視された。もう1つは，介護ニーズへの対応が医療保険財政に与える影響である。医療保険が対応していた介護部分を別の制度に移すことによって，その財政負担が軽減できると考えられたのである。

　以上のような方向性に立って，厚生省は前記研究会の報告を受けたことを機に，1995年2月から，関係者からなる正式の審議機関（老人保健福祉審議会）[4]において新しい介護制度の審議を開始した。当時，政権は自由民主党・日本社

　3）　通常，政府部内における政策立案は各省の局単位で行われるが，局をまたがるような大きなプロジェクトの場合，専任スタッフを置いた全省的な組織（"○○本部"）が設けられることがある。また，政策の方向性を決めたり，原案を作成したりする段階では，利害関係者が含まれる審議会ではなく，公正中立な学識経験者からなる研究会・検討会などで先行的に議論してもらうという手法もよく用いられる。

　4）　この審議会は，自治体関係者・女性団体・老人団体・労働組合・経済団体・医療関係者・福祉事業関係者・医療保険関係者など利害関係者の大半をメンバーに加え，公開の場で開かれた。

I　日本における介護保険制度の成立とその設計思想　*221*

会党（1996年から社会民主党）・新党さきがけの3党連立の内閣であったが，与党も公的介護制度の創設には強い関心を示し，政府の審議会とほぼ並行する形で，与党福祉プロジェクトチームの場を中心に議論を深めていった。老人保健福祉審議会や与党福祉プロジェクトで議論された主な論点は，次のようなものであった。

- ・社会保険方式か，公費による行政サービス方式か。
- ・社会保険方式とする場合，既存の医療保険とは独立した制度とするか，既存制度に重ねる形で作るか[5]。
- ・既存の医療保険とは別の保険制度とする場合，地域住民が被保険者となる地域保険となるが，その保険者[6]は誰にするか，被保険者はどうするか，受給権者はどうするか[7]。
- ・高齢者も被保険者とする場合，その保険料徴収はどうするか。
- ・在宅および施設の介護保険給付の範囲をどうするか。
- ・介護給付の必要性の認定の仕組みはどうするか[8]。
- ・多様なサービスがある在宅サービスの給付はどの程度まで認めるべきか[9]。
- ・高齢者の在宅サービス利用を支援する仕組みはどうあるべきか[10]。
- ・サービス利用者の自己負担はどうあるべきか[11]。
- ・給付費に対する公費負担はどうするか[12]。

5）当時，高齢者は医療保険に加入して保険料を支払いつつ，医療給付は市町村から受けるという老人保健制度が存在しており，介護制度もこの方式を利用するというイメージであるが，保険者の負担問題から行き詰まりを見せていた老人保健制度に倣うという意見は少数だった。

6）市町村・都道府県・国といくつかの案が出されたが，本命は市町村であった。

7）当初は，20歳以上の住民を保険料の負担義務を負う被保険者とし，介護保険給付の受給権者は65歳以上の住民のみとする構想であった。

8）医療保険とは異なり，介護の場合，サービス提供者自身が給付の必要性を認定することは馴染まないので，保険者がその認定を行うこととなるが，その場合，どのような物差しで判定するかという問題である。

9）医療保険では各治療行為について出来高払いで支払うことが原則であったが，介護サービスの場合，費用の際限ない増加を抑えるためには何らかの限度を設ける必要があると考えられた。

10）いわゆるケアマネジメントをどのように制度化するかという問題である。

11）当時，老人保健制度における医療費の自己負担は1割にも満たない定額負担であった。

12）老人保健制度（介護分）における公費負担は給付費の1／2（その2／3が国で，1／3が地方），老人福祉制度の費用は本人分を除き，国と地方が1／2ずつ）であった。

222　第4章　介護保険

　老人保健福祉審議会は1995年7月，「新しい高齢者介護システムの確立について」中間報告を行い，社会保障制度審議会も同月，「社会保障体制の再構築」についての勧告のなかで"公的介護保険の創設"を検討すべきと指摘した。その後，老人保健福祉審議会は1996年4月に最終報告をまとめたので，同年6月，厚生省は介護保険制度案大綱を作成してこれら2つの審議会に正式に諮問し，概ね了承する旨の答申を得た。与党3党も「この要綱案を基本として懸案事項についての解決を図りながら必要な法案作成作業をすること」で合意したが，この最後に残った懸案事項とは市町村が保険者を引き受けるかどうかということだった。このため，与党3党は地方公聴会を重ねて合意形成を図るとともに，市町村の財政面・事務面の懸念を和らげるための方策を織り込む作業を行い，ようやく関係者の了解を得ることができた。こうして1996年11月，国会に提出された介護保険法案は翌1997年12月に成立，2000年4月から施行されることとなった。

③　介護保険創設の政治的経済的環境

　ここで，1995年～1997年という時期になぜ，介護保険制度についての合意が成立したかを考察してみよう。

　政治的には，この時期，自民党・社会党・さきがけという3党連立政権であったことが大きいと考えられる。1993年に成立した7党連立政権から社会党が離脱して政権が崩壊したのを機に，政権復帰を目指す自民党は，さきがけとともに，永年，野党として対立していた社会党の委員長（村山富市）を首相に担ぐという奇手を使って政権に返り咲いたのである。当時，社会党は公的介護保険の創設に熱意を持っており，与党内で自民党も巻き込む形で積極的に取り組んだ。保守政党である自民党には家族による介護を第一に考える人[13]もいたが，3党連立を維持するため，介護保険創設にも比較的協力的であった。また，村山首相の後を継いだ自民党の首相が永年にわたって福祉行政に熱意を持って係わってきた橋本龍太郎であったことも幸いした。

　経済的には，1990年代初頭のバブル経済の崩壊から，日本経済がようやく回

---

13)　実際，制度施行の直前，"家族介護は日本の美風"であるとする自民党の政務調査会長により，制度外で介護家族に対する現金給付が限定的ではあるが予算化された。

Ⅰ　日本における介護保険制度の成立とその設計思想　*223*

復の兆しを見せ始めたのがこの時期だったことも重要な要素である。後に景気の再失速のため，頓挫してしまったが，政府は 1997 年に財政構造改革推進のための特別措置法まで制定している。また，地方分権の必要性が言われ始め，第 1 次地方分権改革[14] が成立したのもこの頃であった。要するに，政府各省（厚生省のみならず，大蔵省・自治省）にとっても，さまざまな改革のために腰を落ち着けて取り組もうとする環境がある程度まで整っていたのである。また，経済環境の好転は，労働界のみならず経済界も含めて，新たな負担を伴う介護保険創設を受け入れ可能なものとしていた。

　では，少し視野を狭めて医療関係者や福祉関係者はどのような判断だったのか，確認しておこう。日本医師会など医療関係者は，新しい介護制度により医療保険の財政負担が軽くなることや介護サービスという医療関係者も活躍できる分野が広がることから，従来の医療保険に悪影響[15] がない限り，原則として協力的に対応した。福祉関係者は，思いはさまざまであったろうが，措置制度のままでは増え続ける介護ニーズに応えられないことは理解した上で，新しい介護制度により財源が増えることは自分たちにとってもメリットがあると判断したのであろう。自分たちのサービスが保険制度下で契約により提供するサービスに転換することは抗えない流れであると受け止めた。彼らは，その場合も新しい制度の下で，医療関係者がヘゲモニーを握るようにならないことが最大の関心事だった。

　それでは，最終的に保険者とされた市町村は介護保険制度創設にどう対応しただろうか。地方分権が時代の流れとなっていくなかで，介護保険の保険者は，従来から老人福祉法や老人保健法の給付主体であり，国民健康保険の保険者でもあった，市町村のほかにないという雰囲気にはなっていたが，それでも市町村は最後まで慎重姿勢を崩さなかった。市町村は，まさにその国民健康保険の運営において多くの困難を抱えていたからである。特に保険料の賦課徴収という保険者として最重要の業務は政治的にも行政的にも苦労が多く，そのため多くの市町村が保険料を十分に引き上げることができず，法定外の市町村一般会

---

14) 国と地方の事務分担が整理されるとともに，基礎自治体である市町村への権限移譲が進められた。介護保険は基礎自治体としての市町村の力が試される試金石と位置付けられたのである。

15) 要介護認定や要介護度別の限度額などの介護保険の仕組みが，医療保険にも導入されることなど。

224　第4章　介護保険

計からの繰入れを余儀なくされていたことが大きい。したがって市町村にとっては仮に保険者を引き受けるとしても保険料の賦課徴収が確実に行われ，規律ある保険財政の運営が担保されることが不可欠の条件であった。この手さばきを十分行うため，法案の国会提出までに若干の時間を要したのである。

2　介護保険制度の設計思想

（1）介護保険の制度設計に当たって考慮すべき事項

　日本における介護保険の創設に至る過程や背景事情は，以上に述べてきたとおりであるが，日本の介護保険制度の説明に入る前に，ここでは焦点を日本に限定せず，より一般的に，国民の介護保障を社会保険として制度設計することに当たってはどのような事項を考慮する必要があるか考えてみよう。すなわち，要介護ニーズへの対応は社会保険による方法しかないのか・要介護リスクは本当に社会保険に馴染むリスクか・それはどのような特徴を持っていて，制度設計にどのような影響をもたらすか・介護保険の制度化に伴い必要となる介護サービスの供給はどうあるべきか～といった問題群である。

① 　要介護ニーズへの対応は本当に社会保険方式によるしかないのか

　一国の経済が発展し，国民の生活水準，健康や栄養の水準，医療水準が向上して，平均寿命が伸びるに従い，当然，要介護高齢者は増加し，介護する期間も長期化する。また，都市的生活スタイルの拡がりに伴って家族規模が縮小し，要介護者を介護する家族の力も弱体化するだろう。これらは半ば必然的な趨勢と言ってよい。それに直面する現代国家は国民生活や経済社会の安定のために何らかの社会的対応を迫られるのだが，その際の選択肢は大きく分けて2つある。1つは，要介護高齢者は本人や家族だけでは支えきれないので，国や地方自治体が責任を持って必要なサービス提供や支援を行うという選択である。北欧やイギリスはこの選択をしている国々である。もう1つは，高齢になって要介護状態になることは，病気やけがと同様，基本的に本人や家族が対応すべき問題であるとの前提に立って，国民自身が要介護状態になることに備えて必要なサービスを利用できる共同の仕組みの創設を望み，国は，それを実現するた

めの法的枠組みを用意するという選択である[16]。この選択は，要介護状態になることを病気になったり，けがをしたりすることと同様のリスク（保険事故）と捉えて，社会保険の方法を採用するという対応に繋がる。この2つの選択は，個人と国家の関係をどう考えるという国家の在りように係わる基本的な問題なのだが，その議論は哲学者たちに委ねるとして，実際的な政策選択をする際のメルクマールは今後増大する要介護高齢者のニーズにどちらが適応しやすいかということであろう。とすると，医療保険などで社会保険が定着している国では，保険料という調達するうえで国民の理解が得やすい財源を導入する社会保険方式の方が適合的だというのが現実的な選択ではないだろうか。もちろん，現在の日本のように国家財政が厳しい状況にある以上，保険料を公費に置き換えてまで公費による行政サービス方式にするという選択は，検討の俎上に上げることさえ考えられなかった。

② 要介護状態となるリスクは社会保険が馴染むリスクか

社会保険方式による介護保険を構想する場合，制度設計レベルの問題としてまず考えるべきは，そもそも要介護状態となるリスクは本当に社会保険によって対応すべきリスク（保険事故）と言えるかどうかであろう。強制加入を本質的要素とする社会保険では，まず，その対象とする保険事故は，何らかの生活困難を惹起する，偶発的に遭遇するリスクであり，かつ，（単なる可能性ではなく）多くの国民が遭遇する<u>蓋然性</u>のあるリスクであることが求められる。めったにしか遭遇することのない保険事故を単独で対象とする社会保険は多くの国民の参加を得にくいからである。では，高齢となって要介護状態となるリスクはこの要件に当てはまるだろうか。P・ロザンヴァロンは"若年層における事故原因の障害になぞらえうる場合を別にすれば，（要）介護状態はハンディキャップでも病気でもなく，偶然の水準における現象ではない"という[17]が，

---

16) これは，社会保険を国民による自助の共同化と捉える立場であるが，国家が自ら権力を行使して保険料徴収と保険給付を行うのが社会保険であると捉える立場もあろう。その場合は，国家の直接的な営為という色彩が強くなる。保険料は限りなく目的税に近くなり，第1の選択とほとんど変わらないだろう。これに対し第2の選択は，被保険者の自治的営為を重視する保険となる。

17) P. Rosanvallon "La nouvelle question sociale" 1995（邦訳『連帯の新たな哲学』2006）

226   第4章　介護保険

現実には高齢となって要介護状態となる者もいれば，要介護状態となることなく最期を迎える高齢者もいる以上，国民の生活感覚ではリスクと受け止められるであろうし，高齢化が進展してきた今日では多くの国民が遭遇する蓋然性のあるリスクと言えるのではないだろうか。ただ，要介護状態の定義や範囲は科学的に確定しにくいという問題があり，政策的に要介護状態とみなす対象を狭く設定しすぎると，多くの国民が遭遇するリスクであるとは理解されないおそれがあることには注意をしなければならない[18]。また，要介護リスクを対象に介護保険を設計するにしても，ロザンヴァロンが指摘するとおり，要医療リスクと比べるとややリスク性が弱いことは確かであり，制度設計上特別の注意や工夫が必要であることは次に述べるとおりである。

③　要介護リスクの特性は介護保険の制度設計にどう影響するか

　また，要介護状態になることがリスクと捉えられるとしても，その性格が疾病と同列のリスクとはいい難いことは，社会保険として設計する際の制約条件となるだろう。例えば，疾病リスクにもある程度は当て嵌まることではあるが，要介護リスクが加齢に伴って傾向的に増加するという点である。この点は，日本のように高齢者を主たる対象とした保険とするか，ドイツのように全年齢を対象とした保険とするかに係わって来る。また要介護リスクは，疾病リスクと異なり，ほぼすべての場合において，直ちに要介護状態となることはなく，いったん要医療状態となって，その後に要介護状態になるという意味においても特徴的である。この点を重視すれば，介護保険は医療保険と一体的に制度化することも，ある意味では自然な選択である。日本の場合は，既存の医療保険の問題点を持ち込まないという政策的観点から，独立型の制度とされたことは前述のとおりである。

　さらに要介護状態になれば治癒・寛解する可能性がほとんどないことから，それは不可逆的・固定的であり，その状態に該当する者と該当しない者の間の交替可能性がないという意味において，要介護リスクは要医療リスクとは性格

---

18)　日本の介護保険の要介護状態の範囲は比較的広いと言われている。近年の実績では65歳以上の者の15〜20％である。各人の一生を積分すると65歳以上の者の約半分は一生の内で要介護状態になるという計算もあった。

が異なることも重要である。この点からすると，短期的には保険料負担者とサービス受給者が分かれてしまうことから，必要な給付費をすべて保険料で賄うことについて保険料負担者の理解が得にくいという問題が生じてくる。日本の介護保険が給付費の50％を公費で負担することとしていることの理論的根拠はここに求められるだろう[19]。また，この両者のバランスへの配慮は，給付費の一部を利用者に負担させることにも繋がっている。

　加えて，介護保険の制度化にあたっては，そもそも要介護状態の定義自体が科学的に確定されないという極めて大きな問題があった。介護ニーズは日常生活全般にわたるのみならず，その程度は連続的なものであるから，保険制度上，要介護状態をどのような範囲で，また，どのような方法で把握し，どこまで給付対象として扱うかは極めて重要かつ困難な問題だからである。介護分野には，疾病における医学のような科学的な根拠がなく，医師のような専門家もいないのであるから，介護保険を制度化する際には，まず，これらの問題に関する物差しや仕組みを用意しなければならない。しかも，日常生活全般にわたる介護ニーズの性格からして，それに対応するサービスは広範かつ多様であり，すべてのニーズとそれに対するサービスを介護保険でカバーすることは現実的には難しいことも否定できない。この点は，医療保険において，医療行為が疾病の治療という目的を有する以上，それに必要なサービスは当然，制度的にカバーされるべきであるという強い要請があることとは対照的である。すなわち介護保険は，その性格上，すべてのニーズおよびサービスをカバーするとは言えない"部分的な保険[20]"にならざるを得ないのである。さらに介護サービスの多くが，治療行為のような苦痛を伴うものではなく，便利で快適であるという特性を有しており，それを踏まえると，サービスの適切な利用を担保する仕組みが不可欠であることも示唆されるだろう。

④　介護保険制度を創設するうえでの現実的条件は何か

　最後に，以上のような制度設計に関する理論的な問題とは異なるが，制度創

---

19)　実際には老人福祉法と老人保健法（医療保険）の費用負担を引き継いだという沿革的理由による。

20)　これは在宅サービスについて当てはまる。入所施設の場合は，その施設の備え付けサービスで基本的にはすべてカバーされる。

設の妥当性に係わる問題として，保険給付の対象となる介護サービスを実際に用意できるかという問題がある。保険者が自ら（または第三者に委託することにより）給付として介護サービスを提供する場合はもちろん，市場で行われている介護サービスの費用をファイナンスするという仕組みの場合であっても，保険料は徴収したものの，給付対象のサービスが存在しなければ，介護保険は機能しない。介護サービスが一定程度は用意できるだろうという見通しのあることも，制度創設の現実的な前提条件なのである。この前提条件を考慮した場合，現実的には保険者が自らサービスを用意する仕組みより，市場システムを活用する仕組みの方が必要なサービスを満たす上では有効であろう。いずれにせよ，サービスの用意が不十分なままにファイナンスの仕組みだけが制度化されれば，限られたサービスに要介護者の利用者が集中し，著しい混雑現象を起こす一方，サービスを利用できない要介護者からは保険料拠出に対する不満が沸きあがるだろう。保険料の対価たる保険給付が適切に行われるよう，介護サービスが十分に提供されるような供給面からの対策が重要となる所以である。日本において介護保険創設に先立つ，ゴールドプランや新ゴールドプランの策定には，このような意味もあったと言えるだろう。

（2）介護保険制度の基本設計

　社会保険制度は，保険者－被保険者，保険料－保険給付という部材をどのように組み合わせて構築するかという観点に立てば，これを一箇の建築物に譬えることができるだろう。この（2）と次の（3）では，介護保険という建築物をその基本設計と実施設計に分けて考えてみよう。もちろん相互に組み合わされる両者が密接な関係にあることは言うまでもなく，この2つの区分も便宜的なものであるにすぎない。

① 　どのようなタイプの社会保険か

　社会保険には一定期間の保険料拠出を受給要件とする老齢年金保険のような長期保険とその時点における保険料拠出があれば受給を認める医療保険のような短期保険の2つのタイプがある。要介護状態となるリスクが高齢期に顕著であるということを重視すれば，老齢年金のような長期保険として構成すること

も理論的には考えられる。例えば，20 歳から一定期間の保険料拠出を条件に 65 歳以上の要介護者を受給権者とする介護保険である。この考え方に立ち，年金保険（日本で言えば国民年金＝基礎年金）に上乗せする形で制度を仕組むことも考えられないではない。ただ，高齢化が進展し，既に多くの要介護者が介護サービスを必要としている現状においては，今から保険料拠出を義務付けても本格的な給付開始は一定の資格期間経過後となり，即効性のある介護制度とはなりえないことから，現実的には考えられない選択であった[21]。したがって必然的に，創設される介護保険は，高齢者も含め現在の世代が現在時点でお互いに支え合う短期保険の仕組みを採ることとなる。ただ，要介護状態となるリスクが高齢者に多いということから，短期保険の仕組みであっても実際は一種の世代間扶養の機能を有することは確かであり，後述のとおり，日本の介護保険においてもその機能が組み込まれている。要は，その機能を制度的にどの程度まで明示的に仕組むかとどうかの違いと考えるべきであろう。

② 要介護者本人が受給する保険か，介護を行う者が受給する保険か

介護サービスのニーズは要介護者本人のものか，介護する家族のものかと考えると，これは一見すると成立可能な選択肢のように見えるが，単身の要介護高齢者や老老介護といった実態を考えれば現実的にはあり得ない選択である。当然，介護保険の受給権は要介護者本人でなければならない。

むしろ，そこからは制度設計上の重要な要請が導き出されることに注意すべきであろう。被保険者として保険料を拠出した者に保険給付の受給権を与えられるという社会保険の原理からすると，要介護者の多くが高齢者である以上，介護保険においては，高齢者を含め受給する可能性のあるすべての者を被保険者とし，保険料拠出を求めなければならないという要請である。この点は，現在の日本の被用者を対象とする医療保険（被用者保険）が，被用者本人のみを

---

21) 既に医療保険において一部，介護的サービスを給付していること，当時，国民年金（基礎年金）については保険料収納率の低下による"空洞化"が叫ばれていたことからも，介護保険を長期保険として制度化することは考えられなかった。さらに言えば，新たな長期保険は積立金を伴うものであり，その経済的政治的リスクを考慮すると，今日のような経済発展の段階で公的に制度化することは不可能に近い。

被保険者とし，その扶養を受ける者（配偶者や子供のほか，その親も対象となる）は保険料拠出義務を負わない制度となっていることから，介護保険を医療保険と一体的な保険として制度化しようとする際の障壁となる[22]。すなわち，被扶養者である高齢者も相当数いる以上，医療保険に介護保険をそのまま重ね合わせると，それらの者に保険料を拠出させる道が閉ざされてしまうからである。後述するとおり，日本の介護保険は，医療保険からは独立した一元的な保険として構成されたが，その制度的な理由の1つは，この点にも在ったのである。もちろん要介護高齢者が事実上介護サービスを利用できるようにするだけであれば，被用者保険と地域保険という二元体系の下で，被用者保険については被扶養者という位置づけのままで実現できなくはないのであるが，高齢者も全員保険料を負担する一元的な制度として介護保険が構成されたことは，本格的な高齢社会に対応する制度であるためには，要介護高齢者自身が被保険者として保険料を拠出し，その対価として給付を受けるという社会保険の原理を貫徹することが何よりも重要であると考えられたことを示している。

　介護ニーズは，制度上は要介護者本人にあると言うほかないが，介護する家族にも実際には介護代替ニーズがあり，しかも認知症高齢者などの介護においては実質的に彼らが本人に対する介護サービスの利用を決定しているという現実を踏まえると，介護保険の制度設計においては，あくまで要介護高齢者本人を給付対象とするものの，介護する家族も事実上のサービス受益者として無視できないという側面があることも確かである。後述するとおり，日本の介護保険が短期保険の仕組みを採りながらも世代間扶養の機能を持たせることができたのは，このような家族の介護負担の軽減効果に訴えたことも有効であったと考えられる。ただ，介護サービスが家族の介護負担を軽減することがあるとはいえ，必ずしも要介護高齢者本人のニーズと介護する家族たちの求めるものが一致するとは限らない場合があることには注意を要する。実際の介護サービスの利用にあたって，この建前と現実のギャップを埋めるのは容易ではなく，要

---

22)　この点は，現役勤労者仕様の被用者保険と年齢に関係のない地域保険という二元体系を採っている日本の皆保険の泣きどころであって，2006年に作られた後期高齢者医療制度も介護保険と同様，後期高齢者自身を被保険者として保険料を拠出させることにより，この問題に対処している。ただし，前期高齢者については被扶養者構成が残っており，対応は首尾一貫しない。

I 日本における介護保険制度の成立とその設計思想　　*231*

介護者本人の利益を優先しつつ, 介護する家族の負担軽減にどう配慮するかは, 制度運営上の大きな課題となる。

③　高齢者介護保険か, すべての要介護者に対応する保険か

　介護保険を制度化しようという実際の政策動機は高齢化の進展に伴う介護問題であることは各国共通であるが, 具体的な制度のかたちは, 要介護状態になるリスクが高齢に伴うことを重視すると要介護高齢者を給付対象とする介護保険となり, 要介護状態となる可能性は若年者にもあることを踏まえれば受給者を高齢者に限定しない介護保険となる。社会保険が私的保険と同様, リスクの分散である以上, リスクの高い高齢者のみを被保険者とする制度は成り立たないことは常識であろう。日本を例外として, 一般的に要医療リスクが高いとされる高齢者のみを対象とする医療保険が制度化されている国はないことからも, それは明らかである。ドイツの介護保険のように医療保険と一体的なものとして制度化する場合は, 要介護高齢者のみに受給資格を認めるのではなく, 年齢に関係なく要介護者全般を給付対象とする方が自然なのである。逆に言えば, 要介護高齢者のみを対象とする介護保険は, 医療保険とは別の独立型の制度とならざるを得ないのだ。

　日本の介護保険が医療保険とは別の独立した一元的な制度とされたのは, 前述のとおり, 被用者の医療保険が高齢の被扶養者を抱えていたことのほか, いくつかの政治的ないし政策的な理由によるものであるが, 要介護リスクの高い高齢者のみによる保険が成り立たない事情は変わらないから, そのような選択をした制度においては, 必然的に高齢者以外の世代にも費用負担をしてもらう必要が出て来る。その費用負担を公費 (税財源) に求めることができるのであれば話は簡単であるが, 国家財政の制約からそれが困難な場合は特別の工夫が求められるだろう。日本において介護保険を検討していた初期の段階で, 当時の厚生省案が被保険者は 20 歳以上の者とする一方, 受給権者は 65 歳以上の要介護高齢者としていたのはその一つである。しかし, この案は 20 歳以上の者に被保険者として保険料負担を求めつつ, 64 歳になるまでは保険給付がないことから, 被保険者レベルで負担と給付の対応関係を欠くという社会保険の原理に照らせば許容されないという問題があった。その代わりに考え出されたの

が，被保険者を 65 歳以上と 40 歳[23] ～64 歳までの 2 種類に分け，前者（第 1 号被保険者）については要介護状態となった原因を問わず保険給付を行うが，後者（第 2 号被保険者）については保険給付の対象を加齢に伴う疾病が原因で要介護状態になった者に限定するという方式である。いわば 40 歳～64 歳の要介護者は，その原因からして要介護高齢者に準ずる者という取扱いとなったのだ。実際，利用可能な介護サービスも基本的には要介護高齢者向けサービスのみであるから，大きな括りで言う限り，日本の介護保険は "高齢者介護保険" の枠内に止まっていると言えるだろう。

　第 2 号被保険者の拠出する保険料は，限定されたものであるにせよ自らのための保険給付に充てられるのであるから，基本的には保険料としての性格を維持しつつ，その多くが要介護高齢者の給付費用に回ることにより "高齢者介護保険" の財源面での弱点を補うものとなっている。したがって第 2 号保険料のうち，要介護高齢者の給付に充てられる部分は，厳密には保険料とは言い難い，一種の目的税的性格を有しており，その部分の機能や根拠が世代間扶養の必要性や家族の介護負担の軽減に求められていることは前述したとおりである。

　以上のとおり，介護保険を高齢者中心の制度として設計することはリスク分散という社会保険の原理から言ってやや無理があるのだが，要介護高齢者のニーズと若年要介護（障害）者のニーズを対比すると，仮に社会保険の原理を忠実に守って介護保険を全年齢対応型で制度化した場合でも，この 2 つのニーズを同列に取り扱うことができるかという問題があることには留意しておく必要がある。すなわち，要介護ニーズの範囲の広さ，そのニーズを一律に測定することの難しさから，（現実的には保険料負担の制約もあるので）介護保険が要介護者のすべてのニーズに応えることができない，すなわち "部分保険" でしかありえないことは前述のとおりであるが，長い人生の過程で要介護リスクを予想しある程度の準備ができる要介護高齢者のニーズと異なり，先天的な疾病や若年時の不慮の事故などで要介護状態となった若年要介護（障害）者のニーズについては，介護保険による部分的対応のみで済ますわけにはいかないから

---

23)　当初，20 歳からとされていた被保険者の年齢が 40 歳からとされたのは，40 歳という年齢が一般的に加齢に伴う心身現象が始まる年代であること，40 歳くらいになると自らの親の世代の要介護リスクが高まる年齢となり，家族介護のリスクが高まってくる年代であることが根拠とされた。

である。このことは，仮に若年要介護（障害）者の介護ニーズに対して全年齢
対応型の介護保険を制度化した場合でも，それとは別に，障害者に対して介護
保険では足りない部分のサービスを公費により提供する仕組みが必要であるこ
とを示している。日本では，このことが関係者によく理解されておらず，また，
障害当事者の間に自分達への介護サービスが介護保険の枠内に抑え込まれてし
まうのではないかという懸念[24]も強かったことから，第２号被保険者への保険
給付は，障害一般の介護ニーズではなく，加齢に伴う疾病が原因の場合に限定
され，また，その後の第２号被保険者の年齢引き下げもなかなか実現できてい
ないという事情がある。

④　独立型介護保険か，医療保険との一体型保険か

　以上述べてきたとおり，高齢者に集中する要介護リスクを分散する必要があ
ることや要介護リスクは医療リスクの延長にあることなどを考慮すれば，医療
保険と一体的に全年齢対応型で制度化することが合理的なのだが，日本の場合，
医療機関の判断により保険給付が開始され，治療上必要とされるかぎり給付に
上限がないという医療保険の仕組みがそのまま介護保険にも導入されるのでは
ないかとの警戒感など[25]から，従来の医療保険とは独立の一元的な社会保険[26]
として制度化されることとなった。これに伴い，従来の医療保険の保険者・被
保険者・保険料などの仕組みをそのまま利用できる医療・介護一体型保険とは
異なり，独立型の介護保険では，これらに関しオリジナルの仕組みを作る必要
が生じてきた。重複を厭わずにそのポイントを列挙すれば次のとおりである。
　　・保険者は誰にするか。住民対象の地域保険である以上，保険料の賦課徴収
　　　を考慮して市町村とするほかないか。

---

24)　現在は障害者総合支援法により介護保険を大きく上回る介護サービスが公費により提供されて
　　いる。
25)　医療保険と一体的な制度の場合，政府は，介護保険でも医療保険と同様の扱いするよう福祉関係
　　者から求められることをおそれる一方，それが不可能なことは理解している医療関係者も，政府が
　　介護保険で導入した仕組み（要介護認定や支給限度額など）を医療保険にも持ち込むことではな
　　いかと警戒した。
26)　高齢者を主たる対象とする以上，被用者と非被用者に分かれる従来の二元体系では対応できない
　　ので，独立型の介護保険は住民を対象とする一元的な地域保険制度となる。

234　第4章　介護保険

- ・被保険者は何歳以上の者とするか。年齢で区切る以上，適用は個人単位となるが，それでいいか。高齢者と現役世代を分けるか否か。
- ・保険料は何を基準に設定し，どのような方法で徴収するか。高齢者と現役世代で違いがあるか。保険料を設定し賦課徴収する保険財政の規律をどう確保するか。
- ・保険料（高齢者・現役世代）のほか利用者負担・公費負担も含む制度の財源構成をどうするか。それを前提にした制度の持続可能性はどう確保されるか。

　これらは次の（3）⑥でも触れるが，あらかじめ言及しておくと，制度設計上で最も配慮すべき事項の1つ～制度の持続可能性の確保については，一元的な"高齢者介護保険"には多くの困難が予想されるということである。日本の介護保険に関する限り，これに十分対応できているとは言い難い。

⑤　保険者による介護サービスの給付か，準市場における介護サービス利用費の保障か

　この選択は，日本の介護保険や医療保険においてサービス利用費の保障という形式を取りながらサービス提供者がその利用費を被保険者に代わって保険者から代理受領することが制度化されているので，一見，大きな違いはないように見えるかもしれない。しかし，理論的に異なるのはもちろん，そこから帰結する制度にも微妙な差があるのである。

　保険者によるサービス給付（日本の医療保険では「療養の給付」）という制度構成は，例えば保険者が病院を設置し，そこでのサービスを受けることを保険給付として保障することが基本形としたうえで，それ以外に直営病院ではなくて他の医療機関にサービス給付を委託することもあるというものであり，保険者が自らサービスの提供責任を負うことを原則とする。したがって，他の医療機関に委託する場合に支払う診療報酬も保険者が決定する額（＝公定価格）となる。日本の医療保険では，自由開業制の下で保険医療サービスを担当する医療機関は法定要件さえ満たせば自由に開業できるし，被保険者にも自己の選定する保険医療機関で受療することが認められているので，医療サービス市場の存在が前提となっているように理解されているが，療養の給付という保険給付

の形式は必ずしもそうではない。社会保険によるサービス保障というと，市場的なサービス取引と不可分であるかの理解があるが，本来，サービスという現物を給付する形式はそれと当然に結びつくものではないのである。

これに対し，サービス利用費の保障という形式（日本の医療保険における「家族療養費の支給など」・介護保険における「介護サービス費の支給」）は，制度以前にサービス取引の実態があることを前提とし，そこで行われる取引費用について保障しようというものである。もちろん保険給付の対象とするのであるから，対象となるサービス事業者と対象とするサービス取引は一定の条件を満たすことが前提である（指定要件を満たした事業者・上限を超えない価格でのサービス）から，ここでのサービス市場は完全な自由市場ではなく，保険制度の下で管理された市場（＝準市場）である。すなわち，サービス利用費を保障する社会保険制度は，保険者に直接のサービス提供責任を求めることはなく，準市場におけるサービス取引を前提とするのである。介護サービスは，医療サービスに比べ，市場取引に馴染みやすいことから，日本の介護保険では，このサービス利用費を保障する方式が採用された。とは言っても，現実にサービス取引が行われる実態がなければ，その費用を保障する社会保険を作る意味がないから，制度化する以上，サービス取引の存在あるいはそれが行われる蓋然性を必要とする。介護保険制度創設までに，さまざまなサービス基盤の整備が急がれたのはそのためであったし，制度創設後も適切なサービス取引が行われるよう介護報酬の設定などで担保されている。

サービス利用費の保障という形式は，必要な費用の全部をカバーしないことにより，残りの部分が自動的に利用者負担となる効果を持っている。すなわち介護保険で言えば，全体の費用の原則9割に相当する介護サービス費を支給することとし，残りの1割はサービス事業者と利用者の間の相対契約に基づき利用者が負担することになる。この点は，サービスの給付という形式における利用者負担が，保険給付が必要なサービスの全部を対象としているにもかかわらず，法律上特別に利用者の自己負担（＝一部負担金）を求める[27]という構成を採らざるを得ないこととの最も大きな相違点である。

236　第4章　介護保険

（3）介護保険の実施設計

① 　基礎自治体を単位とする全国一元的な地域保険

　医療保険とは別の独立型の"高齢者介護保険"として設計する以上，被保険者は現役被用者には限られないから，現在の被用者の医療保険の適用範囲を退職者まで拡げる制度改革が行われない限り，高齢者のすべてを対象とするためには，彼らを地域住民として捉えて被保険者とするほかない。高齢者を主たる対象とする介護保険は，必然的に一元的な地域保険となるのである。住民一般を被保険者とする保険であるとすれば，保険者は国または地方自治体，ないしはそれらから授権された公法人となるだろう。強制適用・強制徴収を行う以上，その権限を法的に担保する必要があるからである。これらの保険者の候補から選ばれたのは基礎自治体である市町村であった。従来の老人福祉や老人保健制度の給付主体であること，現に国民健康保険の保険者であること，基礎自治体の役割を重視する地方分権の流れがあったことが，その理由である。保険者には，保険料の徴収という保険者としての最重要業務を確実に実施することができ，それを前提として規律ある保険財政を運営することが求められる。日本において勤労者と否とを問わず住民から税その他の負担を徴収できる組織と技術を有しているのは国または市町村しかない。地方分権の時代に国が直営することは考えられないから，介護保険の保険者を市町村とすることは，半ば必然的な選択であった。個々の市町村において介護保険の保険者業務をより効率的に実施するため必要であれば，特別地方公共団体である広域連合を組織することも推奨された。当時の自治省は，市町村が介護保険を実施できない場合，その行財政能力を高めるにも市町村合併を推進するほかないという判断だったようである[28]。

　ここで市町村という基礎自治体が介護保険の保険者となることの福祉行政上

27）　医療保険の歴史においてこの一部負担金の徴収を誰が行うかという問題は長い間，医療担当者側との争点の一つであった。彼らは一部負担金自体に反対であり，医療機関は医療サービスの提供という本来の役割のほかに，なぜ自分たちが一部負担金まで徴収しなければならないのかと主張した。厚生（労働）省にその議論の再燃を回避したいという思惑がなかったとは言えない。

28）　介護保険は市町村を保険者として円滑にスタートしたが，その後，総務省（旧自治省）は市町村合併に舵を切り，平成の大合併が進められた。

Ⅰ　日本における介護保険制度の成立とその設計思想　　237

の意味を考えてみよう。介護ニーズが日常生活全般にわたる広範なものであり，介護保険だけではそれに十分こたえられないことは既に述べたが，介護ニーズに限らず，住民にはさまざまな福祉ニーズ・生活ニーズがある。それらのすべてについて市町村が対応すべき必要はないにしても，一般行政主体たる市町村が関与すべき部分は必ずあるはずであり，介護保険さえしっかり運営しておりさえすれば，市町村は行政責任を果たしていることになるとは言えない。介護保険が福祉行政を担う市町村と同じ地域を単位として組織化されていることは，２つの分野に市町村が一体的に取り組むことを期待しているのである。

② 　現場の介護から帰納的に導かれる要介護度（要介護認定）

　要介護状態となるリスクを前提に介護保険を設計する場合，最も難しいのは個々の要介護者について，どういう状態をもって要介護状態であるとし，どのようにその程度を判定するかということである。要医療状態の場合は医師が医学的根拠に基づいて判断することができるが，そのような学問的根拠が確立しておらず，判断できる専門家もいない要介護状態の場合，判定者の主観に頼ることなく[29]，どの要介護者にも適用可能な客観的な物差しが必要となる。

　試行錯誤の末に辿り着いたのが，介護サービスの現場で実際にどれくらいの量（＝時間）のサービスが提供されているかを計測し，そのデータから帰納的に要介護状態の程度を導く方式であった。具体的には，特別養護老人ホームなどの介護施設において実際に提供されている数千人分のサービスの量を 48 時間にわたる１分間タイムスタディによって計測し，それらの者の心身の状態とマッチングさせたデータベースを作ったのである。介護保険において個々の要介護者の要介護状態を判定する際は，それらの者の心身状態を調査し，数千人のデータの中から，統計数理的手法により，その者に最も近い状態の者を選び出し，その者のタイムスタディの数値をもって，要介護状態であるか否か，その程度はどれくらいかを判定するというのが基本である（コンピュータによる第１次判定）。要介護度については全体のタイムスタディ・データを適宜に区

―――――――――
29)　従来から要介護者の状態を判断する簡単な物差し（chair bond, bed bond など）はあったが，これは判定者の主観的判断の余地があり，看護師や介護職などの職業的背景に起因するバイアスが大きいため，介護保険においてそのまま使用することはできなかった。

分した時間（要介護認定基準時間）によって判断される。このような介護サービスの提供量から要介護度を帰納的に導く方法は，そもそも要介護状態の判定が介護サービスをどの程度まで提供するかを決めるために行われるものであることを考えると，目的合理的な方法と言えるだろう。この方法は日本独自のものであるが，大量のケースを客観的に処理する方法として各国からも評価されている。

　なお制度上の要介護認定は，保険者である市町村が各市町村に設置された介護認定審査会の判定を受けて行うこととなっている。給付の要否および程度の認定を保険者が行うことは日本の医療保険にはなかったまったく新しい仕組みである。介護認定審査会は保健医療福祉の専門家からなり，コンピュータによる第1次判定の後，主治医の意見書や認定調査員の調査結果の特記事項なども踏まえ，第2次判定を行う。第2次判定では，必要に応じ，第1次判定結果が変更されることも多い。要介護認定がこのように第1次判定と第2次判定の2段階とされているのは，要介護状態の多様性にかんがみると，機械的な判定だけでは申請者の納得が得られないおそれがあり，それぞれの分野の専門家が合議して決定するという形式を採ることが好ましいと考えられたからである。市町村の要介護認定結果に不服があるときは，都道府県の介護保険審査会に不服申立をすることが認められている。

　以上のように，要介護認定事務は市町村の事務ではあるが，その基準や運用指針は厚生労働大臣が決めることとなっている。これは，地方分権の見地からは市町村の裁量に委ねるべき事項かもしれないが，第2号保険料や国費が全国共通の財源として投入されている以上，公平性を確保するには全国一律であることが必要であるとの判断に基づく。また市町村側も，各市町村によって認定がバラバラでは不服申立や訴訟が頻発するおそれがあるとして，むしろ国による統一的基準・運用を求めたという経緯もあった。

③　要介護度に応じた介護サービス費の支給（居宅サービスの限度額と施設系サービスの定額費用）

　要介護度認定は介護サービスの必要度を認定するために行われるのであるから，介護サービス費の支給量も市町村が認定した要介護度に基づいて決められ

る。特に要介護認定が重要な役割を担うのは居宅サービスの場合である。居宅
サービスには訪問介護・訪問看護から，通所介護（デイサービス）・通所リハビ
リ（デイケア），ショートステイ，福祉用具などさまざまなメニューがあるが，
要介護者にとってどのサービスを利用することが最も適切かを決定することは
容易ではない。傷病に対する医学のような，要介護状態のケアに関する客観的
な学問体系が確立されていないからである。とすれば，それぞれの要介護者の
ニーズが客観的にも，また主観的にも多様である以上，科学的な根拠もなく，
どのサービスをどの程度利用すべきだと一方的に決めつけることはできないだ
ろう。したがって，居宅の介護サービスの利用については要介護者の選択に任
せるほかないのである。だが，前述のとおり，介護サービスが便利で快適なこ
とも多いサービスである以上，無制限に利用者の希望を認めることはできない。
何らかの方法で上限を設定し，その枠内で利用者が選択した介護サービスを利
用する仕組みが必要となる。その場合，サービス利用の上限額は一律ではなく，
当然，要介護状態の程度によって変わって来よう。

　そこで採られたのが居宅サービスに関する要介護度別の支給限度額の仕組み
である。これは，要介護状態の程度に応じ，それぞれに典型的な要介護者の状
態像をタイムスタディ・データから選び出し，いくつかの要介護者のタイプの
状態像ごとに，考えられるサービスの利用例を作成したうえで，別に決められ
た介護サービスの費用単位[30]を基に，それぞれのサービス利用例の費用を積算
した額を以てそれぞれの要介護度別の支給限度額とするものである[31]。現在の
支給限度額の前提となっているサービス利用例は，制度創設時，政府において
何人かの学識経験者の意見を聴いて作成されたものであるが，客観的なエヴィ
デンスに基づくものとは言い難い。この間，居宅サービスの利用において支給
限度額が低すぎてサービスの利用に支障が生じることは殆どなかったし，サー
ビス利用例自体は支給限度額を定めるための１ステップに過ぎないとは言え，

---

30)　介護サービス費の算定はサービスごとに所定の単位数×地域別単価で行われる。

31)　例えば，ある要介護度の者の状態像を前提に訪問タイプ・通所タイプ・医療タイプといったサー
　　ビスの週間利用例を作成し，それに訪問介護（身体）の時間当たり単位数（１単位は原則として10
　　円）・通所介護の時間当たり単位数などを代入して，週間費用額を算出し，それを月額化した単位数
　　（数タイプある場合は最も高い額の単位数）がその要介護度の支給限度額となる。

240　第4章　介護保険

重要な役割を持つ支給限度額の根拠がこのように直観的・経験的なものであったことは，要介護状態や介護サービスに関する学問体系が未確立の段階で介護保険を制度化することの難しさを示している。今後，介護保険の実施で得られた膨大なデータなどを活用分析して，介護に関する科学的な学問体系ができれば，支給限度額の科学的な根拠づけも可能となるであろうし，標準的なサービスモデルに基づくケアマネジメントの展望も開けてくるかもしれない。

　認定された要介護度は施設系サービスの給付費を算定する場合にも用いられている。施設系サービスは，基本的に当該施設で完結するので，それに支払われる給付費（介護報酬）は直接，要介護度に応じて決定されている。すなわち，施設で行われるすべてのサービス行為を包括し，要介護度ごとに1日あたり費用額で算定されるのである。これも介護ニーズが施設内の生活全般にわたるものである以上，当然のことであろう。

④　ケアマネジメントの制度化と利用者のサービス選択の自由

　前述のとおり，介護保険では居宅サービスについては，支給限度額の範囲内であれば，要介護者が自らの固有の介護ニーズに合わせて必要と考えるサービスメニューを選んで利用することができるが，サービスの種類だけでなくサービス事業所も数多くあるので，要介護者が，サービスの種類やその事業所の選択，サービス利用に関する事業所との手続き（連絡調整），さらにそれらが支給限度額内に収まるようなケアプランの作成などを独力で行うことは容易ではない。たとえ，要介護者の家族が本人の意向を踏まえて行うとしても，事情はさして変わらないだろう。この入口における煩雑な手続きのために介護サービスの利用が適切に行われないこととなれば，要介護者は保障されている受給権を十分に行使できないこととなる。そこで考えられたのがケアマネジメントの仕組みである。

　ケアマネジメントは，制度上の名称は「居宅介護支援」と言い，ケアマネジャー（介護支援専門員）が要介護者についてアセスメントを行い，その状態と意向を踏まえ，どのような事業所のどのようなサービスを利用するかについて，関係者と連絡調整のうえ，ケアプラン（居宅介護支援計画）を作成し，その利用状況等をモニタリングする一連の活動のことである。また，その活動の一環とし

I 日本における介護保険制度の成立とその設計思想   *241*

て，ケアプランの内容を給付管理票として，介護報酬の審査支払機関（都道府県ごとにある国民健康保険団体連合会＝国保連）に提出することも含まれる。これは，各サービス事業者が毎月の介護給付費（介護報酬）の支払いについて国保連に請求する際，国保連がそれぞれの請求額が当該要介護者の支給限度額内に入っているか否かを判断できるようにするためのものである。仮に，この給付管理票の事前提出がなければ，国保連は支給限度額の範囲内の請求であるか否か分からないため，事業者の請求どおり支払うことができず，結局は利用者が給付費の全額を個々の事業者に支払ったうえで，市町村から支給限度額の範囲内で償還払いを受けるほかないことになる。これでは介護サービス費の支給を法律上事業者が被保険者に代わって受領することにより，実質的に１割だけの窓口負担で済まそうとした政策目的を実現することができない。そこでケアマネジャーがケアプランの内容を給付管理票として国保連に提出する仕組みが採用されたわけである。

　これら一連のケアマネジメントは，保険者による事務として位置付けることも不可能ではないが，居宅サービスの受給権保障に直結するものであり，それには専門家であるケアマネジャーの関与が重要であることから，その利用自体も権利として保障されるべきという考え方から，介護保険による給付（介護サービス費の支給）対象の１つとされたものである。ケアマネジメントは従来の医療保険にはない事務的サービスの給付であり，利用者に費用負担の対価であるという認識を持ってもらうには時間を要するのではないかという配慮から，次に述べる原則１割の利用者負担の対象外とされている。

⑤　利用者の負担

　介護保険の利用者負担は既述したように全体費用のうち介護サービス費として支給される原則９割の残り分であるが，その機能に関する限り，医療保険における患者の一部負担金と大きな差はない。事実上１割の一部負担金であり，その額が一定額を超えると高額介護サービス費が支給される。低所得者については，この高額サービス費の金額がより高く設定されて，事実上の負担の軽減が図られている[32]。また，その後の改正で高額療養費と高額介護サービス費の合算制度も導入され，両方の給付を受ける場合の負担について配慮が行われる

242　第4章　介護保険

こととなった。高齢者においては要介護ニーズと要医療ニーズが隣接してお
り，両方の給付を同時に受ける場合が多いことに着目したものであるが，関係
の深い2つのニーズについて制度がどのように対応すべきか，改めて考えさせ
られる仕組み[33]と言えるだろう。

　ここでは医療保険の患者一部負担金と比較しながら，介護保険の利用者負担
にどのような特異性があるかを考えてみよう。1つは，サービスを利用する者
と利用しない者とのバランスである。要医療状態や要介護状態となった者にさ
らに負担を求めることについては否定的な議論もあるが，保険料負担のみで給
付を受ける必要のない者の理解を得るためにはやむを得ない仕組みと考えるべ
きだろう。特に，要医療状態と異なり[34]，要介護状態にある者とない者との交
替可能性がない介護保険の場合，この根拠はより説得的である。次に，サービ
ス利用の適切性・効率性である。居宅サービスの場合，支給限度額があること
により，必要性の高くないサービスの利用は抑制されるはずであるが，介護サー
ビスの多くは便利・快適なものであることを踏まえると，たとえ上限額の範囲
内であっても，サービスの効率的な利用を促す仕組みは欠かせない。それがも
う一つの利用者負担の重要な役割である。なお，医療保険における患者一部負
担金には，出来高払い原則の下で，診療する側にも効率的な医療行為の選択を
促す機能もあるが，ケアプランによって利用者がサービス量を決める介護保険
においては，定率の利用者負担によって事業者による過剰サービスを牽制する
必要はほとんどない[35]。ただ，仮に利用者負担がなければ，要介護状態が進行
しても利用者はより多くのサービスを利用でき，事業者はより多くの介護報酬
の支払いを受けられることとなるので，事業者に要介護状態の進行を遅らせよ

---

32)　低所得者に対する高額介護サービス費が高所得者より多いことは高額療養費における取り扱い
　　をそのまま導入したものであるが，低所得者であるという個人の要介護事情とは無関係の要素で給
　　付に差をつけるのは，必要に応じた給付という社会保険原理から見ればイレギュラーと言うべきで
　　ある。

33)　仮に介護保険と医療保険がそのリスクの隣接性から統合されるのであれば，このような合算制度
　　は消えてなくなる。

34)　生活習慣病が増えてきたことから，医療保険も部分的にはやや同様の事情となりつつあるかもし
　　れない。

35)　ケアマネジャーが特定サービス事業者の利益を図る目的でより多くのサービス利用を勧めるこ
　　との歯止めになることは考えられる。

うというインセンティブは働かないかもしれない。その意味で，定率の利用者負担は重度化防止（介護予防）の機能を部分的には有している。

　利用者負担について財政効果をいう議論もある。確かに利用者負担となる部分は，介護サービス費の支給対象外であるから，保険財政の負担にはならないが，それはあくまで結果でしかない。もちろん保険財政の観点から介護サービス費の支給率を引き下げようという動きは出て来るだろう[36]。しかし，それが低ければ低いほど介護保険財政に資するからと言って，財政的観点だけから利用者負担の在り方を議論することは許されない。その意味で，介護保険制度の目的に照らしたとき，利用者負担の割合[37]はどれくらいが適当か，引上げる（引下げる）としたら，何がしかの限度があるかということは議論しておくべき問題である。原則１割という割合は，1973年の老人医療無料化が老人医療費の急増という事態を招いて以来，老人保健法の創設・改正を通じて引き上げてきた患者一部負担が到達すべき目標であったのだが，だからと言って１割という割合が絶対というものではない。本来の機能を果たすことを前提に，介護保険の財政状況，医療保険の患者一部負担金の状況などを踏まえて総合的に判断すべき問題である。ただ，その際，念頭に置くべきは要介護状態が不可逆的であり，介護サービスの利用と利用者負担は長期にわたって続くという特性である。一般論として，介護保険の利用者負担は，治癒・寛解の可能性のある要医療状態に対応する医療保険の患者一部負担金と全く同じレベルというわけにはいかないのではないだろうか。

⑥　高齢者・40歳以上の者の保険料および国と地方の公費で支えられる多層的な財源構成

　利用者負担以外の費用は介護サービス費として介護保険から給付されるが，その財源構成は，保険料と公費が50%ずつとされ，保険料のうち第１号保険料

---

36)　実際，その後の法改正で，所得水準に応じた２割負担・３割負担が導入されている。

37)　利用者負担については定率負担を前提に議論してきたが，理論的には定額負担もなくはない。しかし，利用者負担に期待される機能は定率負担の場合に明確に発揮されること，定率負担がサービスを多く利用する要介護度の高い者において高額になることについては高額介護サービス費で対応できることを踏まえ，定額負担にはあえて触れなかった。

244　第4章　介護保険

と第2号保険料の割合は人口比に応じてスライドし，公費50％の内訳は国費25％（うち5％は調整交付金）・都道府県と市町村が12.5％ずつという割合[38]になっている。介護保険の財源がこのように保険料と公費によって多層的に構成されていることの沿革的理由と制度的意味については既に述べてきたので，ここでは第1号保険料と第2号保険料の徴収方法とそれが意味すること，およびこのような多層的な財源構成が制度運用にどのような影響を与えているかについて簡単な説明と考察を加えておこう。

　第1号保険料については，各市町村が所要給付費額に基づき算定し，本人または世帯の住民税の課税状況（非課税であることも課税状況に含む）に応じて賦課されるが，月額1.5万円以上の年金収入がある場合は，年金支払者が当該年金から特別徴収（天引き）して市町村に送付するという方法で徴収される。結果として，第1号保険料の収納率は90％台後半と極めて高くなっている。介護保険の保険料は，要介護状態である者とそうでない者との間で交替可能性がなく，要介護状態にない者にとっては掛捨て感が大きいという側面があり，通常の徴収方法では困難も予想されることから，この保険料の年金天引きの方法は介護保険が成功した要因の1つと言ってよい。第1号保険料は課税状況に応じて市町村がいくつかの段階に分けて設定することとされているが，最高額と最低額の倍率が医療保険の保険料ほど大きくないことが特徴的である。ここにも介護保険の保険料は掛捨て感が大きいという性格が反映していると言えよう。なお，第1号被保険者には生活保護受給者も含まれるが，その保険料額は最も低い段階の保険料とされ，生活扶助費に上乗せされた保険料が福祉事務所から市町村の介護保険部局に直接納付される。この生活保護受給者の扱いは，日本の社会保険では初めての試みであり，社会保険の普遍性を徹底させたものと評価することができる。

　第2号保険料は40歳〜64歳の第2号被保険者が負担するが，その賦課徴収責任は第2号被保険者が被保険者または被扶養者として属する医療保険の保険者に負わされている。すなわち，第2号保険料は，全国の介護保険給付費の見込み額を基に算定された1人当たり単価に各医療保険者に属している第2号被

―――――――――
38)　その後の改正で施設分の給付費については，国が20％・都道府県が17.5％に変更されている。

保険者数を乗じて得られた額[39] が，社会保険診療報酬支払基金（＝支払基金）から各医療保険者に介護納付金として割り振られ，その割り振られた介護納付金に充てるため，各医療保険者によって，（第2号保険料として）それぞれの医療保険の保険料と同じ方法で各医療保険に加入する 40〜64 歳の被保険者[40] から徴収されるのである。この方法については，医療保険者が市町村に代わって第2号保険料を徴収するものと説明されている。第2号保険料を市町村に代わって徴収した医療保険者は，それを介護納付金として支払基金に納付し，支払基金は人口比で決められた給付費に対する第2号保険料の比率（2016〜2018 年度は 28％）で全市町村保険者に一律に交付する[41]。第2号保険料が医療保険の保険料と同じ方法で賦課徴収されるということは，被用者保険の場合，その額は賃金収入の一定率で，かつ，その1／2は事業主が負担するとともに，事業主が賃金から特別徴収（天引き）するということであり，国民健康保険の場合，それぞれの市町村の賦課方式に従い，応益割・応能割で徴収されるということである。さらに医療保険において行われている給付費に対する公費負担も，原則として介護納付金についても同様に行われる。

　このように第2号保険料に着目すれば，その部分を見ると介護保険は全国一本の保険であることが分かるだろう。したがって第2号保険料がある限り，市町村介護保険ではあっても，全国一律の保障が強く要請されるのである。他方，第2号保険料が医療保険の保険料と同様の方法で徴収されるということは，その限りで介護保険も医療保険と同様の二元体系の基盤の上にあることを示しており，国民皆保険の二元体系の強靱さ（特に被用者保険の保険料調達力）が介護保険も支えていると言うことができよう。

　第2号保険料について医療保険者による徴収代行という方式を採用したの

---

39) 被用者保険の介護納付金は，その後の法改正により総報酬割（第2号被保険者の標準報酬の総額で割り振る）が導入された。それによって協会健保の介護納付金に含まれていた国庫補助金を削るためである。

40) 介護保険の第2号被保険者であっても健康保険では被扶養者である場合，その者は第2号保険料を負担しない。その分は，他の 40〜64 歳の健康保険の被保険者が支払う第2号保険料に含まれる。

41) 市町村によって 65 歳以上と 40〜64 歳の被保険者比率は異なるが，全国平均の比率に基づき一律に交付されるため，65 歳以上の被保険者比率の高いところが有利となる。後述の後期高齢者比率に応じた調整交付金の配分と並び，介護保険が内包する高齢化対応の装備である。

は，第1号保険料の年金天引きと同様，その確実な徴収を担保するための便法であったが，その結果，医療保険に加入していない生保受給者は第2号被保険者から外れてしまうという問題が生じてしまった。これについては，第2号保険料の世代間扶養という機能から見てやむを得ない（生活保護受給者に他への扶養を期待することはできない）面もあるし，生活保護法に介護扶助が設けられたのでサービス面での支障はないのであるが，全年齢を対象とする介護保険を展望する際には克服すべき課題の一つとなるだろう。

第1号保険料・第2号保険料・国と地方の公費という多層的な財源構成を採ることは，高齢者を主たる対象とする日本の介護保険においては半ば必然的な選択であったが，制度の持続可能性，すなわち増加を続ける必要な給付費を賄うためにこれらの財源確保が円滑にできるかという問題を考えると，むしろ制約要因となるおそれがあることは否定できない。公費のウエイトが大きいことは国や地方の財政状況に左右されやすいことを意味するし，交替可能性のない要介護リスクのための保険料であるという点において，第1号保険料は医療保険の保険料と比べ"お互い様"という感覚に乏しいことから，その引き上げは必ずしも容易ではないからである。しかも，第1号保険料は実額表示であるために必ず引上げ＝負担増と受け取られがちであり，かつ，後述のとおり3年に一度の全国一斉改定であるため，（本来は市町村レベルの問題であるにもかかわらず）全国レベルの制度的問題として扱われることが多いこと[42]も，給付費の増に見合う引上げを難しくしている。保険料が単なる負担ではなく給付に見合うものであることへの理解を深めるとともに，常に給付の効率化に取り組み続けなければならない所以である。

⑦　保険財政の安定性と自律性の確保

保険者にとって介護保険運営における最大の関心事項は，保険財政の安定性をどう確保できるかということである。市町村は，自ら要介護認定を行うことにより介護給付を受給する権利のある者を把握してはいるが，どれくらいの者

42）2010年の介護保険改正の議論では，第1号保険料は月額5000円が限度であるという意見も出た。2017～2019年度の第7期介護保険事業計画期間の介護保険料の全国平均は1人当たり5500円を超えている。

が要介護認定を申請するか，認定を受けた者のうち実際にどれくらい人数がどれくらいの量の介護サービスを利用するかは事前には分からない。また，サービス利用が保険料の対価である以上，当初の予想より多くの者が多くのサービスを利用しようとする場合でも，給付を拒否することはできない。

これは，予算の範囲内でしかサービスを提供しないことも可能な，公費により行政庁がサービスを提供する方式と社会保険方式との大きな違いである。しかし，受給権者にとっては当然と言えることではあっても，サービスの利用をコントロールできない保険者にとっては，このことは給付費の一定割合を確保すべき第1号保険料の収入が不足する危険[43]と常に背中合わせであることを意味している。第1号保険料収入の不足は，このような給付が見込みより増加した場合だけでなく，保険料収納率が予定を下回る場合にも生じる。この要因は，市町村の徴収努力が不十分な場合もあろうが，第1号被保険者数が予想より少ない場合などもある。

従来，市町村国民健康保険は，このような財源不足に対して一般会計から法定外の繰り入れを行うことなどにより対応してきたが，これは市町村の一般会計を圧迫するのみならず，国民健康保険財政の自律性・完結性を損なうものであった。介護保険の財政運営にこのような困難を持ち込まないために導入されたのが，都道府県ごとに設けられる財政安定化基金の仕組みである。

財政安定化基金は，国・都道府県の公費＋市町村が拠出する第1号保険料を財源として造成され，各年度末，市町村の見込みを上回る給付費のうち第1号保険料で負担する分と予定収納率を下回った第1号保険料収入の1／2分を無利子で貸し付け，第1号保険料の収納不足分の残りの1／2を交付することによって，第1号保険料の不足分に対応する。これにより，市町村は事実上の赤字決算（不足分を借入や繰入れで対応すること）を回避できることとなる。財政安定化基金からの借り入れ分は，市町村が次期の第1号保険料に上乗せして返済することにより，介護保険財政の自律性・完結性は保持される。

---

43) 公費と第2号保険料は実際に要した給付費の一定割合が必ず補填されるので問題はない。公費に不足があれば，国や地方自治体は補正予算を組み，市町村に交付する第2号保険料に不足があれば支払基金は借入を行う。この第2号保険料の不足分は翌々年度の医療保険者の介護納付金に上乗せされる。

248　第4章　介護保険

　介護保険財政の自律性・完結性を保持するためのもう一つの工夫は，国の調整交付金の交付を踏まえた第1号保険料の設定である。国の25％の負担のうち5％は，各市町村の後期高齢者比率と第1号被保険者の全体としての負担能力に応じて配分される。この2つの要素は各市町村の第1号被保険者の保険料水準に反映させるべきものではないとの観点から，国が各市町村のこれらの状況に応じて調整交付金を交付するのである。市町村は，給付費の見込額から，国・都道府県・市町村の公費負担見込額，支払基金から交付される第2号保険料見込額のほか，この調整交付金の見込額を控除した額を基にして，第1号保険料を設定するが，2つの要素に応じた調整交付金の交付を受けた後という計算であるから，その第1号保険料は本来，第1号被保険者が負担すべき介護給付費の水準に応じた額となる[44]。

　市町村は，以上のように予算段階・決算段階を通じ，第1号保険料の設定という保険者の最重要業務に関する介護保険の財政運営責任を全うする仕組みとなっている。

⑧　介護保険の財政運営方式

　市町村の介護保険財政の基本的スキームは⑦に述べたとおりであるが，介護保険制度では，これを3年単位で行う仕組みを採用している。すなわち，市町村は3年ごとに介護保険事業計画を策定することとなっており，そこで市町村は向こう3年間の給付費見込を算出し，それを基に3年間の第1号保険料を設定するのである。事業計画において給付費を見込むため，市町村は要介護認定者数やサービス利用者数を推計し，サービス提供量を見込むこととなるが，これは要介護認定によって受給権を認めた市町村にとって，被保険者に権利実現の見通しを示すという重要な意義を持っている。介護サービスを準市場における自由な取引に任せる一方で，要介護認定によって受給権を認めるということは，保険者による権利保障という意味で危い問題を内包している[45]のであるが，その問題に対応するため，市町村の事業計画にこの2つを架橋する役割が与え

---

44)　市町村国民健康保険では市町村の医療費水準と各被保険者の所得水準に応じて設定される保険料額を控除した後の給付費不足額について調整交付金が対応するという仕組みが採られており，介護保険の調整交付金の計算方法とは異なっている。

Ⅰ　日本における介護保険制度の成立とその設計思想　　*249*

られているのである。

　第１号保険料が３年間を通じたものとして決められるということは，初年度は第１号保険料収入が給付費を上回り，中間年度は収支が相等し，最終年度は初年度の収支差で第１号保険料の不足分を補填するという財政計画を前提としている。市町村にとって第１号保険料を改定することには政治的な，換言すれば恣意的な判断が紛れ込むおそれがあり，それを各年度に行うことはその分，介護保険財政の自律性・完結性に反する判断が増える危険がある。そこで第１号保険料の改定は３年に一度，全国一斉に行う仕組みとすることにより，それが政治的な特別の行事ではなく，制度的なルーティンの行事であることを明確化したのである[46]。また，国においても，市町村の事業計画に併せて，３年ごとに介護給付費の算定基準（介護報酬・運営基準）の改定が行われるため，制度の主要部分は３年タームで見直されると言ってよい。また，その機会に併せて法律改正が行われることも多く，介護保険は３年ごとに大きな変貌を遂げて，今日に至っている。

3　介護保険制度の発展と限界

（1）創設後の制度改正と制度の発展

　介護保険が2000年４月にスタート後，街のそこここにデイサービスセンターが開設され，ホームヘルパーなどの車が行き交うようになったほか，ケアマネジャーという言葉が市民の日常会話に登場するようになるなど，制度は国民生活にすっかり定着してきた。この間，何度かの制度改正（法改正・介護報酬改定）も行われ，今日では日本の社会保険の主柱の一つに成長している。

　介護保険法は2005年に最初の本格的な改正が行われた。同年の改正は多岐にわたるが，第１は，介護予防（要介護状態にならないよう，あるいは要介護状態が悪くならないようなサービスの提供や事業）の強化である。要介護の前

45）　医療保険では，サービスは準市場に任せるとともに，給付決定もそのプレイヤーである医療機関に委ねているので，この緊張関係は表面化しない。

46）　市町村が保険料を改定することはルーティン化されたが，逆に市町村間の横並びや全国的な保険料レベルが問題となることとなった。

の要支援を2つに分け，介護予防の視点からサービスを行うため，従来の居宅サービスのメニューのすべてに介護予防のメニューが付け加えられた。また，それらの介護予防サービスについては原則として後述する地域包括支援センターの保健師が介護予防プランを作成することとされた。さらに要支援に至らない者についても市町村が行う介護予防事業の対象とされ，それも地域包括支援センターが担うこととなった。地域包括支援センターは，市町村が自ら，又は社会福祉法人等に委託して設置するものであり，これらの介護予防関連業務のほか，総合相談，高齢者虐待対応，ケアマネジャー支援を行うこととされている。このほか，介護サービス情報の公表制度が法定化されたほか，サービスの利用が事業所のある市町村の住民に限定される地域密着型サービスというサービス類型が新設された。

続く2007年の改正では，国の財政制約から，介護保険施設入所者のホテルコスト（食費・居住費）が利用者の負担に改められるとともに，低所得者には負担軽減のため，介護保険財源から補足給付が行われることとなった。この補足給付は，個人の介護事情とは無関係な所得状況に着目して保険料財源を投入するものであり，社会保険の原理からは説明が難しいものである。

この間，2003年度・2006年度の介護報酬改定は国の厳しい財政事情から，マイナス改定を余儀なくされた。この影響は，徐々に介護職員の大量離職・採用難となって現れ，介護の職場を危機的状況に陥れることとなった。国はあわてて，2009年度の介護報酬改定はプラスとしたが，それに加えて，それまでのマイナス分を補うべく同年度の補正予算で介護職員処遇改善交付金を全額国費により2011年度までの措置として講ぜざるを得なかった。介護報酬の改定が正常な形にもどったのは2012年度改定からである。この一連の騒動は，予算の単年度主義の弊害の表れであると言えるかもしれない。

次の法改正は2011年に行われたが，この頃から取り上げられるようになった政策目標が地域包括ケアシステムの構築である。同年の改正では，国や地方公共団体の責務としてその趣旨が明文化されたほか，それに資するサービスとして24時間対応の定期巡回・随時対応型サービスや複合型サービスが創設された。また，地域密着型サービスについては市町村による事業者の公募制が認められることとなり，事業者の準市場への自由な参入という原則が一部崩れる

こととなった。

2014 年改正は多岐にわたるが，特養ホームの入所者を原則として要介護 3 以上に限定したほか，補足給付の対象者から 1000 万円以上の金融資産のある者が除かれることとなった。また，全国一律の予防給付を市町村が行う地域支援事業（介護予防・日常生活支援総合事業）に移行し，事実上費用の抑制を図ることが目指された。このほか，一定以上の所得のある者の 2 割負担，低所得者の保険料軽減のための別枠公費投入，地域ケア会議の制度化なども行われている。いずれも当初の介護保険の理念を逸脱するおそれのある改正であった。

2017 年にも法改正が行われ，一部の所得階層の者の 3 割負担，被用者保険の介護納付金への総報酬割の導入，介護療養病床の介護医療院への移行などが盛り込まれた。

以上のように介護保険創設後の制度改正などの動きを振り返れば，必ずしも一貫した理念の下に改正が行われてきたとは言えないように思われる。実際，この間の改正の隠された動機の多くが，予算編成の際に求められる国庫負担の抑制であったことを思い起こせば，それもやむを得ない選択だったと言えるかもしれない。しかし，にもかかわらず，要介護認定を受け介護サービスを利用する者は，この間も増え続けた。これは介護保険が保障する介護サービスがいかに国民に必要とされているかの証左であり，高齢化（特に後期高齢者の増加）がまだ進行中であることを考えれば，そのこと自体を否定的に理解するべきではあるまい。とすれば，問題は，今後も高齢化に伴って増加すると見込まれる介護サービスの費用を現在の介護保険の仕組みが支えていけるかどうかということにある。

（2）日本の介護保険の限界とその先

日本の介護保険はさまざまな制度的事情，政治的思惑の下に今日のような形で制度化されたが，特に"実施設計"の部分は従来の医療保険，とりわけ国民健康保険の苦い教訓を踏まえ，よく工夫された制度であると言えるだろう。しかし，今後とも介護保険が要介護者のニーズに応えて行けるかどうか，すなわち制度の安定的な存続が可能か否かは，保険料や公費といった財源をしっかり確保していけるかどうかにかかっている。もちろん，利用者負担のさらなる引

252　第4章　介護保険

上げ（原則2割負担など）は避けて通れないかもしれないし，介護サービスの適正化・効率化など給付費を抑制するための不断の制度見直しも必要である。また，第2号被保険者の年齢を引下げて第1号保険料の負担割合を少なくすることにより，その水準を抑える[47]ことも取り組むべき課題であろう。

　しかし，それら各般の措置を講じたとしても，本来の収入である保険料の引上げや公費の増額を実現できなければ，制度の維持は容易ではない。2（3）⑥で述べたように，介護保険の多層的な財源構成は，多層的であるがゆえにそれぞれの層の財源制約を受けることになるからである。公費財源については，国全体の歳入構造や国と地方の財源配分の問題であるので介護保険だけでは対応できない問題であるが，仮に制度の公費依存割合が高いことに問題があると言われるなら，制度を設計する際，何故そうせざるを得なかったのか，ほかの選択肢はなかったのかが問われなければなるまい。保険料についてはどうか。第1号保険料の引上げが難しい原因が要介護状態にある者とない者の交替可能性がないため（保険料の）掛捨て感が強いことにあり，第2号保険料のそれが自分のための給付はごく僅かで，大部分が世代間扶養という名目の負担であることに求められるとしたら，そうならざるを得ないような被保険者構成をなぜ採っているのかが問われる必要がある。もし，介護保険が医療保険と一体的に制度化され，その保険料も医療保険の保険料と区別なく徴収されるのであれば，そのような問題は生じようがないからである。

　とすれば，保険料の引上げや公費の増額を困難ならしめるのは，多層的な財源構成そのものであり，遡れば，それを不可避で必然的なものとした制度の"基本設計"自体に原因があることとなる。すなわち，介護保険を独立の"高齢者介護保険"として制度化した設計思想そのものに問題があったという見方である。もちろん，現実の制度は経路依存性～それまでの制度の在りように規定される～があるのみならず，さまざまな政治的・制度的・財政的な行きがかり，関係者の利害や思惑などに左右されることは言うまでもないことであるから，

47）　第2号被保険者の年齢引下げは第1号被保険者の保険料負担を軽減するが，第2号保険料に公費が投入されているため，そちらの財政面からの制約がある。介護納付金への総報酬割の導入により，この隘路は突破されるかもしれない。また，40歳から加齢の兆候が始まるという説明が成り立たなくなるため，障害者総合支援法による障害者向け介護サービスとの本格的調整が必要となる。

Ⅰ　日本における介護保険制度の成立とその設計思想　　253

日本の介護保険が独立型の "高齢者介護保険" として設計されたことを単純に批判することはできない。それは現実的な，他の方法がほとんど不可能な選択だったのである。

　しかし，いったん介護保険が制度化され，その新しい試みが定着した後，将来に向かってどうあるべきかを議論する段階に至れば，話を原点に戻して，あらゆる可能性を議論することが許されるし，また，そうしなければならないであろう。介護保険制度で採り入れられた新しい仕組み〜要介護認定・居宅サービスの支給限度額・ケアマネジメントなど〜は既に定着し，介護保険には不可欠のものと認められている。逆に言えば，介護保険独自の仕組みであることが十分に認識され，仮に医療保険と介護保険を一体化させても，それが医療保険に導入されるべきでないことは関係者の共通認識になっているということである。と言うことは，介護保険を医療保険とは独立の別制度とした最大の動機は事実上，問題ではなくなっていることを意味し，そうであれば，介護保険と医療保険を一体の制度としたうえで，保険料は医療分と介護分を区別せずに一本で徴収[48]し，給付のみを医療給付と介護給付に分け，介護給付についてのみ介護保険で採り入れられた新しい仕組みを採用するという選択もできるであろう。

　問題は，介護保険を統合する基となる医療保険制度がどういうものかである。日本では，後期高齢者医療の対象年齢を65歳以上とし，介護保険制度と統合すればいいと主張する者もいるが，それでは "高齢者医療介護保険" となるだけで，多層的な財源構成を解消することはできず，将来の存続可能性に対するリスクを抱えたままの制度となるだろう。残る選択肢は，医療保険全体を一元的な地域保険に改めた[49]上で，それと介護保険を統合するか，さもなければ現在の被用者保険を退職者まで拡大し，その拡大された被用者保険と従来の国民健康保険という二元体系の制度にそれぞれ介護給付を設けるかである。後者の場

---

48)　要介護リスクに対応する保険料を単独で徴収することから来る困難を回避するには，一本の保険料で老齢年金にも障害年金にも対応している年金保険料のような方式が現実的であろう。

49)　所得捕捉率や事業主負担の問題などがあり，被用者・非被用者を問わず，すべて住民として捉える地域保険への一元化は現実的には極めて困難である。拙稿「国民皆保険の構成と機能」(本書第2章Ⅰ) 参照。

合，退職者が国保に流入したり，被用者保険の被扶養者となったりすることなく，1人前の被保険者として被用者保険の保険料を支払うこととなるから，高齢者にも保険料を支払ってもらうという介護保険のねらいを達成できるはずである。その場合，介護給付は，保険者ではなく，すべて市町村に行わせる仕組みとすることにより，現在の制度における市町村の要介護認定や地方負担を活かすことが考えられる。

おわりに

　介護保険は高齢化が進む多くの国において，これから必要となる制度であることは確かであると思われるが，その制度をどのように設計するかは，各国の従来の制度，とりわけ医療保険がどのような形であるかによって決まるところが大きい。医療と介護のリスクやニーズが隣接し，若しくは類似するものである以上，介護保険の形も，当然，各国の医療保険の形に応じて変わってくることであろう。日本の介護保険は，日本の医療保険を前提としつつ，むしろそれに乗らない独立型として制度化されたが，その選択がどの国においても当て嵌まるとは限らない。したがって，本稿では日本の介護保険の制度設計においてどのような選択肢があったのか，そのなかからどれがどのような理由で選択されたかを説明することに重点を置いたつもりである。これから介護保険を制度化しようという国にとっては，日本の結論ではなく，日本のプロセスこそが参考になるものと思うからである。

（原初稿 2013.12，改稿 2014.02.01，最終加筆修正 2018.06）

Ⅱ　転変し漂流する介護保険

　介護保険の改正は 2000 年の創設以来，何度か行われてきたが，多くは温泉旅館の建増しに似て，制度をいたずらに複雑にした感はあるものの，一部を除き，建物の基本構造自体までも危うくするものではなかった。しかし近年の改正内容を見ると，介護保険という建築物の基本構造を揺るがしかねないものが多く含まれているように感じられる。

1　介護保険の基本構造

　では，ここでいう介護保険の基本構造とは何か。介護保険を三重塔に譬えてみよう（p265 の図を参照）。もちろん，三重塔というのは筆者のイメージに過ぎず，四重塔や五重塔であると考える人がいてもかまわない。建物全体を支える中心の大柱は，言うまでもなく「社会保険の原理」である。保険料の対価としての保険給付，より詳しく言えば，負担能力に応じた保険料と必要に応じた保険給付（介護保険では，住民税の課税状況＝所得水準に応じた応能保険料と被保険者の介護を必要とする状態に応じた保険給付）のことを意味している。この中心の大柱に対し直角の横方向に渡してあって，3 つの屋根を支えているのが 3 本の「梁」である。上から順に，第 1 の「梁」は，準市場における契約に基づく自由なサービスの提供と利用である。利用者の選択の自由と複数の事業主体の参入を前提とする "準市場システム" とすることによってサービス量と質の確保を目指したものである。次の「梁」は，経験に基づく要介護認定とその区分の限度額内での利用者の選択である。要介護状態の理論的・客観的な判断物差しがないことから開発された要介護認定基準の拠って立つ思想は，利用者の選択によるサービスの利用という仕組みとも親和的であった。第 3 の「梁」は健全で規律ある保険財政の仕組みである。被保険者に賦課する保険料は市町村の第 1 号被保険者の受益（給付水準）に応じて設定される仕組みや，その確実な徴収をするためのさまざまな工夫は，介護保険を国保の二の舞にしないという強い意思の下で考案されたものである。以下，中心の柱と 3 つの

256　第4章　介護保険

「梁」について，2014年改正の内容を中心に，必要に応じて制度の本来の考え方
や今までの改正内容にも触れながら，それらがどのように保持されており，ま
た，危険に曝されているかを概観しておこう。

2　社会保険の原理

　社会保険の原理の基本は，保険料拠出に対する保険給付の対価性である。こ
れは契約による交換とアナロジカルであり，当然，保険給付の受給は権利とし
て保障される。保険料が権利として保障されない事業に費消されることになれ
ば，一種の目的外使用となる。仮に，保険料を目的外で使用しようとする場合，
その目的が有用であっても，保険料が強制拠出である以上，拠出者の厳格な同
意が必要とされよう。2014年改正において要支援者に対する予防給付の一部
を市町村の地域支援事業（介護予防・日常生活総合支援事業）とすることは，
この社会保険の原理を正面から否定するものと言うべきである。これについて
は「訪問介護・通所介護の地域支援事業の移行により，質を低下させることな
く多様なサービスを効果的・効率的に提供する」ことが可能になると説明され
ているが，市町村事業化により，質の低下を招かないで多様なサービスを効果
的・効率的に提供できるというのであれば，他の給付も同じように事業化した
方がよいという結論になるのではないか。基準の緩和とそれに伴う費用の引下
げも認める以上，サービスレベルの低下は避けられまい。本音が給付費抑制で
あることは推測できるが，この程度の好い加減な説明で給付の事業化ができる
のであれば，"介護保険法"はいずれ"介護事業法"となってしまうだろう。事
業と保険給付の間にはそれほど大きな溝があるのである。

　保険料拠出に対する保険給付の対価性と言っても，私的保険のように厳密な
対価性が求められるわけではない。年金保険と医療・介護保険では異なる部分
があるが，後者においては，保険給付は必要に応じて平等に行うが，保険料は
負担能力に応じた拠出を求めるのが通例である。社会保険が強制加入制によ
り，その目的を達成しようとする以上，被保険者にできる限り無理なく保険料
を拠出してもらうことが必要だからである。逆に言えば，社会保険の契約にお
いて応能保険料を成り立たせる前提は必要に応じた平等な保険給付なのであ

る。保険給付が平等に行われない制度に対し，誰が応能的に保険料を負担しようとするだろうか。その意味で，2014年改正で一定以上の所得がある者の給付率を9割から8割に引下げるという構想は保険給付にも応能制を持ち込もうとするものであり，社会保険の原理に矛盾すると言うほかない。これに対しては，既に高額介護サービス費制度において一般所得者の支給額は低所得者に比し低額で設定されているという反論があるかもしれない。これと同じ仕組みは，もともと高額療養費限度額を引上げる際，政治的妥協として低所得者への支給額を据え置くことから始まったのだが，それ自体が問題だったというべきであろう。政治的に必要とされるのであれば，保険料財源を投入することなく，福祉的措置として公費で対応すべきだったのである。

　過去，これと似たような失敗をしたのが2007年改正で行われた介護保険施設の居住費・食費の自己負担化の際に導入された低所得者向けの補足給付であった。ところが，施設入所者の居住費・食費負担を免れるため，入所者だけを世帯分離し，低所得者として補足給付の対象とするという便法が急速に拡大したらしい。そこで2014年改正では補足給付について規制を強化し，その1つとして金融資産の保有状況まで勘案することとなった。だが社会保険（介護保険）では，住民税の課税状況といったフローの所得状況に基づいて保険料負担を求めるというのが基本なのである。私的保険であれば資産家がその資産から一括して保険料を払い込んで加入する場合もあろうが，国民大衆を相手にする社会保険はフローの収入・所得からの保険料拠出を前提とするほかなく，それを国民も自然なこととして受け入れている。老齢年金が定着した今日，その収入を前提に制度化したのが介護保険ではなかったのか。市町村国民健康保険では一部，固定資産税額に着目した資産割の保険料があるが，社会保障において他人には知られることの（知られたく）ない金融資産に着目するのは初めてであろう。介護保険施設に入所するのはお金のない貧乏人という措置時代の発想に戻ってしまうかのようである。元々，所得を保険給付の要件として導入した補足給付は，保険料の対価として被保険者の必要性のみに応じるという保険給付の原則に照らせば，やはり不自然だったのである。どうしても低所得者対策として必要であれば，これも公費財源による福祉として行うべきであったろう。

258　　第4章　介護保険

　以上のような議論に対し，介護保険の財源の１／２が公費であることを強調する意見もある。公費５割である以上，高所得者も少しは遠慮すべきというわけである。だが，基礎年金の国庫負担も同様であるが，社会保険の財源として一律に公費が投入されている場合，そのことは給付内容に影響を与えないという前提で設計されているのだ。いわば公費は透明のガラスであり，その下に保険料があるのであって，保険料に対応する保険給付という地模様が，透明のガラスを透過して制度を規定していると理解すべきなのである。保険料を拠出した者には公費５割を加えて保険給付をするというのが介護保険の"お約束"であり，もし，その"お約束"を覆すのであれば，たとえば利用者負担のうち半分は応益・残り半分は応能とするといった議論も含め，制度設計を始めからすべてやり直さなければならない。つまみ食い的な説明で国民を惑わすようなことは慎むべきである。

3　準市場における契約に基づく自由なサービスの提供と利用

　介護保険では，介護サービス事業者指定制度の下で，非営利・営利の事業者の自由な参入が認められ，利用者は介護報酬（上限価格）の範囲内で，事業者と契約を結び，基準に合ったサービスを利用できるという準市場システムが導入された。利用するサービスの種類や程度，事業所を利用者が選ぶことができるという仕組みは，それまでの福祉の措置に慣れていた要介護者や家族に驚きを与え，介護保険の新しさをアピールした。多様な法人類型の事業者の自由な参入を求めることには，過度の営利追求によるサービスの質低下を懸念する声もあったが，それに対しては，事業者間の競争と利用者の選択を通じた事業者の淘汰，介護現場の職員のプロ意識，行政による基準や報酬の適切な設定とそれを担保する指導監督の機能・役割に期待し，むしろ多様な類型・出自の事業者が競合・競争し，相互牽制することが良い結果をもたらすのではないかと考えられたのである。このような準市場システムの採用が想定どおり機能しているか，まだ足らざる部分があるのではないかという問題はあるにしても，それによって事業者の参入が大幅に増え，サービス量の確保という所期の目的を達することはできたことは否定できない。

Ⅱ　転変し漂流する介護保険　　*259*

　問題は，介護保険制度あるいは関連制度のなかにある，準市場システムと相容れないおそれのある仕組みをどう評価するかである。例えば介護保険法では，都道府県の介護保険事業支援計画において介護老人福祉施設・介護老人保健施設等についての量的規制（地域ごとのベッド数管理）が行われているが，この結果，競争状態が成立せず，経営者の安穏な姿勢を招いている場合もあるかもしれない。また，介護老人福祉施設（＝特別養護老人ホーム）や介護老人保健施設の開設主体は，地方公共団体のほか，前者は老人福祉法の規定により社会福祉法人に，後者は介護保険法の規定により医療法人（または一定の条件を満たす社会福祉法人）に限定されているが，これも多様な法人主体を前提とする準市場システムの考え方とは相容れないという見方もある。それもあってか，近年，これらの問題について規制改革の観点から見直しを求める意見が出ているようである。筆者は，これらの規制が妥当か否かについて検討することに反対するものではないが，規制改革という視点には問題があると考える。規制改革はあくまでも手段であって目的ではないからである。ましてや今回の規制改革の"目玉は○○にしよう"という発想で議論するとしたら本末転倒も甚だしい。規制改革論者は，規制改革の目的は経済成長であるというかもしれないが，その結果，ある部分の供給が大幅に拡大しても，その費用を公的制度が支えきれなくなって崩壊してしまえば元も子もなくなるだろう。取り上げた介護保険施設に関する規制の在り方ついては，それらを国として今後の政策のなかにどう位置づけるのかという正面からの政策論議で応えていかなければなるまい。

　ほかに，この準市場システムという「梁」に関連して，2〜3の問題を簡単に指摘しておこう。まず，利用者による事業者の選択を進める方策である。都道府県のサービス情報公表制度はそれをねらったものであろうが，所期の目的を達成できているだろうか。もっと利用者自身の（クチコミでもいいから）生の情報を集約し，発信する民間団体の活動が活発に行われるべきであろう。介護報酬は上限価格であり，値引き分を当該事業者のサービスで上乗せすることは可能なのであるが，それが行われている例を聞いたことはない。どうやら国保連の支払いシステムがそれに対応できないということらしいが，早急に必要なシステム改良を行ってほしいものである。福祉用具のレンタル価格がカタロ

グ価格のままであるという問題はどうなったのであろうか。ケアマネジャーは値引き交渉などすべきでないという発想が福祉系を中心に根強いのかもしれないが，調剤薬局の薬剤師も随分と薬価の買い叩きをしているくらいであるから，ケアマネジャーも利用者のため果敢に価格交渉をすべきであろう。なお 2017 年改正でレンタル価格に上限が設けられ，それが徐々に引き下げられていくこととなるようだが，それで品目間の価格競争が促進されるのだろうか。2011 年の法改正で導入された地域密着型サービスにおける市町村公募制の導入は準市場システムの基本である事業者の自由な参入を根底から覆すものであった。しかも，事業者が公募により採用された地域におけるサービスについては他の事業者の活動が制限され，事実上の地域独占となるのである。なぜ，これが規制改革論者の目に留まらなかったのであろうか，不思議である。

4 経験に基づく要介護認定とその区分の限度額内で利用者の選択

　介護保険特有の困難のうち最大の問題は，要介護状態をどのように定義し，その程度をどのように判定するか，判定された要介護状態を前提にどのようなサービスを提供するかということだった。しかし要介護状態をそれとして直接的に判断する物差しはなく，それに必要なサービスが何かを決める技術的根拠もないのだから，実際に介護の現場で介護サービスが提供されている実態から物差しを作り，それによって判定された要介護区分に応じて要介護者自身が利用するサービスを選択するという仕組みにするしか，可能な方法はなかった。それが要介護認定基準時間に基づく要介護認定と要介護区分に応じた限度額内での利用者の居宅サービスの選択である。

　ところが 2014 年改正では，この大前提を壊しかねないようなことが行われた。地域ケア会議の制度化である。この地域ケア会議は既に通知により運用されており，そこでは個別ケースへの介入が大きな柱とされているのである。そこでは，地域ケア会議の専門家（誰が専門家？）たちが現場にも行かないで要介護者本人の選んだケアプランを変更させる可能性さえ示唆されている。たとえ偉い専門家たちが頭を傾げるような"愚かな"ケアプランでも，介護保険はその選択を尊重しなければならない。支給限度額の範囲内であれば"他者危害"

はないのであるから，自由な個人の"愚行権"は認められるのである。しばら
く前，白沢政和・高見国生・樋口恵子の３氏が「要介護認定・区分限度額制の
廃止，個別ケア会議によるサービスの種類・量の決定」という主張をしたこと
があった。認知症の人と家族の会（高見国生代表）の集まりで白沢政和氏と対
論した筆者は"個別ケア会議に市町村担当者も入る以上，サービス量が限度額
以下に抑えられるおそれがある"旨を指摘したが，いよいよそれが現実のもの
となるかもしれない。果たして，制度創設後の10数年間で要介護状態の判定
に関する科学的根拠は確立されたのであろうか，その状態に対応する最適な
サービスを決定するケアマネジメントの技術が完成したとでもいうのであろう
か。標準的なケアマネジメントの教科書すら出来ていない状態では，要介護者
の自由な選択が専門家たちの"伝承の個人技"によって否定されてよいはずは
ない。

5 健全で規律ある保険財政

"国保の二の舞にしない"という表現は市町村国保の関係者には癇に障るか
もしれないが，制度創設の際，要介護認定と限度額の仕組み以外で技術的に最
も知恵が絞られたのが，国保の二の舞を防ぐためのさまざまな工夫であった。
第１号保険料の年金天引き，医療保険者による第２号保険料の徴収代行，市町
村国保とは異なる調整交付金制度，都道府県財政安定化基金による第１号保険
料不足分の貸付（次期に償還）・交付などである。また制度創設時，第１号保険
料を一部の市町村が独自に減免する動きがあったが，これについて国が示した
３原則（軽減は○で免除は×・所得に限らず総合的に判断・一般会計補填は×）
もそれに加えていいだろう。この３原則中の最大眼目は減免分を一般会計から
補填することの否定であった。それが"国保の二の舞"に最も直結するからで
ある。制度スタート時，保険料の独自減免については，介護保険制度創設にか
かわった地方自治制度の研究者から改正地方自治法に基づく是正勧告・是正命
令を出すべきとの意見すら示されたし，旧自治省にはその禁止を明文化しよう
という動きさえあったと聞く。そこで，筆者は，市町村単独の保険料軽減で財
源不足が生じた場合，上記の財政安定化基金の貸付対象として認めることにし

たのだが，それは一般会計からの補填を何としても封じ込めたいという思いからであった。

　ところが，2014年法改正を機に，国は低所得者の第1号保険料を軽減するため，給付費に対する公費負担とは別に，保険料の軽減相当分に対する公費補助を投入するようである。国自らが公費で第1号保険料を補填する措置を講じるようでは，今後，市町村が独自に減免することについて3原則により説得的に指導助言することはできなくなるだろう。これが，介護保険に対する市町村の法定外繰入れが拡がるきっかけとならないことを祈るばかりである。また，その公費負担措置により介護保険の財源構成（保険料50％・公費50％）は変わることになるのだろうか。政府は給付費の財源構成は変わらないという説明のようだが，保険料の軽減相当分をいったん対象被保険者に支給する形でも採らない限り，やはり財源構成は変わると言うべきであろう。入口は別でも行先は同じだからである。これが突破口となり，国保のように様々な名目で次々に保険料分に対する公費補助が拡大していくのかと想像すると，介護保険の自律性を夢見た筆者などは遣り切れない思いになってしまう。やはり，介護サービスを利用しない被保険者にとっては一方的（掛捨て的）な保険料負担となってしまう，現在の介護保険の基本設計には無理があったのだろうか。

6　介護保険の拠って立つ地盤

　3層構造には入れなかったが，介護保険の塔に立っている地盤はどういう状態でなければならないだろうか。参考図の最下段の行をご覧いただきたい。

　1つは国民の連帯意識である。社会保険の基盤はそこにあるのだが，介護保険の保険者が地方公共団体であるため保険料は市町村の税金のように理解されがちであること，また前述のとおり介護サービス未利用の者にとって第1号保険料は掛捨て感が大きいことを考えると，"今は人の役に立ち，いずれは自分も"というお互い様の感覚を常に醸成すること，そのため第1号保険料を単独で表記するのではなく，要介護者1人あたり給付費や被保険者1人あたり給付費も併記して，保険料と保険給付をセットで認識してもらうことなどに意を用いる必要があろう。

また，国民の制度への信頼を裏切らないよう配慮することも重要である。今回の改正で補足給付の審査のために金融資産の調査が導入されることは，この点で大きな懸念材料である。市町村の窓口でしつこく金融資産の有無を問われ，剰え疑惑の目で見られるようなことがあれば，国民は一気に介護保険を嫌いになってしまうだろう。さらに，上記では特に触れなかったが，制度上，特養ホームへの入所が原則として要介護3以上とすることは，将来，要介護になれば特養ホームに入れるという前提で高い保険料を納めていた多くの国民は，国に約束を反故にされた，騙されたと感じて，真面目に保険料を払う気が失せてしまうだろう。そのような雰囲気は要介護度が進むことを歓迎するという奇妙な風潮に繋がり，認定審査会などの判定でも無意識のうちに要介護3が増えることを予想させる。このような制度の裏をかく風潮は，所得段階の設定においても蔓延し，利用者負担やさらには保険料負担を減らそうとして世帯分離が拡大するおそれもある。そのために市町村がすべての者について資産調査を強いることとなれば，それは介護保険の悪夢としか言いようがない。

これらの改正が市町村に多くの事務負担をかけることは，市町村関係者が異口同音に指摘するところである。全部がそうあるべきだと言うわけではないが，全国均しく行われるべき介護保険の事務において市町村間で不当な取扱いの差が生じれば，それは介護保険への信頼にかかわって来よう。国は市町村の事務負担についてどの程度まで考えたのだろうか。審議会の市町村代表委員はどう対応したのだろうか。

介護保険は，介護サービスの準市場で行われる自由な取引を前提としているが，だからこそ，サービスの提供者にも利用者にも「節度」が求められる。利用者の場合，1割の負担がそれを担保しているが，事業者がサービスの内容や質を蔑ろにしたり，不当に数で稼いだりすることを防圧するのは容易ではない。特定施設等の住宅系サービスやサービス付き高齢者住宅などにおける過剰なサービスの押し付けなどが心配される所以である。準市場における自由な契約に基づくサービス提供・利用という介護保険の理想を守るには悪質な事業者には厳しく対応していくほかない。

最後に強調しておきたいのは，政府の謙抑である。介護保険は創設以来，頻繁な改正により複雑化し過ぎてしまった。介護現場のニーズにすべて制度を以

て対応しようとした結果である。しかし，現場は制度改正があっても政府が意図したとおりには動くとは限らない。逆に，裏をかく反応さえ生じさせることは前述のとおりである。いったん動き始めた介護の現場を，制度を変えるだけで自由に動かせると考えるのは幻想であろう。しかし，2014年改正の内容を見る限り，政府の姿勢に大きな変わりはないようである。これからも介護保険はますます複雑になり，国民の理解が届かない制度になっていくのだろう。

　介護保険法成立後，制度の創設実施に携わり"介護保険の産婆"を自称してきた筆者も，複雑化する一方で，当初の理念を忘れ，社会保険ではなくなっていく介護保険をフォローするのに疲れてしまった。気分は既に"さらば介護保険！"である。

（初稿 2014.01.01，修正加筆 2018.05）

II　転変し漂流する介護保険　265

【参考】介護保険の基本構造

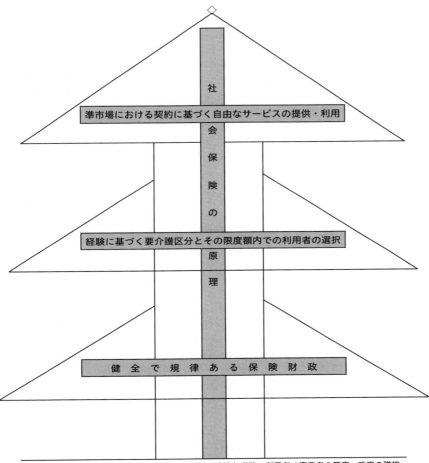

国民の連帯意識・制度への信頼／応答・市町村の適確な事務・利用者／事業者の節度・政府の謙抑

Ⅲ　ユニット型個室・再考

はじめに

　特養ホーム等におけるユニット型個室の導入は，介護保険が要介護者の尊厳を守ることを世の中に向かって宣言したシンボルともいえる政策転換であった。かつて，旧自治省から特養ホームの個室化に地方財政措置で取り組みたいという申し出を受けた際，後に故・外山 義先生によって展開されるユニット型の思想に至っていなかった旧厚生省の課長であった筆者は人員配置等を理由として断らざるを得なかったという苦い経験を持つが，介護保険におけるユニット型個室の導入によって永年の理想に近づくことができたことを，今も誇らしく思っている。

1　近年のユニット型個室の逆流

　しかし，特養ホームのユニット型個室推進政策は，民主党の「地域主権」改革以来，揺らぎ始め今日に至っている。聞くところによると，多くの都道府県・指定都市で新設の場合も多床室の整備を容認するところが増えているようだ。自治体の多くが多床室容認の理由として掲げるのは利用者負担の問題であるが，これについての筆者の考え方は後述するとして，多くの場合，利用者負担を少なくしたいというのが家族の要望であるとすれば，高齢者が個人として保険料を拠出し，その見返りに高齢者個人の権利としてサービスを受けるという介護保険の理念が，まだ，十分には浸透していないということだろう。「利用者本位」の"利用者"とは被保険者本人（高齢者）なのに，家族は自分たちも利用者であるという意識かもしれない。また，自治体関係者もそういう家族を中心とした"利用者"の要望に応えるという建前の下，多床室を整備することによって待機者がいる現状を少しでも（実際はその効果はきわめて僅かだが）改善したいという思いがあるのだろう。しかし，この自治体の発想は，目の前にいる要介護者を行政の責任として何とかしなければならないというものであり，措置時代からあまり変わっていないように思われる。措置的発想といえば，

多くの特養ホーム関係者や一部の福祉系学者も同断である。サービス事業者は要介護者にもっとも"寄り添う"ことが求められるにもかかわらず，相変わらず行政庁の手先として困っている人を入所させてあげているという意識にとどまっているのではないか[1]。また，"プライバシーに配慮した多床室"などという定義矛盾のようなことを平気で言う一部の福祉系学者の主張を聞くと，この国の"社会福祉学"とはいったい何なのかと思いたくなる。彼らの指導を受けた学生の多くが柔軟性に欠け，福祉の現場で使い物になりにくいという関係者の声もまんざら間違いとは言えないかもしれない。

　筆者が知っている限り，特養ホームのユニット型個室化に対する批判としてまともに反論をするに値すると思われたのは唯一，三好春樹氏の意見[2]であった。介護界のオピニオンリーダーの1人である三好氏の批判はユニット型個室であれ，多床室であれ，国が一方的に押し付けるべきではなく，選択に委ねるべきというものである（『元気がでる介護術』岩波アクティブ新書）。国が押し付けるのは良くないというのであれば，誰の選択に委ねるべきか，が問題となるが，それが地方自治体の場合，"押し付ける"主体が国から地方に変わるだけであるし，介護サービス事業者も常に利用者の利益を考えるとは限らないから，彼らに委ねるわけにはいかない。結局は，当事者である利用者本人が選択の主体である場合だけが考察に値する対象となろう。

2　ユニット型個室の思想

　ユニット型個室の思想は"人間の尊厳"の理念に依拠するものであるが，利

1）特養ホーム関係者のユニット型個室反対論の論拠の1つは，職員の業務過重ということのようだ。担当するユニットが固定されるので精神的負担も大きいと言う。だが，職員の業務を優先して入所者の気持ちはその次という発想は，措置時代を引きずっているようだ。もちろん，1ユニットに固定される職員のなかには"煮詰まって"しまう者もいると思われるから，職員の適性と配置のローテーションに配慮すべきことは当然である。

2）三好氏は全国の大学で紛争が広がった時代，広島の有名校の"高校闘争"で活躍し，高校中退後，PTの道に進んだ経歴の持ち主という。行政が"押し付ける"ことには"本能的"に抵抗感があるのかもしれない。仮に，現場でユニット型個室化が進んでいるのに，行政がいつまでもコミットしなかったら，三好氏の反応も逆になったのではないかと想像する。やはり，行政は十分過ぎるほどの長い時間をかけて"重い腰"を上げる方がいいのだろうか。

268　第4章　介護保険

用者個人の選択に委ねるべしという主張は"個人の尊重"の思想に立っている。日本国憲法 13 条にも掲げられている "個人の尊重" の思想は，淵源を辿れば 1789 年の「人（homme）及び市民（citoyen）の諸権利の宣言」（フランス人権宣言）に至る。ここでいう homme は人一般としての個人であり，国家でも社会でも共同体でもなく，個人が自ら立ち，自ら律する権利主体と考えられているのである。ここから，個人が自らの意思で自ら決定すること（自己決定権）の重要性が導き出される。他方，"人間の尊厳" の理念は，戦後，ナチスの反省の上に立って制定されたドイツ憲法（ボン基本法）第 1 条で闡明されたものであるが，この人間の尊厳と前述の個人の尊重とは微妙に異なっている。この 2 つの違いについて憲法学の樋口陽一は次のように対照させている。「人間の尊厳」は，それ自体としての存在を想定された実態的価値が主に想起される，すなわち humanité の権利（individu の義務）であるのに対し，「個人の（意思の）尊重」は，それに加えて決定主体としての地位が主に想起される，すなわち individu の権利である－と[3]。

　難しい憲法議論であるが，最近よく問題となる延命治療や "尊厳死" の問題を例に考えてみれば分かりやすいかもしれない。延命治療をせずに "尊厳死" をすることは，本来は生き方・死に方に関する実質価値の問題ではあるが，個人の信条にも係るという問題の性格などから，外側からの限定はせずに，基本は個人の選択（リヴィングウィル）に委ねるという建前で議論されている。これを humanité の「権利」（individu の義務）と捉えれば，人間は類として "尊厳死" の権利があり，個人はそれを行う義務があるとなるはずであるが，そうでないのは，ここでは "個人の（意思の）尊重" の理念が前面に出されているからである。したがって，望ましい（はずの）尊厳ある死を自ら否定し，苦痛に満ちた無意味な延命治療を選択する可能性も認められることになる。

　それでは，ユニット型個室に入居するかどうかについても，延命治療の否定＝"尊厳死" と同様，個人の義務の問題と考えるべきなのだろうか。もちろん，利用者負担をはじめ，職員数などのケアの条件にユニット型個室と多床室の間で差はないという前提での選択である。その場合，当該個人だけでなく，

　3）　『憲法という作為』岩波書店 2009。126 頁。

相部屋となる他の個人も多床室を選択し，かつ，同室者が相互に相部屋となることを了解しあうのであれば，その選択を否定する必要はないかもしれない。仲の良い夫婦の場合[4]がその例である。しかし，そういう特別な場合を除けば，少なくとも現代のわれわれ[5]は，他人もいる部屋で排泄の介護を受けたくない，他人が排泄の介護を受ける傍にいたくない，他人に気兼ねなく静かにひとりの時を過ごしたい…といった思いが強いのではないか。それはプライバシーの権利という以上に，人間としての尊厳に係わるという感覚であろう。とすれば，個人の尊重か人間の尊厳かという二者択一ではなく，主体が個人であることを前提とした上で，その個人の人間としての尊厳をどう守っていくかが問われるべきである。もともと人権においては，自己決定という決定の仕方と人間の尊厳という実質内容は，緊張関係にありながらも，共存しているはずであった（樋口前掲書）。人間の尊厳という理念は20世紀に人類が到達した理念であるが，人間が多様である以上，その内容も多義的であり，特定の文化や共同体の価値観によって異なってくる可能性があることは確かであって，人間の尊厳を強調するあまり，18世紀に獲得された個人の意思を尊重する理念を放棄するのは危険だという側面もある。そうである以上，両者を切り離さず，両者が緊張を保ちつつ両立可能なnarrow pathの上を進むほかないのだ。

　こう書くと難問のように受け取られるかもしれないが，考えてみれば，現在の日本社会では，ユニット型個室か多床室かという問題に関する限り，それほど難しくはない。ユニット型個室がいいか多床室がいいかという問題は，尊厳死のようにcriticalなテーマではなく，特別な場合を除いて，条件が同じであれば21世紀の日本人にとって個室が望ましいことは当然のことと考えられて

4）　実際には夫婦がそろって特養ホームに入所する場合でも，同じ部屋を希望するケースはそれほど多くはないと聞く。

5）　昔の日本人であれば，プライバシーの観念もなく，他人の部屋を覗き見ることも普通だったかもしれない。明治初年に東北地方から北海道を旅したイザベラ・バードは行く先々で物見高い日本人の群れに囲まれ，彼女の部屋の障子には指でいくつもの穴が開けられたと記し，日本人にはプライバシーの観念がないのか，と嘆いている（イザベラ・バード『日本紀行』）。当時の日本人の物見高さについては，日本を訪れた多くの外国人共通の感想であった（渡辺京二『逝きし世の面影』など）。しかし，当時の日本人は他人の前で排泄の世話をされることにも無頓着だったろうか。バードは，当時の日本人が庶民階級まで含めて誇り高く，礼節を心得ていたとも書いており，彼らとて他人の前で排泄の世話をされることには屈辱的であり，礼を失すると感じたのではなかろうか。

いるからである。もし，本当に今でも，同室者同士で和気藹々と過ごせるから多床室が望ましいなどと主張する人は，自分自身や自分の愛する家族が特養ホームの多床室に入居した場合の状況を具体的に想像すればいい。個人の尊重に立脚する「人間の尊厳」の立場からユニット型個室を考えるとすれば，介護保険という制度においては，夫婦など相部屋とすることが望ましい場合の例外的取扱いを認めることとした上で，新設整備はユニット型個室に限定し，新設のユニット型個室と既設の多床室の入居条件を等しくすべきとの結論が導かれるはずである。

3　どういう方向を目指すべきか

2001年の夏であったか，幕張メッセで開かれたユニットケアの全国集会で，筆者は“ユニット型個室は，人間は個であって弧ではないという正しい人間観に則っているものだ”と述べたことがある。そうである以上，ユニット型個室は入居者の所得水準によって入れたり入れなかったりしていいものではない。したがって，生保受給者だからといってユニット型個室に入れないという扱いにも反対したのだが，今から考えれば，人間の尊厳の問題である以上，利用者負担についてもユニット型個室と多床室で差を設けるべきではなかったと思う。介護報酬には実際のコストの違いから差が生じるとしても，利用者負担については1割負担という原則の例外としてユニット型個室も多床室と同じにすべきだったのである。少なくとも，現在のユニット型個室と多床室の利用者負担の格差を縮小し，家族が負担を減らすために多床室を選択するということを最小化すべきではないか。あるいは抜け道や矛盾の多い，低所得者に対する補足給付を，保険料も含まれる給付費財源で行うくらい[6]なら，ユニット型個室と多床室の利用者負担の差額を補填する補足給付の方が，よほど筋が通ってい

6）低所得者であるということは被保険者の属性の一部であり，その負担軽減のために，すべての所得階層が拠出した保険料を充てることは，保険の原理から言えば不合理である。仮に福祉的見地から低所得者対策が必要というのであれば，公費財源による福祉的措置として行うべきである。これに対し，ユニット型個室に入居するか多床室に入居するかは被保険者の属性の違いではなく，サービスの受け方が異なるにすぎないから，ユニット型個室入居者の利用者負担軽減のために保険料財源を充てることに保険原理上の問題はない。

る。

　ようやく福祉先進国並みのユニット型個室に踏み切ったにもかかわらず，地方自治体や特養ホームの関係者の無理解によって多床室に逆戻りするとは，筆者自身，予想もしないことだった。もし，厚生労働省・地方自治体が政治の圧力に屈してこのまま多床室の新設整備を進める方向に進むのであれば，その方針転換に関し，どのような説明をするというのだろうか。(関係者の意識の遅れを読み違えため)早まった判断をしてしまったとでも言い訳するのだろうか。しかし，行政には一貫性が求められるし，福祉水準の後退も許されない。であるならば政府は，ユニット型個室が人間の尊厳を守るものであることを改めて確認したうえで，福祉施設の居室定員を「参酌標準」から「従うべき基準」に戻し，ユニット型個室と多床室の利用者負担の差を解消する措置を講ずることにより，利用者および家族が多床室を選択するインセンティブをなくす道を愚直に進むべきである。

(初稿：2013.09.01，加筆修正：2018.06)

272 第4章 介護保険

Ⅳ　地域包括ケアシステムという妖怪

　昨今の政策（のようなもの）は，"はじめにスローガンありき"で，その後に無理して政策内容が捏ね繰り回されるという体のものが多い。介護・医療・福祉分野で言えば，地域包括ケアシステムの構築がその代表例であろう。本稿では，地域包括ケアシステムの構築が，スローガンではなく，本当に政策として成り立つものかを考えてみる。

1　法律に書かれた地域包括ケアシステム

　"1つの妖怪がケアの世界に現れている～地域包括ケアシステムという妖怪である。"などと挑発的なことを書くと，反党的行為，もとい非国民だと非難されそうなこの数年の雰囲気であったが，遂に"地域包括ケアシステムの構築"は政策のスローガンから法律にまで格上げされるに至ってしまった。元々，「持続可能な社会保障制度の確立を図るための改革の推進に関する法律（いわゆるプログラム法）」4条4項において，地域包括ケアシステムとは「地域の実情に応じて，高齢者が，可能な限り，住み慣れた地域でその有する能力に応じ自立した日常生活を営むことができるよう，医療，介護，介護予防（要介護状態若しくは要支援状態となることの予防又は要介護状態若しくは要支援状態の軽減若しくは悪化の防止をいう。），住まい及び自立した日常生活の支援が包括的に確保される体制」をいうと定義され，その構築を通じ医療供給体制や介護制度の改革を進めることとされていたのだが，さらに2014年の"関係法律の整備法"による改正後の「地域における医療及び介護の総合的な確保の促進に関する法律」において，その政策としての体系化が図られた。それによると，効率的かつ質の高い医療供給体制の構築と地域包括ケアシステムの構築を通じ，地域における医療及び介護の総合的な確保の促進の措置を講じるため，厚生労働大臣は「地域における医療及び介護を総合的に確保するための基本的な方針」（総合確保指針）を定めることとされ，都道府県知事及び市町村はこの指針に即して当該都道府県又は市町村の「地域における医療及び介護を総合的な確保のため

の事業の実施に関する計画」を作成することができる旨が明文化されたのである。空疎な条文の羅列と形式的な基本方針－計画という内容には欠伸が出そうになるが，それはさておき，国が作る最近の法律は，なぜ“国の基本方針－都道府県計画－市町村計画”という国→地方という行政の流ればかりなのだろうか。

　果たして地域包括ケアシステムは，このような国→地方という行政の流れのなかで構築されるものなのだろうか。否，そもそもこの地域包括ケア“システム”は誰かが“構築”するという類のものなのだろうか。筆者の基本的な問題関心はここにある。

　筆者が初めて“地域包括ケア”という言葉を聞いたのは，広島県御調町（現在は尾道市に合併）の公立御調病院の院長であった山口　昇医師からだったと記憶する。御調町では，御調病院のほかに，町設置の特養ホームや老健施設があり，それらの施設間の連携により“地域包括ケア”が成り立っているということであった。確かに，山口　昇医師はそれらの施設の責任者を兼ね，さらに御調町の保健福祉管理者という行政部門の責任者でもあったのだから，それらの施設を中心とした“地域包括ケア”を実現することができたのであろう。国際的にも病院ケアから地域ケアというのは潮流の１つであり，その後，日本でも尾道方式，長岡モデルなどの事例が関係者の関心を集めるなど，地域包括ケアという言葉は広く人口に膾炙するようになってきたのである。

2　地域包括支援センターと地域包括支援システム

　2006年の介護保険法改正では「地域包括支援センター」が創設され，“地域包括”という言葉が法律用語となった。当時，筆者はこの地域包括支援センターのことがよく理解できなかった(実は今もそうである)。地域包括支援センターは，その基本的な業務である介護予防ケアマネジメント・総合相談支援・継続的ケアマネジメント支援の３つ(その後，虐待関連業務も追加されて４つとなっている）を包括的に支援するということから，この名前があるのだろうか。しかし，この３つが相互にどういう関係にあり，なぜ“包括的”に支援しなければならないのか，その理由は明らかではない。地域包括という言葉だけでは，

274　第4章　介護保険

センターの基本となるコンセプトがもうひとつはっきりしないのだ。市町村や
センターの職員は，自分たちの仕事がどのような意味で“地域包括支援”であ
ると認識しているのだろうか。地域包括支援センターとは何かと問われて，個
別の業務はともかく，その基本理念が何であるかを説明できる人は多くはある
まい。まして地域の高齢者にとって“地域包括支援センター”という名称はチ
ンプンカンプンだろう。地域包括支援センターは，機能や意義を云々する以前
に，名称からして意味不明なのだ。

　地域包括支援センターが設置されたと思ったら，今度は“地域包括ケア”と
来た。地域包括支援と地域包括ケアは同じなのだろうか。それとも前者は，後
者のようなケアそのものではなく，やはり“支援”であって，両者は別物なの
だろうか。前記の法律によると，「地域包括ケアシステム」とは，「“高齢者が，
可能な限り，住み慣れた地域でその能力に応じ自立した生活を営むことができ
るよう，医療，介護，介護予防，住まい及び自立した日常生活の支援が包括的
に確保される”（おそらく，ここまでが地域包括ケアであろう）“<u>体制</u>”」とされ
ているから，地域包括支援センターの“地域包括支援”と地域包括ケアシステ
ムの“地域包括ケア”とは別様に理解すべきなのだろう。これから“地域包括
ケアシステムの構築”が進めば，地域包括支援センターは地域包括ケアシステ
ムの中心・拠点という説明に変わるのかもしれない。

3　地域包括ケアシステムの“構築”

　そこで，いよいよ“地域包括ケアシステム”の“構築”である。“地域包括”
という消化不良気味の言葉を使うことの是非はさておき，“地域包括ケア”を先
のように理解するとして，地域包括ケアシステムの“システム”とは何だろう
か。前述のとおり法律上の定義では“体制”とされているが，それなら同じ法
律で用いられている“医療供給体制”と同様，“地域包括ケア体制”で良さそう
なものであるのに，何故，地域包括ケアだけわざわざ「システム」なのだろう。
　広辞苑によると「システム」とは，“複数の要素が有機的に関係しあい，全体
としてまとまった機能を発揮している要素の集合体”であると言う。どうやら，
細胞の集合である生物においてそれぞれの細胞が他の細胞と有機的な関係を

保って生命体というシステムを構成しているというのが，システムの典型的なイメージらしい。とすると，法律が定義上は“体制”としているにもかかわらず，“地域包括ケア体制”ではなく，敢えて“地域包括ケアシステム”という名称にしているのは，医療・介護・介護予防・住まい・日常生活上の支援という地域ケアの各要素が有機的に関係しあい，全体としてまとまった機能を発揮するということを強調したいからであろう。このニュアンスは，“包括”の二文字によっても支えられている部分があるようにも感じられる。

　だが，“地域包括ケアシステム”がこのような各要素の有機的な関係性・全体としての統一性といったことを含意するとしたら，それは地域ケアの現場ではどのようにして成り立つと考えればいいのだろうか。生命体のような動的平衡を保つような繋がりが「システム」の核であるとすれば，どうすれば地域ケアを支える各要素を担う人々の間でそのような繋がりが“構築”できるのだろうか。御調町のように1人のトップが全体を統べる，あるいはかつての尾道方式や長岡方式のように単独もしくは複合した統一的な主体が全体をカバーするといった実態があるのであれば格別，そうでない地域における「システム」の実体は，煎じ詰めれば関係する人々の“ネットワーク”であると考えるほかあるまい。そういう人々のネットワークは，必要は発明の母と言われるとおり，通常は，目前の仕事をこなすうえでの切実な<u>必要</u>を満たすため自ずと出来上がってくるものではないか。しかも人々のネットワークは，結局のところは人と人との信頼関係に支えられているから，壊れることもあり得るし，人が代わればまた作り直さなければならないのだ。それは，常に編み直され，繕い続けて行かなければならない不安定なものであろう。院長という絶対的な権限を有している一個の病院のなかでさえ，チーム医療の必要性が叫ばれていることを考えると，別々の主体に属する人々のネットワーク作りが簡単なものではないことは直ぐにでも想像できるところであろう。

　“地域包括ケアシステム”の本質がこのような意味で“地域包括ケアを担う人々の間のネットワーク”でしかないとしたら，そもそも，それを誰かが“構築”するものとして捉えることは正しいのだろうか。少なくとも，行政が旗を振れば構築することができるといった簡単な話ではあるまい。

4 都道府県・市町村が定める計画における地域包括ケアシステム

それかあらぬか，都道府県や市町村が定める事業計画は，地域における医療及び介護の総合的な確保に関する目標とその達成に必要な居宅等における医療の提供に関する事業，老人居宅支援事業が実施される施設の整備に関する事業，老人福祉施設の整備に関する事業などについて作成される一方，"地域包括ケアシステム"については，厚生労働大臣の定める総合確保指針について「…地域包括ケアシステムを構築することを通じ，地域における医療及び介護を確保するための基本的な方針」とされるのみで，具体的な"地域包括ケアシステムの内容"や"システム構築の方法"などは完全にスルー（through）されてしまっている。プログラム法の定義規定以外で"地域包括ケアシステム"が出て来るのはこの総合確保指針の部分だけであり，都道府県・市町村の計画作成に関しては地域包括ケアシステムは全く登場しないのである。縷々述べてきたとおり，"地域包括ケアシステムの構築"という発想自体が不自然だったのであるから，当然と言えば当然の結末と言うべきではあろう。しかし，法律の条文でわざわざ"地域包括ケアシステム"を定義しておきながら，これでは羊頭狗肉との批判は免れまい。単なる医療計画まがいの行政計画を作成するだけなのであれば，"地域における医療及び介護の総合的な確保の促進"だけを書き込めば済んだのであって，"地域包括ケアシステムの構築"などといった空疎なことを大仰に法律条文化することはなかったのである。

＊

想像をたくましくすれば，スローガンとして叫んでいた"地域包括ケアシステムの構築"について社会保障改革国民会議で説明し，その報告書に書き込んでもらったために，例のプログラム法にも書かれてしまい，遂には総合確保法上も，中身はなくとも，何らかの形で条文化せざるを得なくなったといったところかもしれない。やはり"地域包括ケアシステム"はSpecter（妖怪・幽霊）だったというほかないが，そうであっても市町村やケアの現場はそれに振り回されるのである。いきなり「地域包括ケア推進課（係）」に配属された職員の困惑は如何ばかりだろうか。

最後に東洋史家・宮崎市定の一文を引用する誘惑に抗しきれなくなったことをお許し願いたい。それは次のとおりである。“おおよそ世の中に未熟な人生観で騒ぎ廻られることほど，迷惑なことはない。われわれはこれまで，いろいろな組織の中の点取り主義の働き者のためにどれほど犠牲にされてきたことか。下らぬ政策や実践はない方がいい。何もせずに昼寝をしていてもらった方がよっぽど有難いことがある”（「東洋史の中の日本」1958,『アジア史論』中公クラシックス 2002 所収）。

（初稿 2014.03.03，加筆修正 2018.06）

278　第4章　介護保険

V　"法令滋彰・盗賊多有"〜Jungle 化する介護保険〜

「法令滋〃彰らかにして，盗賊多く有り」という一文（『老子』57）を知った
とき，何だか最近の介護保険みたいだなと思ってしまった。「滋彰」とは"多く
繁雑となる"という意味（白川 静『字通』[1]）だからである。"法三章"と言わ
れるとおり，法律は簡潔を以て旨とすべきはずであったが，制度創設後，何回
かの法改正と度重なる基準・報酬などの改訂により介護保険は著しく繁雑化[2]
し，盗賊ではなくとも誰もが手続き違反・基準違反に問われる可能性が格段に
増えたようだ。どうしてこんな仕儀になってしまったのだろうか。

ひとつは，厳しい財政事情の中で利用者や事業者からの様々な要望に応えよ
うとして，基準・報酬などにおいて（必然的に）多くの"きめ細かな配慮・メ
リハリの利いた措置"を講じようとしたからである。財源が限られるため一律
の引上げが難しい以上，改善は的を絞ったピンポイントで行わざるを得ず，そ
の結果，加算・減算などが頻用されることとなった。それに伴い，それらの算
定のための手続き書類，記録などの証拠書類の作成が義務付けられ，担当者は
その作成に追われることになっているようだ。こんな状態ではケアの質向上の
ために創意工夫をしてみようという余裕など生まれてくるはずはあるまい。

もうひとつは，国の担当者の何でも法制化しようという過剰な熱意である。
具体例は上げないが，今までの法改正事項を見ると無理に法律化しなくともよ
かったものもあるのではないか[3]。もちろん本来は，法律の立案作業において
は法律事項（法律で定めなければならない事項〜権利義務条項）であるかどう

1）　蜂屋邦夫は（法なるものが）「明らかになればなるほど」と訳している（岩波文庫『老子』）。こ
ちらの方が老子らしい気もする。

2）　権利義務の関係をより精密に規定すべしという要請がその一因であることは確かだが，PC の利
用による条文作成作業の容易化（加筆・修正・削除などの修文や類似条文のコピー＆ペースト）も
隠れた要因ではないかと思われる。かつての条文作成作業は原稿用紙に手書きであり，修正のたび
にすべて書き直すという苦行が強いられたため，自ずと条文数を節約しようという強いインセン
ティブが働いたのである。

3）　ちなみに，今までの法改正で筆者が最も評価するのは，要介護者の尊厳に配慮する旨を定める改
正である（他は推して知るべし）。だが，その精神を活かす試みはどれほど行われたろうか。

かが厳しく審査されるのだが，なかには無理に法律事項を拵えて法律化している例もあるように見受けられる。そんな担当者の法律改正に対する熱意はどこから来るのだろうか。もちろん制度改正でより良い介護保険にしたい，現場の切実な要望に応えたいという気持ちがあることは否定しないが，どうやら法律改正自体が自己目的化しているきらいもあるようだ。1980年代までは，健保法などを除き，社会保障関係の法律が頻繁に改正されることは少なかった。法律案を作成して国会に提出し，それを通すとしたら大変なエネルギーがいるから，むしろ法改正をしないで行政目的を達成することが好ましいという風潮もあったのだが，それでは行政の沈滞を招くとして1980年代半ば以降，厚生省（当時）では，"毎年，各局1法案を出すべし"と，法律改正に対する積極姿勢が奨励されるようになったことも，今に繋がっているかもしれない。

　特に介護保険の場合，3年ごとの事業計画策定，保険料改定，報酬改正に合わせて法律改正を行うことが慣例となった感があり，それをしない担当者は仕事をしていないと見られかねないようだ[4]。いわば担当者の面子・功名心から法改正に手が付けられる場合もあるのではないか。だが，3年に一度という法改正は明らかにやりすぎである。市町村や現場の関係者は1年ほどかけて法改正の内容を理解したと思ったら，すぐに次の改正の動きをフォローしなければならず，じっくりと自分の頭で内容を熟成させて運用に生かすことなどできない。せめて6年に一度，普通であれば9年に一度という法改正のペースにすべきではないか。"改正"は常に"正しい"とは限らないのである。

（初稿 2013.06.25，加筆修正 2018.06）

4）こういう役人のメンタリティは明治初年からあったようで，新政府の太政官官吏だった木下真弘が明治10年に書いた『維新旧幕比較論』（岩波文庫）には，「各省及び府県の令する所，繁砕に亘り詳密に極む」としたうえで，「〔小官有司〕の務めとする所，簡閑なれば労勤上に顕れず，また冗贅廃黜〈無駄な職として廃止される〉の懼有り。是を以て繁劇を好んで，簡閑を好まず。事は必ず蜜察に赴かしめ，法は必ず詳細に赴かしむるを免れず。」と書いている。

VI 第2号保険料と日常生活支援総合事業

はじめに

　介護保険の第2号保険料は，第1号保険料と比べて，世の中の関心を集めたり，研究者の研究対象になったりすることは少ないが，現在でも給付費の約3割を占める重要な財源であり，もっと真剣に考察されるべき仕組みである。だが，実際の政策展開においては，第2号保険料の存在など眼中にないかのような議論が行われている。健保連・日本経団連など本来は第2号保険料の使途に重大な関心を持つべき関係者も給付費の抑制に気を取られて脇が甘くなっているようだ。

1　第2号保険料の構造

　振り返ってみると第2号保険料の仕組みが固まったのは，高齢者自立支援システム研究会の報告書がまとまった後，厚生省（当時）内で具体的な制度設計案が議論され始めた頃であったと思う。その時点で高齢者介護対策本部事務局が考えていたのは，被保険者1人当たり各月500円程度の定額保険料という前提だったからであろうが，保険者である市町村が20歳以上のすべての住民から保険料を徴収するというものだった。筆者は当時，制度設計の議論に本格的に参画し始めたばかりであったが，事務局の素案に対し，高齢者であれば年金からの特別徴収という方途があるが，そのような共通の保険料の賦課対象がない64歳以下の者を対象に，介護保険オリジナルの保険料賦課徴収システムを作るのは無理ではないか，既存のシステムである医療保険の保険料賦課徴収システムを用いるほかないのではないかと主張したのであった。その主張が容れられ，64歳以下の医療保険加入者を第2号被保険者とし，その数に応じて各医療保険者に割り振られた金額を，第2号保険料として賦課徴収するという現行制度の基本形が出来上がった。その後，審議会での審議や与党との協議において，「連合」からは，保険料と言いながら第2号被保険者に保険給付がない（当時，保険給付は65歳以上の者のみという案であった）のはおかしい，与党から

は，20 歳〜30 歳代の若年世代から保険料を徴収することは難しいのではないかといった意見が出されたことを踏まえ，現在のように老化の兆しが表れ始め，また，親が要介護状態になるおそれがある（いわば家族としての介護リスクが高まる）40 歳以上の者を被保険者とし，そのうち老化に伴う疾病が原因で要介護状態となった者は，要介護高齢者に準ずるものとして，保険給付の対象とする形で決着を見たのである。

　この第 2 号被保険者は建前としては各市町村の被保険者であるが，それは要介護者となって保険給付の対象となる場合の取扱いであり，被保険者としての適用・資格管理を市町村が行う仕組みにはなっていない。保険料の賦課徴収も含めてすべて医療保険者が市町村に代わって行うものと整理されている。また，第 2 号保険料は，加入者 1 人当たりの全国一律単価で各医療保険者に割り振られ[1]，医療保険者がそれぞれの医療保険の方式により賦課徴収した後，社会保険診療報酬支払基金に集められ，給付費の一定割合（その率は第 1 号被保険者と第 2 号被保険者の人口比）で各市町村に一律に配分されるのであるから，第 2 号保険料に関しては，実態として全国一本の保険であると言ってよい（p286 の図参照）。すなわち，介護保険は各市町村が保険者であり，本来は各市町村が独自の給付設計をすることも許されるはずであるが，全国一本の第 2 号保険料が各市町村の給付費財源となっていることから，それに規定され，保険給付の全国一律性が求められるという制度構造なのである。比喩的に言えば，全国の第 2 号被保険者は，彼らの親がどこに住んでいても同じ保険給付を受けられるよう，全国一律の基準で保険料を負担するという理屈である。実際，そうでなければ，第 2 号被保険者が自分たちの保険給付分以上の保険料負担に納得するはずはないだろう。

1）　被用者保険の各保険者については 2017 年から後期高齢者支援金の方法に倣って総報酬額に応じて割り振ることとされたが，介護保険の場合は，後期高齢者支援金と異なり，介護保険独自の第 2 号保険料制度が存在し，各医療保険者が徴収を代行するのはその第 2 号保険料とされていることからすれば，後期高齢者支援金の例に倣うことが本当にできるのか疑問なしとしない。また，わずかとはいえ，第 2 号保険料も 40〜64 歳の者の保険給付に見合っていることから見ると，その対応関係を無視して，被用者保険のみに総報酬割を導入できるかという問題もある。

2　日常生活支援総合事業への移行の意味

　今更ながら第2号保険料の性格・機能について縷々述べたのは，言うまでもない。2014年の介護保険法改正で，市町村が行う地域支援事業が介護予防・日常生活支援総合事業と包括的支援事業に再編され，前者のなかの総合事業サービスには，従来は予防給付として行われていた訪問介護・通所介護の一部も移行することとなったからである。しかも，驚くべきことに，この総合事業サービスの財源は，従来の給付費と同じ財源構成（すなわち第2号保険料も含む給付費の財源構成）にすることとされてしまった。

　そもそも要支援者に対する予防給付を廃止し，市町村の事業とすることはどういう意味を持つのだろうか。予防給付が保険料の対価としての保険給付である以上，それは要支援1・2の個々人を名宛人とする権利として保障されるということである。したがって，予防給付の費用が予算を上回った場合，市町村は歳出予算の補正をして必要な額を支払い，給付費の増加分のうち国庫負担分は追加され，第2号保険料分も支払基金が借り入れをして必要額を交付し，第1号保険料分についても財政安定化基金から貸し付けられるという具合に万全の対応がなされるのである。これが権利として保障されることの財政的な意味である。しかし，市町村の事業に変われば，予防事業の対象者は行政運営としての事業の客体に過ぎず，権利主体ではなくなるのだから，予算が底をつけば事業は打ち切りとなる可能性が生じる。また，予防給付であれば，要支援認定などに不服がある場合，当然，不服申立をする権利が保障されるが，市町村事業となればそれもなくなってしまう。予算が足りず予防事業の対象にならなかったり，（予防給付の諸基準は廃止され，報酬も利用者負担も市町村が決めることになるから）従来のサービス内容や水準が大幅に低下したりしても，不服申立すら起こせないのである。そのような個人の権利としての保障がない行政事業の経費に個人の保険料を充てるのはそもそも保険料の目的外使用というべきなのだ。民間保険はもちろん，社会保険においても個人の保険料は個人に受給権のある保険給付の費用に充てる（負担と給付の1：1対応）のが筋である。さらに社会保険においては，強制加入により全員に有無を言わさず保険料負担

を求めるのであるから，その対価として保障される保険給付は必要とする者全員に対して必要に応じて一律に行われるものでなければならない。かつ，その保険給付の質は保険料納付に値するものであることが求められるはずである。素人のボランティアによるサービスが強制的に取られる保険料の対価に値するだろうか。

仮に，保険者が独自の保険給付をしたいというのであれば，当該保険者に属する被保険者の同意を得るのが保険者（被保険者）自治の原則に適う方法であろう。健診などの本来の予防に属することは保険事故ではないから，強制保険の保険給付にはなじまないとされるが，被保険者同意を前提として保険者が独自に行う任意給付であれば否定される必要はない。個人を名宛人とする給付には向かないから保険者の事業として実施するという場合も，各保険者が被保険者の同意を得る手続き（介護保険で言えば，第１号被保険者が参加する事業計画委員会など）を経たうえで行うのであれば，個人の保険料の使途が個人宛の給付でないことから被保険者の同意を得る際のハードルは一段高いとしても，基本的には同様に考えることができよう。このような民主主義の手続き的正統性を欠く方法で，一方的に保険料の目的外使用が進められれば，第１号被保険者の保険料納付意欲にも負の影響を与えるおそれがある。

3　日常生活支援総合事業への移行がもたらすもの

さて，そこで第２号保険料もこの日常生活支援総合事業の財源としてよいかという問題に戻ろう。市町村の事業として行う場合の権利保障の弱さは前述のとおりであり，しかも，各市町村によって事業内容・利用者負担・サービスの基準・報酬の基準については地域の実情に応じた弾力的な運用が認められるというのであるから，全国一律の基準により全国の第２号被保険者に賦課される第２号保険料の仕組みとはどう考えても矛盾する。地方に老親を残して都会地で働く第２号被保険者にとって，老親がどの市町村に住んでいても全国一律のサービスを受ける権利が保障されているということが，第２号保険料負担の実質的根拠だからである。もし，自分の老親の住む市町村が，予防給付が市町村事業とされた後，その事業の全部または一部を廃止したり，縮小したりした場

合，その第2号被保険者は第2号保険料を払う気になるだろうか。しかも，そのような市町村の仕打ちには不服申立すらできないのだ。そのような意味では，現在の介護予防事業の一部に第2号保険料が投入されていることも本来はおかしいのであるが，今まで保険給付として行われていたものを日常生活支援総合事業に切り替えるというのはさらに筋が通らない。全国の第2号被保険者は，第1号被保険者と違って，個々の市町村の事業について同意するか否かを問われる機会もないのである。第2号保険料の投入に健保関係者などは異を唱えるべきだったのではないか。地域の実情に応じた事業実施により，介護予防の実がより効果的に挙げられるといった甘言に騙されるようでは情けない。

日常生活支援総合事業は，訪問型・通所型いずれのサービスにおいても，従来の要支援者へのサービスに相当するサービスのほか，緩和した基準によるサービス（A）と住民主体による支援（B）などが対象となっている。その実施状況を見ると，従来と同等のサービスが大部分を占めているが，基準緩和型や住民主体型のウエイトが次第に高まりつつあるようである。政府の資料では，この傾向を捉え，多様なサービスが出現していると評価しているようであるが，前述のとおり，保険料の対価のレベルがバラバラになることは決して歓迎すべきことではない。また，事業者が，市町村が設定する基準や報酬では総合事業の実施は割が合わないと考えるのであれば，それを無理に引き受けなければならない義理はないのだ。それに起因する被保険者住民の不満・反発という政治的リスクは市町村が負わなければならない。

予防給付の日常生活支援総合事業への移行に関する保険の原則からする批判は以上のとおりであるが，この改革には，ほかにも政策的な問題が多い。第2号保険料以前の問題として次の2点を指摘しておこう。1つは，要介護リスクの特性に起因する問題である。要介護リスクには要医療リスクと比べて不可逆的であり，交替可能性がないという特性がある。これは，被保険者の多くが保険料の掛け捨て状態に置かれることを意味する。介護保険は被保険者にとって掛け捨て感の大きい保険料に支えられているのである。とすれば，予防給付を市町村の事業とすることにより保険給付の受給資格者を絞ることは，このような介護保険の弱点を拡大することになるだろう。限られた財源を真に困っている人に重点的に投入するという政策選択は一般論としては成り立つにしても，

掛け捨て感の大きい保険料で支えられている介護保険では必ずしも正しい選択とは言えないのである。

　もう1つはケアマネジメントの継続性の問題である。要支援者に対する予防給付が市町村事業に移行した後，介護予防支援がそのままの形で続くとは考えにくい。従来なら介護予防支援を担ったケアマネジャーが介護給付に移行後も引き続き当該要介護者に伴走してケアマネジメントに当たることも可能であったが，市町村事業移行後は，それも叶わなくなるおそれがある。要支援であれ要介護であれ，高齢者の生活は継続しているのであり，適切なケアマネジメントを行うにはできる限り早いうちからケアマネジャーが寄り添うことが望ましいことは言うまでもない。予防給付の市町村事業への移行はそのような継続的ケアマネジメントの否定に繋がるのである。

　最後に，この問題の重要な論点を1つ指摘しておこう。それは予防給付を市町村の事業に転換させる政策の理由・動機は何かという問題である。2013年の社会保障改革国民会議報告では「市町村が地域の実情に応じ，住民主体の取組等を活用しながら柔軟かつ効率的にサービスを提供できるよう」という理由らしきものが述べられているが，この程度の理由で給付の事業化ができるのであれば，予防給付にとどまらず，在宅の介護給付でも事業化することができることになるだろう。保険給付の定型性という基本を理解していないから，こんな理由づけにも疑問が持たれないのである。要支援認定は変えない（事業化したら厳密な認定は不要）などとも言われているが，事業内容は市町村裁量，基準も報酬も決めないということからすれば，本音の理由は費用の抑制であることは明らかである。そうであれば，本来は国が行うべき給付費抑制の責任を，市町村事業化という反則技を使って市町村に転嫁していると批判されても仕方あるまい。政府にとっては，この日常生活支援総合事業を含む地域支援事業については一定の国庫負担の枠があるから気楽かもしれないが，前述のとおり，市町村にとっては，従来型サービスを基準緩和型や住民主体型に転換した結果，サービス利用者の切り捨てと批判を受けるおそれはあるし，従来型サービスの事業者が基準緩和型では採算が合わないとして撤退すればその批判は現実のものとなるから，悩みは深いに違いない。

おわりに

　以上のとおり，予防給付の日常生活支援総合事業への移行は理論的にも現実的にも問題が多い。市町村が唯々諾々と従っているのは情けないが，それ以上に，安易な制度変更は，微妙なバランスの上に成り立っている介護保険の土台を掘り崩しかねないことに気付くべきである。もし，介護給付費や介護保険料の増加を抑制するには予防給付の見直しが必要だというのであれば，残された選択肢としては，メニューの整理は行うとしても，予防給付は予防給付として残したまま，それをいくつかのパターンにまとめ，給付額も定額として，給付水準を抑えるほかあるまい。その結果，受給者に何がしかの不便は生じるかもしれないが，細くなっても給付という命綱は切らない方がましである。

（初稿 2013.10.01，加筆修正 2018.06）

図　介護保険・医療保険の負担と給付

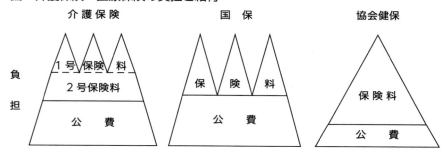

Ⅶ　"介護保険の老兵"の遺言

はじめに〜介護保険と私〜

　戦後の社会保障史に残る大きな達成であった介護保険が変質し，溶融し始めている。介護保険法の成立後，制度スタートまでの間，その実施責任者であった筆者は，その後，"介護保険の産婆"（取上げた子が育つのを遠くから見て，立派に成長してくれと願うのみ）を自称していたのだが，その後の改正で介護保険が転変・漂流しはじめ，「盆栽化する介護保険（手を加えすぎて奇天烈な形姿に）」・「貧すりゃ鈍する介護保険（国費抑制のために痩せ細り，醜くなるばかり）」となっていくさまを見ていると，切なさを通り越して虚しさを感じるようになってしまった。もはや，"介護保険の産婆"は止めて，"介護保険の老兵"と称したい気分である。老兵はもはや語らず，ただ消え去るのみという次第。以下は，"介護保険の老兵"が最後に敢えて語る，思いつくままの繰り言＝遺言のようなものである。

1　政府のなかにおける社会保障（厚生労働省）の位置

　2015 年の経済財政諮問会議の方針（骨太方針 2015）にあった一文には腰が抜けてしまった。「社会保障給付の増加を抑制することは個人や企業の保険料等の負担の増加を抑制することにほかならず，国民負担の増加の抑制は消費や投資の活性化を通じて経済成長にも寄与する」という露骨な社会保障否定論が展開されていたからである。今までの政府文書であれば「国民の安心や雇用の確保に一定の役割は果たしているものの」というくらいの留保は付いたであろうが，骨太方針 2015 では，官邸やその中心にいる経済産業省の本音が現れたのであろう，この文書にはそのような留保は何もなかったのである。この表現は骨太方針 2016 では姿を消したが，本音は変わってはいまい。

　このような経産省的発想に厚生労働省が押し込まれているのを見ると，筆者は 50 年前のような既視感に襲われる。当時の公害対策基本法には経済との調和条項があり，公害問題の高まりによって，その存続の是非を巡って通産省・

経済界と厚生省や患者側との間で議論になったことがあったが，それ以前に，最大の公害問題であった水俣病の原因をめぐって，当時の通産省が，厚生省の審議会が出そうとした水俣病の有機水銀説を提出させなかったという事件があった。池田総理のチッソ（新日本窒素）をつぶすなという厳命があったらしい。また，通産省の働きかけがあったのであろう，東京工業大学のK教授が有機水銀説とは異なる説を出したこともあった。どうやら，経産省のDNAは今でも変わっていないようである。

　官邸・経産省による骨太方針の社会保障抑制路線には財務省もこれ幸いと乗っているように見受けられる。財務省は，かつては概算要求基準で予算増額の大枠のみ定め，具体的な削減方策は要求官庁に委ねていたが，最近は財政審建議などで具体的な細かい削減メニューまで提示するようになっている。ある厚生大臣経験者が「厚生労働省は政策官庁から実施官庁へ成り下がった」と嘆いていたとも言う。与党の厚労族議員の一人は「財務省厚労局になってどうする」と党の勉強会で厚労省幹部を叱咤したらしい。それでも，現在の官邸が主導し，与党や各省もそれに抵抗できない状況の下では，厚労省は筋を曲げてでも，財務省の緊縮路線に従うほかないようである。

　2017年の介護保険改正をみても，その様子が垣間見える。2017年の介護保険法改正には「介護保険制度の持続可能性の確保」という名目で，一定所得以上の者の利用者負担の3割への引上げ（実施時期2018年8月）や介護納付金への総報酬割の導入（2017年度8月分から適用）が盛り込まれているが，本当は，これらの改正法を介護保険事業計画の改定年度でもない2017年度に提出する理由はない。利用者負担の引上げは2018年度実施であるし，介護納付金の単価も2015年度から2017年度分まで決まっているのであるから，急激な経済変動で中小企業の賃金水準が急降下したといった特別の事情もない以上，総報酬割を2017年度に導入する必然性もない。要するに厚労省は，骨太方針に基づく経済・財政再生計画の改革工程表で定められた社会保障関係費の増加抑制（2016〜2018年度の集中改革期間に1兆5,000億円＝各年度5,000億円まで抑制する）を実現するために，介護保険事業計画期間中であるにもかかわらず，敢えて総報酬割を2017年改正法に盛り込んだのであろう。3割負担への引上げは，それだけでは目立つと考えたからか，行きがけの駄賃という程度の認識

だったのではないか。本来，社会保険の法改正は給付の充実か保険料の抑制のために行うべきもので，国庫負担抑制を直接の目的に掲げることはあり得ない。当面の保険料抑制という短期的な目的から離れて，「介護保険制度の持続可能性を確保する」という名目で法改正を行うのであれば，少なくとも5〜10年を見通した大きな改革でなければ説明がつかないだろう。

2　介護保険が"契約＝約束"であることを忘れた近年の改革

　"能力に応じて保険料を負担し，その対価として，必要に応じた給付を公平に受ける"という社会保険の約束＝契約が守られるという国民の信頼がなければ，介護保険は存立し得ない。まさに"信なくば立たず"である。

　しかし，近年の改革では，この大前提を覆すような約束違反（社会保険からの逸脱）が相次いで行われている。保険料も税も同じという社会保険への無理解が各界に拭い難く存在するからかもしれない。これについては，前にも触れたので詳述はしないが，約束違反の第1は，保険契約における保険料負担（フローの収入・所得のみに着目）では考慮されない金融資産というストックの要素を給付要件に導入するというルール変更である。具体的には，施設の食費・居住費に関する補足給付の支給対象者から1000万円超の金融資産保持者を除外するというものであるが，これは万馬券が当たり，また，宝籤に当選して払戻しに行ったら，預貯金があることを理由に支払いを拒否されるようなものではないか。保険料はフローのみに着目して徴収し，支給する際に急にストックの状況を要件に追加するなど，社会保険としてはあり得ないことである。そんなことをする以前に金融所得への課税強化（株式等の譲渡所得・利子配当所得は分離課税で税率20％であるため，所得金額が約1億円超から税負担が軽くなっている）が先だろうと言いたくなる。財政審はこの資産着目を医療保険にも導入するよう建議しており，日本医師会長まで同調しているようだ。年金以外に生活の支えがない高齢者が老後の安心のために必死に蓄えた預貯金を削って，多額の金融資産がある者が多いであろう医者の収入を確保することに，国民の納得が得られると考えているのだろうか。

　仮に，保険加入時にその旨を予め説明しておけばいいと考えても，低収入・

290 第4章 介護保険

高資産の者と高収入・低資産の者を公平に扱えるか，金融資産の分散などの自衛措置にどう対応するかといった問題を解決しない限り，善良な被保険者の理解を得ることはできまい。もちろん，補足給付の資産勘案が社会保険の約束違反であるのは，補足給付の財源に保険料が含まれるからであり，仮に補足給付の財源が公費のみであれば，資産勘案も仕組めなくはないと思われる。

　高額介護サービス費・補足給付・一般の給付における利用者２・３割負担など，フローの負担能力を給付面においても反映させることもこれと似たルール違反である。所得のある者は，保険料負担でも保険給付でも二重に不利というのでは，その納得は得られず，加入を強制する根拠が揺らぐからである。

　第２の種類の約束違反は，介護予防・日常生活支援総合事業など，保険給付でない費途に保険料財源を投入することである。国が制度上，保険料財源投入を義務付けることは，"保険料の目的外使用"を市町村保険者に強いるものと言ってよい。保険給付の場合，当初予算不足のときは予備費や補正予算で対応しなければならないが，市町村の事業となると，保険給付の場合に保障される受給権は発生せず，予算の枠内で実施すればよいことになるので，同じ保険料を納めた者の間で不公平となるおそれがあるのだ。財政当局にとっては，予算統制が効きにくい保険給付より，それが可能な行政事業の方が望ましいので，今後とも行政事業化の圧力は続く可能性が大きい。これは，税と社会保険料の混同に基づく"保険料の租税化"とも言えるものだが，実は，はじめから市町村の任意事業としていれば，事業財源に保険料を充てる余地もなくはないのだ。もちろん，その場合，保険料を充てる以上，保険者ごとに被保険者の総意に基づき，任意給付（≠事業）とする方が必須条件である。それはさておき，こんな財務省の動きを見ていると，彼らは介護保険を作ったことを後悔しているのではないかと感じる。

3　給付の対象範囲の縮減と給付レベルの引下げはどちらが罪は深いか

　近年，行われた給付の対象範囲の縮減（特養の入所者を要介護３以上に限定，要支援者へのサービスや軽度者への生活援助サービスを給付から除外など）は，加齢に伴い要介護認定率が急上昇することを踏まえると，団塊の世代が後期高

齢者となったとき，現在の後期高齢者が受給しているサービスが利用できなくなることとなり，団塊世代の被保険者にとっては保険料負担のメリットが消失することを意味する。彼らが高い保険料を払っているのは，要介護高齢者が現在利用できているサービスを自分たちも，将来，受けられると期待しているからであり，それが給付範囲の縮減により受けられないこととなれば，「逃げ水介護保険」・「国家的な詐欺」と言われ兼ねず，比較的若年の被保険者は介護保険料を負担する気が失せてしまうだろう。介護保険は，形式は医療保険に近いが，中身は年金保険に似ているのであり，将来の給付が保障されない年金制度はあり得ないのと同様，介護保険も将来の給付に無頓着ではありえない。にもかかわらず，国や市町村がこれらの問題を深刻に考えないでおられるのは，年金天引き（＝強制徴収）により95％近い保険料収納が実現できていることに胡坐をかいているからと言われても仕方があるまい。このような意味で，給付の対象範囲の縮減は特に罪が深いというべきである。

　他方，給付レベルの引下げ（利用者負担の引上げ）は，社会保険が保険給付と保険料負担のバランスの上に成り立つものである以上，サービスを利用している者と利用していない者の両方の意見が正当に反映されて，被保険者の合意が得られる限り，やむを得ないものと考えられる。ただし，後述するとおり，利用者負担の引上げをどのような形で行うかは問題である。また，被保険者の合意を重視すれば，給付レベルの決定は市町村の判断に委ねることもあり得るが，その場合，上記の趣旨に鑑み，受給者と非受給者の両方同数の被保険者からなる委員会で決定するなどの公正な手続きが求められよう。

4　要介護度に応じた給付（範囲・利用者負担）がもたらすもの

　財政審は，一時，給付の範囲や給付のレベルについて要介護度に応じて差をつけ，いわゆる軽度者のそれを縮減または引下げる仕組みの導入を盛んに主張していた。しかし，要介護度に応じて給付の範囲や程度に差を設ける取扱いをする場合，重度の認定を受けられるよう，要介護者本人が生活改善の努力をしなくなったり，家族が介護の手を抜いたりすることのほか，要介護認定調査の際に特別の“配意・工夫”をしたりする場合も生じて，要介護度分布が上振れ

するおそれが出て来よう。この仕組みには，要介護者本人や介護家族が，要介護度が重くなることを喜び，それを希うという人間の自然に反した態度を採らせるという基本的欠陥があるのである。財政審は，要介護度の改善に向けた利用者のインセンティブを妨げないように留意すべきと言うが，具体論のないアリバイ表現に過ぎない。

　また，2018年度の介護報酬改定において，「自立支援介護」推進の趣旨から，要介護度の改善があった事業所に対して，介護報酬上のインセンティブ（成功報酬）が付与されることとなったが，より重度の認定を受けようとするという前述のディス・インセンティブとは異なるとしても，老後の過ごし方に関する高齢者の気持ちや選択を無視して，「自立支援」が無理強いされる危険性は否定できない。我々は歳を取ってからも，ああせい・こうせいと国に指示されなければならないのだろうか。現在でも要介護度が低下するケースはかなりある（異議申し立てが行われるケースも多い）ことを考慮すると，要介護認定の精度向上がまずは不可欠であろう。それなしに行えば，はじめは認定調査への"上手な"対応等で重度の認定を獲得し，その後の要介護度改善のスタートラインを低くするといったケースも出てくるに違いない。その結果，世上よいケアをしているという事業所より，そのような評価を受けていない事業所に成功報酬が支払われ，業界・利用者が疑心暗鬼に陥るという，最も避けるべき醜悪な事態になるおそれがある。

　昨今は経済学的発想から，あらゆる分野でインセンティブの役割が強調される傾向にあるが，例えば保険の仕組みや市場メカニズムのようにインセンティブが双方向的な自己制御装置として組み込まれている場合は格別，プラスであれマイナスであれ，一方通行の歯止めなきインセンティブはかえって有害な結果をもたらすことが多いことを忘れてはならない。かつて制度スタート時の審議会で全国老施協の委員が成功報酬の導入を主張したのに対し，日本医師会の委員が"我々は感謝の花束だけで十分"と反対の意向を表明し，一座を唸らせたことがあったが，この分では，診療報酬においても例えばリハビリによる改善に対して"感謝の花束"ならぬ金銭的インセンティブが付与されることになるかもしれない。

5 介護予防・日常生活支援総合事業の意味するもの

　介護予防・日常生活支援総合事業は，前述のように予算統制が効かない保険給付を市町村事業化することにより予算コントロールを強化するとともに，基準緩和により漸次的な費用縮減（さらには事業消滅）を狙ったものと言える。市町村は，支払い費用を抑制して事業者の撤退を招き被保険者を泣かせるか，自らの負担により従来同様の費用支払いを続け事業者にサービスの継続を求めるか，厳しい選択を迫られるだろうが，決められた額の事業費しか負担しない国はどちらに転んでも痛くも痒くもないのだ。虫のいい，無責任な話ではある。本音は，認定基準の見直しにより要介護（要支援）者の範囲を縮小し，あるいは単純にそれらを保険給付から除外したいのだろうが，"介護予防"の看板を下ろせないことや要支援者の除外に対する政治的反発を考慮して言い訳的に迂回作戦を採用したに違いない。しかし，それに伴う膨大な事務作業と制度の複雑化は市町村職員や事業者・利用者を苦しめるだけである。

　日常生活総合支援事業は，基準を簡素化して費用を抑えるタイプのほか，ボランティアによる肩代わりタイプも認められている。しかし，この方式は，僅かな費用の補助を通じて市町村の監督・介入を導き，本来の自由で創造的なボランティアの良さが損なわれるおそれが大きい。今までボランティアでやってきた事業が日常生活総合支援事業に組み込まれることに多くのボランティア関係者が躊躇する所以である。真面目にボランティア事業に取り組んできた者は，僅かばかりのお金のために市町村の桎梏下に入るべきではあるまい。ボランティアの費用に強制的に集めた保険料を使う以上，ボランティア活動の硬直化を招くのは当然の帰結なのだ。

　要支援者に対する医療系サービス（デイケア・訪問看護）は給付のままで残されたが，さらに，要介護者に対するデイサービスも，リハビリ職の関与しない単なるレクリエーションは給付から外し，入浴・食事介助のみが給付対象のサービスとされてしまうかもしれない。だが，デイサービスが在宅で要介護者を支える家族にとって大きな役割を果たしていることや高齢者にとって安心できる居場所となっていることを十分認識せず，単なる要介護者の預かりサービ

294 第4章 介護保険

スにしてしまっていいものか。この分で行くと最終的に介護保険給付は身体介
護サービスと医療系サービスのみになってしまう可能性もある。そうなれば，
要介護者の日常生活先般を支えようとした介護保険は敗北したと言うほかな
い。

6 生活援助サービス外しにどう対応するか

　軽度要介護者の訪問介護における生活援助サービス外しについては，2018年
度から，生活援助の使用が多いケアプランの場合，地域ケア会議で取上げ，必
要に応じて助言・指導するようになったようである。だが，支給限度額の範囲
内であっても，生活援助サービスの"使い過ぎ"は許されないことだろうか。
本人の生活実態や希望を直接知らない，地域ケア会議の面々はどのような根拠
から，ケアプランの見直しを求めることになるのだろうか。厚生労働省は2017
年秋から「科学的裏付けに基づく介護に係る検討会」を開催しているようだが，
そんなものができると本当に考えているのだろうか。もし，そうであれば，要
介護認定基準も現在のような現場におけるケアの経験から帰納的に導き出され
るものから，あるべき介護の在り方から演繹的に導かれるものに変わり，ケア
プランもその科学的裏付けを基に"押しつけ的"に作られることになるに違い
ない。

　財政審建議は，生活援助サービスを民間家事代行サービスと比較し，その割
安な負担を強調していたが，それは重度者に対する生活援助サービスにおいて
も同様であり，最終的には訪問介護における生活援助サービスの全面的除外に
も通じる可能性がある。そうなれば，在宅生活はほとんど不可能になるし，在
宅重視も地域包括ケアも全て嘘となってしまうだろう。財政審は軽度者に対す
るデイサービス（特に小規模型）も事業化の対象に挙げているが，これらの在
宅サービスにおける生活援助サービス外しは，いずれは在宅との均衡を理由に，
施設サービスや住宅系サービス等における生活援助相当部分の自己負担化など
にも波及する可能性があろう。

　ただ，直観的には理解していても，生活援助の重要性に対する実証的説明が
足りないのは事実かもしれない。世の中には，Evidence がなければ判断でき

ないという単純な発想も多いのである。例えば，3〜5年程度の間，生活援助サービスを利用した者と利用しなかった者の要介護度の推移を比較し，前者の要介護度の進行が遅いといった事実を示すなどができれば望ましいし，せめて生活援助サービスが現実に有効であることを示す具体的なエピソードを数多く集めて示すなども重要であろう。要は，介護が日常生活全般に及ぶことを再認識し，その全体を支えるという視点に立つことを再確認することである。

7 混合介護が今，強調される意味

　介護保険サービスへの上乗せ・横出しサービスは元々，制度上否定されてはおらず，原則禁止される混合診療とは異なる。これは，医療サービスには一体的で分割できないという特性があるのに対し，介護サービスは分割可能であり，どれだけ行えば十分かという基準もないからである。それのみならず，制度創設時，事業者間の価格競争を促す趣旨から，上乗せするサービスの事業者とベースになる介護保険サービス事業者が同じであれば，ベースの介護報酬（＝上限価格≠公定価格）の割引も認めるようにしたのだった（割引分でより多くのサービスが利用できるとともに，事業者は上乗せ分のサービス拡大で利益を上げられる）。ただ，現在は，国保連のシステムが割引対応となっていないようで，事業者が対応できないのは残念である。なお，上乗せ・横出しサービスについては，本体サービスとの混淆を排除するため，同時提供は認めない旨の行政指導があるようだが，これは運用の問題に過ぎない。ローカル・ルールとしてあるのかもしれないが，いずれも構造改革特区で認めるといったレベルの問題ではない。

　むしろ混合介護が強調される背景には，生活援助サービスの給付除外とその部分の民間家事代行事業者の活用という思惑があるのではないか。生活援助サービス外しに前述のような問題がある以上，まずは制度上認められている割引制度を機能させるのが先決である。

8 福祉用具レンタル価格のばらつき・高止まり

　福祉用具レンタル価格を薬価のような公定価格とせず自由価格としたのは，薬価差類似のレンタル価格差が生じるなど不健全な商慣行により財源が費消されることを防ぐことにねらいがあった。搬出入や保守点検の費用の個別性だけを考慮したものではないのである。ケアマネジャーがレンタル価格を交渉により安くすることにより，区分支給限度額の隙間を広げ，利用者が使用できるサービス量を増やすことを期待したのだ。しかし，ケアマネジャーはその役割を果たせず，レンタル事業者も価格競争を十分しないという非常識な結果となっているのは残念である。レンタル価格引下げが限度額内のサービス利用増加につながる仕組みが必要なのかもしれない。ケアマネジャーによる価格交渉の代わりに，地域の居宅介護支援事業者が入札により当該地域のレンタル事業者を決める仕組みを導入することなども考えられる。

　政府は，レンタル価格の全国調査に基づき高価格品を対象外とするようであるが，その方法では市場競争による価格抑制をもたらすことはできないだろう。政府は，価格上限を段階的に引下げて人為的な価格引下げへと導くのかもしれないが，その価格レベルによっては多くの場合，必要なレンタルができないこととなり，薬価と同様に個別レンタル価格の公定制の導入が求められるかもしれない。しかし，それだとレンタル価格差による歪な競争となるので，やはりケマネジャーやレンタル事業者による競争的価格引下げが必要である。

9 現役並み所得のある者の3割負担が意味すること

　2018年8月から現役並み所得のある者の利用者負担が3割に引き上げられたが，後期高齢者医療制度並びという理屈だけで，一生続く介護と治癒・寛解の可能性のある医療を同視できるかという疑問は残る。高額介護サービス費の水準を高額療養費の多数回該当と同水準とすることでそれに配慮したつもりなのかもしれないが，いずれにせよ，低所得者向けの政治的な配慮は不可欠だろう。

それよりも重大な問題は，第1に，前述のとおり，高い保険料負担の者が低い保険給付しか受けられないという社会保険原則との矛盾をどう考えるか，第2は，同じ要介護度の者の在宅サービス利用の支給限度額に対する比率の違い，すなわち支給限度額に対するサービス利用割合が，生保受給者＞利用者負担1割の者＞利用者負担2割の者＞利用者負担3割の者という結果となった場合，それをどう説明するかである。介護保険の精神からは説明困難であろうから，利用者負担割合の違いによるサービス利用率の差を補正するような公費財源による措置が求められるのではないか。その場合，生保受給者の取扱いについても何らかの見直しが必要となるかもしれない。

むしろ，在宅重視・地域包括ケアというのであれば，在宅の場合は介護保険サービスの利用者負担のほかに諸費用が掛かっていることを踏まえると，在宅サービスは一律に1割負担，施設サービスは一律に2割負担などとし，低所得者配慮は公費財源で行うとともに，社会福祉法人減免をしっかり制度化（社会福祉事業として明定。無料低額特養事業・無料低額デイサービス事業など）して対応すべきではないか。

10 特養ホーム等の明確な位置づけなしに，サ高住の安易な導入を招いたツケ

特に大都市部において待機者が未だ存在するという現実があるにもかかわらず，特養ホームについて政策的な位置づけが明確になされないまま，サービス付き高齢者住宅制度が安易に導入されてしまったように思われる。国土交通省の補助金もあり，大都市部周辺（大阪府・神奈川県等）でのサ高住の急増ぶりは驚くばかりだ。だが，介護サービスを提供するために入所してもらう施設（特養ホーム）と，住宅に入居している者に（介護）サービスを提供するサ高住・有料老人ホームとは本質的に違うのである。特養ホームが高齢者にとってベストの選択だとは確言するものではないが，施設であるが故の24時間管理体制が与える安心感は捨てがたい。有料老人ホームやサ高住などの住宅系サービスでは利用者を24時間管理下に置くことは想定されておらず，その意味での十分な安心は得られないのだ。また，ケアは付いていないというサ高住の実態からみれば，隣接の在宅サービス事業者等による集中的・押付け的介護サービス

298　第4章　介護保険

提供といった問題が生じることは当然，予想されたことであるのに，その対応
をしないままサ高住制度の導入を容認したことも問題であった。後で泥縄的に
規制を強化しても，いったん出来上がった実態を変えるのは容易ではあるまい。

　また，有料老人ホームの定義から入居定員の要件が外されたことから，有料
老人ホーム的なサービスを提供しつつも行政庁への届出がなされていなかった
高齢者アパートも，建前としては行政の守備範囲内となったが，そのような高
齢者住宅を事前に全数把握することは困難であり，何らかの問題が起こった後，
行政庁の事前監督が不十分として批判を浴びることになるだろう。サ高住は，
このような水面下の無届高齢者アパートとそれに付随する濃密在宅サービス事
業者を叩くための"誘蛾灯"として導入されたのだろうか。

11　介護職員の確保

　医療費については，診療報酬の改定幅の操作により総医療給付費のコント
ロールが行われていることは確かだが，医療費には，その収入減を補うバッ
ファーが存在（薬価買叩き強化による差益収入の増大・保険外負担の引上げ・
医師の賞与カット・給食のコスト抑制・念のための再診の勧め・週明け退院な
ど）することを忘れてはならない。しかし，介護費の場合，要介護認定や区分
支給限度額，施設包括報酬などにより，医療のような介護報酬抑制に対するバッ
ファーがほとんど存在しないため，事業者はギリギリの稼働率を追求すると
いったことしかできず，ケアの質の向上のための取組みなどが後回しになって
いるおそれもある。結局，最大のコスト要因である人件費についての十分な手
当てができず，労働者の参入・離脱が容易な介護労働においては，職員の離職
増加・採用難に直結しているのだ。介護離職防止のため，処遇改善加算などの
対応がなされているが，使途が介護職に限られているため，事業所内の各職種
の給与体系に歪が出始めていることも問題である。今までのように，介護報酬
改定が国の財政に左右されるようでは，事業者も長期的見地に立った優秀な人
材確保のための給与体系の改善など難しいだろう。処遇改善加算では定期昇給
も評価するようになると聞くが，それを現実に可能にする条件を国が作ること
が先決ではないか。本当は，介護報酬改定のルール化（収支差率と人件費比率

の組合せにより改定の＋－を示すなど。サービスの種類ごとに収支差率＜α％・人件費率＞β％であれば＋改定というイメージ。）を目指すべきだと考えるが，財政上の制約から財務省は難色を示すに違いない。

　OJTを通じた介護職員のレベルアップという観点からも，職員の定着は重要であるが，職員の離職理由としては，給与その他の勤務条件のほか，職場のストレスも大きな要因となっている。管理者・指導者は，職場の雰囲気（職員同士・職員と利用者／家族）にも配意する必要があろう。それによって，不適切なケアもかなり減らせるはずだ。また，介護職員にとっては，勤務条件の改善とともに，専門性の確立による介護職に対する社会的評価の向上が重要である。そのためには，介護に携わる人々自身がケアという仕事の尊さ・やりがい・歓びについて語り，アピールし，表現し続けることを期待したい。また，ケアの仕事の大切さややりがいについて，学校教育段階から認識を深めてもらう取り組みなども欠かせない。外国人の介護職導入についてはフィリピン・インドネシア・ベトナムとの経済連携協定による対応が進んできたが，解禁されたとはいえ，技能実習制度による受け入れは，既存業種における実態を見る限り，問題がありそうだ。一部の介護事業者の技能実習生への扱いにより，介護業界全体がブラックの印象を持たれないよう，慎重に進めるべきだろう。海外からの介護人材の受入れを通じて，わが国の多文化共生社会つくりに介護業界が貢献できれば良いのだが。

12　無節操な地方分権

　民主党政権の「地域主権一括法」により，特養ホームやグループホームなどの居室定員についても，保育所の場合と同様に「参酌すべき基準」と位置づけ，自治体が相部屋を条例化することも可能になったが，これなど地方分権以前の「人間の尊厳・個人の尊重」の問題であり，当時の厚生労働省の対応には大いに疑問が残るところである。そもそも民主党が言い出した「地域主権」という考え方が間違っていたのだ。

　20世紀の末から続く，指定都市の急増，中核都市制度の創設，市町村間の格差拡大など自治体制度が複雑化・流動化する中で，都道府県からの市町村への

権限移譲が実態を十分に踏まえず形式的に行われている感がある。例えば，地域密着型サービス類型を創設したことは，やはり失敗だったのではないか。これらに伴い，介護保険法の指定や指導監督の権限がサービスの種類により都道府県・（指定／中核）市町村とバラバラになっているほか，都道府県間・市町村間によって指導監督の方針が異なっているという問題もある。その結果，事業区域が複数の自治体にまたがる場合はそれぞれの自治体から指導監督を受けるという煩雑さは事業者にとって大きな負担となっているようだ。一部の自治体には，地方分権であるからと，国の助言を無視して独自の判断をするところもあると聞くが，全国的に統一された方法による保険料賦課，要介護認定，介護給付の内容を前提とする介護保険制度である以上，自治体ごとに運用が大きく異なるようでは全国の被保険者の理解が得られないことを忘れてはならない。

　また，介護保険の権限と各福祉法や医療法による施設の認可や指導監督権限との間でしっかり平仄が取れているか，さらに社会福祉法人に対する認可・監督権限が原則として市へ移譲されたことに問題はないかといったことも気になるところである。地方分権は無条件に良いというわけではなく，縦と横の両面で秩序だった分権の進め方を考える時期に来ているように思う。

13　制度はなぜ，複雑化するのか〜医療と介護の違いを見失わないこと

　介護保険法は，ほぼ3年に一度，介護報酬や基準の改定に合わせて改正されてきたが，これは法改正の頻度としてはやりすぎだと思う。法制度は理解・定着までに時間が必要であり，3年ごとの改正というのは如何にも短すぎる。法改正は10年に一回で良い。厚労省老健局の幹部は，自ら主導して法改正したという実績を誇りたいのだろうか。しかし，善意に出る企てが地獄に通じることもあるのだ。頻回の改正が行われる結果，特に自治体職員が自分で考える機会をなくし，創設時の職員が持っていた主体性や創造力・想像力を殺いでしまった感がある。"走りながら考える介護保険"は制度創設までのことであり，創設後はじっくり考え，どうしても法改正が必要な場合にのみ取り組めばいいのだ。実際，一度法律に書いた条文を"削除"することはほとんど不可能なのに，安直に条文数（特にサービスメニュー）を増やしすぎたのはとりわけ罪が深い。

国は，増やし過ぎたサービスメニューのハンドリングをしっかりできているの
だろうか。

　介護報酬・基準改定において診療報酬に倣った加算・減算や包括化の手法が，
医療と介護の違いを無視して，安易に導入されていることも問題である。介護
報酬における加算等の措置は，利用者のメリットに直結せず，診療報酬と同じ
ような政策誘導効果は持ちえないことも多い。介護報酬の水準によって差が出
て来る自己負担の額について利用者の納得がどれだけ得られているのか検証す
る必要もあろう。また，医学的裏付けのある診療報酬では包括化によっても極
端な粗診粗療には繋がらないが，科学的根拠が未確立の介護では手抜きへの歯
止めが弱いことにも注意が必要である。それにしても，介護報酬・基準の解説
書の分厚さは半端ではない。Ｑ＆Ａも含めると3冊で3000頁を超えるのでは
ないか。筆者は，制度創設時，当時の坪井栄孝・日医会長から，介護報酬は診
療報酬のように複雑にするなよと言われたことがあったが，それを思い出すた
びに忸怩たる思いがする。

14　制度の核心部分のブラッシュアップをこそ

　これまでの度重なる制度改正は母屋の改築ではなく，離れにおいて意匠の異
なる増築を重ねるものが多かったようだ。結果として，介護保険法は奇怪な建
築物となってしまった一方，母屋の中の改善すべき部分が置き去りになった感
がある。その1つに，要介護認定の精度アップ（特に認知症者の認定）が挙げ
られよう。1次判定のロジック以前に，タイムスタディの対象施設の選定，認
定調査方法の見直しが必要であろう。

　また，認知症ケアの在り方についても啓蒙だけでなく，具体的にケアの現場
や家族が応用できる方法を調査研究すべきである。認知症者の鉄道事故裁判で
問題となった「認知症高齢者の日常生活自立度判定基準」における「常に目を
離すことができない状態」という留意事項の文言も早急に見直す必要がある。
身体拘束禁止・虐待防止に向けた具体的な方法論の研究開発も進んでいないの
ではないか。やむを得ず身体拘束をした場合の記録に「どうすれば身体拘束を
しないで済ませられたか」について必ず書かせるようにして，精神保健福祉法

のように，"やむを得ない"身体拘束の事例をいたずらに積み重ねるのではなく，身体拘束をしない方向への意識付けを強化することこそが重要である。

個室ユニット型ケアの推進は地方分権法により頓挫した感があるが，再度，その精神を確認したうえで，報酬体系は個室ユニット型を基本に据える形に見直すべきではないか。高齢者の年金を頼りにしている家族の判断で，ユニット型個室ではなく多床室が選ばれる事態を少しでも減らすために，ユニット型個室の利用料をもう少し安くし，多床室の利用料を引き上げることにより，両者の差をできる限り小さくすべきである。

法案審議過程で，介護保険事業計画委員会への住民参加が法律上追加された趣旨を思い起こせば，介護保険料決定の住民参加プロセスの実質化も追求すべきで課題であろう。同委員会を，被保険者と事業者からなる事業計画委員会とサービスを利用している被保険者と利用していない被保険者がバランスよくメンバーとなる保険料算定委員会の2つに改組することも検討すべきである。

15　保険料は本当に上げられないか～独立型保険の限界

介護保険料は多くの場合，掛捨てとなる多数の被保険者と掛け捨てにならない少数の利用者の区別が明確で相互に交替可能性がないこと，にもかかわらず基礎年金から強制的に天引きされることから，その引上げに対する抵抗感が強く，保険料の天井（引き上げの限界）も高くない。3年ごとの一斉引き上げで保険料水準に関心が集まりやすいことも一因である。単に全国の1人当たり介護保険料水準を較べて示すだけでなく，要介護者（サービス利用者）1人当たり給付費（≒1人当たり保険料額／保険料割合／要介護認定率）や被保険者1人当たり給付費（≒1人当たり保険料額／保険料割合）を併せて示し，保険料と給付費の関係について理解を促すことも重要であろう。

このような保険料引上げの制約を考えると，療養病床数の抑制（2006年の法改正で廃止の方向だったが，2018年度から「介護医療院」として復活。介護医療院が介護保険の重荷にならないよう注意が必要），訪問看護の医療保険への一本化，居宅療養管理指導の廃止，施設サービスの利用者負担引上げ，居宅介護支援への定額利用者負担の導入など，介護保険の荷を軽くするような制度改

正も検討すべきである。ただし，要介護認定の絞り込み，給付対象者の限定などは掛捨てとなる者を増やすのみで，現在の介護保険の構造では不得策である。なお，第2号被保険者の年齢引下げにより保険料負担者の裾野を拡大することも避けて通るべきではないが，その場合，障害福祉サービスとの関係を抜本的に見直さなければ，障害当事者の理解を得ることは困難であろう。

　保険料の上昇抑制のために国庫負担の増額を求める考え方もあろうが，仮に，増税の見返りなどで実現できたとしても，その後，国庫負担縮減の圧力がより強くなるのは必定であり，危険というほかない。低所得者の保険料軽減のための国庫負担投入も，生保受給者と同様，介護保険とは別制度の介護保険料手当として行うのが筋であろう。保険料部分への投入であって給付費の財源構成に変わりはないという説明は虚偽である。

　後期高齢化の進展などにより介護保険給付費が増加し，それに伴い保険料も上昇するのは不可避であるが，近年のように給付範囲の縮減が続くと，将来受給者となる可能性のある現役勤労世代・前期高齢者世代の保険料掛捨て感が昂進し，その面からも保険料の引上げへの抵抗感が一層，増大するだろう。これらは，要介護リスクを独立したリスクと捉えて，医療保険とは別の独立型介護保険としたことの必然的帰結である。保険料の掛捨て感から保険料引上げへの抵抗が強まる一方，必要な給付費すら確保できない事態となれば，最終的には，介護保険料の掛捨て感をなくすために医療と介護の保険料を一本化して，両者一体型の保険制度として再編成するほかないだろう。老齢年金の保険料と障害年金の保険料を区別することなく徴収している年金保険と同じ発想である。ただし，医療保険と介護保険の統合と言っても，年齢を65歳以上に引き下げて介護保険と統合しようと，介護保険の年齢を75歳（65歳〜74歳は特定疾病に起因する場合に限定）に引上げることによってそれを実現しようと，現在の介護保険制度や後期高齢者医療制度の構造を前提とするのであれば，高リスク者のみの独立型保険であることに変わりはないから，本質的な解決にはなり得ない（次頁のイメージ1）。独立型の保険制度を回避するのであれば，筆者が主張してきた高齢者医療制度の組み換えを前提に，介護保険と医療保険の一体化を考えるほかあるまい（次頁のイメージ2）。

　なお，誤解を避けるために付言すれば，この介護保険と医療保険の統合一体

【医療・介護一体化制度のイメージ1】

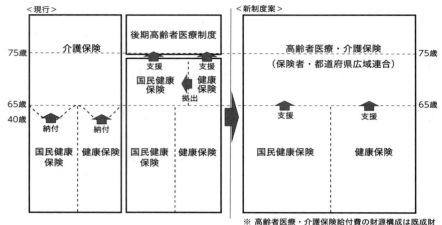

【医療・介護一体化制度のイメージ2】

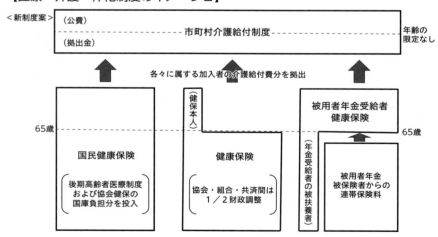

化は，上述のとおり，保険料負担の隘路を切り開き，制度の存続を図るための方法であって，これによって地域包括ケアシステムが構築できるなどと云うものではない。地域包括ケアはシステムというより，関係者のネットワークであることは前にも書いたとおりであり，地域における多様な介護事業・医療事業の主体がネットワークを作り上げるには，国レベルのファイナンスの制度がどうあろうと，地域ごとの地道な取り組みを積み重ねるほかないからである。

（初稿 2016.12.24，初稿の講演レジュメを文章化 2018.06）

306　第 4 章　介護保険

Ⅷ　社会保障制度におけるケアの倫理
〜介護保険を中心に考える〜

はじめに

　社会保障制度がケアを提供しようとする場合，それはどのような形式や構造の下で行なわれているのだろうか。また，そこではケアの倫理がどのように活かされているのだろうか。ケアという言葉は広い意味で使われているが，ここでは狭義のケア＝介護について考えてみよう。本稿では，2000（平成 12）年に創設された介護保険制度（介護保険法）を主な対象とし，必要な限りでそれ以前に高齢者介護を主に担っていた老人福祉法に触れる。

1　老人福祉から介護保険へ

　老人福祉法は，終戦直後に児童福祉法や身体障害者福祉法が成立した[1] 後，わが国社会に高齢化の兆候が見え始め，それまで困窮者以外は家族の領分であると考えられていた高齢者についても福祉の対象と考えられるようになった昭和 38 年にできた法律である。他の「福祉法」と同様，憲法 25 条 2 項の社会福祉の向上・増進に関する国の責務に基づいており，現にケアを必要としている人々のニーズを制度の対象とし，それ故に公費が財源とされている。同法では，身体上又は精神上著しい障害があるために常時の介護を必要とし，かつ，それを居宅において受けることが困難なものが入所する特別養護老人ホーム[2] などについて定めているが，公的福祉として，要介護高齢者を入所させる法形式は行政庁の処分（これを「措置」という。）とされており，ケアを受ける者は全くの受け身[3] である。憲法 25 条 2 項が国の責任[4] を強調するものである以上，同条を直接の根拠とする立法はそのようなパターナリズムを導くことが多いの

---

　1)　児童福祉法は昭和 22 年，身体障害者福祉法は昭和 24 年に制定された。

　2)　特別養護老人ホームは養護老人ホームの特別版として昭和 38 年の老人福祉法制定の際，創設されたものである。養護老人ホームの前身は，生活保護法の養老施設，さらには救護法の養老院であり，老人福祉法の出自が救貧法制であったことを示している。

だ。加えて公費財源であることに伴う給付拡大への制約・所得制限等による対象の限定，さらには自己責任を強調する論者による福祉国家への攻撃の可能性も考えると，憲法25条に基づく公的福祉のスキームだけで急速に進む社会の高齢化を乗り切ることができるかが問題となってきた。

　確かに憲法25条が戦後の福祉立法に果たした役割は大きいが，芦部信喜が言うとおり[5]「自由権と社会権とは，その前提とする国家観および法的性質を異にする」のであり，これら福祉立法が，憲法が基礎を置く市民法原理（リベラリズム）と十分に親和的であるとは言い難い。何か異物感のようなものを漂わせつつ存立している印象がある。本来は自由権＝強い理性的な個人，社会権＝ケアを受けるべき（ヴァルネラブルな）個人という具合に，この二つは前提とする個人像も異なるのであるから，両者を内在的に統合する憲法原理こそが求められるのであろう。

　しかし，それがない以上，両者を架橋する智慧，すなわち市民法に根を持った社会制度が考え出されなければならない。それが「リスクの発見」による社会保険という仕組みであった。自らが遭遇する可能性のあるリスクに備えるために行う保険料の拠出という「自助」が期せずして，リスクに遭遇した他者への保険給付に繋がるという「共助」の絡繰り（＝自助の共同化）は，憲法でいえば，13条の個人の幸福追求権に基づきながら，25条の目的も達成しようとするものなのである。社会保険は，一般の個人がリスクに遭遇した際にケアを受けられない（結果として生活困難に陥ってしまう）事態について社会的に備える必要があることをもって，国が責任を持つべきニーズと捉える。憲法25条2項も「国は社会保障[6]（＝社会保険）の向上・増進に努めなければならない」と定める。

　だが，社会保険では，自分のリスクは少ないと考える者の未加入（＝逆選択）を防止する（＝強制加入）とともに，負担能力の小さい者の強制加入の実効性

3）　特別養護老人ホームへ入所することは措置という行政処分に伴う反射的利益であり権利であるとはされていなかった。法律上，高齢者はどの特養ホームに入所するかを選択できなかったのである。

4）　のちに市町村の自治事務に改められたが，かつては国の機関委任事務とされていた。

5）　芦部信喜『憲法（第6版）』2015 岩波書店・85頁

6）　GHQ の初期の原案では，Social Security ではなく，Social Insurance とされていた。

308 第4章 介護保険

を確保するために収入や所得に応じた保険料制[7] が採られるのが通例である。それらの意思の自由や財産権の「侵害」は市民権保障とは両立しないが，そのままでは社会権の目的は達成できないことから，それらの「侵害」も社会権の名において正当化されている。とはいえ，その結果，負担と給付の対価関係という保険の枠組みを大きく逸脱したら人々の理解が得られないことから，保険料賦課に上下限を設けるなどの措置も講じられている。ここでは，自由権→一部社会権的修正→一部自由権的再修正という構造となっており，自由権と社会権の間で微妙なバランスが取られていることを見て取ることができるだろう。

　介護保険も，社会保険のひとつとして，以上のような基本的性格を有していることは言うまでもない。

2　介護保険の基本構造

　介護保険は，65歳以上の地域住民を被保険者（第1号被保険者）とし，それらの者の保険料のほか，40〜64歳までの第2号被保険者の保険料および国・地方の公費により，市町村を保険者として運営される独立型[8] の社会保険である。市町村を保険者とする一元的な制度という意味で，被用者保険加入者以外の者を一元的に対象とする市町村国民健康保険と似ているが，市町村国保が，「療養の給付」という現物給付方式を採っているのに対し，介護保険の場合は「介護サービス費の支給」という費用給付方式[9] を採っている点において大きく異

7）被用者保険では原則として定率の収入比例保険料制が採られ，率においては公平となっているが，額において差がある点において民間保険とは異なる。被用者保険以外でも，何らかの形で所得に応じた保険料制を採るのが通例である。

8）後述する要介護認定や区分支給限度額などの医療保険にはない仕組みを導入するため，介護保険は，医療保険とは別の独立型保険とされたが，保険料の賦課徴収まで別にしたことに伴う困難があることは否めない。

9）後述するとおり，「介護サービス費の支給」も代理受領方式によって事実上「療養の給付」と同様の扱いとなっていることから，現物給付化されていると言われることが多いが，給付の形式としてはあくまで「費用給付方式」であり，その違いを無視することはできない。本文で述べること以外で一例を挙げれば，「療養の給付」における患者一部負担金は給付に内包され，健康保険法によって特別に支払いが義務付けられているのに対し，「介護サービス費の支給」における利用者負担は給付外の部分であり，その負担義務は介護サービス契約に基づく私法的なものである。

なっている。実際には「介護サービス費」もサービス事業者が被保険者に代わって保険者から直接受領する方式を採っているので，窓口負担の在り方において大きな差はないが，「療養の給付」が，保険者自らが行うことを前提としつつ，それを指定された医療機関に委託するという建前である（換言すれば医療サービス市場の存在は必ずしも前提としない）のに対し，「介護サービス費の支給」は，指定を受けたサービス事業者との間で行われる決められた上限価格の範囲内での取引とはいえ，市場（準市場と呼ばれる）において契約に基づき利用者が事業者に支払う費用を対象に保険給付が行われる点が大きく異なる。これを前述の老人福祉法の行政庁の措置によるサービス提供と比べてみれば，行政庁（その委託を受けた事業者）→被措置者（要介護高齢者）vs 指定を受けた事業者⇔利用者（要介護高齢者）という関係の違いは一目瞭然であろう。

　もう一つの大きな違いは，介護保険における要介護認定である。医療保険の場合，療養の給付の要否・程度は実際に患者を診る医師・医療機関が判断する（しかない）のに対し，介護保険では市町村が保険者として介護サービス費の支給の要否・程度を認定するという仕組みを採っている。措置制度の下では行政庁の職員が担当していた事務を，介護保険では保健医療福祉の専門家による審査会の判定に委ね，それに基づき市町村が認定するというものである。この要介護認定をどのように仕組むかは，何をもって介護が必要な状態と考えるか，その場合の介護とは何を想定するのか，介護の個別性に開かれている一方で社会保険として求められる公平性・客観性をいかに確保するかといった問題に関係する重要事項である。要介護認定は，大量の要介護者を対象とする制度と個別のケアを結び付ける転轍機の機能を担っているのだ。

3　介護保険におけるケアの給付

　介護保険において，保険給付が準市場における事業者と要介護者の間の契約に基づき遣り取りされるサービスの費用について行われるものとなったとき，そこで想定されているケアの在り方とはどのようなものと考えられるだろうか。これについて考えるためには，介護保険における給付の仕組みについての理解が必要となる。保険給付が保険料の対価である以上，それは交換の正義の

範囲内になければならないが，要介護者の状態は多様であるから，すべての要介護者に全く同じ内容・程度の給付を均一に行うことでは介護保障としては十分と言えない。そうとすれば，社会保険として対価性の枠を大きく逸脱することはできないが，保険給付の具体的設計はできる限り個別性に配慮するように行われる必要がある。それは，どのように行われているのか。

　まず，給付の入り口である要介護認定である。前述のように，要介護認定は保険者の事務であるが，実際は認定審査会の判定に委ねられている。認定審査会における審査は，コンピュータによる一次判定を基に，主治医意見書や認定調査の特記事項などを参照しながら行われるが，要介護認定の本質が最も明確に表れているのは，コンピュータによる一次判定のロジックである。これは，数百の施設で実施された入所者の心身状態と介護行為についての48時間にわたる1分間タイムスタディで構成されたデータベースの中から，認定調査対象者の心身状況[10] に最も近い者を選び出し，その者のタイムスタディ・データをもって認定調査対象者の要介護度判定の基礎にするというものである。具体的には，要介護度はタイムスタディ・データによる時間の長さ（要介護認定等基準時間[11] という）に応じて概ね20分刻み[12] で定められている。これは，心身状態から要介護度を導く方法では，担当する者の専門的バックグラウンド（医療・福祉など）によって判定が左右されることが多かったため，その方法の採用が困難だったことによるのだが，その結果，現在の認定審査会における判定は，要介護認定の申請をした者が要介護認定等基準時間の長さで定義された要介護度のうち，どの区分に該当するかについてタイムスタディのデータベースのなかに御座（おわ）す要介護度の「神」の声を聞いたかの如く直観的に行われて

---

10)　基本調査項目だけを見ても，過去に受けた医療や障害高齢者・認知症高齢者の日常生活自立度に関する情報のほか，55項目にわたって具体的な状況が調査される。例えば，寝返りについて①つかまらないでできる，②何かにつかまればできる，③できない—というように。

11)　要介護認定等基準時間は，①入浴・排泄・食事等の介護，②洗濯・掃除等の家事の援助，③徘徊に対する探索・不潔な行為に対する後始末等，④歩行訓練・日常生活訓練等の機能訓練，⑤輸液の管理・褥瘡の処置等の診療の補助という5つの分野ごとにタイムスタディ・データに基づき作成された樹形モデルに認定調査結果を代入していくことによって算出される。

12)　例えば要介護3は，「要介護認定等基準時間が70分以上90分未満である状態（当該状態に相当すると認められないものを除く。）又はこれに相当すると認められる状態」というように定められている。

いる[13]。

　このように時間を物差しとして要介護度の判定することについては，時間だけでケアの質が測れるかという批判もあり得よう。だが，ケアの質の測定の難しさはさて置いても，実際に行われるケア行為のベースラインは，ケアをする人とケアをされる人が「共にいること」，換言すれば「共に時間を過ごすこと」にあるのだから，「共にいる時間」を物差しとすることには，十分，意味があると考えられる。

　さらに，このように要介護度を判定する先験的な基準がなく，それが介護現場の実践から導かれるということは，どのような介護を行うかについてもすべて現場における介護実践＝経験に委ねられていることを意味する。この点は，医療が医学という自然科学に裏付けられ，要医療であるか否か，要医療の程度はどうかだけでなく，要医療の場合において施されるべき診療内容まで医学に基づき客観的に決まっている（とされている）ことと際立った対照をなしている。将来，医療と同様，介護に関する科学の体系ができれば，要介護認定もそれに基づき演繹的に行われる時代が来るかもしれないが，介護が対象者の日常生活全般に関わるものであることを考慮すると，やはりそれにも限界があるだろう。

　次に，要介護認定を受けた者はどのように介護サービスを受けることになるのだろうか。介護保険のサービスメニューは，施設サービス（特養ホーム・老人保健施設など）・住宅系サービス（グループホーム・指定を受けた有料老人ホームなど）・居宅サービス（訪問介護／訪問看護・通所介護／通所リハビリなど）と大きく三つの系統に分かれており，各々の分野で多様なサービスのメニューが取り揃えられている。もちろん，これらの多様なサービスは多くの場合，別々の事業所から提供されており，要介護者は施設サービス・住宅系サービスの場合は，どれか一つのサービスと事業所を選び，居宅サービスの場合は，サービスメニューの中から，多くの場合，複数のサービスと事業所を選んで利用することとなる。居宅サービスの場合，通常はケアマネージャーの支援を受けてケアプランが決められるが，ケアマネージャーを誰にするかも含め，どのような

---

13)　実際は，要介護認定の積み重ねにより各認定審査会で要介護度の相場観のようなものが出来上がっており，認定審査会の判定はそれに沿って行われているようである。

312　第4章　介護保険

事業所のどのようなサービスを利用するかは要介護者本人が選ぶというのが建前である。要介護者は要介護度に応じた金額（区分支給限度額という）の範囲内でこれらについての選択の自由が認められる。要介護度が介護行為に費やされる時間（要介護認定等基準時間）から帰納的に導き出されるということは，当該要介護者の要介護認定等基準時間に基づき与えられたサービス利用の枠をどのように使うかも要介護者に委ねられることを意味するのだ。実際にはケアプランは，本人・家族，ケアマネージャー，各サービスの担当責任者のほか，主治医なども交えたケアカンファレンスがもたれ，そこでの話し合いの結果を踏まえたうえで作成される建前となっているが，全体としてのケアが目指すべき方向，具体的なサービスの提供・利用の方法などについては要介護者本人の意向が十分に尊重されなければならないことは言うまでもない。

4　介護保険の仕組みが想定するケアの倫理

　このような介護保険におけるケアの給付の仕組みから，そこで想定されているケアの在り方について何か言えることがあるだろうか。そこでの「ケアの倫理」とは，一体，どのようなものだろうか。要介護度に関する客観的基準がなく，どのような介護を提供・利用するかの判断も，要介護者とサービスを担う者などとの話し合いに委ねられる以上，当該要介護者やサービス担当者にとって，行われるべき「正しいケア」は存在せず，むしろ，それぞれの者が考える「よい（良い・好い）ケア」があるとしか言えないのではないか。もちろん，要介護者が求める「よいケア」とサービスを担う者が考える「よいケア」が一致するという保証はない。要介護者自身が明確に意識していないことでもケアの目標や内容として好ましいものがあるかもしれないし，ケアの担当者が自分の専門性に縛られ過ぎると要介護者の本当のニーズを見落としてしまうことも考えられる。おそらく，それぞれの当事者が互いを認め合い，「よりよいケア」を求め続けるという関係にあることが重要なのだろう。（認知症の人の場合など，実際に対話することは少なくても）そこには対話的・共感的な関係性があると言ってもよい。

　では，この対話的・共感的関係性が成り立つのは，どんな世界においてなの

VIII　社会保障制度におけるケアの倫理〜介護保険を中心に考える〜　　313

だろうか。思うに，それは「私とあなた」という二人称の世界であろう。そこでは，例えばユダヤ哲学のF・ローゼンツヴァイクが言うように「私は〈君〉を自らの外部にあるなにかとして承認することによってはじめて，つまりモノローグから本当の対話に移行することによってはじめて…〈私〉となる」[14]のだ。介護現場で働いた高口光子の「あなたと出会ったからこそ過ごすことのできたかけがえのない日々。寮母にとって老人が，老人にとって寮母が，かけがえのないただひとりの人となるのである。私たちは，このために働いている」[15]という声は，この二人称の世界で成り立つケアの在り方をよく表している。

　ケアの関係がそのような人間の根元的なあり方に基づくと考える立場に対し，「正しいケア」があるとする立場は，ケアの関係を「私と彼（それ）」という三人称の世界で捉える立場であろう。「あなた」は，「彼」あるいは「それ」といった余所余所しいものとなり，ひとりの人格として「私」の前に現れ出ることはない。医療が，患者をひとりの人格としてではなく，一つの身体若しくは疾病として見るようになったとき，近代医学が成立し，「正しい医療」が登場したのではないか。終末期や認知症などの場合，患者が再び，ひとりの人格として医療者の前に立ち現れ，二人が向き合うようになることもあると聞くが，これは医療も原初的には二人称の世界であったことを示しているのかもしれない。

　三人称の世界は，法や正義によって規律される世界である。近代市民法やそれが依拠するリベラリズムの正義も当然，三人称の世界の言葉である。仮に，ケアの関係が二人称の世界を基礎に置くものであるとしたら，それを位相が異なる三人称の世界の法や正義の観念と一元化したり，統合したりすることは原理的に困難と言うべきであろう。按ずるに両者の関係は，座りの悪い並存か，せいぜい工夫された棲み分けしかないのではないか。介護保険制度は，枠組みとしては市民法に依拠しつつ，それに社会法的修正を加えたものであり，ケアの給付については制度の枠組みのなかで二人称のケアの世界をできる限り実現するための工夫がなされた「棲み分け」の試みであったのだ。

---

14)　F・ローゼンツヴァイク『救済の星』村岡・細見・小須田訳 2009 みすず書房・265頁

15)　高口光子『仕事としての老人ケアの気合』2002 医歯薬出版・135頁

5 関係としてのケアと職業としてのケア

　母親による子どもの保育を典型として，高齢者や障害者のケアについても家族等の特定の関係者により行われるケアを念頭に語られることが多い。ケアの倫理についての議論も大方はそこに出発点を置いているようである。ケアする者とケアされる者の共感的関係がケアの倫理において重視される所以である。これに対し，職業として行われるケアも存在し，家族の介護力の低下や家族関係の変化に伴って増加しつつある。職業として行われるケアには，ケアする者に雇用されるケース（親や子などが人を雇い，子どもや高齢者のケアに当たらせるなど）やケアされる者に雇用されるケース（障害者が人を雇い，自らの介助に当たらせるなど）という個別性の強い場合のほか，ケアする者はケアの提供を業とする者に雇用され，その管理下で，事業者とケアサービスの購入契約を結んだ要介護者のケアに当たるという場合もある。いずれの場合のケアも，他の介護職や専門職との連携が重要であるが，基本は個々の介護者によって行われるものであり，前者は家族としての愛情や義務感に基づき，後者は稼得のために勤務する事業所の管理者の指導監督に基づくという違いがあるだけである。

　介護保険により行われるケアの給付は，前述したとおり，準市場において契約に基づき提供・利用される介護サービスについて，そのサービス購入費を被保険者（利用者）に支給するという形式を採っているから，当然，後者の職業としてのケアを前提としている。では，ケアの倫理はこの職業として行われるケアを担う介護職員についても妥当するだろうか。職業としてのケアにおいても，個別ケースごとにケアする者とケアされる者の間に共感的関係性が成立し，ケアの経験知に基づく「よいケア」を追求することが可能なのだろうか。関係に基づくケアであっても，職業としてのケアであっても，ケアする者とケアされる者との関係の在り方次第では，その行為に手仕事のような喜びや遣り甲斐を感じることもあれば，単なるルーティンの作業であったり，場合によれば苦役とさえ感じられたりすることもあるだろう。家族関係に基づくケアの場合でも，介護する家族が高齢者や障害者のケアを通じて喜びや達成感を得ることが

ある一方，介護の辛さから対象者に憎悪を覚え，虐待に至るケースも珍しくない。これに対し，職業としてのケアであっても，前に紹介したような現場からの声を聞けば，そこにケアの倫理が成り立っていることを見出すことができるだろう。また，職業としてのケアにおいては，ケアをする者とケアされる者との間でどうしても良好な関係が築けない場合には，いずれの側からもケアする者の交替を申し出ることが容易であるし，肉体的精神的に過度な負担とならないよう適切な業務の分担もできるので，むしろ共感的関係を構築しやすいかもしれない。もちろん，職業としてのケアにおいては，直接の介護職員だけでなく，経営者・管理者がケアについての識見を持ち，利用者に対する関係でも介護職員と同様の立場に立つことがケアの倫理が成り立つ前提であることを忘れてはならない。

　このように職業としてのケアも，関係に基づくケアと地続きであり，ケアの倫理が成り立つ可能性があると考えれば，残る課題は，ケアする者とケアされる者の間によい関係性を確保し，それを踏まえて「よいケア」を実現するにはどういう条件が整えられる必要があるかということになろう。介護保険によるケアについて考える場合，それを実現するにはサービス事業者の規制・基準や介護報酬など，さまざまな政策手段をバランスよく組み合わせた取り組みが必要であるが，ここでは詳述しない。

6　要介護者に対する自立支援のケア

　既に述べたとおり，介護保険の仕組みが想定しているのは，ケアされる者とケアする者の共感的関係に基づき追求される「よいケア」の実現であると考えられるが，介護保険法では制度の目的として，要介護者が「尊厳を保持し，その有する能力に応じ自立した日常生活を営むことが出来るよう，…給付を行う」とされ，制度による給付が目指すケアの目標として「自立支援[16]」が掲げられている。この「自立支援」という語は，公式には介護保険制度の検討過程の1994年6月，当時の厚生省が「高齢者介護・自立支援システム研究会」（座長：

---

16)　「自立支援」ではないが，「自立助長」という語が昭和25年の生活保護法のサブ目的として掲げられている。

316　第4章　介護保険

大森　彌）を設けた頃から用いられ始めた。その報告書では，自立した生活の実現を支援するイメージとして「重度の障害を有する高齢者であっても，例えば，車椅子で外出し，好きな買い物ができ，友人に会い，地域社会の一員として様々な活動に参加するなど，自分の生活を楽しむことができるような」支援を挙げ，「高齢者の自立支援」こそが，新介護システムにおける給付の基本理念であると位置付けられている。公的福祉として行われる老人福祉法の措置であれば，建前として制度が目指すべきケアがあっても不自然とは言えなかったが，実際の老人福祉法の運用において，そういう問題意識が明確に持たれたことはない。にもかかわらず，介護保険法において，制度の仕組みからは直ちには導き出されない「自立支援」が制度の給付が目指すべきケアの理念として打ち出されたのはなぜか。

　老人福祉法の下で受け身の存在でしかなかった高齢者やその関係者の意識改革を求めようとしたものか，あるいは単に「介護保障」というより，前向きな印象のある「自立支援」という語で戦後社会保障の一大プロジェクトである介護保険制度のイメージを良くしようと考えたのかは定かでないが，制度の仕組みと照らし合わせてみたとき，何か取って付けた感があることは否めない。

　介護保険法で定められた「自立した生活の支援」は，その後，社会福祉法の改正において福祉サービスの基本的理念として掲げられたほか，障害者自立支援法[17]や発達障害者支援法，生活困窮者自立支援法などでも使われ，近年のトレンドになったような感がある。このように用いられる「自立支援」は本当にすべての対象者に当てはまるような普遍的な理念なのだろうか。生活保護の生業扶助や障害者の就労支援などの場合にはあまり違和感はないが，高齢者や障害児・者の介護の場合，すべてのケースを「自立支援」で括れるものか疑問なしとしない。それでも「自立支援」の語は誰も反対しにくいからか，介護保険制度においては近年，介護給付費抑制の潮流のなかで，ますます幅を利かせているようだ。

　確かに介護保険の基本設計では近代市民法の自由で自立した個人が仮構されてはいる。しかし，制度の枠組みと具体的な給付とではその理念の位相を別異

---

17)　同法は「障害者の日常生活及び社会生活を総合的に支援するための法律」に改められ，題名と基本理念からは「自立支援」の言葉は消えたが，給付の名称として「自立支援給付」が残っている。

にする以上，制度の給付レベルで目指すべきケアの理念として「自立支援」の表現に捉われる必要はないのではないか。介護保険が目指すべきは，「正しいケア」というパタナリスティックな視線が仄かに感じられる「自立支援のケア」と言うより，その人らしさを大切にするといった表現で語られる，ケアされる本人の意向やケアする人の気持ちに沿った「よいケア」と言うだけで十分であろう。もちろん，高齢者や障害者がそれぞれ自分の考える「自立した生活」を追求することは自由であるし，望ましいことでもある。だが，国や制度が各人の自立した生活を「支援」するということには，自由な個人を基本とするリベラリズムの精神から見ても，「私とあなた」という二人称の関係に基礎を置くケアの倫理から考えても，違和感を禁じ得ない[18]。少なくとも介護保険の給付の仕組みを前提とすれば，「自立支援」は「自律に裏付けられた自立」の支援でなければならないだろう。

おわりに

　創設時には公的責任の放棄という批判もあったが，介護保険制度が誰もが遭遇する要介護リスクに着目することによって，普遍的な介護の社会化を達成したことは確かである。それが介護サービスの準市場における契約を前提としていることも，利用者の主体性や事業者と利用者の関係性に基づくケアの在り方に照らせば積極的に評価すべきであろう。かつては郊外に多かった特養ホームも街中に開設され，デイサービスセンターも辻々で見かけられるようになった。しかも，これらの施設で働く職員に若者で増え，皆，優しい笑顔で懸命にケアに当たっているのもかつては考えられなかったことである[19]。このような介護保険によるケアの社会化は，すべての社会事象を飲み込もうとする市場化の潮

---

18)　健康保険法第117条では，「被保険者が闘争，泥酔又は著しい不行跡によって給付事由を生じさせたときは，当該給付事由に係る保険給付は，その全部又は一部を行わないことができる」と定めており，給付事由の原因が余程の「愚行」でない限り，給付が行われることとなっている。「自立支援」が強調されて，自立を目指すという要介護者の「善行」が介護保険による給付の前提とされることとなれば，リベラリズムの原則に反するおそれがある。

19)　引用した高口光子の文章にあるように，介護保険以前，特養ホームの介護職員の法令上の名称は「寮母」であった。

流のなかで「ケアの倫理」が重視される領分を囲い込み，その分野を一般の市場経済から守ろうとするものと言えるだろう。それにより，効率や成果だけではなく，共感と尊厳を大切に思う人々が増えていくことは，市場原理主義を超える新しい社会の展望を拓く可能性を有しているのではなかろうか。

（初稿：2017.11.10，加筆修正：2018.06）

第5章 社会福祉

I 2013年生活保護法改正・生活困窮者自立支援法制定を考える

はじめに

　頻繁に改正される介護保険法とは対照的に，生活保護法は制度創設以来，近年まで基本にかかわる大改正を経ずに来た。しかし，2013年に至り，芸能人の母親の生活保護受給が問題となったことなどもあって生活保護バッシングが起こり，とうとう法改正をせざるを得なくなってしまった。それによって安易な改正癖が付くのではないかという心配がなくもない[1]。生活保護法の骨格は市民法と社会法の接点[2]の上に成り立っており，安易な改正はそのバランスを崩す機会を増やすおそれがあるからである。また，生活保護法の改正とセットの形で政府の生活支援戦略を法律制度化しようとする生活困窮者自立支援法も同時に成立した。この法律は生活保護法との関係でどのように位置づければいいのだろうか。

1） 2018年国会で成立した「生活困窮者等の自立を促進するための生活困窮者自立支援法等の一部を改正する法律」には生活保護法の改正も含まれている。

2） 生活保護法は憲法の生存権条項を踏まえた社会法の代表格の法律であるが，保護の基本原理として補足性の原理を謳うなど市民法の基盤もしっかり踏まえている。生活保護法の運用は，本人の自助努力を前提としつつ，扶養義務者による扶養なども念頭に置いて，社会法の原理と市民法の原理のバランスを取りつつ行われる必要があるのである。それにしても，近年の生活保護バッシングを見ると，戦後，営々と築いてきた生存権思想が如何に脆いものだったかと感じざるをえない。

1 政策の全体的構図

　この制度改正は，生活保護予算の削減，生活保護法の改正，生活困窮者自立支援法の制定の３つを一体的なものと捉えて評価する必要がある。この３つのうち政府当局者にとって最も優先度が高かったのは，生活保護費の予算削減であったと思われるが，期せずして起こった生活保護バッシングに応えるべく生活保護法の改正にも手を付けることを余儀なくされ，それだけではあまりにも後ろ向きの印象を与えるので，生活支援戦略を策定し，その主要事項を織り込んだ生活困窮者自立支援法を制定することにより，政策全体としての装いを整えて見映えをよくしたというのが，この制度改正の構図とみるべきだろう。もちろん，このような政策パッケージ自体が悪いというのではない。パッケージの装いや見映えに目を奪われることなく，パッケージを構成する政策をそれ自体として評価し，さらにそれらがパッケージされることによってどのような効果が齎されるかをクールに判断すればいいだけの話である。

2 生活保護基準の引下げ

　前述のように政策担当者にとっては，厳しい財政状況下で求められる生活保護費予算の削減が（好むと好まざるとにかかわらず）実現すべき第一の課題であった。生活保護基準は憲法で定められた健康で文化的な最低限度の生活を保障するものとして，その引下げには政府も慎重に対応してきたが，昨今のデフレ経済下では生活保護基準が相対的に高くなり，さらに先般の老齢加算の廃止が最高裁で合憲とされたことから，いよいよ手を付けざるを得ない状況となっていたと推測される。したがって，生活保護基準の引下げ自体はやむを得ない判断であったと考える余地はあるが，生活保護基準が制度発足後，初めて本格的に引下げられるという経験をする以上，引下げがこれからも無制約に行われ，生存権保障が後退することのないよう法律上の歯止めを明文化すべきではなかったろうか。健康で文化的な最低限度の生活水準といっても必ずしも一義的に決められるものではなく，従来，経済的社会的，さらには財政的諸条件を勘

案して行われる厚生労働大臣の総合的な判断に委ねることも不合理ではないとされてきたが，経済成長により国民の消費水準が上昇する過程であれは格別，経済成長が見込めず，財政制約も強まる状況となった今日では，生活保護基準の引下げが現実の課題となるのは不可避であるから，やはり保障されるべき最低生活水準の定め方の基本的な方式を法令レベルで明らかにする必要性が高まったと言うべきだろう。最低生活水準の定め方については，例えば一般世帯の平均消費水準の一定割合，1／10分位世帯の消費水準との均衡，OECD貧困基準（1人当たり可処分所得の中位50%）など，いろいろな指標が考えられるが，それらについて十分に議論したうえで，そのいずれかを採用すると決めたら，その基本的考え方に基づいて生活保護基準を設定する旨を法律上明らかにし，さらに具体的な算定方式も政令か省令で明示することが望ましいのではないか。生活保護基準の決定方式とその算定プロセスを明示することで，厚生労働大臣の裁量権限の行使を牽制し，無制約な基準引下げの歯止めとするのである。このように基準設定の基本的考え方を法律上明示するという提案に対しては，実際に政策決定に携わっている担当者はおそらく消極的であろう。曰く，生活保護に否定的な政治家や財政当局を説得できない，あるいは藪蛇になってより厳しい基準にせざるを得なくなる，改善すべき局面で足枷になるおそれがある等々。しかし，国が保障する最低生活水準がどう設定されるかは，被保護者のみならず，国民全般にとっても重要な問題であり，政策担当者の都合で決められるべき問題ではないのであり，やはり正面から取り組むのが筋であろう。もちろん，生活保護は基準だけでなく，それへのアクセスや運用も問題であり，これらも含めて総合的に検討されるべきことは言うまでもない。

3　生活保護法の改正

　生活保護法の改正事項は多岐にわたるが，そのうち批判の的になったのは保護の申請手続き（申請書の提出など）と扶養義務者に対する通知や扶養義務者からの報告に関する規定である。前者については，申請書を交付しないという"水際作戦"を採りやすくなるのではないかとの指摘がなされたのに対し，政府は，従来から実務上申請書の提出手続きは行われていたので実態は変わらない，

322　第5章　社会福祉

また，従来どおり口頭による申請も認められると説明していた。それなら，わざわざ明文化する必要はどこにあるのかと訊きたくなるが，それに対する説得的な回答がない以上，何か魂胆があるのではないかと疑われても仕方あるまい。水際作戦を進めるつもりはないと言うのであれば，"求めがあれば，申請書を交付しなければならない"という条文を追加すればいいのである。それにしても，法定受託（かつては機関委任）事務でありながら，水際作戦などという保護の実施機関の裁量的運用がどうして行われてきたのだろうか。法定受託事務も行政法における講学上の観念にすぎず，実態は地方の自治事務と択ぶところはないというべきなのかもしれない。

扶養義務者への通知や扶養義務者からの報告を求める規定に対する批判～親族関係の実態によっては親族へ通知されることを忌避して保護申請を躊躇する者が出てくるなど～も，最近の親族関係の希薄化，あるいは親族関係に元々ある感情の難しさに照らせば，もっともな指摘であろう。民法の親族間の扶養義務の規定自体が時代にそぐわないものとなっている以上，これらの手続きの運用にはよほど慎重を期さないと幾多の "生活保護の悲劇" を生むおそれがあろう。濫給の批判をおそれるあまり，最も必要とする者への漏給を招いては生活保護制度の意味はない。

これらの手続き規定に併せて，被保護者の生活上の責務規定も改正された。曰く，「被保護者は，常に，能力に応じて勤労に励み，自ら，健康の保持及び増進に努め，収入，支出その他の生計の状況を適切に把握するとともに支出の節約を図り，その他生活の維持及び向上に努めなければならない」（第60条。下線部が追加部分）というのである。最低生活保障という意味では，改正前の条文は簡にして要を得た表現であったが，追加された部分の前半は健康増進法の国民の健康の増進に関する責務規定[3]と同じであり，それをなぞることで果たして何を言いたいのか疑問である。被保護者に対する禁酒・禁煙命令などでも考えているのだろうか。後半部分は，支出の節約を図るうえで必要なことであろうが，生活保護を受けるに至る者の多くが日常生活の管理能力に欠けている

3）健康増進法第2条は「国民は健康な生活習慣の重要性に対する関心と理解を深め生涯にわたって，自らの健康状態を自覚するとともに，健康の増進に努めなければならない。」と規定する。国民は，なぜ国家にこのような責務を課されなければならないのだろうか。

ことを思うと無いものねだりという感がなくもない。日常生活の管理能力を身につけてもらうには丁寧なケースワーク活動が重要であるが，そちらの手当てはどうなっているのだろうか。

この法律改正の目玉は「就労自立給付金」の支給制度の創設である。この制度は，被保護者の自立助長の観点から，保護期間中の毎月の就労収入の一部を仮想的に積立て，保護脱却時に就労自立給付金として支給するというもので，保護期間中から就労努力を促し，保護脱却後の不安定な生活を支えるとともに，再度保護に至ることを防止することが狙いとされている。この給付金は，保護脱却前の6カ月間の就労収入のうち就労開始からの期間に応じて12％〜30％に相当する金額の合計額（上限：単身10万円，多人数世帯15万円）とされているが，就労に伴う諸経費を賄う足しにはなるにしても，果たして就労へのインセンティブとなるのか疑問なしとしない。この制度は法の自立助長の原則を踏まえたものとされるが，就労自立給付金の支給は生業扶助の1つではないし，新たに保護の種類を追加するものでもない。保護とは別の制度なのである。ところで，給付金は「被保護者であって，厚生労働省令で定める事由により保護を必要としなくなったと認めたもの」に支給されることになっており，保護廃止に至った時に支給されるとされているが，これは，観念的には，被保護者である間に行われるのだろうか，それとも被保護者でなくなった直後に行われるという整理なのか，前者のようにも読めるが，それなら保護の種類の1つとして掲げるべきだろう。それとも後者であって，だからこそ保護の種類には加えなかったのだろうか。とすれば，生活保護法に規定はあっても保護として給付されるものではないこととなるが，その場合，支給の根拠は何に求められるのだろうか。最低生活保障ではないとすれば，憲法25条1項に根拠は求めることはできず，同条2項の社会福祉の向上・増進の責務に基づく「自立の助長」策ということになるのだろうが，随分と無理をして生活保護法のなかに取り入れたものである。最低生活保障と無関係であるとすれば，生活困窮者であっても生活保護基準をわずかに上回る収入があるため保護を受けられなかった者と，就労収入が生活保護基準をわずかに下回るため保護を受けることができ，就労収入の増加により保護を脱却したときに就労自立給付金が支給される者とのアンバランスなどという問題には気を使わなくてもいいという訳か。

4　生活困窮者自立支援法

　生活困窮者自立支援法は壮大な風鈴である。"風鈴"というのは霞が関（特に旧厚生省）の隠語で国民に負担を求める改正の目先を晦ますための賑やかしの政策といった意味だが，同法は生活保護基準の引下げ・生活保護法の改正に付けられた巨大な風鈴といったところであろう。こう言うと生活支援戦略の策定に携わった者や生活困窮者自立支援法の作成に関与した者は不本意かもしれない。だが，同法の中で法律による制度化に値するのは「住居確保給付金」の支給だけではないか。「住宅確保給付金」の支給を受ける権利は個人に付与される権利として，その対象範囲や支給条件などを法律上明確化する必要があるが，それ以外の事業に関する規定は，必須事業とされている「自立相談支援事業」も含めて，わざわざ法定化する必要はない。自立相談支援事業その他いくつか並べられている"事業"について実質的に法制化の意味がないというのは，それが，個人の権利にかかわらない行政庁（地方自治体）の事務事業であって，しかも，その外延や内容がクリアではなく，地方の事業計画次第で事業の範囲・内容は伸縮自在だからである。その意味では，地方の自主事業のメニューとして例示すれば足りるのであるが，これがいったん法制化されて国庫補助の対象となると，補助金の交付要綱などに従い，事業内容が補助対象となるか否かを形式上区分する必要に迫られ，地方の実情に応じた事業実施が円滑にできなくなるおそれが出てくるだろう。すなわち国が制度化すると，必ず対象者が限定されてしまい，新たな制度の狭間ができがちなのである。地方が，国の限定以上に広げて事業を行おうとする場合，事業を分けたり費用を区分したりする必要が生じ，地方の使い勝手はかえって悪くなる。先進的な自治体の好事例を挙げるのであれば，使い勝手の悪い国の補助事業とするよりも，それらを全国に紹介し，地方の実情に応じた複数のモデルを提示することが国に求められる役割ではないか。"地域主権"の時代であるにもかかわらず，このような事業がわざわざ法制化されるのも，生活保護基準引下げや生活保護法改正に付けられた風鈴ゆえであろう。この類の事業は真に必要で有効であると認められれば，地方自治体の判断で行われるはずであり，財政的な裏付けが必要だというのなら，

地方財政措置を適切に講ずれば済むのである。

　しかし，生活困窮者自立支援法の最大の問題は，そのタイトルに示されているように対象が生活困窮者に限られ，また，その支援も多くは就労による自立を目的としていることである。対象となる生活困窮者とは，「（就労の状況，心身の状況，地域社会との関係性その他の事情により，）[4]現に経済的に困窮し，最低限度の生活を維持することができなくなるおそれのある者」であり，それらの者が生活保護に向わないよう，さまざまな自立支援事業が行われるという仕掛けである。まさに「生保予防」が眼目なのだ。だが，それらの者は，いずれ自立に向けた努力を行うにしても，いったんは生活保護を受給して，最低生活を維持する基盤を作ることが必要な場合も多いのではないか。しかし，就労による自立支援のためではなく，生活保護を受けるための相談や情報提供は「生活困窮者自立相談支援事業」の対象とはならないに違いない。また，生活困窮者が対象とされている以上，必ずしも最低生活を維持できなくなるおそれのある生活困窮状態ではないが，さまざまな生活困難や生き辛さを抱えている状態にある者も，当然，事業の対象とはなりえないだろう。

　近年の社会状況からすれば，「生活困窮者自立支援法」は，本当は「生活困難者自立支援法」であるべきではなかったかという思いが禁じ得ない。特に先駆的な試みとして行われてきた「中間的就労」においては，メンタルの弱さを抱えている人や引きこもりの人など生き辛さを抱えている者も対象とされてきたが，それらの者は生活困窮者自立支援法では制度上，対象とされているのだろうか。同法において「中間的就労」を事業化した生活困窮者就労訓練事業は，地方自治体が実施する事業ではなく，都道府県等の認定を受けることにより税制優遇などの対象とする根拠として法定化されたものであるが，そうだとしても，税制優遇を受ける認定のために，その対象者が生活困窮者に限定されることになれば，従来の「中間的就労」の対象者の一部はそれらの措置から外れてしまうか，「中間的就労」の事業を行う者が生活困難者を外してしまうに違いない。これも，生活困窮者自立支援法が被保護者を減らそうという生活保護法改正の風鈴として制定されることに因るものと言うべきだろう。生活困窮者自立

---

　4)　（　）内は 2018 年の法改正による追加部分。それにしても「地域社会との関係性により，現に経済的に困窮する」とは具体的にどういう場合なのだろうか。

326 第5章 社会福祉

支援法は"国を挙げての水際作戦"なのである。すべての者に水際で対応できる（生活保護受給に至らしめない）はずはないのだが，生活困窮者自立支援法と改正生活保護法により，自立支援の対象となりにくい生活困難者にとって生活保護がさらに遠いものになるのではないかと心配である。

5　公的社会福祉事業の終焉

　生活困窮者自立支援法が，住宅確保給付金の支給と「中間的就労」の認定を除けば，すべて市町村が行う事業で構成されているという事実は，憲法25条2項の「国（注 . 地方公共団体も含む）は，すべての生活部面について，社会福祉…の向上及び増進に努めなければならない」という規定に沿った公的社会福祉事業の流れが如何に根深いものかを示している。だが，社会福祉事業（活動）は，市町村が（特に国庫補助を受けて）実施するという形式以外でも，さまざまな主体が取り組むべきものではないのか。生活困窮者自立支援法においては，国の積極的姿勢を示すには，市町村の事業実施と国庫補助というフレームが必要との判断だったのだろうが，もう，それに囚われる時代ではあるまい。近年の子ども食堂などの拡がりを見れば，「社会福祉」の厳密な定義すら必要ではなく，住民が自ら地域のニーズを発見して自由に，かつ，自発的に取り組むのに任せておけばいいように思う。地方自治体は，それらの住民組織に会議ができる場所を提供するくらいでいいのである。

（初稿 2013.07.01，加筆修正 2018.06）

Ⅱ　社会福祉事業・社会福祉法人制度の混迷
～2016 年社会福祉法改正を考える～

はじめに

　2016 年に行われた社会福祉法の改正は，2008 年の公益法人制度の抜本的改革（公益認定基準の明確化など）や 2012 年の NPO 法の大改正（認定 NPO 法人の運営と監督は公益法人に類似）が進みつつあるなかで，全国紙等で繰り広げられた社会福祉法人の収益貯め込み（大きな内部留保額）や一部の経営者による社会福祉法人の私物化への批判を受けて行われた。公益法人制度改革により社会福祉法人の周辺水位が上昇するのに合わせて，社会福祉法人の公益性を高めるために，公益法人に準じたガバナンスの強化（この背景に社会福祉法人の非課税優遇の存続という隠された動機があった）が図られたほか，内部留保を吐き出させる仕組みとしての社会福祉充実計画の仕組みの導入・社会福祉法人の社会的存在意義をアピールするための地域における公益的取組の責務の条文化も同時に法改正の眼目とされた。この改正の結果，社会福祉事業とは何か，社会福祉法人とはどういう法人か，といった問題はクリアになったのだろうか。かえって，それらの輪郭がぼやけて混迷の度を増したのではないか。本稿では，これらの問題を考察し，社会福祉事業・社会福祉法人制度はどのような方向に向かうべきかを考えて見たい。

1　社会福祉法人の公益性強化と自主性・主体性の後退

　社会福祉法人の公益性を明確化するために行われた最大の改革は，ガバナンス体制の強化である。評議員選任・解任委員会による評議員の選任・解任，評議員会の必置とその権限の強化（経営基本方針等の決定，理事・監事・会計監査人の選任・解任），理事・監事・会計監査人の職務の明確化，理事会の職務の明確化（業務執行の決定，理事の職務執行の監督，理事長・業務執行理事の選定・解職），理事長・業務執行理事の職務の明確化などがその主な内容であった。また，事業運営の透明性の向上や財務規律の強化も，公益法人に準じて行われ

328　第5章　社会福祉

ている。

　社会福祉充実計画の作成・実施義務付けは，この財務規律の強化の一環と位置付けられているが，これはどのような意味なのだろうか。改正法案立案時の担当者であった岡田大造は「社会福祉法人の見直しについて」(『社会保険旬報』2016.5.21) という論文において「(公益法人に適用される) 収支相償の基準を適用するのではなく[1]，余裕財産の明確化とその福祉サービスへの再投資を担保する方式をとった」と書いているが，これは，公益認定基準5号の収支相償基準（その行う公益目的事業について，当該公益目的事業に係る収入がその実施に要する適正な費用を超えないと見込まれるものであること）適用の厳しさを意識したもののようだ。確かに，公益認定法人における収支相償基準は厳格に過ぎ，各法人からは年度末に収支残を出さないよう無意味な予算消化に追われるとか，コスト効率化を図り財務体質を改善しようという法人の経営努力を否定するものであるといった批判もある。公益法人協会は収支相償基準の廃止を要望していると言う。

　確かに，この厳しい収支相償基準を社会福祉法人に適用することとすれば，施設の改修・整備などを考慮した長期的経営を阻害するおそれがある。しかし，だからといって社会福祉法人には収支相償基準を適用しないというだけであれば，社会福祉法人が公益法人に匹敵する公益性のある法人とは言えなくなってしまうだろう。公益法人に認められた法人税非課税などの優遇措置も認められなくなるかもしれない。そこで，収支相償基準は適用しないが，決算上内部留保がある場合，その額を社会福祉充実残額とし，それを活用する社会福祉充実

---

　1)　介護報酬・障害福祉報酬といった制度による必要な費用の補填（制度上の利用者負担も含む）がある社会福祉事業について本当に公益認定基準5号の収支相償基準を適用しない（「その行う公益目的事業について，当該公益目的事業に係る収入がその実施に要する適正な費用を超えないと見込まれること」を求めない）とすることは，費用補填をする制度の立場から見る限り，かなり不自然な印象を受ける。個別の社会福祉法人によっては，ある年度における制度からの収入が費用を上回ることも，また，逆に下回ることもあるだろうが，介護保険や障害福祉サービスの契約制度は，平均的な費用の額を勘案して事業主体の収入となる費用を補填するという建前だからである（例．介護保険法41条4項1号）。これらの事業について収支相償基準を適用しないとすることは，措置費や介護報酬・障害サービス報酬の水準の妥当性を一般的・制度的に否定すること（通常，収入≧費用と考える）に繋がると考えられなくもない。だが，それ以上に収支相償基準を適用する場合の非現実性が，当該基準の不適用という選択をさせたのであろう。

計画の作成・実施を義務付けることにより，収支相償基準の適用と同視できる取扱いになるとして，"公益法人並みの公益性のある社会福祉法人"という路線を貫こうとしたのである。もちろん，その背景には，世の中の内部留保貯め込み過ぎ批判に応えるとともに，税制優遇を温存したいという業界団体の強い要望があったはずである。"公益法人並みの公益性のある社会福祉法人"という建前にこだわる限りにおいて，これはやむを得ない選択だったかもしれない。実際，今回の改正法のもうひとつの眼目である「地域における公益的取組」が努力義務にとどまっていることから，それを根拠に非課税優遇維持を主張することは難しく，社会福祉充実計画の作成と実施の義務付けることで，公益法人並みの公益性を確保し，税制優遇を温存することができたのであろう。

　このようにさまざまな事情はあったにせよ，筆者にとって最も納得が行かないのは，社会福祉法人が自らの財源を用いて行う「社会福祉充実計画」の作成について，いちいち所轄庁の認可を受けなければならないという理不尽さである。ここには，社会福祉法の最も重要な条文の１つ，61条（事業経営の準則），とりわけ同条の２号（国及び地方公共団体は，他の社会福祉事業を経営する者に対し，その自主性を重んじ，不当な関与を行わないこと）の趣旨など意に介さない政府の姿勢が如実に現れている。社会福祉法人には自らの財源を"社会福祉充実"に使う見識も能力もないと見ているかのようだ。戦後，長く続いた措置制度の下で甚だしく行政依存的になってしまった社会福祉法人が，介護保険や障害福祉サービスなどの契約制度への転換によって，ようやく自主性・主体性を回復しかかっているのに，これでは元の木阿弥になりかねない。

　だが，社会福祉法人は，民間の福祉事業の実施主体が本質的に持っている自主性・主体性を否定してまで，公益法人並みの公益性のある法人という硬い衣を着なければならないのだろうか。そこまで民間福祉事業の自主性・主体性を犠牲にしてでも，税制優遇は維持されなければならないのだろうか。ガバナンスや財務規律という内部要素では社会福祉法人ほどの公益性は求められていない他類型の法人が，小規模多機能型居宅介護・認知症対応型共同生活介護・特定施設生活介護・介護老人保健施設などの社会福祉法人も対象としている事業を実施していることを知っている国民は，社会福祉法人のみが非課税優遇を受けていることに納得するかという問題もある。これらの問題については，後ほ

330　第5章　社会福祉

ど考えてみたい。

2 「地域における公益的な取組」への社会福祉法人の努力義務

　社会福祉法人の自主性・主体性という観点からは，今回の改正で設けられた「地域における公益的な取組」の実施に関する責務（努力義務）の規定（法24条2項「社会福祉法人は，社会福祉事業及び第26条第1項に規定する公益事業を行うに当たっては，日常生活又は社会生活上の支援を必要とする者に対して，無料又は低額な料金で，福祉サービスを積極的に提供するよう努めなければならない」）も疑問符の付く条文である。これに関連して出された通知（社援基発0601第1号）では，この責務は社会福祉法人の本旨から導かれる，法人が本来果たすべき役割を明確化したものとされているが，本当にそうだろうか。法5条は「社会福祉を目的とする事業を経営する者は，その提供する多様な福祉サービスについて，利用者の意向を十分に尊重し，かつ，保健医療サービスその他の関連するサービスとの有機的な連携を図るよう創意工夫を行いつつ，これを総合的に提供することができるようにその事業の実施に努めなければならない」とするが，ここでいう「その事業」とは，あくまで当該社会福祉を目的とする事業であって，その事業以外の「地域における公益的な取組」を当然に含むものではない。また，法4条には「地域住民，社会福祉を目的とする事業を経営する者及び社会福祉に関する活動を行う者は，相互に協力し，福祉サービスを必要とする地域住民が地域社会を構成する一員として日常生活を営み，社会，経済，文化その他あらゆる分野の活動に参加する機会が与えられるように，地域福祉の推進に努めなければならない」とあり，「地域における公益的な取組」はここでいう「地域福祉の推進」に資するではあろうが，それは地域住民も含めた広範な関係者の責務であって，社会福祉法人が本来果たすべき役割とは言えまい。

　根拠はともかく，社会福祉法人が「地域における公益的な取組」を行うこと自体，悪いことではない。むしろ，一般国民からは，"社会福祉"法人という特別法人にとって，それは当然のことだと受け止められるだろう。問題は，そういうことが，わざわざ責務規定という形であれ，なぜ法律化されなければなら

ないのかということである。この通知は，社会福祉法人の自主性を一応念頭に
置いているのであろう，行われるべき「地域における公益的な取組」について
限定的な例示[2]などせず，条文の趣旨を入念的に説明するにとどめてはいる。
だが，このような責務規定が置かれることにより，社会福祉法人は自ら行おう
とする「地域における公益的な取組」が法24条2項に沿ったものであるか否か，
所轄庁に"お伺い"を立てるであろうし，所轄庁も管下の社会福祉法人が行う
「地域における公益的な取組」が同条に沿っているかどうかを審査し，必要な"指
導"をしようとするに違いない。このようなプロセスを通じて社会福祉法人は
自ら考え，自ら動くことを忘れてしまうようになるのだ。社会福祉法人の自主
性とは，このようなプロセスからの独立こそを意味するのである。だが，前記
の通知は「所轄庁は，法人に対して特定の事業の実施を強制するなど法人の自
主性を阻害するような指導を行ってはならず…」と平然と書く。仮に指導監督
権限を有する所轄庁であろうと，独立の人格である社会福祉法人に対して特定
の事業の実施を強制するなどあり得ないというのは当然のことではないか。特
定の思想信条を持つように強制することはしないから，思想信条の自由は保障
されていると言うことなどできないのと同じである。

3　拡散し希薄化する「地域における公益的な取組」

「地域における公益的な取組」の実施状況は2018年6月時点では公表されて
いないようだ。では，「地域公益事業[3]」も対象となり得る社会福祉充実計画の
方はどうだろうか。厚生労働省が2018年3月1日の全国主管課長会議に提出
した資料によると，社会福祉充実残額があった法人は全体の12％，総額4,662
億円であり，その半数以上は収益規模が1〜5億の小規模法人であったと云う。

2）　ただし，参考と称して「地域の障害者，高齢者と住民の交流を目的とした祭りやイベント」など
　　若干の例を掲げている。この例示された事業は，社会福祉事業または公益事業を行うに当たって提
　　供される福祉サービスとの位置づけであるが，本当に法24条2項の要件に該当するのか疑問であ
　　る。
3）　地域公益事業は，地域における公益的な取組のうち，社会福祉充実残額の再投下対象となる公益
　　事業（≠取組）。介護老人保健施設等の従来の公益事業は，地域公益事業とは別に，社会福祉充実残
　　額の再投下対象となる。

332　第5章　社会福祉

そのうち地域公益事業を行うのは2.8%に過ぎず，他の大部分は既存施設の整備など現に行っている社会福祉事業に充てるという計画だったらしい。どうやら，社会福祉充実残額を出した法人は余程，経営者が不器用か，あるいは目先のことだけを考えながら経営している法人だったと見るべきなのだろう。既存施設の整備改修等であれば，社会福祉充実残額として出したうえで社会福祉充実計画を作成する以前に，どの法人でも自らの事業経営の一環として予算化して取り組むはずだからである。このような社会福祉充実計画の作成状況を見る限り，社会福祉充実残額がなかった法人の場合も含め，責務とされた「地域における公益的な取組」を新たに行った法人がどれほどあったのか，甚だ心もとない。

　結局，社会福祉法人が本来の意味で担うべき「地域における公益的な取組」を実施しているのは，ほとんどが法改正前から取り組んできた法人であり，他の多くの法人では社会福祉充実残額が出なかったことをもって（本来は社会福祉充実残額が出ようが出るまいが，実施すべき）「地域における公益的な取組」を行わないことの言い訳ができたと思っているのかもしれない。

　そのような結果になることを気にしたのかどうか分からない[4]が，"解釈を明確化"すると称して同年1月23日付で，既存の前期通知が廃止され，新たに社会・援護局福祉基盤課長から「社会福祉法人による『地域における公益的な取組』の推進について」という通知が出されている。同通知によって"解釈が明確化"されたのは，社会福祉法24条2項の「社会福祉法人は，社会福祉事業及び第26条第1項に規定する公益事業を行うに当たっては，日常生活又は社会生活上の支援を必要とする者に対して，無料又は低額な料金で，福祉サービスを積極的に提供するよう努めなければならない」という条文である。まず，①「社会福祉事業又は…公益事業を行うに当たって」とは，「直接的に社会福祉に関連しない場合でも，間接的に社会福祉の向上に資するものであれば可」と"解釈が明確化"され，その具体的な事例として「行事の開催，環境美化活動，防犯活動等の地域住民の参加・協働の場の創出を通じた地域のつながりの強化」が挙げられている。「社会福祉事業又は…公益事業を行うに当たって」とは，そ

---

4)　建前では地域共生社会の実現に資するということらしいが，笑止である。

れらの事業を行う法人がその際，持てる人的・物的資源を活用して「福祉サービスを提供する」ことを前提としていたはずであるが，環境美化活動や防犯活動等に法人が職員を参加させたり，協賛金を出したりすれば，それらの活動が「福祉サービスの提供」となるのだろうか。

②その「福祉サービス」も，「福祉サービスの充実を図るための環境整備に資する取組みも含む」と"解釈が明確化"され，その具体的な事例として「災害時の福祉支援体制づくり・関係機関との連携強化のためのネットワークづくり」が挙げられている。これらの支援体制やネットワークづくり自体は望ましいことではあるが，それらは一体，誰を対象とする「福祉サービス」なのだろうか。それらのどこに「福祉サービス」の提供があると言えるのか。③ここでいう「福祉サービス」提供の対象者は「日常生活又は社会生活上の支援を必要とする者」であるが，これについても，「ア）現に支援は必要としていなくても，将来的に支援を必要とする可能性の高い者に対する予防的支援も含む，イ）間接的にこれらの者が利益を受ける場合も含む」と"解釈が明確化"され，その具体的事例として，ア）については「現に要介護状態にないものの，地域から孤立している閉じこもりがちな高齢者に対する見守り」が，イ）については「地域住民を対象とした介護技術に関する研修・ボランティアの育成」が挙げられている。福祉サービスの対象者を厳密に規定する（例えば，子ども食堂の対象者を住民税非課税世帯に属する子どもに限定するなど）と，本当に必要な者を取りこぼしてしまうおそれがあるから，弾力的運用が望ましいことは言うまでもないが，あえて「閉じこもりがちな高齢者」などと"明確化された解釈"の具体例を挙げなくても，「日常生活又は社会生活上の支援を必要とする者」で十分に対応可能ではないか。むしろ，ここでの問題は「ボランティアの養成」が「日常生活又は社会生活上の支援を必要とする者に対する福祉サービス」に当たるかどうかであろう。「ボランティアの養成」自体は重要なことであるが，それを「福祉サービス」の中に押し込めることには無理があるように思う。「地域住民を対象とした介護技術に関する研修」は「サービス」という捉え方もできなくはないが…。

④福祉サービス提供の条件である「無料又は低額な料金」については，「公費を受けていても，法人による資産等を活用した上乗せ・横出しサービスや利用

334　第5章　社会福祉

料の減免が行われていれば可」と"解釈が明確化"されている。注目すべきは，この「無料又は低額な料金」についての"解釈の明確化"は「サービス」の普通の意味（対価を得て行う goods & service の提供）から離れてはいないことである。その解釈を前提として，対価を超える上乗せ・横出しサービスや利用料減免を示しているに過ぎない。そうとすれば，「行事の開催，環境美化活動，防犯活動等の地域住民の参加・協働の場の創出を通じた地域のつながりの強化」・「災害時の福祉支援体制づくり・関係機関との連携強化のためのネットワークづくり」などが「地域における公益的な取組」に含まれるという①～③の"解釈の明確化"は破綻してしまうのではないか。それらの取組みには対価を得て行うサービスという観念自体が成り立たないからである。そもそも，環境美化活動や防犯活動の対象者とか，災害時の福祉支援体制や関係機関との連携ネットワークづくりの対象者というのは誰なのかということからして明らかではない[5]。

　かくして，今回の通知による"解釈の明確化"路線により，「地域における公益的な取組」は水母（くらげ）のように骨なしとなって，瓦解してしまった[6]。こんな無残な結果となったのは，担当者に3つの個別要件を全体的に統合して考える視点・能力が欠如していたからであろう。要するに，「地域における公益的な取組」の内容は薄まりに薄まって，ほとんど何でもありになってしまったのである。いっそのこと，法24条2項の「積極的に提供」も"解釈を明確化"させて，「テキトーに提供でも可」としたらよかったのではないか。あるいは，この「積極的に提供」の"解釈の明確化"は，「所轄庁が3要件を満たすよう指導することは不要」とすることで済ませたつもりかもしれない。

---

5)　環境美化活動や防犯活動の対象者とは，環境美化によって利益を受ける者や犯罪が起こらないことで利益を受ける者だと考えることができたとしても，それらの活動は，本来，それらの対象者から料金を徴収して行うものといえるだろうか。利用料免除というのかもしれないが，利用料が発生するという発想自体がおかしいのである。通知では，「地域共生社会の実現に向けた地域づくりを進める観点からは，地域住民がそれぞれの立場から，地域社会に参加し，協働していくことが重要」とされているが，であればなおさら利用料などが発生する余地はない。

6)　「地域公益事業」については，同様の"解釈の明確化"はなされてはいない。

4　失われた社会福祉事業概念の再整理の可能性

　筆者は，2016 年改正社会福祉法を見たとき，この法 24 条 2 項の規定を梃子にして，社会福祉事業を公的責任に基づく社会福祉事業（介護保険事業や措置事業のように制度による費用保障がある事業など）と，それに基づかない純粋の民間慈善事業に分ければ，社会福祉事業と社会福祉法人法制をもう少し明確に整理する途が開けるのではないかと考えたのだが，「地域における公益的な取組」の内容がここまで希薄化してしまうと，それも，難しくなってしまったようである。そうなった以上，ゼロ地点に戻って，社会福祉事業の概念と社会福祉法人の在り方について純粋に理論的な整理をするほかないが，扨，それはどのようなものとなるだろうか。複雑怪奇と言ってもよい社会福祉法の現状を踏まえれば，現実の立法的解決の可能性は度外視するしかなく，それは知的探求のようなものとなるに違いないが，遠い将来の社会福祉法制の在り方を考えるためのポラリス（北極星）の役割は果たすかもしれない。

　現在の社会福祉法を一読して，その統一的理念を内在的・体系的にしっかり理解できるという人はどれくらいいるだろうか。しかも，社会福祉法＞老人福祉法＞介護保険法といった具合に，関連する法律が入れ子構造になっているのであるから，それらを含めた正確な理解の難しさは容易に想像がつく。しかし，社会福祉法の統一的理解が困難である原因は，そういう入れ子の法律構造にあるというより，社会福祉法自体が公的福祉事業と民間社会（慈善）事業という性格の異なる 2 つを同じ法律の中で規律していることに由来するのだ。1951（昭和 26）年の社会福祉事業法制定に至る過程で，当時の厚生省では，民間の純粋の慈善事業と救護法等の対象となる民間施設の規制と助成を中心とする「社会事業法（明治 13 年法律第 59 号）」の改正案と，憲法 25 条の趣旨を踏まえた公的責任に基づく「社会福祉事業法案」の 2 つの法律案が用意されていたが，中央社会事業協会などの意見によって，2 つの法律案が合体されて 1951（昭和 26）年法になったことは知る人も多いだろう。その結果，社会福祉事業法は，地方社会福祉審議会・福祉事務所・社会福祉主事など公的社会福祉事業を前提とする条文と，社会福祉事業の事業経営の原則[7]など民間社会事業を念頭に置

いた規定とが混在する極めて分かりにくい，性格の曖昧な法律となってしまった。象徴的なのが，法2条に規定する社会福祉事業の定義である。公的責任に基づく社会福祉事業[8]と民間の慈善事業の系列に属する公的責任に基づかない事業が，統一感なく羅列されるだけに終わっているのだ。これは，両者を統合する包括的な「社会福祉事業」の定義に失敗したからとされているが，公的責任に基づく社会福祉事業は格別，そもそも公的責任に基づかない民間の慈善事業の系列に属する事業についてその内容を定義することが可能なのだろうか。包括的定義は難しいからといって，具体的に個別列挙する必要が本当にあったのだろうか。

5　社会福祉法人像の再整理の方向性

さらに社会福祉法人制度も，社会福祉事業のうち経営主体を社会福祉法人に限定しているのは特別養護老人ホーム・養護老人ホーム，生活保護法の保護施設[9]のみで，他は社会福祉法人が望ましいといった行政運用で対応しているのみであるから，不徹底感は免れない。社会福祉法人制度を創設した以上，学校法人のように，特定の事業（具体的には公的責任に基づく社会福祉事業の一部）については社会福祉法人が経営しなければならない旨を明確にすべきだったのではないか。また，現実には大部分の社会福祉法人が公的責任に基づくさまざまな社会福祉事業を行っており，それぞれの根拠法に基づく強い行政規制下にあるにもかかわらず，今回の社会福祉法改正では，税制優遇を死守すべく，実

7）　法61条に定める「国・地方公共団体からの民間社会福祉事業の経営者への責任や負担の転嫁，不当な関与の禁止（自主性の尊重），民間社会福祉事業経営者からの国・地方公共団体への不当な財政的・管理的援助要請の禁止」である。これは昭和24年11月にGHQから示された項目の1つである「公私社会事業の責任と分野の明確化」を踏まえたものであった。

8）　契約制度に転換した介護保険事業や障害福祉サービス事業は，措置事業のようにストレートに公的責任に基づいてサービスを提供する事業ではないが，国が制度設計と運用の最終責任を負うという意味で，広義で公的責任に基づく事業とは言えるだろう。制度的に必要な費用が補填される以上，これらを民間慈善事業の範疇に入れることは困難である。

9）　特養ホームの社会福祉法人限定がよく規制改革の議論となるが，元々，保護施設が社会福祉法人限定であり，保護施設だった養老施設が養護老人ホームとして老人福祉法に移管された際，同時に創設された特別養護老人ホームも社会福祉法人に限定されたという経緯がある。

施事業の種類に関係なく，ほとんどすべての社会福祉法人に公益法人並みの強いガバナンス規制[10] が課されてしまった。だが，社会福祉法人は本当に公益法人並みの公益性が求められるべき法人類型なのだろうか。税制優遇を守るために，社会福祉法人にとって過剰な規制を招き寄せてしまった感もある。一方，民間の慈善事業の系列に属する公的責任に基づかない事業には多くのNPO（特定非営利活動）法人が進出しており，社会福祉法人の存在感が大きいとは必ずしも言えない。

　このような社会福祉事業・社会福祉法人法制とその運用状況を見ると，昭和26年法による社会事業法改正案と社会福祉事業法案の合体まで遡って見直さなければ，法体系を整理する方向性は見えてこないのではないか。だが，その前に，隣接分野である医療事業と医療法人制度について，社会福祉事業・社会福祉法人制度との異同を確認しておこう。それにより議論を進める道筋が見えてくるかもしれない。

6　医療事業・医療法人制度との比較

　医療事業も福祉事業[11] も，人々の切実な生活ニーズに応えるサービスを提供するものであることに変わりはない。医療サービスは，それが人々の生命・健康に直結するという性格から一般的には専門職によるサービスと受け取られ，一方，誰しもが傷病に罹るリスクがあることから，市場において専門機関と患者との間で取引されている。また，市場取引に委ねるといっても，営利目的で医療サービスの提供が行われると人々の生命・健康に悪影響が生じるおそれがあることから，現在の医療法では非営利法人（医療法人など）が行うのが原則である。さらに，市場取引に任せていると，貧富の差により医療サービスの利

---

10)　公益法人が行う公益目的事業の種類・内容は広範かつ抽象的で，そのこと自体で公益性の認定を行うには不十分であることから，公益法人制度ではガバナンス面からの公益性担保に力点が置かれている。それに比し，社会福祉法人の場合，特に公的責任に基づく事業（制度による費用保障のある事業）の種類・内容は具体的に明確であり，それらの制度による厳しい行政規制があるから，すべてを公益法人並みに扱う必要があったかどうか疑義なしとしない。

11)　ここでは，責任の所在・費用の保障は考えず，福祉サービスの提供という意味だけで「福祉事業」という語を使う。具体的には介護事業が中心的なイメージである。

338   第5章　社会福祉

用に格差が生じる階層消費となってしまうので，そのリスクを分散する医療保険制度が設けられている。非営利法人による医療サービスの提供と公的医療保険による費用保障というのが，日本の医療制度の基本的枠組みである。

　これに対し，介護サービスは，かつては家族や親族によって担われることが多く，通常，市場において専門職によって提供されるものとは考えられて来なかった。しかし，高齢化に伴う要介護者の増加や家族介護力の低下によって，市場において提供される介護サービスへのニーズが高まり，介護保険の創設によって，その市場が大幅に拡大されるとともに，介護サービスの費用保障も充実した。介護サービスの提供主体については，このようなサービスの性格から，医療サービスのように非営利法人に限定されることなく，社会福祉法人や医療法人・NPO法人等のほか，株式会社の参入まで認められている。多様な主体によるサービス提供と公的介護保険による費用保障というのが，日本の介護制度の基本的枠組みなのだ。だが，非営利法人による医療サービスの提供と公的医療保険による費用保障が組み合わされた医療制度の運営すら容易ではないのに，営利法人まで介護サービス市場への参入を認めたうえで公的介護保険による費用保障を行うことに問題はないのだろうか。

　他方，社会福祉法人は，公益法人並みにガバナンスが強化され，その見返りに従来同様の非課税措置を受けられることとなったが，前述のとおり，優遇税制の維持という隠された目的は別にして，本当に社会福祉法人のガバナンスを公益法人並みに強化する必要があったのか。また，社会福祉法人という特定の法人類型を設ける以上，医療事業＝医療法人のように，それが専ら担うべき事業を明確にすべきではないか。その前提として，病院長＝医師のように，社会福祉法人が専ら担うべき事業の管理者の専門性を確立することも求められるのではないか[12]。

　以上のような各般の問題意識を踏まえると，公的責任に基づく社会福祉事業（制度による費用保障のある事業）については，不徹底でさらに明確化すべき部

---

12)　一定年数以上の現場経験を有する社会福祉士・介護福祉士・看護師等であって，所定の研修を受けたものとするなどが考えられる。もちろん，管理者だけでなく，従事者の専門性も同様に重要である。公的責任に基づく事業である以上，ボランティアでもいいと言った無責任な姿勢は許されない。

分があるにせよ，医療と介護の類似性・共通性に鑑み，医療事業＝医療法人という医療制度の基本的枠組みを参照しつつ，同様に整理することができるように思われる。しかし，公的責任に基づかない社会福祉事業（純粋の民間慈善事業）については，その対象範囲の定義・担うべき主体をどう考えるか。そもそも，その対象範囲を定義し実施主体を限定することが可能なのか，また，そうすべきなのかという基本から考え直すべきであろう。

7　社会福祉事業・社会福祉法人制度の見直しの方向

　以上のような現行の社会福祉事業と社会福祉法人制度について次々と沸いてくる疑問点を一気に解決しようとすれば，当然のことながら，それは現行の社会福祉事業と社会福祉法人制度の枠組みを大きく超えてしまうことになるだろう。以下は，筆者の見直しに関するイメージの粗々のデッサンである。

　まず，社会福祉事業として列挙するのは公的責任に基づく事業（制度による費用保障のある事業）のみとし，それらの事業のうち入所施設を経営する法人については社会福祉法人に限定する[13]。これは，現行社会福祉法による第1種社会福祉事業の発想を一部受け継ぐものである。公的な制度による費用保障がある事業は，それらの制度による厳格な行政規制があるので，社会福祉法人であっても，公益法人並びのガバナンス規制は必要ないと考えられることから，一般の非営利法人と同じレベルのものに改める。すなわち，社会福祉法人も医療法人などと同等の法人となり，税制措置もそれに倣うこととなる[14]。実際，介護サービスと医療サービスの一体化が言われ，医療保険・介護保険の統合という意見すら出ているときに，運営法人の性格がこれほど違うことを正当化する理由を見出すのは困難であろう。

　営利法人の参入はサービス市場の拡大を狙って戦略的に認められたものであ

---

13)　要介護・要援護者を入所させ，24時間，その管理下に置くのであるから，入所者の生活・尊厳に及ぼす影響が大きいことを踏まえた整理である。

14)　通常の医療法人は，法人税課税（軽課）・租税特別措置により地方法人税非課税である。国税たる法人税と地方税たる地方法人税や固定資産税の取扱いは当然にはリンクしない。法人税課税となっても，社会福祉法人のアピール次第では地方税の優遇を確保する道は開かれている。

340　第5章　社会福祉

り，当面，営利法人の事業も存続させるにしても，将来的には，配当が限りな
くゼロに近い事実上の非営利会社[15] への転換を促すべきである[16]。社会福祉事
業（制度による費用保障のある事業）の最終的な担い手は，社会福祉法人のほ
か，非営利法人または限りなく非営利に近い株式会社に限られるという将来像
である。この発想の根底には，国民の保険料は医療や介護の目的のための特定
財源であって，それが医療や介護事業の再生産に使用されるのは許容できても，
剰余金の配当という形で制度外に発散させることは許されないという国民の素
朴な懐疑・不満がある。この発想は，医療事業への営利企業の参入が構造改革
特区において保険外の自由診療に限って認められていることから，既に導入済
みである。

　それでは，今まで社会福祉事業とされていた事業であって公的責任に基づく
事業（制度による費用保障のある事業）以外の事業（従来の民間慈善事業），さ
らには子ども食堂や学習支援などの既存の社会福祉事業のリストには上がって
いない新しい社会的取組（事業）については，どのように取り扱われるべきだ
ろうか。おそらく，それらは社会福祉事業の範疇から切り離されて，例えば"生
活支援事業" といった名称で，社会福祉事業とは別に取り扱うこととすべきで
あろう。その際には，現在の「地域における公益的な取組」に倣って，日常生
活又は社会生活上の支援を必要とする者に対し，無料又は低額な料金でサービスを
提供する事業（活動）といった包括的な定めが採用されるかもしれない。生活
支援事業の厳密な定義は不可能なのである。では，そのために特別の法律を作
り，その担い手や規制について定める必要があるだろうか。仮に，何らかの法
律が作られるとしても，それは，せいぜい生活支援の基本理念や社会福祉法61
条に準じた生活支援事業の経営準則を定める基本法に留め置くべきであろう。
もっと言えば，特定非営利活動促進法が定められた今日では，わざわざ特別の
法律を作る必要性は乏しいのだ。現に同法では，特定非営利活動として，別表

---

15) 2005年の会社法改正で，「会社は営利を目的とする」という旨の規定が削られ，「剰余金の配当を
　受ける権利及び残余財産の分配を受ける権利の全部を与えない旨の定款の定めは無効とする」こと
　だけが定められた（105条2項）。すなわち配当をゼロにはできないが，限りなく非営利に近い会社
　も認められた。

16) 事実上の非営利に転換する会社への法人税軽減や公的補助などで，転換を促すことも検討の余地
　がある。持分のある医療法人（社団）の持分のない医療法人（社団）への転換の例も参照。

に「保健，医療又は福祉の増進を図る活動」・「社会教育の推進を図る活動」・「まちづくりの推進を図る活動」・「農山漁村又は中山間地域の振興を図る活動」・「学術，文化，芸術又はスポーツの振興を図る活動」・「環境の保全を図る活動」・「災害救援活動」・「地域安全活動」など，それらしい多くの民間活動が例示されている。しかも，その活動が公益の増進に資するとして認定を受ければ「認定特定非営利活動法人」として公益法人に準じた扱いとなり税制上の優遇措置が受けられるので，わざわざ民間の慈善事業（"生活支援事業"）のために特別の法律を作るまでもなさそうである。社会福祉法人がこの"生活支援事業"を併せ行うことは否定されないが，当該事業について税制優遇を得るために社会福祉法人のガバナンスを強化するより，別に認定 NPO 法人を作る方が手っ取り早いだろう。

8　新しい社会福祉法のイメージ

　このように社会福祉事業の範囲を公的責任に基づく事業（制度による費用保障のある事業）限定し，その主体も医療法人並みの非営利法人である社会福祉法人や限りなく非営利に近い会社などとするよう社会福祉法を改め，"生活支援事業"はそのための基本法または NPO 法の定めに委ねることとした場合，社会福祉法はどのような性格・内容の法律となるだろうか。全体として，公的責任に基づく社会福祉事業（制度による費用保障のある事業）への規律を中心に，それに対する地方公共団体等の関り方を内容とするものとなろうが，主な改正点は，ざっと気が付くところを列挙すれば，概ね，次のようなものが考えられる。①まず，この法律が憲法 25 条 2 項の趣旨を実現するためであることを明確にする。②社会福祉事業を公的責任に基づくものに限定し，入所施設とそれ以外に区別する。前者の経営は社会福祉法人に限定する。後者の経営には，社会福祉法人を含む非営利法人のほか，限りなく非営利に近い株式会社も含むこととする。③24 条 2 項の「地域における公益的な取組」を削除し，26 条の「公益を目的とする事業」を「付帯的に行う事業」に改める。④社会福祉法人のガバナンス規制を医療法人並みに緩和する。⑤59 条の 2 「社会福祉充実計画」を削除する。⑥61 条の事業経営の準則を削除する。⑦9 章「社会福祉事

業に従事する者の確保の促進」として定める内容は，どれだけ役に立っているか疑問であるが，気休めとして残しておく。ただし，離職した介護福祉士等の住所・氏名の届出義務（95条の3）は廃止する。違憲の疑いがあるからである。⑧地域福祉計画は，社会福祉に関し公的責任を負う地方公共団体が行う基本的業務として今後，重要性を増すので存置する。ここに，"生活支援事業"を行っている者も登場するかもしれないが，公的責任に基づく社会福祉事業を基本とするという法の建て前との関係から，それらの者を「社会福祉を目的とする事業を経営する者」や「社会福祉に関する活動を行う者」に含めることなく，「地域で生活支援活動を行っている者」として，別に位置づけるべきであろう。

　今までの社会福祉制度に馴染んできた方は，ここまで読んできて腰を抜かされたかもしれない。しかし，既に耐用期限を過ぎてしまったと思われる社会福祉法は，以上述べたところまで突き詰め，解体して見晴らしを良くしたうえで，それぞれのパーツを組み立て直すという面倒な作業にそろそろ取り掛かるべき時期に来ているのではないか。

（初稿 2016.07.01 ／ 2018.03.13，加筆修正 2018.06）

Ⅲ　障害福祉サービスと介護保険～その現在と将来～

はじめに

　本稿は 2016 年 11 月 6 日に東京家政大学で開かれた障害学会のシンポジウム
における報告原稿に当日の議論を踏まえて加筆修正したものである。当日は，
筆者と中西正司さんが報告し，岡部耕典さんがそれにコメントするという構成
であった。議論は，介護保険の被保険者の年齢引下げについての対応に終始し，
本稿の後半で論じている介護保険と医療保険の統合という大テーマ[1] には及ば
なかったが，参考のためにその部分もそのまま残してある。当日の中西正司さ
んの議論は，障害学会の HP にもレジュメがアップされているので，詳しくは
そちらをお読みいただきたいが，要点は，介護保険の被保険者年齢の引下げを
障害福祉サービスの介護保険への "統合" と捉え，それによって重度訪問介護
など障害当事者の運動により獲得された障害福祉サービスが切り捨てられる
（逆に，重度訪問介護などを高齢者も使うようになると財政が破綻する）のでは
ないかとの懸念から，介護保険の被保険者年齢の引下げには反対であるという
ものであった。これに対し筆者は，行政法規の一般的な解釈運用として，障害
者総合支援法と介護保険法は趣旨・目的が異なる以上，介護保険法が障害者総
合支援法を統合するなどということはあり得ようもなく，同じ者が併存する両
法の要件に該当するときはそれぞれの法律に従い所定の給付を受ける（併給）
ことができるのは当然であること，仮に両法による個別の給付内容の全部また
は一部が重複するようなことがある場合は，決められたルールによりその重複
部分の併給調整[2] が行われるだけである旨を説明したうえで，仮に，中西正司
さんの指摘にあったとおり，現行法でも，行政の窓口で 65 歳に到達した障害者
に要介護認定を受けさせ，それに基づく介護保険サービスの受給しか認めない
とか，障害福祉サービスの併給を認めるとしても，併給後のサービスでは従前
の水準を割り込む給付しか認めないといった実態が存在するのであれば，それ
は両法の解釈運用として誤りであるから，まずは，そのような両法の運用実態

---

　1)　介護保険法の将来像も討論テーマの 1 つに掲げられていたので書いたものである。

　2)　このような併給調整規定は，社会保障の給付法では一般的に置かれている条文である。

344   第5章　社会福祉

を改めさせることに取り組むべきであり，それが改善された後は介護保険の被
保険者年齢の引下げ議論を拒む理由はないのではないかと主張した。本稿の１
（現在の介護保険法と障害者総合支援法）と，２（介護保険の被保険者年齢引下
げ）は，以上の論議の前提となる面倒くさい法解釈論と若干の政策論である。
法解釈論の部分では「サービスの給付」と「費用の給付」という新しい分類を
用いていることに留意されたい。従来，サービスの給付も（サービス）費用の
給付（支給）も，現物給付（代理受領方式による事実上の現物給付も含む）と
整理されることが多かったが，これでは給付の性格の正確な理解の妨げとなる
と考え，分類の精緻化を図ったものである[3]。

1　現在の障害者総合支援法と介護保険法

（1）障害者総合支援法による介護と介護保険法による介護

　障害者総合支援法により給付される介護と介護保険法により給付される介護
とは，どう違うのか。そもそも制度以前の問題として，障害者への介護と高齢
者への介護行為自体，同じと考えるのか，あるいは異なると考えるのか。当事
者の思いや社会的意味合いの違い[4]はともかく，おそらく２つの介護行為自体
の性格[5]が全く別ものとまでは言えないだろう。障害者への介護と高齢者への
介護の行為は，その必要不可欠性に関して本質的に大きな差があるとは言い切
れない[6]からである。だからこそ，併給調整の規定が存在する。にもかかわら
ず，障害者総合支援法での利用者負担は応能負担で，実際に負担する者も１割
弱（無料となっている低所得者等の割合は93.3%）しかいない一方，介護保険
では制度上１割（一部は２割・３割）の利用者負担が存在し，居宅サービスに

3）　この考え方によれば，社会保障における給付を，サービスに関する給付と金銭の給付に分け，前
　　者をサービスの給付（狭義の現物給付）と（サービスの）費用の給付に細分するとともに，金銭の
　　給付は年金給付や傷病手当金などの純粋の金銭支給とする整理となる。
4）　例えば，高齢者の介護は"人生を肯定しながら終えることができることを願う介護"であり，障
　　害者の介護は"人生を切り拓いていけるようにするための介護"といったように。
5）　筆者は，介護の本質は基本的にケアされる者とケアする者の対話的関係性に基づくものであり，
　　その限りで，障害者へのケアも高齢者へのケアも同じ観点から捉えられるべきであると考える。も
　　ちろん，法的・制度的レベルに掬い上げられた"介護"はより即物的である。

Ⅲ　障害福祉サービスと介護保険～その現在と将来～　　345

支給限度額が設けられているのは何故か。言うまでもなく，介護保険における給付水準は保険料の負担水準との財政的バランスを取る必要があるからである[7]。また，高齢者の介護リスクは加齢に伴って高くなることから，個人による準備もある程度まで可能であることとも無関係ではない。これらが，障害福祉サービスが必要保障，介護保険サービスは部分保障（居宅サービス）であるとされる所以であり，65歳に到達した障害者には介護保険法による給付とともに，それで足りない部分には引き続き障害者総合支援法による給付が行われるべき理由でもある。

＊

　障害福祉サービスが社会保険の持つこのような制約を突破できたのは，それが公費による給付だったからであるが，しかし，公費財源であるが故の弱点があることも直視すべきであろう。権利保障としての弱さを持っていた措置制度の限界は契約方式への転換によってほぼ克服できたが，公費制度であることに起因する弱点は残っている。すなわち財源制約の強さである。契約方式が市場における障害福祉サービスの取引を前提とするものである以上，そこには障害者自身によるサービスの購入という行為が想定されており，とすれば当該サービス購入行為を自らの負担で為し得る高所得者が存在しないとまでは言い切れないだろう。そこから，高所得者は障害者総合支援法による介護給付費の支給対象としないという制度的帰結やそこまで行かずとも高所得者の利用者負担を強化しようとする動きが生じる可能性が全くないとは言えないのである。

　さらに，保険料財源を含む介護保険給付への一部置き換えによって，障害福祉サービスの公費を節約するとともに，それによって浮いた財源によって障害

6）実際の介護行為には“便宜である”という側面があることは否定できないが，これは介護に関する客観的科学の不在に拠るものかもしれず，全体としての介護の必要性に影響を与えるものとは言えまい。他方，介護の必要不可欠性に違いはないとしても，目指すべき方向，すなわち「自立支援」の意味合いに違いがあるという見解（注8　藤岡弁護士講演）もある。ただ，障害福祉サービスにおいて「自立支援」が持つ意味合いはともかく，筆者は，目指されるケアとは客観性があるかのごとき“正しいケア”ではなく，当事者にとっての“よいケア”であると考えるので，少なくとも介護保険において“正しいケア”の臭いがする「自立支援」のケアをことさら強調することには疑問を持っている。

7）このことは障害福祉サービスと同様の必要不可欠性を持っている医療保険の医療給付において一部負担金（患者負担分）があることからも理解することができよう。

346 第5章 社会福祉

福祉サービスの拡充を図りたいという考え方も，厳しい財政制約を考慮すると，不自然とは言えない。具体的には介護保険の被保険者年齢引下げ論（第2号被保険者の年齢を40歳から引下げるとともに，特定疾病の受給要件をなくす）である。ただし，この議論に障害福祉サービスの立場から参加するためには，両法のサービスが重複する場合，介護保険サービス（介護サービス費の支給）では足りない部分について障害福祉サービス（介護給付費の支給）が行われるという取扱いが全国の市町村に徹底され，さらに後述のとおり，介護保険の利用者負担分も条文どおりに障害福祉サービスによってカバーする取扱いに変更されることが求められるだろう。その場合には，同じ利用者が，介護保険サービスに加え，併給調整された同じ種類の障害福祉サービスを受けるのであるから，社会保障審議会障害者部会報告（2015年12月4日）なども指摘するとおり，両制度におけるケアプラン・相談支援計画，介護支援専門員・相談支援専門員，居宅介護支援事業所・相談支援事業所，居宅介護サービス事業所・障害福祉サービス事業所の連携，さらには基礎的な部分の共通化などが求められることになろう。また，併給がスムーズに行われる前提として，障害福祉サービスの利用者負担についての検討により，ごく低額の一律定額負担制へ転換したり，65歳到達後に障害者となった者について障害福祉サービスの適用制限を導入したりすることが求められるかもしれない。

＊

ここで，低所得者は保険料の負担が困難な場合があり，そのために保険料を滞納した被保険者への給付が制限されることをもって社会保険には「排除原理」があるとし，障害者に対する介護保険の適用に反対する見解[8]にも触れておこう。医療保険の適用は認めつつ，介護保険の適用は忌避するという不整合はさておき，近代市民社会が自由な個人を前提とする以上，保険料拠出という自助に基づく社会保険の給付が公助に基づく公費の給付に原則[9]として優先するこ

---

8) 藤岡 毅弁護士の2016/07/27四国地区知的障害者関係施設長会議講演（7/28『福祉新聞』）。同弁護士は，このほか，介護保険法と障害者総合支援法とは，理念・目的・機能が異なり，両者を接合することには無理があると主張している。もちろん両法は，それらが異なるからこそ別の法体系となっているのであるが，具体的な給付内容において重複する部分がある場合に，前述のとおり，その関係が調整される場合があることまで否定されるものではない。

Ⅲ　障害福祉サービスと介護保険〜その現在と将来〜　347

とは当然の論理的帰結である。もちろん国民すべてに対し社会保険への加入を義務付ける以上，被保険者の保険料負担が現実に可能なものであるべきことは当然であり，そのためにわが国の社会保険において応能保険料制が標準装備となっていることは周知のとおりである。さらに介護保険では，生活保護受給者も被保険者とし，保険料相当分を生活扶助費に加算することによって，その実効性を担保する措置が導入されていることも特筆すべきだろう。場合によれば，その考え方を延長し，生保受給者以外の一定の低所得者に保険料負担を軽減するための介護保険料手当を支給する制度を介護保険とは別に設けることも検討すべきである。

（2）障害者総合支援法と介護保険法の給付調整

　2つの法律による給付の調整について考える前に，費用の給付とサービスの給付の違いについて触れておこう。別表のとおり，介護保険法・障害者総合支援法のいずれも費用の給付という形式を採っている。サービスの給付という形式を採用しているのは，健康保険法の「療養の給付」である。

　障害者総合支援法と介護保険法の給付の関係について，障害者総合支援法7条の調整規定は「**自立支援給付は，介護保険法の規定による介護給付**，健康保

別表

	介護保険法	障害者総合支援法	健康保険法
費用の給付	**介護サービス費の支給** (被保険者へ支給。支給されない部分が，いわゆる"利用者負担"となる。それについての法律の規定はない。)	**介護給付費の支給** (本人へ支給。支給されない部分が，いわゆる"利用者負担"となる。それについての法律の規定はない。)	**家族療養費の支給** (被扶養者の費用を被保険者へ支給。支給されない部分が，いわゆる"利用者負担"となる。それについての法律の規定はない。)
サービスの給付	(介護サービスの給付)	(介護の給付)	**療養の給付** 被保険者への給付。サービスのすべてを給付する建前にもかかわらず，**一部負担金の支払い義務が法定されている。**

---

9)　損害賠償や国家補償（的）として行われる給付，例えば労基法または労災保険法に基づく給付，被爆者援護法による医療などは，その趣旨から，個人の自助に基づく社会保険給付に優先する。

348 第5章 社会福祉

険法の規定による療養の給付その他の法令に基づく給付又は事業であって政令
で定めるもの**のうち自立支援給付に相当するものを受け**，又は利用す**ることが
できるときは政令で定める限度において，（中略），行わない**」と定める。すな
わち，自立支援給付＞相当する介護保険法による給付の場合，その相当する部
分については，自立支援給付は行わない（その相当する部分を超える部分には
自立支援給付がでる。もちろん仮に自立支援給付≦相当する介護保険法による
給付というケースがあった場合は自立支援給付は出ない）というものである。

＊

　現在，２つの法律の間における給付調整の<u>運用</u>は，自立支援給付（＝介護給
付費の支給）は介護保険の介護サービス費の算定の前提となる介護報酬の算定
対象額（利用者負担分も含まれる 10 割額）を超える部分について行うとされて
いるようであるが，介護保険の給付が費用の給付であるということを踏まえる
と，これらの規定に基づき自立支援給付（＝介護給付費の支給）が調整される
（引っ込む）のは，介護保険法による「介護サービス費の支給」を受けることが
できる部分[10] となるはずである。逆に言うと「介護サービス費の支給」の対象
とならない部分＝ "いわゆる利用者負担分" は自立支援給付の対象となるもの
と解釈するのが正しい。したがって，現在の介護保険の介護サービスに要した
費用の全体（利用者負担分を含む 10 割額）を自立支援給付の調整対象とする障
害者総合支援法の運用（介護保険法の利用者負担分には自立支援給付は出ない
とするもの）は誤った法律解釈の上に立っていると云うべきである。

＊

　現行のような解釈・運用は，むしろ健康保険法の「療養の給付」との関係に
おいて妥当するものであろう。通例，他法による給付は，一部負担金部分も含
め「療養の給付」の領域には侵入し得ないからである。にもかかわらず，障害
者総合支援法の自立支援医療費の支給の対象は，同法 58 条[11]（自立支援医療費
の支給）において，「療養の給付」も「家族療養費の支給」も区別することなく，

---

10)　障害者総合支援法施行令２条参照。

11)　自立支援医療費と健康保険の医療給付との関係について障害者総合支援法７条の併給調整規定
　　に加えて，わざわざ 58 条という特別の条項を置いているのは，次注のとおり，自立支援医療費はす
　　べてをカバーしない取扱いをする必要があるからであろう。

「療養の給付」のなかに含まれる「一部負担金」部分や「家族療養費の支給」の対象外であるに“いわゆる患者負担分”にまで及ぶ書きぶり[12]・[13] となっている。逆に言えば，仮に介護保険法の介護サービス費の支給の対象外である利用者負担分についても自立支援給付（＝介護給付費の支給）の対象外とするのであれば，障害者総合支援法の介護給付費の支給の対象から，同法 58 条（自立支援医療費の支給）と同様，介護保険法における利用者負担分に相当する額を控除する旨の調整規定を設けるべきだったのであり，それがない以上，前述の解釈を採るほかないはずである。なお，要介護高齢障害者に対して介護保険法による介護サービス費の支給に加えて障害者総合支援法による介護給付費の支給も行われる場合，具体的に障害者総合支援法のどの種類の給付の，どの部分が調整対象となるか，すなわち介護保険法の給付に相当する給付とは何かは，障害福祉担当部局において，両法のそれぞれの給付の内容・基準や報酬内容等に応じて個別の給付ごとに判断されることとなろう[14]。この場合，調整対象とならない障害者総合支援法による給付は，そのまま（介護保険法による給付とともに）行われることは言うまでもない。これらサービスの給付と費用の給付の関係については別図を参照されたい。

---

12) 自立支援医療費の支給は，障害者総合支援法 58 条により，診療報酬により算定した額から，家計の負担能力等を斟酌して政令で定める額（その額が診療報酬による算定額の 1 割を超えるときは 1 割額）を控除した額とされており，3 割の一部負担金または患者負担分の全部をカバーしない取扱いとなっている。

13) このように自立支援医療費の支給と健康保険の給付との併給調整規定において，健康保険の「療養の給付」と「家族療養費の支給」を区別しない書きぶりとなっているのは，もともと国民皆保険以前から存在した身体障害者福祉法の「更生医療」が健康保険法の「療養の給付」と同様，サービスの給付として，必要な医療サービス全体を対象としながらも，その後の医療保険制度の給付の拡充に伴い，「療養の給付」や「家族療養費の支給」といった給付の形式に無頓着なままに“保険優先原則”を適用してきたことに由来するのではないかと推測される。

14) 障害福祉サービスの個別メニューごとに，どのメニュー（あるいは 1 つのメニューのどの部分）が併給調整の対象となるのかならないのかについて全国の運用の統一を図るため，障害福祉担当部局から明確なガイドラインが示されるべきである。現在の運用通知は明確性に欠け，地域間で取扱いに差があると聞く。

350　第5章　社会福祉

＊

　以上にしたがい，本来の正しい（と思われる）解釈に戻した場合，65歳以上
になって介護保険サービス＋（上乗せの）障害福祉サービスを利用する障害者
は，ほとんどの場合，利用者負担なしとなるが，その結果，社会保障審議会障
害者部会報告が提起する"利用者負担の検討"が加速されるかもしれない[15]。
もちろん，併給調整の解釈と障害者総合支援法の利用者負担の在り方は，本来，
別問題ではあるのだが…。さらに，65歳到達後に障害者となった者による障害
福祉サービスの利用が増加する可能性もあるが，これも高齢者が障害者となっ
た場合の制度的取扱いという従来からある難問であり，それはそれとして知恵
を出すべき問題である[16]。

2　介護保険の被保険者年齢引き下げ

　介護保険による給付費の増加が続いていることに伴い，国庫負担と保険料水
準の抑制を図るため，財政当局による介護保険給付費の締付け[17]が年を追って
厳しくなってきた。それは利用者負担分の引上げなどの給付レベルの抑制にと
どまらず，特養ホームの入所対象を原則として要介護3以上に限定したり，訪
問介護で行われる生活援助を給付対象から外したりするといった給付範囲の縮
減にも及んでおり，今や介護保険は，現在の前期高齢者の多くが実際にサービ
スを必要とする後期高齢者となったときには，受けるべき給付がない"逃げ水
介護保険"と化しつつあるようである。また，さまざまの給付抑制策のほかに，
第1号被保険者の保険料負担を軽減するため，第2号被保険者の対象年齢を40

---

15)　介護保険を運営する市町村からは，一般の要介護高齢者とのバランスという観点から，広範な利
　用者負担ゼロに異議が呈される可能性があるからである。筆者は，前述のとおり，ごく低額の一律
　定額負担とする可能性を追求すべきではないかと考えている。なお，低所得者については，社会福
　祉法人の場合，この定額負担を無料または低額にすることが求められることとなる。

16)　筆者は，65歳以上になった者には新たに障害基礎年金が支給されることはないという年金制度
　の考え方を踏まえた制度設計ができないかと考えている。

17)　今，財政当局は形振り構わぬ社会保障国庫負担の抑制に出ている。また，経済産業省の強い影響
　が感じられる『骨太の方針2015』P23には，社会保障給付費の抑制は，租税や社会保険料負担の抑
　制を通じ，経済成長に寄与するという露骨な社会保障否定の表現がある。

歳から引下げて，年齢比按分となっている第1号被保険者の負担割合を抑えようという動きも出てきた（社会保障審議会介護保険部会2016年8月31日）。被保険者年齢の引下げは今までも取上げられたテーマであったが，第2号被保険者側（被用者保険者・労使双方）の負担増に繋がることや，第2号被保険者の受給要件である特定疾病という限定がなくなって障害者に対する介護保険給付が一般化することに対する障害当事者等の反対により，結論を得るには至らなかったという経緯がある。

　今回の介護保険法改正では介護納付金の総報酬割[18]も盛り込まれており，財政当局の第1の狙いはこちらであろう[19]から，第2号被保険者の対象年齢引下げは，今回は姿勢を示すのみで，次回以降，本格的に検討されることになるものと予想されるが，その間も，第1号保険料の上昇が続くことを考慮すると，いずれは真剣な議論の対象となるものと考えておいた方がいいだろう。

＊

　この問題について障害福祉サービスの側はどういう立場を採ることが考えられるだろうか。第1号保険料の上昇抑制のためには，被用者保険サイド（保険者・労使の団体）も年齢引下げはやむを得ないとなった場合，障害福祉サービスの側として主張し得ることは何か。介護保険法と障害者総合支援法の境界線の現状を何としても維持しようと，特定疾病による受給資格の限定を第2号被保険者の範囲とは無関係に存続させるべきであるとの主張もあるかもしれない。しかし，その結果，40歳未満の者は，40歳を過ぎる頃から増加し始める特定疾病に罹患することは極めて稀であるにもかかわらず，保険料負担のみを求められるという社会保険としては説明困難な事態となってしまう。実際，介護

---

18)　第2号保険料の束である介護納付金について，そういう性格を持たない後期高齢者支援金と同様に扱っていいのか，少なくとも第2号被保険者への給付分は純粋に保険料というべきであるから，総報酬割りの対象外とすべきではないかという疑問があるほか，負担能力に応じて支援金や納付金の割当額を変えるのであれば，市町村国保についてもその1／2は総所得割とすべきではないかという問題もある。

19)　第2号被保険者の対象年齢引下げは，財政当局にとっては諸手を挙げては賛成しにくい問題である。第2号保険料の束である介護納付金には国保や協会けんぽに対する国庫補助も含まれるからである。とすると，まずは介護納付金の総報酬割を実現して協会けんぽに対する国庫補助を廃止した後，介護納付金の総額増加に繋がる第2号被保険者の年齢引下げに取組む方が合理的だというのが，その判断になるものと思われる。

保険制度創設時，被保険者として20歳から保険料負担を求めつつ，保険給付は65歳からとした当時の厚生省案に対し，「連合」から社会保険原理に反するという極めて真っ当な批判を受けたことがあった。あるいは第2号被保険者には原則として生活保護受給者は含まれないことから導かれるとおり，その保険料負担は医療保険加入者による社会的扶養という性格を帯びているが，これにかんがみ，障害者は社会的扶養の担い手とされるべきではないから，介護保険の第2号被保険者とすべきではないという意見もあるかもしれない。しかし，障害者であることは当然に，社会的扶養の担い手ではなく，その受け手であるということになるのだろうか。医療保険加入者であることの意味は自らを助けるとともに他者をも支えること（自助＝共助）にあるのだから，すべての社会保険から障害者の適用除外を求めるのでない限り，医療保険への加入と同様，介護保険の第2号被保険者となることを否定することはできまい。

＊

　将来，年齢引下げについて本格的な議論が行われる場合に備えて，あらかじめ，検討しておくべき問題について述べておく。まず，第2号被保険者に対する受給資格の要件である"特定疾病"の取扱いである。これは，第2号被保険者の年齢を40歳以上とした際，40歳を過ぎる頃から増加し始める疾病のリストのなかから選定されたものであって，40歳以上という年齢を引下げた後，そのまま維持することに合理的理由がないことは前述のとおりである。そこで，特定疾病の要件は当然に撤廃されるべきものとすれば，障害福祉サービスと介護保険サービスの両方の受給要件を満たす者が増加することになり，特に障害福祉サービスの受給者が第2号被保険者となって介護保険サービスも併給可能となる場合の取扱いをどうするかが差し迫った問題となる。その場合，事前に対応しておくべき課題は，今まで縷々述べてきたとおりである。

　次に，対象年齢を何歳以上までに引下げるかである。ドイツの介護保険の例を見ても明らかなように，本来は特定の年齢で区切る合理的理由はない。ただ，わが国の介護保険が個人適用の独立型保険を採用している以上，未成年者に介護保険料の負担を求めることにはやや無理があることから，常識的には20歳（成人年齢）以上となるであろう。その場合，従来の40歳〜64歳の第2号被保険者と同じ取扱いとするか否かは，制度創設時40歳以上とされた際，その年代

Ⅲ　障害福祉サービスと介護保険～その現在と将来～　　*353*

に達すると自分の両親も高齢者となり，家族として高齢者の介護に直面することもあるといういわば反射的な利益が理由に挙げられたことを思い起こす必要がある。それも踏まえ，20 歳〜39 歳という年齢層の理解を得るという観点からは，当該年齢層の負担割合を 40 歳〜64 歳の 1／2 とする配慮が必要となるかもしれない。すなわち第 1 号被保険者（総数 A）・40 歳〜64 歳の被保険者（総数 B）・20 歳〜39 歳の被保険者（総数 C）の費用負担割合を A：B：1／2 C とするのである。これを被保険者本人の負担で見れば，第 2 号被保険者の保険料は医療保険料と同じく 1／2 の事業主負担・公費負担があるから，1 A：1/2 B：1/4 C となる。便宜的な方式ではある[20]が，あえて理由を付せば，各年齢層の要介護者発生率に差があるということになるだろうか。もちろん，それとてリスク発生率によって保険料に差をつけることになるから，リスクの社会的分散という社会保険の原理に照らせば褒められたものではない。

　最後に，20 歳以上の者が第 2 号被保険者として介護保険の受給権を有することになった後も，対象となるサービスは現在の介護保険サービスのままで良いかということも問題となろう。現在の介護保険サービスのメニューは，高齢者あるいは加齢に伴う特定疾病によって要介護状態となった"準高齢者"を対象とするものだからである。とすれば，障害者総合支援法の介護給付のうち，いくつかのサービスメニューは介護保険でも給付対象とすべきこととなる。もちろん，障害者総合支援法による障害支援区分の認定と介護保険法による要介護認定は別物であるから，それらのサービスは 2 つの法律でそれぞれの給付として位置づけられる必要がある。なお，その場合，現在，介護保険法の被保険者とされていない障害者支援施設の入所者の扱いも当然，見直されることとなろう。

---

20)　現在の介護保険制度が，被保険者の属する年齢層で要介護発生率に大きな差があるにもかかわらず，要介護のみを制度の対象リスクと位置づけている以上，このような便宜的方式もやむを得ない選択であろう。

354　第5章　社会福祉

3　介護保険制度と医療保険制度の統合

（1）なぜ，両制度の統合なのか

　わが国の介護保険制度は，年齢層によって発生率に大きな差のある要介護リスクを単独で制度対象リスクとするユニークな独立型保険の仕組みを採用している。この仕組み自体は，制度創設時においては，医療保険にはない要介護認定や居宅サービスの支給限度額の仕組みを導入するうえで好都合ではあったが，他方，要介護リスクの不可逆性・交替不可能性，さらには加齢に伴う傾向的著増性から，保険料の掛捨て感が大きい[21]という難点を抱えていた。しかも，保険料水準が上昇していくと，サービスを利用しない被保険者の保険料掛捨て感はますます増大していき，その結果，保険料負担への納得が揺らぐ事態にもなりかねない。加えて近年の制度改正で，給付範囲までもが縮減されるようになって"逃げ水介護保険"の様相を呈してくると，この問題は介護保険の潜在的脅威となるおそれがあるだろう[22]。

　では，この介護保険料の掛捨て感を回避するとともに，これからも暫くは上昇すると予想される保険料水準に耐え得る制度とは，どのような構造の制度なのだろうか。介護保険料に強い掛捨て感を与える原因は前述のような要介護リスクの特性にあるから，要介護リスクのみを保険対象とする独立型介護保険においては保険料の掛捨て感が前面に出ることは避けられない。とすれば，制度の基本構造を独立型の介護保険から，要介護リスクを隣接する要医療リスクと一体のもの[23]と捉え，その一体的リスクを保険対象とする医療・介護保険一体型の構造とするほかあるまい。医療・介護一体型の保険では，給付は介護と医

---

21)　医療保険の場合，年齢を問わず誰にも傷病のリスクはあり，実際，多くの人が医療機関にかかっていること，また，傷病の大部分は治癒・寛解するものであり，要医療状態の者は要介護状態の者のように固定的でないことから，保険料の掛捨て感は介護保険のように大きくはない。

22)　保険料が年金天引きであることから，この不満は表面化しにくく，国や市町村はそれに胡坐をかいている感もあるが，事態を直視すれば，制度の信頼を傷つけ，その長期的安定を危うくする深刻な問題である。

23)　実際，ある日突然，要医療状態を飛び越えて要介護状態となることは想定しにくい。要介護状態は，要医療状態に後行するか，前段階の要医療状態と併存するのが普通である。

療を分離し，介護給付の実施は市町村に委ねるという方法も可能であるし，また，現実的でもある[24]が，被保険者としての適用・保険料の賦課・徴収は一体的であるから（これこそが一体型保険の眼目である），障害者もこの保険制度の被保険者となって一体化された保険料を負担し，当然，その対価としての給付（介護と医療）を受けることとなる。この場合，介護給付の受給年齢・受給要件をどうするかは，どのようなタイプの医療・介護保険を構想するかによって異なってくる。それはどのようなものだろうか。

（2）後期高齢者医療制度との統合

もう少し具体的な制度論を考えてみよう。現行の医療保険制度のなかで介護保険と統合すべき対象の候補は後期高齢者医療制度である。この場合，介護保険の対象年齢を75歳以上としたうえで，後期高齢者医療制度と統合する[25]ことも考えられなくはないし，財政当局などは本音ではそれを望むに違いないが，現実問題として，介護給付の対象から前期高齢者をすっぽり落としてしまうことは政治的に不可能と言うべきであろう。であるなら，後期高齢者医療制度の対象年齢を65歳以上として「高齢者医療制度」に改めたうえで，介護保険制度と統合する方がまだ実際的である。この統合された制度においては被保険者を第1号・第2号と分けることはしないが，高齢者対象の制度という性格が色濃く残るので，現行の介護保険制度と同様，40歳〜64歳の特定疾病による要介護者を準高齢者として介護給付の対象とすることは何とか許容されるかもしれない。逆に言えば，準高齢者とは言えない40歳未満の年齢層まで給付対象とするのは難しいということである。

介護保険と65歳まで対象が引下げられた高齢者医療制度を統合すると言っても，それほど簡単なことではない。まず保険者は，後期高齢者医療制度で設立された都道府県単位の市町村広域連合（あるいは2018年からの国保都道府

---

24) 要介護認定・居宅介護支援や地域密着型サービス，介護予防・日常生活支援事業など，市町村が行うべき業務は定着しているし，財源としての地方負担の取扱いも考慮すると，保険者はどこであれ，介護給付は市町村が保険者の委託を受けて実施することが実際上も望ましい。

25) その場合，40〜74歳の者に対する介護給付は特定疾病に起因する要介護者についてのみ行われることになろう。

県化を前提とすれば都道府県）となるだろう。その結果，市町村ごとの介護保険料格差は，一定の経過措置は採られるだろうが，最終的には都道府県で統一されることになる。また，保険者が都道府県単位広域連合または都道府県となる場合でも，前述のとおり，（要介護認定は別にして）介護給付は市町村が行うことになるに違いない。次に，制度の財源構成はどうなるだろうか。高齢者の保険料財源の割合をどうするかは難しい問題であるが，どこかで割り切るほかない。高齢者の保険料の設定方法はおそらく後期高齢者医療制度のそれに倣うことになろう。第２号被保険者制度がなくなるのであるから，第２号保険料の束として観念されていた介護納付金は，医療・介護支援金として後期高齢者医療支援金の仕組みに統一されることになるものと思われる。公費投入の考え方やその負担割合も介護保険と後期高齢者医療制度とでは異なるので，一定の割切りと妥協の下で決めるほかあるまい。給付率の違いをどうするかも難問である。おそらく後期高齢者医療制度に倣って，利用者負担割合は１割，２割，３割の３段階（将来的には２割と３割の２段階）[26] となる可能性がある。

　仮に，このような制度の統合がうまくいき，介護分の保険料の掛捨ては表からは見えなくなったとしても，医療分と介護分を合わせた保険料水準に制度が耐え得るかという問題は依然として残っている。むしろ，その厳しさは深刻さを増すに違いない。医療と介護分を合わせた保険料水準が，例えば１万円／月を超える者が急増し，数万円の基礎年金（最低１万5,000円）からそのような高額の保険料が天引きされることが日常的となれば，制度に対する政治的風圧は極めて強烈なものとなるだろう。また，医療保険者が負担する医療・介護支援金も，高齢者医療・介護制度の加入者でもない現役世代に一方的に負担を課すものであるだけに，その増加に対しては被用者保険関係者（保険者・労使団体）を中心に反発が強まることは必至である。それらが，国の財政制約と相俟って，医療・介護給付費への一層厳しい締付けに繋がることも十分に予想される。このように，現行の介護保険と後期高齢者医療制度の枠組みを前提とした制度の統合（高齢者医療・介護制度）によっては，高齢者だけを対象とする制度が

26）筆者は，負担能力に応じて給付割合に差をつけることには，社会保険の原則に照らし，反対である。また，居宅サービスの区分支給限度額に対する利用割合が生保受給者＞１割負担者＞２割負担者＞３割負担者という説明が難しい事態となることも懸念される。

持つ弱点を完全に突破することはできず，残念ながら，将来に向かって明るい展望が拓けるとは言い難いと思われる。

（3）抜本的に見直された医療保険制度との統合

とすれば，現在の介護保険や後期高齢者医療制度の枠組みからは離れて，制度的に高齢者を特別扱いせずに，本来の被用者保険と地域保険という二元体系の医療保険に介護給付を追加するという選択肢を考えるほかないだろう。このタイプの一体型保険は，介護保険や後期高齢者医療制度で実現された，高齢者も自ら被保険者として自助＝共助の仕組みに参加する（保険料を負担する）という成果を維持できるものであるとともに，医療保険者の支援金といった理論的な説明の困難な仕組みに拠ることなく，より素直な社会保険制度として設計されることが望ましい。それはおそらく，社会的経済的な実体に応じて保険集団の括り直しをするなど，相当にドラスティックな制度改革となるはずである。筆者は従来から，「被用者年金受給者健康保険を創設[27]し，被用者年金受給者がその受給年金額に応じて負担する保険料と被用者年金被保険者（現役世代）が年金保険料に併せて納付する連帯保険料[28]で，被用者年金受給者の医療・介護給付[29]の費用を賄うとともに，後期高齢者医療制度の廃止及び協会けんぽと組合健保の１／２財政調整により確保される国庫負担を，被用者年金受給者が抜ける国民健康保険に投入する」という構想を主張してきたが，本稿は高齢者医療制度がテーマではないので，ここで，その詳細を述べることはしない[30]。た

---

27) この構想については，被用者年金受給者の（国保の）保険料収入が失われることとなり（それにより保険財政が支えられている）国保がもたない－という不思議な理由で厚生労働省は極めて消極的である。

28) これは，年金保険料が将来の年金のための支払いであるのと同様，将来の被用者年金受給者健康保険の受給のための保険料の支払いである。

29) 介護給付は，それぞれの医療・介護保険者が拠出した費用に公費（１／２）を加えて，従来どおり市町村が実施する。

30) 筆者の改革構想については，「迷走する高齢者医療制度－今，その歴史から学ぶとき－」社会保険旬報 2008/06/11，「高齢者医療費重荷論を超えて－機械的公平より社会的納得を－」社会保険旬報 2008/10/21（社会保険研究所），「高齢者医療制度改革をもう一度考える」文化連情報 2009/06～2009/08（日本文化厚生農業協同組合連合会）などを参照。ただし，細部は本文に述べた構想と異なる部分もある。

だし，障害福祉サービスとの関係について一言すると，この一体型保険には，医療保険における取扱いに倣って，零歳から加入することとなるから，いわば介護保険の対象年齢を零歳まで引下げるのと同じ効果を持つ。ただし障害児については，サービスメニューの関係から，引き続き，多くは障害児福祉サービスのみを利用する実態が続くことになるだろう。

　介護保険の将来は前途多難である。障害福祉サービスは，障害者総合支援法の規定により，介護保険の給付が変わっても直接の影響はなく，柔軟に対処できることになっているが，前述のとおり，介護保険の見直しの内容によっては影響を受ける部分もある。また，国の財政制約は障害者総合支援法にも及んでくるだろう[31]。以上述べてきたように，介護保険法との関係を賢く取り結ぶことによって，限られた公費財源を障害福祉サービスの拡充に上手に利用することも検討すべきである。

最後に再び障害学会における議論に立ち戻って

　障害者総合支援法と介護保険法とは，その趣旨・目的が異なるのであるから，制度として"統合"されることはあり得ない。併存・併給（場合により一部調整）があるのみである。しかし，制度レベルの話とサービスの現場レベルの話は別である。高齢者に対するケアと障害者に対するケア・支援の間には必要不可欠性という意味で本質的な違いがあるとは思えないからである。もちろん，障害者のケアが切り開いた地平と高齢者ケアが到達した境地は同じではない。だからと言って，両者を全く隔絶したもの，もしくは対立するものとして取扱っていいものだろうか。地域には高齢者も障害者も共に住んでいるということだけでなく，ひとりの人間が障害者であると同時に高齢者でもあり得るということを踏まえれば，地域やサービスの現場において，両者のケア・支援がそれぞれの特性を活かしつつ相互に刺激・影響し合うことにより，新しい包括的なケア・支援の在り方が見えてくる可能性もあるのではないか。障害者も高齢者も，それ以前に尊厳ある人間であることに変わりはないのである。

（初稿：2017.01.01，改題・加筆修正：2018.06）

31）2016年11月17日の財政制度等審議会の「平成29年度予算の編成等に関する建議」などを参照。

〔別図〕サービスの給付と費用の給付の関係

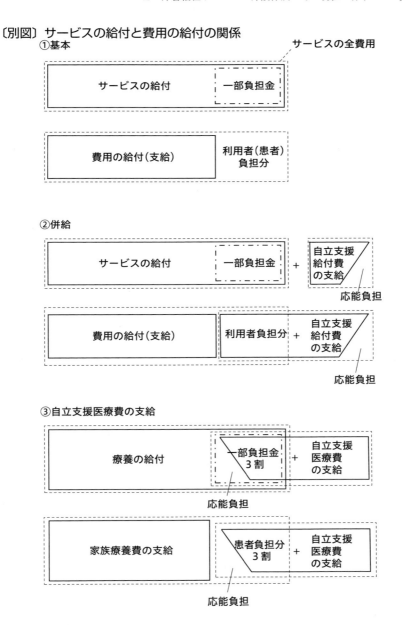

第6章　社会保障一般

I　政策の方法が自己目的化している

1　政策策定過程における妥当性の判断・評価

　社会保障に限らず，政策の妥当性は，その目的だけでなく，採られる方法，期待される効果や予想される（あるいは想定外の）副作用も含めて総合的に判断されなければならない。当たり前のことである。昨今は政策評価ということが盛んに言われ，政府もそのための組織を作って"政策評価"を行っているが，数字で表される"実績"の評価が中心のようである。だが本当に必要なことは，政策を策定する過程で，その目的・方法・効果（副作用も含む。以下同じ。）について総合的に評価し，その妥当性を判断することであろう。その判断は，最終的には法律案や予算の審議を通じて立法府において行われるが，行政府における立案過程でも，法令の妥当性について内閣法制局の審査，予算の妥当性について財務省主計局の査定が行われるほか，それに前後して行われる審議会の議論や与党の事前審査，さらには主にメディアを舞台とした公論などを通じても行われている。立法府のおける審議では政策の目的・方法・効果について法案の条文や予算の内訳まで立ち入って議論されることは少なく，政治的思惑に基づく議論が多いことを考えると，行政府の立案過程における審査・議論・判断は極めて重要であり，それがしっかり行われていることが政策の妥当性を基礎づけることになる。

　それでは，行政府の立案過程における審査・議論・判断は政策の目的・方法・

効果に関してしっかり行われているだろうか。かつて大蔵省主計局は，政策の妥当性に関する議論においてもっとも手強い関門であった。予算要求する各省は，その予算により実現しようとする政策の目的・方法・効果について徹底的な理論武装をして大蔵省主計局との折衝に臨んだのである。目的・方法・効果の全体を踏まえた政策の妥当性は，両者の議論を通じて練り上げられていった。

2　国庫負担縮減は表向き，政策の目的たりえない

　しかし，厳しい財政制約の下，予算額の縮減が求められる時代となって久しい今日，この財務省の予算査定を通じた政策の"鍛え上げ"機能が弱体化してきたように感じられる。実際，概算要求基準が制度化されて以降，予算編成過程における政策議論の大半は同基準の枠内に収めるための縮減方策の議論であり，決定した予算の枠内での要求は概ねそのまま認められるのである。問題はこの縮減方策であるが，これも政策として行われるとはいえ，国庫負担を縮減すること自体が政策目的と化し，その実現のためにはなりふり構わぬ方法が選択される傾向が強まっているように感じられる。財務省の政策鍛え上げ機能は，低下したというより，変質してしまったと言ってよい。昨今の政策立案は，官僚が得意とする how 思考（what や why ではなく，まず how を考える）によって予算縮減の方法論から始まり，縮減効果があるとして政策の方法が決まれば，後はそれを正当化するだけである。その場合，政策として掲げられる目的は何か，目的達成の方法として適切かといった点に関する吟味が十分になされることは殆どない。筆者は，厚生省時代，橋本内閣の財政構造改革法の下での予算編成を担当したが，省みれば，はじめに政策目的についてしっかり議論しない政策の立案は虚しさを感じさせるものであった。近年の立法例を見ても明らかなように，まず，国庫負担縮減のための方法が決まり，然る後に，それを外から見えにくくする政策目的の美辞麗句が考え出される。かつては，"本格的な高齢社会の到来に備えて"だったが，高齢社会が到来してしまった後は，"制度の持続性を確保するため"とか"地域包括ケアシステム構築のため"などの表現が多用されているようだ。

　では，そもそも政策の隠された狙い（例えば予算の縮減）ではなく，本来の

目的を考える際に基本となるものは何だろうか。政策の目的の基本は，達観して言えば"善き生"の実現であろう。もちろん"善き生"と言っても，人々や時代の価値観によってその内容は異なるが，わが国の公的な政策として行われる以上，自由で自律的な個人を尊重しつつ，その生存権を保障しようとする日本国憲法の拠って立つ価値観が前提となるはずである。

政策の目的が定立された後は，それを実現する方法が選択されねばならないが，その方法の妥当性の判断基準は何だろうか。その選択・判断の基準として考えられるのは概ね次のようなものだろう。

3　正しい目的の政策実現のために採用されるべき政策の方法

まず第1の判断基準は，政策目的を実現する方法として採用される"資格"があるかどうかである。ここでいう資格とは政策手段として駆り出される関係にあるかどうかという意味であり，原因結果の関係にあるとか，加害受益の関係にあるとか，政策目的の実現に社会的責任を負う関係にあるといったことがなければ，政策の方法として召喚される資格があるとは言えない。例えば，医療給付費の財源としてタバコ税の一部を充てるという方法には"資格"があるかもしれないが，自動車メーカーに売り上げの一部を拠出させるという方法に"資格"はない。次の判断基準は，その方法が政策目的に適合的であるかどうか，換言すると政策目的を効果的に達成できるかどうかである。効果はあっても，副作用の方が大きい場合には，この判断基準では採用されない。例えば，老人の健康保持を目的に，老人が容易に受療できるよう医療保険の自己負担分を全額補填するという方法は，受療促進の効果はあるが，医療費の高騰という副作用が大きいことから，適合的とは言えないだろう。第3の判断基準は，その方法が公正・公平であるかどうかである。資格があって効果的であっても，関係者を不公平に扱うようでは方法として失格である。

政策の方法の採用に関する判断基準が以上のようなものだと考えた場合，予算縮減のために考えられた政策においては方法の吟味が十分になされていないケースが多いことに気が付く。社会防衛的見地から行われる感染症患者に対する強制入院などの措置（結核患者の命令入所など）がそれまでの公費優先から

保険優先に変更されたことを例に採ると，国が社会全体の安全のために主体となって行うものである以上，そのための費用は，公の責任の現れとして，まず公費で負担するのが当然であるが，僅かの額とはいえ予算縮減（のポーズ）のため，いつの間にか国民が互いに助け合うための保険の負担に付け回しをされてしまったのである。これは，"資格"のある方法から"資格"のない方法への負担転嫁であり，政策の方法として妥当性を欠くものであった。公立保育所の運営費の地方一般財源化も同様である。これも，全国知事会の公立施設の管理運営費用は一般財源化すべしとの主張を逆手にとって，政府が予算縮減の方法として採用したものであるが，保育という国民の基本的生活に不可欠のサービスを行う保育施設を，図書館や美術館と同列に扱ってよかったものかどうか疑問である。また，民間保育所には従来どおり国からの運営費補助金が交付されることとの違いを合理的に説明できるかも問題であり，公立か私立かの議論が十分なされないまま，自治体が地方一般財源を少しでも抑えようと公立保育所の民営化を進めるという皮肉な事態となった。また，民間保育所への運営費補助制度を残したことは，後の子育て支援の新システムにおいて契約制度への転換を難しくしたことも忘れるべきではない。このほか，後期高齢者医療制度における被用者保険からの支援金に"総報酬割"が導入されたことも，国庫負担縮減を目的とするものであったが，これについては別稿で論じたとおりである。

（初稿 2013.05.24，加筆修正 2018.06）

Ⅱ　可哀想とお約束〜年金保険のバランス〜

　年金保険の具体的な制度設計や政策判断は“可哀想とお約束”の間のどこかにある。前者は“社会”の要請であり，社会保障における必要原則の表れである。後者は“保険”の本質であり，交換原理または貢献原則の実現と云うことができる。必要原則を“可哀想”とはけしからぬ言い方との批判もあろうが，税財源の場合はもちろん，社会保険においても“可哀想”だからこそ皆の助け合いの対象になるのだ。いずれにせよ，難しそうな議論も“可哀想とお約束”のどちらがどのように重視されているかという視点から見れば大概の見当は付くはずである。

　例えば，児童扶養手当が父子家庭にも支給されることと連動して（制度的な連動ではないが），遺族基礎年金が死別父子家庭にも支給されることとなったが，これも従来は“可哀想”なのは母子家庭であるという立場から対象もそうしてあったのに対し，同じように保険料を出していた以上，母子家庭と父子家庭で差を設けるべきではないと，今度は“お約束”であることに重点が置かれたと見ることができる。また，25年間という公的年金の受給資格期間が10年間に短縮されたことも，ある程度長期の受給資格期間を条件とすることによって，老後生活を支えるうえで意味のある額の年金を保障しようという必要原則に対する配慮が，保険料を払った以上はその期間に応じた年金を支給すべきだという保険原理の“お約束”に道を譲ったと言っていいだろう。もちろん，報酬比例保険料のもとで定額の基礎年金と報酬比例年金が支給されるという基本構造も，昭和29年以前の“お約束”一本槍から，低い保険料でもある程度の年金が必要という可哀想の要請との二本立てになって以来のことである。

　さらに在職老齢年金の取り扱いは，改正のたびごとに受給年齢になっても相当の賃金を受けている以上，公的年金を支給する必要性は少ない（支給しなくてもそれほど“可哀想”ではない）という考え方と，若いときに保険料を払った以上，受給時に賃金をもらっているからと言って決められた年金額を支給しないのはおかしいという“お約束”の考え方の間で揺れ動いてきたように思われる。特に70歳以上で厚生年金の被保険者でない者であっても在職している

者について老齢厚生年金の支給が制限されるのは，仮に「退職年金」の発想であっても"お約束"違反という謗りは免れないだろう。高額所得者には年金を支給しない（少なくとも基礎年金の国庫負担分は遠慮してもらおう）という発想も公的年金の"お約束"の性格をどう捉えるかに係っている。

　年金保険も社会保障である以上，社会的な必要性への保障の要請に応える必要がある。しかし，その場合もできる限り，保険料拠出や受給資格の要件に内蔵させることが望ましく，支給の場面で一方的に"可哀想"だから支給するとか，"可哀想"ではないから支給を制限するといった方法は原則的には好ましいものではない。

　昨今の様々な年金に関する問題についての国民の批判や議論を見ていると，"可哀想"という視点以上に"お約束"の立場が重視されてきたように思われる。経済的社会的効果の議論に覆われて見えにくくなりがちな年金保険の政策判断に当たっては，まずは"可哀想"と"お約束"の軸で整理したうえ，"お約束"の持つ意味の重さにも十分意を用いることが必要であろう。

（初稿 2013.04.25, 加筆修正 2018.06）

Ⅲ 「子ども保険」を巡る制度屋／法律屋の七面倒な議論

はじめに

　先般，自民党の若手議員が打ち出した「子ども保険」構想が結構な広がりをもって議論されたことは記憶に新しい。検討課題としてではあるが「骨太の方針」にまで取り上げられたのであるから，提唱者のねらいはまずは当たったというべきであろう。しかし，具体的な制度論となると，年金保険料に上乗せする案から，医療保険・介護保険の保険料まで含めて上乗せする案まであり，まだまだ熟度が足りないように思われる。「子ども保険」というネーミングから想像される，子どもを持つことを保険事故と捉える保険制度案については，①子どもを持つことは基本的には本人の選択に委ねられており，それをリスクとは言い難いこと，②自己の選択による"事故"が保険給付の対象とされる既存制度もなくはないが，子どもを持つということが社会的な対応を必要とする生活困難に結びつく蓋然性が高いとは言えない以上，それを敢えて保険事故として扱うことには多くの無理が伴う。そこで，本稿では，子育て支援の財源調達に社会保険のスキームを利用するアイデアに限定して考察することとしたい。

1　社会保険スキームを利用する財源調達方法

　年金保険だけであろうが医療保険や介護保険までも含もうが，それらの社会保険のスキームを利用して調達されるお金は，名称は拠出金・負担金・納付金・支援金・連帯金などといろいろ付けられるにしても，その本質は保険料ではありえず，一種の目的税であることは否定すべくもない。目的税を税法に拠らずして，社会保険のスキームを利用して徴収することの可否はここでは問わないことにしよう。税制・財政の在り方からすると責任放棄であり，一種の堕落であるとは思うが，租税法定主義は事実上適用されるだろうし，財政当局が一般会計の財政健全化のために，この方法による財源調達を受け入れるのであれば，敢えて異は唱えるまい。

368　第6章　社会保障一般

　問題は，社会保険のスキームの利用の仕方である。子育て支援の財源調達方法として社会保険の保険料徴収の仕組みを借りるだけであるから，その調達方法はあくまで借用する社会保険スキームの枠組みに規定される。主客転倒して，子育て支援の財源調達に都合のいいように，社会保険料の賦課徴収の仕組みを変えることは許されない。そのような観点から，社会保険スキームを借用して子育て支援の財源調達が行われる場合，どのような問題・課題があるのかを考えて見よう。

　まず，確認しておくべきことは，子育て支援の財源として調達されるお金（以下，便宜，「子育て支援拠出金」と呼ぶ。）は，個人であれ事業主（企業）であれ，個別の主体が拠出するということである。各制度の保険者が拠出主体ということはあり得ない。それらは，子育て支援という目的のために組織されたものではないからである。後期高齢者医療の支援金は，医療保険者に拠出義務が課され（医療保険者はそのための財源を一般の医療保険料に求めることが認められる）ているが，これは後期高齢者医療制度も医療保険制度と同じく国民の医療保障を担う制度であることから可能なのであって，子育て支援を直接の目的としない年金保険や医療・介護保険の制度や保険者にその拠出義務を負わせることはできない。介護保険において，介護保障をその目的としていない医療保険者に介護納付金の拠出義務が課されているのは，介護保険の第2号被保険者には第2号保険料の納付義務があることに基づき，医療保険者が市町村に代わって徴収した第2号保険料の束が介護納付金であるとの前提に立っているからである。

2　公平な財源調達方法とは

　子育て支援拠出金が，個人であれ事業主であれ，個別の主体に賦課されるものである以上，その賦課は公平に行われなければならないことは憲法上の要請である。子育て支援拠出金の調達に社会保険スキームを借用する方法として，厚生年金の保険料（労使）に一定率を，国民年金（1号）の保険料に一定額を上乗せする案が考えられたと聞くが，収入比例の子育て支援拠出金と定額の子育て支援拠出金を同じ土俵上に並べて，それらが両方の拠出者にとって公平な

負担であるとは，到底，言うことはできない。収入比例保険料制と定額保険料制は年金制度の下で，基礎年金＋厚生年金と基礎年金のみという異なる給付のための保険料として別々に構成されているからこそ並立し得ているのであり，この区切りを無くして子育て支援という単一の目的のための財源調達の方法として同じ舞台に上げることはできないのである。どうしても，子育て支援拠出金を年金保険料に上乗せして公平に賦課徴収しようとするのであれば，厚生年金保険料・国民年金（１号）保険料を通じ，全国一律の定額とするほかあるまい。社会保険料の徴収スキームを利用する以上，収入比例保険料の保険者も含めて，全国一律の定額を上乗せするのが限度であり，税法上の所得に応じた額を上乗せする方法では社会保険のスキームを逸脱してしまうのである。それをしたら，なぜ，税として徴収しないのかとなるに違いない。これは，子育て支援拠出金を医療保険・介護保険の保険料に上乗せして徴収しようとする場合でも，同様である。

制度化された一律定額の子育て支援金は，社会保険料の例により徴収されることになるはずであるから，保険者によって被保険者または事業主から社会保険料と同時に徴収される。もちろん，子育て支援拠出金は社会保険料とは別の債務であるから，申告納付であれ納入通知であれ，関係の帳票にはそれぞれの金額が分けて記載されるはずである。その場合，納付された金額が両者の合計額に満たない場合，どちらに先に充当されるかという問題も出て来るだろう。自らのための社会保険料と一種の目的税たる性格を有する子育て支援拠出金のどちらが優先されるべきか，議論のあるところかもしれない。なお，保険者には子育て支援拠出金の拠出義務はない以上，保険者が強制徴収の対象とならないことは言うまでもない。

3 社会保険における被保険者範囲の違い

子育て支援拠出金を一律定額の上乗せとして位置づける場合でも，各社会保険の被保険者範囲の違いをどう考えるかという問題は残る。社会保険において被保険者とされる範囲の者が子育て支援拠出金の拠出主体として，子育て支援制度の趣旨に相応しいかという問題である。年金保険のスキームを借用する場

合，厚生年金の被保険者のうち子育て支援拠出金の拠出を求めるのは国民年金
２号被保険者とすることとして１号被保険者との整合を図ることは当然であ
り，３号被保険者の子育て支援拠出金は２号被保険者の総数と３号被保険者の
総数の比率で調整して２号被保険者の子育て支援拠出金に上乗せすることにな
るだろう。そのうえで最終的には，20歳〜60歳までの国民年金被保険者を子
育て支援拠出金の拠出者とすることについて，子育て支援制度の趣旨からして
過不足はないのかが問題となると思われる。60歳以上の高齢層は子育て支援
に応分の負担をしなくともよいのかという疑問である。年金受給層こそ，自分
たちの年金水準を守るため，子育て支援の費用負担をすべきとの発想は不自然
とは言えない。しかし，だからと言って，高齢層まで年金保険の被保険者に加
えるのは本末転倒である。

　おそらく，そういう観点から，介護保険や医療保険の被保険者も子育て支援
拠出金の拠出主体とすべきだという構想が出されているのであろう。年齢層と
いう観点からは，40歳以上の者（介護保険の被保険者）が子育て支援の役割を
担うべきだというのはひとつの考え方である。また，健保の被扶養者はやや宙
に浮くが，医療保険（後期高齢者医療を含む）の被保険者であれば，介護保険
より幅広い範囲の年齢層から拠出を得られるとして，その子育て支援制度への
参加を支持する意見もあるかもしれない。しかし，だからと言って，年金保険・
医療保険・介護保険のすべての被保険者を子育て支援拠出金の拠出主体とする
案は，それぞれの金額が少なくなり拠出への抵抗感が薄れる（本体の保険料収
納への影響が抑えられる）という意味では現実味もなくはないが，３つの社会
保険の被保険者範囲の重なり具合が特定の年齢層（具体的には40歳〜60歳の
層）に過重な負担をもたらすという問題があることも確かである。

　もちろん，子育て支援拠出金が全国一律の定額であることによる負担の逆進
性は，問題となる可能性がある。国民年金の１号保険料にしろ，国保保険料の
均等割部分にしろ，低所得者への軽減があることからすれば，金額によっては，
子育て支援拠出金の徴収においても低所得者配慮なしで済ませるのは難しいか
もしれない。

4 児童手当財源との関係

子育て支援拠出金の調達方法の制度化について考える場合の最大の問題は，児童手当の事業主拠出金（子ども・子育て支援法により，児童手当に要する費用のほか，地域子ども・子育て支援事業と仕事・子育て両立支援事業に要する費用も対象とされている）との関係である。児童手当制度創設時，1970年の児童手当審議会の答申では，被用者分の財源は事業主拠出金7／10＋公費3／10，非被用者分は一定所得以上の者の拠出＋公費とされていたのが，与党調整の結果，所得制限導入・非被用者分の拠出制見送り（全額公費）となったことは周知のとおりである。子育て支援費用の財源調達の難しさは，この段階でも明らかだったのではあるが，児童手当等の費用の財源が現在のような形になった以上，当然，新たな子育て支援拠出金の調達方法と児童手当等の財源構成（費用調達方法）との関係をどうするかが問題となる。

具体的には，現在の児童手当等の財源構成には手を付けず，別途，新たな子育て支援の費用に充てるための財源調達方法を考える方が簡単そうに見える。しかし，新たな子育て支援拠出金の徴収に社会保険スキームを利用する場合に，事業主からの拠出も含まれることとなれば，理論や体系に関し相当に無頓着でない限り，児童手当等の費用に充てる事業主拠出金との関係に頬被りをして済ますことはできないのではないか。経済界もそれを簡単に認めるとは考えにくい。

とすれば，子育て支援拠出金は，児童手当等の費用も含めた子育て支援費用のすべてを対象にする新たな財源調達方法として考えることになるだろう。だが，従来から児童手当の事業主拠出金率の引上げには経済界の抵抗が強かったこと，子育て支援拠出金に変わった後，事業主からの拠出分の使途を被用者分の費用以外にまで拡大できるかどうか疑問があること，経済財政諮問会議などには社会保障の給付抑制→税・保険料の増加抑制→経済成長の促進という発想が根強いことなどからすれば，児童手当の費用に子育て支援拠出金が導入されることに伴う児童手当の事業主拠出金の減少額（①）と子育て支援拠出金による児童手当以外の費用への事業主拠出の導入額（②）を同じくらい（①≒②）

にすべしという制約がかかるかもしれない。しかし，これで事業主拠出の問題をクリアしたとしても，社会保険の被保険者本人による子育て支援金の導入について彼らにどう説得するかという難題が控えている。事業主拠出分は，前述のとおり，現行制度と同じレベルに据え置くこともできるかもしれないが，被保険者拠出分は純増なのであるから，よほど明確な使途を設定し，その意義と効果を説明できるものでなければなるまい。地方自治体やその委託を受けて事業を行う団体への補助金といった被保険者への見返りを感じられない使途ではなく，児童手当の給付と同様，拠出者個人への給付とすることが望ましいだろう。あるいは児童手当の大幅な対象拡大と増額という方法が手っ取り早いかもしれない。

5　やはり正面突破すべき？！

　本稿では，"本来"・"そもそも"，子育て支援の費用はどのように賄われるべきかという議論をスルーして，財源調達方法としての社会保険のスキームの利用がどのようなものになるかという"方法の問題"から，「子ども保険」について考えて見た。だが，児童手当財源との関係も含め，調整すべき課題が如何に多いかに改めて気づかされたように感じる。筆者のように"筋を通したがる"制度屋／法律屋から見れば，これらの課題を矛盾なく解決することは極めて難しいというのが正直なところである。やはり，子育て支援費用は，税財源のスキームにより賄われるべきではないのか。

【参考】

1　権丈善一『社会みんなで支える』（東京新聞 2017.06.24　論説委員が聞く）
2　菊池馨実『「こども保険」構想』（週刊社会保障 2017.06.26　時事評論）

（初稿 2017.07.24，加筆修正 2018.06）

Ⅳ　強制であるがゆえに守られるべき自由

1　喫煙の自由と健康被害

　厚生労働省の受動喫煙防止対策の法律が自民党などの反対で内容が希薄なものとなったようだ。かつては“今日も元気だ，たばこがうまい”などと多くの国民に喫わせて，その一部をニコチン依存状態にした日本専売公社（現 JT）や売上げの相当部分を一般財源として活用していた政府が，煙草の販売は続けながら，その健康被害を強調して受動喫煙対策を推進すること自体に基本的な無理があるのだろう。矛盾が大き過ぎて喜劇的ですらある。喫煙＝健康に良くないという常識がさらに一般化すると，禁煙する者にはインセンティブを付与すべきだとか，喫煙することは悪であり，それを続ける者にはペナルティーを科すべきだという議論に至る可能性がある。健康保険の保険料について喫煙者と非喫煙者には差を設けるべきだという意見は既に経済学者などから主張されているようだし，その先には，喫煙者が保健指導に従わずに肺がん等になったら，健康保険からの給付はしないとか，少なくとも給付率（7割＋高額療養費）を一般の場合より下げるべきという議論が待っているかもしれない。

　保険料について喫煙者と非喫煙者の間で差をつけることが実務的に困難であることは少し考えたら誰でも分かることだが，その代わりに，喫煙者が購入したたばこ税の一部を健康保険の財源とする方法は考えられるかもしれない。喫煙者が健康保険のためにたばこ税分を上乗せして負担することにより，健康保険の保険料は安くなるから，非喫煙者はその分，得をするのである。たばこ税から健康保険に繰り入れられる額は，肺がん等の喫煙が主な原因である医療給付費の額がひとつの目安となろう。他方，保健指導に従わずに喫煙をやめない者に対して給付上のペナルティーを科すという仕組みは，各保険者の前期高齢者までを対象とする特定健診・保健指導の実施率に応じて当該保険者が拠出する後期高齢者支援金の額について加算・減算等をする現行措置に比べれば，少しは合理性があるかもしれない。と言っても，このような個別のペナルティーを導入すべきという意味ではなく，目的と手段の間に因果関係がある分，説明

374 第6章 社会保障一般

可能な面があるということにすぎない。

2 健康の保持増進に関する国民の責務

　ところで，この不健康な生活を送っている者に対する個別のペナルティーであるが，その根拠となるような法律もないではない。健康増進法第2条の「国民は，健康な生活習慣の重要性に対する関心と理解を深め，生涯にわたって，自らの健康状態を自覚するとともに，健康の増進に努めなければならない」とする国民の責務規定がそれである。また，この条項の先駆けとなったものとして，老人保健法（現・高齢者の医療の確保に関する法律）第2条の「国民は，自助…の精神に基づき，自ら加齢に伴って生ずる心身の変化を自覚して常に健康の保持増進に努める…」という基本的理念の条文もある。それでは，これらの責務規定や基本的理念の条項を拠りどころとして，喫煙を止めない／止められないなど，自らの健康の（保持）増進に不熱心で，むしろそれに悪い影響があるような生活を続けている者に対し，健康保険の保険給付においてペナルティー（給付の引下げなど）を科すことができるだろうか。

3 健康保険法の給付制限規定

　実は，この問題を考える手掛かりとなる条文が健康保険法に存在する。「被保険者が闘争，泥酔又は著しい不行跡によって給付事由を生じさせたときは，当該給付事由に係る保険給付は，その全部又は一部を行わないことができる」という同法117条の給付制限規定である。ちなみに同法116条には，「被保険者又は被保険者であった者が，…故意に給付事由を生じさせたときは，当該給付事由に係る保険給付は，行わない」との規定もあるが，健康の保持増進に意を用いないことが，故意に給付事由（＝傷病）を生じさせたことになるとは言い難い。では，健康の保持増進に意を用いない生活を続けることが同法117条にいう著しい不行跡に当たると言えるだろうか。著しい不行跡とは条文の規定振りから見て闘争・泥酔（これらは，一時的行為であり，念頭に置かれているのは，それによる傷病の治療であろう）と並ぶものであろうから，健康の保持

増進に不熱心で，非健康的な生活を続けていたことがそれに当たると解することには無理があり，法の趣旨を逸脱した拡大解釈と批判されるだろう。実際，健康保険法の運用において，著しい不行跡はおろか，闘争・泥酔によって給付事由に該当するに至ったからという理由で，これらの給付制限規定が適用された事例は（筆者の知っている限り，おそらく）ないはずである。万が一，ヘビースモーキングが著しい不行跡に当たるとしたら，JTはその原因を提供していることにをどう正当化できるのだろうか。

　ここで考えるべきは，健康保険法の給付制限に関する規定が，このようにかなり限定的な書き振りであることの理由である。健康保険制度の創設時には，現在より現金給付（休業補償）のウエイトが大きかったという事情を差し引いても，健康保険が強制加入制を採っている以上，過度に厳しい給付制限を設けることは加入強制自体への反発を招きかねないという危惧があったのではないか。故意に傷病になった場合のほか，闘争・泥酔・著しい不行跡により傷病になった場合の給付制限であれば，加入が強制されているにしても，やむを得ない取り扱いとして，当該被保険者や他の大方の被保険者も渋々でも納得するはずだという判断である。換言すれば，加入強制により被保険者の意思の自由を侵害する以上，給付事由において被保険者の行動の自由を制限することは最小限でなければならないという強制と自由に関するバランス感覚であろう。もちろん，このバランス感覚は，何としても健康保険を制度化したいという当時の内務官僚の賢慮に出るものであったろうが，実際，一般の被保険者の常識にも合致するものでもあった。誰であっても，無理やり保険に入れられて保険料を取られる一方，日常生活を弛んでいるからという理由で給付が制限されることに納得が行くはずはないからである。

4　特定健診・保健指導と個人の自由

　メタボリック症候群対策として制度化された特定健診・保健指導について，その実施が保険者の義務とされ，それを受けるべきことが被保険者に義務付けられなかったのは，保健指導が個人生活への介入となるおそれがあるからであろう。とはいえ，実際，保健指導のマニュアルでは対象者の行動変容を引き起

こすべく，微に入り細を穿つように具体的な指導内容・方法が定められている。では，食事や運動などに関するこれらの保健指導にもかかわらず酒やたばこを断ち切れないで，運動不足も続いていると目を付けられた者が，"生活習慣病"になってしまった場合，保健指導に従わなかった不埒者とされて，給付制限の対象とされることはどうか。健康保険法には「保険者は，被保険者又は被保険者であった者が，正当な理由なしに療養に関する指示に従わないときは，保険給付の一部を行わないことができる」という規定（119条）もあるが，療養に関する指示と特定保健指導とを同列には扱えないだろう。先般も，人工透析を受ける者について給付制限をすべしという差別発言が批判を浴びたが，仮にこのようなことを理由として広範な給付制限が行われるようになれば，国民皆保険への信頼は失われてしまうに違いない。仮に，前述の健康の保持増進に関する基本的理念を持ち出しても被保険者への義務付けや給付制限の対象とすることは，当然のことながら，困難である。

　実際には，そのような個別的ペナルティーの制度化はなされなかったが，特定健診・保健指導の実施率に応じて当該（被用者保険の）保険者が拠出する後期高齢者支援金の額について加算・減算する等の措置が設けられていることは周知のとおりである。しかし，特定健診・保健指導の実施率を上げて効果が期待できる当該保険者の75歳未満の医療給付費と全国平均単価に基づき加入者数によって機械的に割り振られる後期高齢者支援金との間には何の関係もなく，この後期高齢者支援金の加算・減算措置には，手段と目的の関連性が希薄で，江戸の敵を長崎で討つような無理がある。その意味では，仮にメタボリック症候群対策の特定健診・保健指導に医療費抑制効果があるとしても，この加算・減算措置はインセンティブをさらに働かせるというものではなく，単なる罰金のようなものと考えるほかない。それでも，この措置を前提として，保険者や事業主が後期高齢者支援金の加算を免れるだけでなく，できれば減算になるようにと，加入している被保険者に対する介入・圧力を強めるおそれは否定できないだろう。自由を侵害するのは，政治的権力だけではなく，社会的権力である場合もあるのだ。間接的な強制は，表面から見えにくい分，危険な側面を持っている。

5 「自立支援介護」と個人の自由

　介護保険法には「国民は，自ら要介護状態となることを予防するため，加齢に伴って生ずる心身の変化を自覚して常に健康の保持増進に努めるとともに，要介護状態となった場合においても，進んでリハビリテーションその他の適切な保健医療サービス及び福祉サービスを利用することにより，その有する能力の維持向上に努めるものとする」という規定（4条）があるが，さらに，2017年の介護保険法改正では自立支援・重度化防止に向けた保険者機能の強化（いわゆる「自立支援介護」）が打ち出されている。しかし，これも特定健診・保健指導と同様，個人の自由の侵害に繋がるおそれがあるのではないか。「自立支援介護」が強調され，要介護にならないことや要介護度を軽減することが重視されるあまり，自然な老化の進行までが，忌避すべきこと，本人の要介護度軽減に向けての努力不足と捉えられ，それらの者への介護保険サービスは資源の無駄遣いと判断されるようになる可能性があるからである。高齢者の生活習慣は，長い人生の積み重ねで作り上げられたものであり，それを要介護度の改善というひとつの観点だけから変えさせようというのは，その者の人生そのものを否定することになる。そこまで言わなくとも，介護保険制度に高齢者の自由な生活の選択を「自立支援介護」の名で否定する資格があるのだろうか。前述のように健康保険法が，被保険者の行動の自由をできる限り認めようという立場に立っていることと比べると，「自立支援介護」の強調は際立って個人の自由に対して介入的であるように見える。しかも，「自立支援介護」に積極的に取り組む市町村には財政的インセンティブも付与されることになっている。これは，医療保険者に対する後期高齢者支援金への加算・減算措置以上に，多くの生真面目な市町村の担当者による高齢者の生活習慣への介入を招くことになるだろう（もちろん，それと並行して市町村による要介護認定の厳格化も予想されるが…）。その結果，高齢者が希望する介護保険サービスを受けることが難しくなれば，保険料を一方的に年金から天引きしておいて何だと，介護保険制度への不満の声が強まるに違いない。また，「自立支援介護」を強調する介護保険の動きが，要介護高齢者を取り巻く社会の空気となれば，寝たきりで重度の

認知症の高齢者などは，津久井やまゆり園の事件の犯人が考えた重度障害者の像と択ぶところがない存在と見做されるようになるかもしれない。経済財政諮問会議や未来投資会議における議論の底には，人間の尊厳を認めることなく，要介護高齢者を社会的な負担としか考えない発想が潜んでいるのだ。介護保険法が高齢者の介護からは当然には導き出せない「自立支援」を基本理念のひとつに掲げたことが本当に正しかったのか，疑問に感じる最近の展開ではある。少なくとも「自立支援」は，個人の自由に基づく「自律」に裏付けられたものでなければならないと思う。

6　給付における金融資産勘案と個人の自由

強制保険でありながら，個人の自由への介入を招くおそれがあるという意味では，介護保険の給付における資産の勘案も問題である。これは，特養ホームの入所者に預貯金が 1000 万円以上ある場合，補足給付（ホテルコスト分）を行わないというものであるが，財政審等はこれを医療保険にも導入すべきであると主張する。日医の会長までが賛意を表しているのを見ると，金融資産を数千万円から億円以上は持っている者もいるであろう医者の診療報酬を引き上げるために，年金不安の中で“老後”のために高齢者が保有している 1000 万円程度の預貯金から巻き上げることが，どれほど高齢者や国民の反発を招くであろうことに，彼らの想像力は及ばないのだろうか。

金融資産の額を給付の要件とすることが，個人の自由の侵害となる危険性とは次のようなことである。例えば，退職金などの預金が 1001 万円ある高齢者夫婦が夫婦合わせて月 20 万円の年金を受給していたとしよう。夫婦の一方が特養ホームに入所した場合，1000 万円超の預金保有者であるから補足給付は支給されない。利用者負担を払ったうえ，年金収入の中から月 3 万円ほどの預金をすると，次回の補足給付の要件確認の際，その年間分 36 万円は預金の残高に上乗せされ，再び補足給付は受けられないこととなる。では，夫婦がその 36 万円で純金製のお鈴を買ったとしたらどうか，あるいは孫の将来の学資にと孫名義の口座を作ってそちらに 36 万円を移したらどうか，否，もっと露骨に補足給付が支給されるようにとデパートや商店等で利用可能な商品券やカードに換え

た場合はどうか。いずれの場合も，預金残高は 1000 万円以下になり，補足給付を受けられることとなるが，仕事熱心な市町村の担当者は，いったんは預金残高が 1000 万円を超えていた通帳を見て，その後の支出が補足給付の支給を受けるためではないかと根掘り葉掘り問い質すかもしれない。月々，どのような支出をしたかは個人のプライバシーそのものである。私たちは，いちいち，それに回答しなければならないのか。仏壇に供えるお鈴は良くて金の延べ棒はだめなのか，お鈴も換金可能だからと言って否定されるのか。孫の学資は良くて，自分たちの金婚式の旅行費用はだめなのか，商品券やカードは換金できるからいけないのか。もし，補足給付の支給の可否の審査という名目で，このように市町村が個人の私的な支出行為についてあれこれ詮索して，その判断によっては補足給付の受給を目的とした“偽装支出”のレッテルを貼るような運用が行われるとすれば，個人のプライバシーの露骨な侵害というほかない。そもそも，収入・所得からの保険料を財源に必要な時に保険給付を行うというフローの制度である社会保険にストックの要素を持ち込むこと自体に無理があったのだ。

7　財政の論理が個人の自由を否定する

　2008 年度の高齢者医療確保法により実施されている特定健診・保健指導，2017 年介護保険法改正における「自立支援介護」の強調，2014 年介護保険法改正で導入された給付の際の金融資産の勘案（次には医療保険にも導入されることが予想される）のいずれも，財政対策（国庫負担の抑制）として導入されたものである。まこと，国庫負担抑制のためには，国民の自由や権利など平気で無視するのが，現在のこの国なのである。その背景にあるのは，意識されているか否かは別にして，社会保険は国家が恩恵的に行っているものであるという認識であろう。だが，国民自身が互恵的利他主義に基づき行うものだという社会保険への理解を放擲したら，国家に対する国民の依存的態度が強くなる一方であることは間違いない。

（初稿 2017.05.30，加筆修正 2018.06）

380　第6章　社会保障一般

V　社会保障法制における首尾一貫性

1　近年の理論の動向

　2015年10月の『法律時報』に「憲法と社会保障法」という興味深い座談会[1]の記事が掲載されていた。そこでは，最近，憲法学において選挙制度に関し，立法者自身が行った基本決定あるいは制度趣旨と個別の決定が矛盾してはいけない，一貫していなければならないという考えを前提に，裁判所が制度内の整合性を審査するという手法がドイツ法の影響を受けて議論されており，その手法が社会保障法の分野にも応用できないかということが論点の1つとなっていた。座談会の中で宍戸常寿は，この議論の背景に関し，社会保障のように制度が複雑になり，体系が精緻になっていくものについては憲法から直ちに正しい結論は決まらないが，立法者がある基本決定をしたのであれば，彼はそれに対応した一貫した行動をしなければ平等原則に反する，あるいは正義にかなっているとは言えないという発想から成長してきたという印象があると述べている。立法裁量の法的統制の方法としては，この首尾一貫性審査のほかに，（正当な手続きや根拠に基づき政策が形成されたか否かという観点からの）判断過程審査や（国家活動達成の手段として合理的か否かという観点からの）目的・手段審査，（立法事実の変化から違憲論を導き出す）立法事実論などがあるようだし，首尾一貫性審査にはこれらと重なる部分もありそうであるが，制度の内在的な論理を重視する，この首尾一貫性審査は，近年の社会保障立法の妥当性を吟味するための重要な視点を与えてくれるように思われる[2]。

　座談会自体は，生存権論と選挙権論の関係，個別事情の読み込みの可能性の差，政策形成過程への司法的コントロールといった"立法裁量と司法的統制"

---

1)　座談会の参加者は，笠木映里（ボルドー大学 CNRS 一級研究員）・宍戸常寿（東京大学）・曽我部真裕（京都大学）・山本龍彦（慶應義塾大学）の4人である。笠木は社会保障法，他の3人は憲法の専攻。

2)　2016年1月16日『週刊社会保障』所収の菊池馨実「立法裁量の法的統制」はタイミング良く書かれた，この問題を手際よく整理した論稿である。

の問題から，社会保障における世代間公平，（第3号被保険者問題や世帯単位か個人単位化といった）憲法14条に関わる問題，社会保障の個人の私的領域への介入など，幅広い論点にわたっており，少し散漫に感ずる部分もあるが，ここでは前述の立法審査の方法としての首尾一貫性審査に絞って幾つかの論点について考えてみよう。

2　学生無年金者裁判

　社会保障関係の判例において，首尾一貫性審査らしきものが窺える例として挙げられるのが，学生無年金者訴訟の第1審判決[3]である。同判決は，昭和34年の国民年金法において，①学生を強制適用の対象から除外したことについての違憲性は否定した上で，②学生がより容易に障害に関する年金給付を受けられるような配慮をしなかったことにつき，「障害福祉年金制度の趣旨や昭和34年法に現れた立法思想の一貫性の観点からすれば，学生に対しても障害福祉年金を支給することが妥当であった」と指摘しつつ，昭和34年当時の大学進学率や学生の被る不利益は，その不利益の程度及び制度自体の整合性という観点から見て比較的軽微であるとして，これが憲法14条に違反するとまでは言えないと判示した[4]。

　ここで云う昭和34年国民年金法の立法思想が何であったかは明確には述べられていないが，おそらく社会保険方式を基本として国民のすべてに何らかの年金給付を及ぼすという「国民皆年金」がその基本決定であったと言えるだろう。ただ，昭和34年国民年金法の基本決定がそうであったとして，学生に任意加入の道を用意する一方で任意加入しなかった者に障害福祉年金を支給することが，当然にその基本決定から導き出されるものなのか，仮に，それを認めるとしても，当時の大学進学率や"不利益"が軽微といった理由で基本決定に反

---

3)　東京地裁平成16年3月24日民事第3部判決（民集61巻6号，判例タイムズ No.1148）

4)　同判決は，昭和60年法に関し，学生の強制適用除外の違憲性は否定しつつ，障害に関する年金給付を受けられるようにする配慮がなかったことについては昭和34年法の合憲性を支えていた諸事情はいずれも消滅し，その不合理性のみが露呈するに至ったとして，是正すべき立法措置を講じなかったことや，障害基礎年金創設後も，既に生じていた学生無年金者に対して救済措置を講じなかったことは憲法14条に違反するとしている。

382   第6章　社会保障一般

する立法も容認されるのであれば，その基本決定なるものは何なのかといった
問題が生じるかもしれない。ここからも窺われるように，座談会でも指摘され
ていることだが，特に「基本決定」を明示することなく各般の法律事項を羅列
する日本の立法において，基本決定の内容は何で，その及ぶ範囲はどこまでか
という問題について裁判所が決め付けをすることは許されるのかという疑問も
生じて来るだろう。それは司法部の立法部への越権ではないかという疑問，す
なわち立法過程と司法過程の関係如何という問題に繋がっていく。

　これに関連して，首尾一貫性審査の基準となる基本決定が個別制度だけに関
わるものか，制度を跨っても見出し得るものかという問題もある。笠木映里は
座談会では積極説を唱えているが，前述のとおり，個別制度の基本決定は立法
者において集中的に考え込まれたであろうこと，逆に，制度を跨る基本決定は
個別の立法者を超えて見出されることがあることを踏まえると，両者の境界線
は必ずしも明確とは言えない部分があるが，どちらかと云うと，制度を跨る基
本決定に基づく首尾一貫性審査は〜法の一般原則に近いものであり“基本決定”
と呼ぶべきか否かという問題はあるにしても〜司法過程における審査に，個別
制度の基本決定に基づく首尾一貫性審査は立法過程におけるそれに向いている
と言えるのではないか。

3　高齢者医療制度

　ひとつ頭の体操として具体的な問題を考えてみよう。例えば，高齢者医療確
保法における前期高齢者医療費の負担調整はどうか。後期高齢者医療の支援金
は，後期高齢者の独立型保険制度を前提とすれば，その限りにおいて無理にで
も説明される[5]のであろうが，前期高齢者の医療費の負担調整のための納付金
についてはそれすら成り立たない。結局，それを合理化するには「国民皆保険」
を国保法および健保法の「基本決定」と捉えて，その維持のためという説明を

5）　後期高齢者医療制度の給付財源を全医療保険者が公平に支えるという説明である。ただし，独立
　制度の被保険者となった後期高齢者の医療費を，制度上は無関係の医療保険者が何故支援するのか
　という本質的な問題は残る。多分，これも前期高齢者納付金と同様，国民皆保険の維持という説明
　になるのだろうか。

するのであろう。だが，他方，それは納付を求められる医療保険者にとっては財産権の侵害であり，国民皆保険の維持という「基本決定」を持ち出せば，憲法29条違反は問題となり得ないというほど簡単な話ではあるない[6]。少なくとも，それが正当化されるには，他の（現実的というより理論的に）可能な制度的対応策が存在しないといった厳しい条件が求められるのではないか。だが，本当に他の選択肢はなかったと言えるのか。

　他方，かなり遡るが，昭和48年の老人福祉法による老人医療費無料化措置はどうか。その後の推移を見れば明らかなように，当該措置が「国民皆保険」を危殆に瀕させたことにかんがみれば，それは「国民皆保険の実現」という「基本決定」に反したというべきではないか。だが，当該措置が老人福祉法の目的とする老人福祉の向上に寄与したということも否定は出来ないのだ。ことほど左様に，個別制度の場合であれ，制度を跨る場合であれ，「基本決定」が何であるか，それが意味する内容・範囲はどこまでかについて判断することは難しい。結果として，それは，立法者の政策的判断と政治的責任に委ねるべき問題について司法部が無理に判断するという困難を惹起することにもなるだろう。

4　2014年改正介護保険法

　最後に，近年の制度改正に戻り，2015年施行の改正介護保険法において，施設入所に関する補足給付の要件として資産要件（金融資産1,000万円以上）が加えられたことはどうか。介護保険法の「基本決定」が社会保険方式により介護保障を行うことにあることは明らかであろう。各被保険者が所得状況に応じて保険料を支払い，必要に応じて保険給付を平等に受けるということが，医療保険とも共通する介護保険の基本決定であるが，保険契約に擬される，その基本決定に照らしたとき，契約条項に含まれない資産要件を持ち出し，受給権を制限することは許されるだろうか[7]。補足給付の財源が，公費のみではなく，

---

　6)　前期高齢者の負担調整は国民皆保険の維持という「公共の福祉」に適合するから憲法29条の問題は生じないというのが政府見解かもしれないが，医療保険者という法人の人権は特別に制限されるとでもしない限り，制度上は無関係である医療保険者の財産権が一方的に"収用"されることを簡単に「公共の福祉」条項で済ませることは難しいのではないか。

保険料財源も含まれる以上，それは明確な保険契約（基本決定）違反であり，憲法 14 条（法の下の平等）に反するものというほかない。個別制度の「基本決定」が首尾一貫性審査に持ち出されるときには，この場合のように，立法部と司法部とで見解が異なることは考えにくい，明確な内容・範囲であることが求められるだろう。

　それにしても，このような基本決定に明確に反する制度改正が，なぜ立法府に提出され，成立してしまったのだろうか。これを正す道は残されていないのだろうか。もちろん，1,000 万円を超える金融資産を有することを理由として補足給付を受けられなかった者が違憲訴訟を起こすという道はある。だが，余程の特別の事情があるか，憲法感覚に溢れた特別の者でない限り，そんな面倒なことはしない。社会保障法制について，（生活保護基準を巡る訴訟を除き）制度の根幹に触れるような違憲訴訟が起こされにくいのは，多くの場合，その対象者は社会的弱者であって，強力な弁護団も付くこともなく，皆が，国の決めたことだから仕方がないと諦めているからであろう。とすると，新しい憲法訴訟の類型を設けたり，憲法裁判所を創設することなども検討すべきかもしれないが，まずは立法過程において，そのような個別制度（さらには複数の制度を跨いで）の「基本決定」の趣旨に反する立法がなされないようにするには，どうすべきかを考えるべきであろう。これは，前述のとおり，特に個別制度の「基本決定」は立法担当者こそが最も深く考え抜くべきものであることからすれば，当然のことと云ってよい。

5　基本決定とは何かを考え抜く

　そのためには，まずは原案作成に携わる各省の担当者や議員立法の提案者が制度の「基本決定」をしっかりと理解していることが大前提である。だが，彼らの無知と無理解，あるいは個別利害の思惑がそれを妨げることも考えられないことではない。また残念ながら，立法府における法案審議においても，通例，このような制度の基本に関わる問題について議論されることはほとんどない。

7）　同年の改正では一定所得以上の者に対する利用者負担の上乗せも行われたが，これも保険料財源が含まれる限り，介護保険の基本決定に違背すると云うべきである。

となると，法案提出前の内閣法制局や議院法制局における法令審査の役割が重要となってくる。とりわけ内閣法制局については，国会に提出される法案の大部分が閣法（内閣提出法案）であること，さらに政令案についても審査を行うことから，その役割は特に大きい。では，内閣法制局はこの期待される役割を十分に果たしているだろうか。昨年の安全保障法制に関して歴代長官の多くが違憲という見解を示したことから，立憲主義の防塁というイメージを持った国民も多いだろうが，実際は，内閣法制局は常に内閣の忠実な侍女であった。安全保障法制以前の憲法9条解釈も例外ではない。ましてや，一般の行政法規については，その基本決定とは何かといったことなどが問題となることはなく，主管省庁の意に反して違憲の疑いありといった指摘をすることなど，ほとんどなかったのである。特に，財政事情から国庫負担の削減につながるような制度改正が相次ぐ昨今は，予算編成という至上命題によって，その抵抗力はさらに弱くなった感がある。

　かつては，内閣法制局で法令審査を担当する参事官には裁判官出身者もいたのであるが，1970年ころからであろうか，各省庁から出向してきた参事官が出身省庁の法令審査を担当することが増えてきた。その結果，親元への気兼ねもあるからか，彼らが審査する法令案について（憲法レベルの）基本的問題点まで指摘することは極めて稀になったように思われる。このような実態では，制度を跨る場合はもちろん，個別制度に関してであっても，制度の基本決定に照らした法令審査が行われることを期待する方が無理というものであろう。戦前の法制局は，内閣とは別の組織であり，現在の内閣法制局とは比すべくもない，高い権威を持っていたと云う。直ちに，法制局を内閣から独立させることは困難であるとしても，少なくとも，法案審査を担当する参事官は裁判所人事による法曹資格者とすることも考えられるのではないか。そういう経験を積んだ裁判官が増えることにより，従来は裁量の範囲内とされていた立法内容の憲法審査も活性化することが期待できるだろう。弱者が対象となることの多い社会保障法制においては，このことは特に重要である。

（初稿 2016.02.09，加筆修正 2018.06）

第7章　そのほか（雑纂）

I　認知症高齢者鉄道事故裁判の最高裁判決を巡る一考察

はじめに

2007（平成19）12月，当時91歳の認知症高齢者が，妻が6〜7分うたた寝していた間に，独りで外に出てJRに乗って隣の駅まで行った後，ホームから線路に降りて跳ねられ死亡するという事故を起こした結果，振替輸送の費用負担が生じたとして，JR東海が当該認知症高齢者の妻および長男らを相手に損害賠償を求めた裁判の最高裁判決が2016年3月1日にあった。名古屋地裁では妻と長男の，名古屋高裁では妻（のみ）の賠償責任が認められたが，最高裁ではいずれの責任も否定された。認知症高齢者を介護する家族の責任の在り方が初めて問われた裁判であり，関係者や国民の関心も高い判決だったが，本件当事者の賠償責任が最終的に否定されたことは歓迎すべきであるにしても，判決を仔細に読むと，最高裁が認知症の人の問題を正確に理解し，介護する家族や施設の不安の解消に本当に一歩を踏み出したかとなると疑念なしとしない。そこで，3人の裁判官の（補足）意見も含め，本件判決の内容を少しく吟味してみよう。

1　多数意見

認知症高齢者など責任能力がない者の不法行為による損害賠償は，民法714

388 第7章 そのほか（雑纂）

条において「（未成年者・精神障害者に関する）前2条の規定により責任無能力者がその責任を負わない場合において，その責任無能力者を<u>監督する法定の義務を負う者</u>は，その責任無能力者が第三者に加えた損害を賠償する責任を負う。ただし，監督義務者がその義務を怠らなかったとき，又はその義務を怠らなくても損害が生ずべきであったときは，この限りでない。」と規定されており，裁判も，この条文の解釈を巡って争われる場合が多い[1]。そこで，まず認知症高齢者の家族が本条の云う法定監督義務者に当たるかどうかが論点[2]となる。

　まず最高裁判決は，妻について，精神保健福祉法の保護者制度（平成25年の改正前）の趣旨に照らしても，配偶者には民法752条の夫婦の同居・協力扶助義務があることをもって民法714条の法定監督義務者に当たるとした高裁の判断は不当であり，法定監督義務者には当たらないとした。当然の判断と云うべきであろう。民法752条という夫婦相互の関係を定める条文から，第3者に対する責任まで導き出す高裁の論理は土台，無理な解釈だったのであり，批判も多かった。これに関し，東大大学院法学政治学研究科の米村滋人准教授は，夫婦間の協力・扶助義務は「生活扶助義務」より質的・量的に高水準の「生活保持義務」であり，「夫婦の一方が精神障害に陥った場合に，他方が監護に関する義務を負う」とし，このような「…生活全般に配慮する義務は，…協力・扶助義務により正当化される」としている（『判例時報』2256号「判例批評」）[3]が，最高裁判決はこれを明確に否定するものであった。なお，JR東海は配偶者としての地位が民法714条においても第3者に対する義務の根拠となり得ることを云うために，民法761条の日常家事の連帯債務を例示するほか，夫婦の一方の貞操義務違反行為を理由として，他の一方が不倫相手に対して不法行為責任

1）　責任無能力者と親族等の関係によっては，「故意又は過失によって他人の権利又は法律上保護される利益を侵害した者は，これによって生じた損害を賠償する責任を負う」とする不法行為に関する原則的条文である民法709条が当該関係者に直接適用されることも判例上認められている。この場合，故意・過失の存在の立証責任は損害賠償を請求する被害者側にある。

2）　従来の判例では，法令に根拠のある法定監督義務者ではないが，それに<u>準ずべき者あるいは事実上の監督者</u>であれば監督義務者としての責任が問われる場合があるとしているので，議論は法定されているか否かに留まらない。

3）　この判例批評を引用したJR東海が最高裁に提出した答弁書では，米村准教授について「第1審の上田哲裁判長と同じく，東京大学医学部を卒業して医師資格を有しており，医学知識と医療現場の実際を熟知している」とわざわざ注記している。

を追求することが判例上認められていることを挙げているが，普通，世の中ではこれを“すり替え”と呼んでいる。なお，判決は，高裁判決が「その趣旨に照らしても」と言及した精神保健福祉法の保護者制度に関連し，1999（平成11）年の同法改正前には精神障害者に対する自傷他害防止監督義務が定められていた保護者や同年の改正前の民法において禁治産者に対する療養看護義務が定められていた後見人を挙げ，自傷他害防止監督義務は廃止され，療養看護義務は身上配慮義務に改められたことをもって，保護者や成年後見人であるから直ちに法定監督義務者に該当するとは言えないとも述べている。

　次に，長男について法定監督義務者でも事実上の監督者でもなかったとした高裁の判断を踏襲[4]したことも常識に沿った結論である。ただ，岡部喜代子・大谷剛彦[5]の両裁判官が，長男について法定監督義務者に準ずべき者と認めた上で，十分な介護体制を敷いていたことを理由に免責するという意見を書いていることを考慮すると，仮に高裁が長男を法定監督義務者に準ずべき者と認めていたら，最高裁もそれを踏襲して監督責任を認めた上で賠償責任を免除（免責）するという結論を選択した可能性もあったのではないだろうか。だが，他の裁判官は，ここまで国民の関心を集めた裁判において，高裁で否定された長男の原則的責任を最高裁で復活させることに躊躇したのかもしれない。

　最高裁は，ここまでで妻についても長男についても法定監督義務者には該当しないとしたうえで，取って返したように，将来の認知症高齢者の行為によるさまざまなケースに対応できるようにしておきたいということであろう，「法定監督義務者に該当しない者でも，責任無能力者との身分関係や日常生活における接触状況に照らし，第3者に対する加害行為の防止に向けて，その者が当該責任無能力者の監督を現に行い，その態様が単なる事実上の監督を超えているなど，その監督義務を引き受けたとみるべき特段の事情が認められる場合に

4）　高裁は，長男には生活扶助義務があるに過ぎず長年にわたって別居していることや成年後見人にもなっていないことを根拠として，法定監督義務者でもそれに準ずべき者でもないとしたが，これらについては2の（1）及び（2）で触れるとおり法定監督義務者に準ずべき者とする岡部・大谷両裁判官の異論がある。

5）　岡部喜代子裁判官は，慶應義塾大学・東洋大学の法科大学院教授（民法）も務めた人だが，それ以前は長く裁判官であった。学者枠としての登用。大谷剛彦裁判官は，裁判官出身。最高裁事務総長・大阪高裁長官も務めた。

は，衡平の見地から，法定の監督義務を負う者と同視して，その者に対し民法714条に基づく損害賠償責任を問うことができるのが相当であり，このような者については法定の監督義務者に準ずべき者として同条1項が類推適用されると解すべきである」[6]と述べる。そして，ある者が精神障害者の法定監督義務者に準ずべき者に当たるか否かは「①その者自身の生活状況や心身の状況などとともに，②精神障害者との親族関係の有無・濃淡，③同居の有無その他の日常的な接触の程度，④精神障害者の財産管理への関与の状況など，その者と精神障害者との関わりの実情，⑤精神障害者の心身の状況や日常生活における問題行動の有無・内容，⑥これらに対応して行われる監護や介護の実態など諸般の事情を総合考慮して，その者が精神障害者を現に監督しているか，あるいは監督することが可能かつ容易であるなど，衡平の見地から，その者に対し精神障害者の行為に係る責任を問うのが相当といえる客観的状況が認められるか否かという観点から行うべきである」としているのである。

われわれは，この最高裁が示す法定監督義務者に準ずべき者という考え方についてどう理解すべきであろうか。何のことはない，最高裁は配偶者や家族がその地位から当然に法定監督義務者になることを否認しただけで，個別の事情に応じて家族が法定監督義務者に準ずべき者となる可能性があると桶の底の栓を抜いたのではないか。考慮に入れるべき事項として挙げられている6つを見ても，すべての事項にわたると云っていいほどに広範な要素を網羅するものであり，このような捉えどころのない基準では，裁判所にとっては使い勝手がいいかもしれないが，介護する者にとってはどのような場合に免責されるか事前に予測することができず，免責されない場合の賠償リスクを回避しようと閉じ込めや身体拘束に至るおそれはなくならないだろう。しかも場合によっては，苦労をして介護を行っている者がかえって「監督義務を引き受けたとみるべき特段の事情があった」とされてしまう可能性もあるのではないか。現に判決も，この考え方を本件に当てはめて，妻は自身も左右下肢に麻痺拘縮があり要介護1の認定を受けているし，長男は20年以上別居しているので，両者とも加害行為防止のために監督することが可能であったとは云えないから，監督を引き受

6）　最高裁昭和56年（オ）第1154号 同58年2月24日第1小法廷判決・裁判集民事138号）参照。

けていたと見る特段の事情はなかったとしているのである。では，妻が要介護ではなく，それ故さらに夫を献身的に介護していたとしたら，あるいは長男が父親の介護のために会社を早期退職して同居していたとしたら，2人は法定監督義務者に準ずべき者となるのだろうか。夫（妻）思いの妻（夫）・親思いの息子や娘が，このような法理によって，介護の苦労に加え，賠償責任のリスクにまで晒されることが，国民感情に叶うことだとはとても思えない。

　このような倒錯が生じる原因は，介護を引き受けることと第3者への加害防止の監督を引き受けることを同視していることにある。家族であれ介護従事者であれ，介護を引き受けるのは介護者の生活を支えるためであり，それをもって加害防止の監督まで引き受けたとは言えないはずである。加害防止の監督を引き受けたと見ることができるのは自傷他害のおそれのある措置入院患者を受け入れた精神科病院の管理者くらいであろう。家族や介護従事者が加害防止の監督を引き受けることがあるのは，精神科病院の例と同視できるような特殊な場合に限られるのである（これも具体的には想像がつかないが）。そもそも相手に共感をもって行う介護（care）と相手を上から見おろす監督（supervision）とは別物なのである。このように介護の本質を弁えず，介護と監督が混同されるような判決を読むと，日本の精神医学の創始者・呉秀三の言葉をもじって言えば「我邦十何万の認知症者は実にこの病を受けたるの不幸の他に，この邦に生まれたるの不幸を重ぬるものというべし」と歎じたくなる。

　もちろん，だからと云って，筆者は，介護者の賠償責任を問うべき場合は一切ないと考えているわけではない。それは民法709条による責任を直接に介護者に問うことができるような場合である。おそらく，多くの場合，それは介護者側に重大な過失があったと看做されるケースであろう。その程度まで認知症高齢者を介護する者の賠償責任を限定しなければ，介護者を賠償責任リスクから解放し，認知症高齢者の尊厳ある介護を守ることはできないと思われる。

2　意見及び補足意見

　判決には木内裁判官の補足意見，岡部裁判官と大谷裁判官の意見が付されている。この3者の意見を並べてみると，小法廷内の各裁判官の意見やその違い

392 第7章 そのほか（雑纂）

が見えてきて興味深い。

　意見の対立軸を明確にするために，大谷裁判官・岡部裁判官・木内裁判官の意見の順に取り上げよう。

（1）大谷裁判官は，長男は法定監督義務者に準ずべき者と認められるという立場に立つ。同裁判官は，多数意見が言うように身上監護を行う成年後見人が法定監督義務者に該当せず，平成11年改正後の精神保健福祉法による保護者も法定監督義務者にならないとなれば，民法714条の責任主体規定はそのまま維持されているにもかかわらず，およそ法定の監督義務者が想定されないこととなるので，従前との連続性を踏まえた解釈が求められると言う。そこで判事は成年後見人の事務に着目する。平成11年改正後の民法による成年後見人の行う事務の1つである「生活・療養看護に関する事務（身上監護事務）」（多数意見が言及している身上配慮義務はこの事務を行うに当たっての善管注意義務[7]である）においては，事実行為は除外されたとしても，法的行為としての身上監護「事務」は依然としてその職務内容であり，改正前の後見人が職務内容の「療養看護」に監督を含めて法定監督義務者性が認められてきたことを踏まえると，これと同様の理由により，改正後の「生活・療養看護に関する事務」を職務内容とする成年後見人についても，法的な身上監護事務等を行うに当たって，相当な範囲の監督義務が含まれるのであり，その限りで民法714条の責任主体（法定監督義務者）として想定し得る[8]というのが，その主張である。そして，この成年後見人の身上監護事務を介護に当てはめれば，効果的な介護体制を構築することが重要であり，この介護体制の構築は責任無能力者の第3者への加害行為の防止のための監督体制にも通じると指摘する。綱渡りのよう

7）　過失の前提として要求される注意義務の1つ。行為者の具体的な注意能力に関係なく，一般に，行為者の属する職業や社会的地位に応じて通常期待されている程度の抽象的・一般的な注意義務を「善良な管理者の注意（善管注意と略す）」義務と云う。通常はこの善管注意義務が要求される。

8）　大谷裁判官は，このように成年後見人に法定監督義務者性を認めるにしても，改正後の民法による成年後見人の義務が意思尊重義務と身上配慮義務へと緩和されたことから，この監督義務者の義務も，従前のような無過失責任に近い重いものではなく，緩和された善管注意義務の懈怠の有無により免責が判断されるとする。したがって成年後見人の損害賠償負担も過大なものとはならないと言う。

な論理の運びであるが，最後の介護体制の構築が加害防止のための監督体制にも通じるとされているところは，多数意見について指摘した介護＝監督とみる誤りに無自覚に陥っているように思われる。

以上の前提に立って大谷裁判官は，本件においては長男こそが介護体制構築の中心的な立場にあり，仮に成年後見が開始されていれば，成年後見人に選任されてしかるべき立場にある者である[9]から，法定監督義務者に準ずべき者であるとする。その上で，長男は本人の意思を尊重し，その心身の状態・生活の状態に配慮した十分な介護体制を構築していたと認められるとして，身上監護事務上の注意義務（意思尊重・身上配慮義務）は怠っていなかったほか，第３者との関係においても監督義務を怠っていなかったとして，長男の賠償責任を免責するのである。

最後に大谷裁判官は，民法714条が責任無能力者の保護とその加害行為による被害者の救済との調整を図るものであるとして，損害賠償責任を負う責任主体はなるべく一義的・客観的に決められるべきであり，その責任については（成年後見人に求められる）本人の意思尊重と身上配慮の義務を果たしていれば免責の範囲を拡げて適用されるべきであると述べるが，責任主体の一義性・客観性が成年後見人に選任されてしかるべき者という責任主体の捉え方で担保できるものかどうか疑問なしとしない（判事はそう考えているのであろうが）。

（２）岡部裁判官は，大谷裁判官と同様に長男については法定監督義務者に準ずべき者と捉える点において，多数意見と異なる。ただ，岡部裁判官は，その理由を，大谷裁判官のように成年後見人の義務という径路を経ることなく，長男が家族関係の中心にあって介護体制を整えて介護を引き受けたり，その後，父親の"徘徊"が２回あったことから施錠・センサー設置の措置を講じたりしたという実態から，直ちに導き出している。すなわち，介護の引受けと監督の引受けは同じではないと言いつつ，結局，長男はそのような措置を講じることにより，第３者に対する加害防止も含む監督義務を引き受けるに至ったとする

---

9) 大谷裁判官は，生活・療養看護に関する事務を行う者は，民法730条（直系血族及び同居の親族の相互の扶け合い），同法752条（夫婦の相互の協力，扶助）の定めと親和性を有するので，成年後見人としてしかるべき者（法定監督義務者に準ずべき者）として挙げられるとする。

のである。と言うのは，加害防止は実力でそれを阻止するだけではなく，それが行われないようしかるべき人物に防止を依頼することができるといった体制づくりも含まれるのであり，実際，長男は母（本人の妻）と自分の妻による見守り・週6回のデイサービスの利用の体制を組むことにしたのであるから，それによって監督義務を引き受けたと見るべき特段の事情があったと認められると考えるからである。その上で，長男が講じた"徘徊"防止の措置や体制づくりは一般通常人を基準とすれば相当なものであって，監督義務を怠っていたとは認められないとして免責するのである。岡部裁判官は，"徘徊"による事故防止は被害者となるような事故を念頭に置くことが多いとしても，事故防止の措置を講じることは同時に加害防止もまた引き受けたものと言えるとするが，本当にそうだろうか。認知症高齢者が"徘徊"の際に第3者に暴力的行為や破壊行為をしたことがあるといった事情があれば格別，単なる独り歩きに伴う事故防止に当然に加害防止目的も含まれるというのは不自然で無理があるように感じられる。さらに，そのような無理な論理構成により監督義務の引受けがあったと認めたうえで，その監督義務引受けという判断をした前提事実を理由に監督義務の懈怠はないというのは，蛇が自分の尾から自らを飲み込んでいるかのような論理ではないか。しっかりとした介護体制を構築することにより監督責任も引き受けたと認められる場合は，法定監督義務者に準ずべき者となるが，それゆえに賠償責任は免責される一方，十分な介護体制を構築しなかったがゆえに監督責任を引き受けたとは認められない場合には，法定監督義務者に準ずべき者とはならず，賠償責任が求められることもないというのでは，結論はともかく，何のための法定監督義務者に準ずべき者などと言っているのか分からなくなる。

　なお，岡部裁判官は，成年後見人の身上配慮義務から加害防止義務を導き出すのは無理があるとして，前述の大谷裁判官の所説を批判する。成年後見人であっても成年後見人であることから法定監督義務者としての責任を当然に負うのではなく，多数意見が述べる監督義務を引き受けたと見るべき特段の事情がある場合に，法定監督義務者に準ずべき者として責任を負うことになるというのである。ただし，法定監督義務者に準ずべき者の責任が，従前言われてきたような無過失責任とほぼ同様の重いものではなく，諸般の事情により予見可能

性・結果回避可能性を検討することを許容する一般人を基準とするという点において大谷裁判官と同じであり、岡部裁判官も衡平の見地に基づく利害調整論という共通認識に立脚しているようである。

（3）木内裁判官[10]は、保護者・成年後見人と民法714条の法定監督義務者・それに準ずべき者との関係について補足意見を述べている。そこでは、1999年の民法改正において成年後見人の義務とされた身上配慮義務は法律行為を行うに当たっての善管注意義務の明確化であり、それゆえに精神障害者の日常行動を監視し、他害防止のために監督するという事実行為は成年後見人の事務ではないから、成年後見人であることをもって法定監督義務者とすることはできないと強調する。また、実際の成年後見人（や後見監督人）の選任の実態を見ると親族ではない第3者が2014年で65.0％に達しており、成年後見人を法定監督義務者であるとすることは実情にそぐわないとしていることも興味深い指摘である。また、成年後見人の制度が2010年の改正を経て親族に基盤を置くものではないものとなったことも踏まえると、親族が優先的に取り扱われる理由はないとして、成年後見人に選任されてしかるべき者が誰であるかを成年後見開始前に想定することは困難・不相当としており、親族が成年後見人として親和的だとする大谷裁判官の意見に批判的なニュアンスを滲ませている。

　また1999年改正後の精神保健福祉法における保護者は「精神障害者…に治療を受けさせ…なければならない」とされたが、これも実質上、入院・通院していない精神障害者に通院させることに留まるとして、保護者が法定監督義務者に該当するという見解も否定する。このように、1999年の民法や精神保健福祉法の改正により、関連する制度の内容が大きく変わったのであるから、改正後の法定監督義務者の解釈を改正前のそれと連続性を持って行うことは前提を欠くとして、その連続性にこだわる大谷裁判官の意見を暗に批判する。とは言え、法定監督義務者になる余地のある者がいないわけではないとして木内裁判官がまず挙げるのが、自傷他害のおそれのある患者を受け入れ、入院患者への行動制限の権限も与えられている精神科病院の管理者である。筆者も、特に措

---

10)　木内道祥裁判官は弁護士出身。日弁連家族法改正プロジェクトチームの座長などを務める。

置入院患者の場合には，管理者が法定監督義務者に該当すると云っても差し支えないと思う。しかし続いて木内裁判官は重大な誤りを犯している。すなわち木内裁判官は，法定監督義務者となる可能性のある者として身体拘束の原則禁止とそれを行うについての適正手続きが定められている介護施設の管理者を例示するのだが，これは身体拘束禁止の規定の趣旨を曲解した危険な認識と云うほかない。責任無能力の制度は，本人が行動制限されないことが重要であると，この後の文章で判事自らが述べていることとも矛盾する。身体拘束禁止とそれをやむを得ず行う場合の手続きは要介護者の尊厳保持のために明確化されたものであり，精神障害者に対する監督とはベクトルが逆なのである。介護施設の管理者については，少なくとも法定監督義務者となる法令上の根拠はないし，介護を引き受ける施設であることを加害防止の監督も引き受けたものと見なして，法定監督義務者に準ずべき者にあたるとする実態もないと言うべきであろう。

　木内裁判官は，前述した保護者の他害防止監督義務の削除・後見人の事実行為としての監護義務の削除の理由を，行動制限が本人の状態に与える悪影響を踏まえたうえで，行動制限をしないとすると四六時中本人に付き添っている必要があり，それでは保護者や後見人の負担が重すぎるからであると云う。したがって，法定監督義務者以外のそれに準ずべき者についても，現に監督しているか，監督することが可能かつ容易であるといった客観的な状況が必要であると強調する。監督義務者に準ずべき者とは，衡平の見地から，法定監督義務者と同視できる場合に限られるという趣旨であろう。この見地から，木内裁判官は，長男が同居ないし身近にいないが（介護のための）環境形成・体制作りをすることも，現に監督をし，監督をしたと見るべき特段の事情が存在したものと見る岡部裁判官の意見に異を唱えている。本件における介護の環境形成・体制作りは長男のみならず，親族等周辺の者が協力し合って行う必要があり，各人が合意の上でそれぞれの役割を引き受けているのであるから，その役割の引受けをもって監督義務者（に準ずべき者）という加重された責任を負わせる根拠とするべきではないというのである。すなわち，これにより長男が監督義務者に準ずべき者であるという岡部裁判官の意見を否定し，法定監督義務者に準ずべき者とは認められないとする多数意見の根拠を明らかにしていると言えよ

う。介護実態の正確な認識に立脚している見解ではあるが，介護体制の構築の在り方がどうあれ，介護の引受け＝（加害防止を含む）監督の引受けという前提のおかしさは払拭されていない。

3　衡平の見地

　ここで多数意見や３人の裁判官も言及している"衡平の見地"について触れておこう。

　濃淡はあっても，（監督の引受けにより）法定監督義務者と同じような監督責任を負うべき者がいるとすれば，衡平の見地から，その者を法定監督義務者に準ずべき者として扱うべきであるという議論である。このような条文の拡張解釈をしてまで"衡平の見地"を主張するのは，民法714条の解釈に当たって追求すべきは責任無能力者の加害行為による損害を加害者側と被害者側にどのように分担させるかであるという発想である。2014年10月に開かれた日弁連のシンポジウムにおいて新潟大学の上山 泰教授は民法による解決の方向性の１つとして「衡平責任」を取り上げ，柔軟な解決が可能だが，基本的には民法での立法化[11]が望ましいと指摘していた。立法化に至らずとも，"衡平の見地"は今回の判決でも取り入れられているが，上山教授も指摘するとおり，「他の私人」への責任転嫁のみが可能という私人間の損害分配システムの持つ民法の役割上の限界は否定しきれないように思われる。私人間の争いではないが，戦争中の空襲被害について被害者には受忍義務があるとして救済されないといった例を考えると，"衡平の見地"を損害賠償の問題においてのみ議論することには違和感を禁じえない。また，紹介された条文案を見ると，これが近代市民法の意思主義と矛盾しないかという疑問も湧いてくる。労働災害や公害など特別な分野の無過失責任とは異なり，一般の私人間において，過失の有無を問わず，賠償

11）　立法化の例として上山教授は，1989年ジュリスト918号で故・星野英一教授によって提案された民法の改正条文案を示している。それは713条の２（無能力者の衡平上の責任）として「前２条の規定により無能力者に責任がない場合において，当事者間の衡平を図るため，裁判所は，加害行為の態様，加害者及びその監督義務者の資力，被害者の経済状態その他一切の事情を考慮して，無能力者に対し，他人に加えた損害の全部又は一部の賠償を命ずることができる。」という条文を加えるというものであった。

責任の所在が決められることについて一般通常人はどう受け止めるだろうか。法実証主義者として知られるH・ケルゼンは「合理的認識の観点からは，存在するのは人間のさまざまな利益と，利益間の紛争だけである。これら紛争の解決は，他方を犠牲にして一方の利益を満たすか，あるいは現存の利益間で妥協するかのいずれかによって達成される。一方もしくは他方の解決が正義にかなっていると証明することは不可能である」(「正義とは何か」『ハンス・ケルゼン著作集Ⅲ 自然法論と法実証主義』所収)と書いているが，衡平責任を提唱した故・星野英一教授や上山教授が法実証主義者であるかどうかは別として，衡平責任の立法案などを見ると，確かに正義の問題は棚上げされているかのようである。自由社会の正義がそれを構成する個人の意思（故意または過失）に基礎を置いている以上，認知症高齢者の行為による損害補填の問題は，損害賠償の世界に"衡平の見地"を無理に取り込むのではなく，近代市民法の原理に矛盾しない形で，より広範な視点に立って社会的な方策を考えるべきであろう。では，それはどのように可能なのか。

4 社会的対応の方向

歴史上，市民法原理との矛盾を抑えて社会政策の展開を可能にしたのは，"リスクの発見"であった。フランスで1898年に成立した労災補償法は，過失責任から保険によるリスク対応に転換したものであり，F・エヴァルドはそれを社会法が民法に取って代わり，古い法治国家が保険社会に道を譲ったと書いているが，それと同様に，認知症高齢者の行為による被害救済を保険の仕組みを活用して行うことはできるだろうか。わが国の労災保険の場合，それは事業主の無過失責任を前提とし，無過失責任に基づく事業主の賠償リスクを社会的に分散して，被害者の救済を確実たらしめようというものである。事業主は無過失責任を問われる以上，この保険への加入が義務付けられ，それによって労災保険は社会政策の一角を担う制度となったのである。自動車保有者は，自動車事故を起こした場合に被害者への損害賠償に遺漏が無いよう，自動車損害賠償責任保険への加入が事実上義務付けられている。これも自動車という便利である一方，（ほとんどの自動車事故は業務上過失の罪となるなど自動車保有者は無

Ⅰ　認知症高齢者鉄道事故裁判の最高裁判決を巡る一考察　　399

過失責任にも近い重い責任が問われるほど）危険でもある乗り物を自らの意志により保有する以上，被害者に対する賠償責任に応えるために事実上の加入強制も正当化されるのである。

　このような公的損害賠償（補償）保険を認知症高齢者の行為による被害についても同様に制度化することできるだろうか。認知症の高齢者が必ず危険な行為を行うと決まっている（後述のとおり，これは偏見である）わけではないのだから，そのリスクがあると考える介護者が民間損害保険に任意で加入する[12]のは別として，広く介護者一般のために公的損害賠償責任保険を制度化する必然性はない。仮に認知症の介護者に無過失に近い重い責任が認められることとなれば話は別だが，その場合も，強制加入義務付けの対象となる認知症高齢者や介護者等の認定は現実的には極めて難しいだろう。もちろん，今回の最高裁判決が示したように介護家族は法定監督義務者と認められることはなく，また，法定監督義務者に準ずべき者とされる場合も，事実上，ごく例外的な場合に限られることとなれば，損害賠償責任に基づく公的保険を制度化する余地はほとんどない。とすれば，公的な対応は，損害賠償リスクに着目した保険制度というより，民法719条の直接適用の可能性があるような場合は別として，不幸にして認知症高齢者の行為により損害を被った者に対し，社会としてお見舞金のようなものを差し上げるほかないこととなろう。通り魔事件の被害者等に対して支払われる犯罪被害者給付金に近いものというべきかもしれない。

　しかし，仮に，そのような仕組みを設けるとしても検討すべき課題は多いし，検討の結果によって具体的な仕組みが浮かび上がってくるということもある。考えられる課題を挙げれば，次のようなことであろうか。①認知症高齢者の行為による被害について公費により見舞金を支給することを国民にどう納得してもらうのか（介護者側が加害者として賠償すべきという意見をどう説得するか），②さまざまな責任無能力者の行為による被害のうち，何故，認知高齢者のそれを対象とするのか，③認知症高齢者の行為による被害のうち，どのようなものを対象とするのか。①については，認知症高齢者による行為の結果について介護者の賠償責任を問うことは難しい場合が多いことを説明しつつ，認知症

————————————

12)　保険料負担能力のある者しか加入しないので，必要な救済を受けられない場合も生じるが，任意加入である以上，この隘路は突破できない。

は誰にもなる可能性があるものである一方，それになっても人格を喪った人で
も危険な行為をする人もではなく，その人の不安を解消するとともに潜在的な
希みを受け止めることによって落ち着いた生活を送ってもらうことができる人
であると理解してもらうことが必要である。また，そのためには日常的に認知
症高齢者に接することの多い地域社会での啓発や支援が不可欠であろう。②に
ついては，認知症高齢者を対象とすることに不自然さを感じることのない仕組
みと組み合わせることにより対応するほかない。③については，認知症高齢者
を地域社会で守るという観点から，それぞれの地域社会で決定することが望ま
しいだろう。

　これらの要素を考慮すると，筆者は，介護保険の地域支援事業のメニューに
認知症高齢者の行為による被害者への見舞金支給事業を加えることを検討すべ
きであると考える。この事業を地域支援事業として実施するかどうかは市町村
の判断に委ねられ，従来からオレンジプランなどの認知症高齢者施策に積極的
に取り組んできた市町村中心に開始されることになるだろう。何よりも認知症
高齢者に対する住民の理解が前提となる事業だからである。介護保険の事業と
して位置づけることから，認知症高齢者を対象とすることに不自然さはないし，
保険料や公費を財源とする以上，各市町村において見舞金支給の対象は慎重に
検討されるに違いない。もちろん，この事業による見舞金は被害を与えてし
まった認知症高齢者やその介護家族の見舞金を肩代わりするものではなく，あ
くまでも地域社会からの見舞金である。したがって，介護家族が自らの名前で
別に見舞金をおくることは何ら妨げない。民間の損害保険がそのような見舞金
も対象にするのであれば，介護家族がそれに加入することもあるだろう。もし，
小規模市町村に見舞金の支給が集中する事態が心配なら，都道府県なり国で再
保険的な仕組みを上乗せすることも考えられる。要するに，地域支援事業とし
て実施する途を開くことによって，地域社会が認知症高齢者施策にさらに総合
的に取り組む契機とすることが眼目なのである。

5　偏見の除去

　特段の事情がある場合には監督責任が認められるとすることも含めて，今回

の最高裁判決（もちろん，名古屋地裁・高裁判決も同断）の判決の基底にあるのは，認知症高齢者は危険な存在であるという認識（偏見）であったと思う。認知症高齢者の"徘徊"でさえ，国立長寿医療研究センターの鳥羽研二総長が遺族側の意見書で述べているとおり，当然に危険な行為というわけではないのだが，これらの判決は認知症高齢者＝危険な存在という前提に立っているかの如くである。だからこそ，家族は法定監督義務者ではないと言い切ることができず，前述のような監督を引き受けていると見ることができる特段の事情がある場合には法定監督義務者に準ずべき者と認められることがあると言及したくなるのであろう。とすれば，前述のように，地域社会が認知症高齢者を支える取組みが重要であるにしても，国においても認知症高齢者に対する偏見をなくすため，まずは認知症高齢者（の"徘徊"）＝危険な存在という社会的な思い込みを変えていくことに取り組むべきあろう。当面，そういう印象が染みついた"徘徊"という言葉に変えて"独り歩き"とすることも一案であり，厚生労働省は，老人性痴呆を認知症と変えたように，その音頭を取ったらどうか。また，厚生労働省は，認知症高齢者の日常生活自立度判定基準にある「常に目を離すことができない状態」という表現を早急に見直すべきである。JR東海は，本件認知症高齢者が日常生活自立度判定基準Ⅳであったことから，同基準にあったこの表現を捉えて，妻が6～7分まどろんでいたことは監督不十分である証左であるとしていたのである。さらに医学的位置づけはともかく，法的取扱いとしては，認知症を原則として精神障害の対象から除外するということも真面目に検討すべきであると思う。精神障害者全般に対する差別・偏見をなくすことはもちろん大切であるが，高齢者の相当部分が認知症となることが予想される以上，現在の精神保健福祉法の対象という扱いを改めることが重要な意味を持つからである。

　ところでJR東海は認知症高齢者への政策対応の必要性を一応は認めつつ，一貫して，仮に責任能力のない認知症高齢者の介護者の監督責任が認められなければ，認知症高齢者の行為による被害者は監督する介護者から賠償金を受け取ることもできないとして，認知症高齢者は（その行為による損害賠償を受けられない）危険な存在であるという偏見を助長することになると主張していた[13]。これに対する遺族側の立場は，認知症高齢者＝危険な行為をする者では

402 第7章 そのほか（雑纂）

ないのであって，にもかかわらず，仮に認知症高齢者の行為により偶然にも生
じた被害に対する介護者の賠償責任が認められることとなれば，あたかも認知
症高齢者はすべて"疫病神"であるかのような偏見に晒されるとともに，介護
者は予想もつかない賠償リスクを防ぐため，閉じ込めや身体拘束などを余儀な
くされ，認知症高齢者の尊厳が否定されることになりかねないというものであ
あった。すなわち，どちらの側も結論次第で，認知症高齢者は（介護者が損害
賠償リスクを負う）危険な存在であるという偏見を助長すると主張したのであ
る。とすれば，問題はこうした認知症高齢者への偏見を如何に除去するかにあ
るのだが，それについてはすでに述べたので，ここでは JR 東海と遺族側の主
張が，根拠は正反対であるにせよ，いずれも認知症高齢者への社会の偏見を助
長するとしていることについて考えてみよう。どちらの主張が，認知症高齢者
をこのような偏見から解放し，現実的で有効な社会的な対応に繋がるだろうか。
換言すれば，全体として見た場合，社会的ロスが少なく，社会的有益性が高い
のはどちらだろうか。

　JR 東海の主張に沿えば，損害賠償を受けられる者はいるにしても，損害額や
介護者の資力によってはすべての者が損害賠償を受けられるとは限らない。民
間の損害賠償責任保険に皆が加入することは期待できないし，前述のように公
的な損害賠償（または補償）保険を制度化することも困難である。そういう状
態になれば，認知症高齢者を介護しようという家族はいなくなり，皆，施設か
病院に入れてしまおうとするに違いない。預けられた施設や病院も自らが賠償
責任を負わなくて済むよう，受け入れの条件に賠償責任は家族が負うことを求
めたり，さもなければ閉じ込めや身体拘束をしたりすることに躊躇しなくなる
だろう。結局，この主張が行き着く先は，すべての者が損害賠償を受けられる
保障がないというにとどまらず，介護者に賠償責任という苦しみを負わせると
ともに，閉じ込めや身体拘束など認知症高齢者の尊厳を侵す行為に繋がるので
ある。結果として，この主張は，社会的に二重三重の苦しみを齎すと言えるだ
ろう。

　では，遺族側の立場に立った主張はどうか。介護者に賠償責任という苦しみ

---

13) 一個人に損害賠償を求めた巨大企業が何を言うかという感じはあるが，今回の最高裁判決の報道
記事にも同様の表現があった。

を与えないで済む一方，損害を受けた者はほとんど賠償を受けられないのであるから，不公平ではないかという見方も出て来よう。しかし，賠償責任が認められても必ず救済されるとは限らないことは前述のとおりであるし，さまざまな原因により不可抗力的に損害を被ることがあることは遺憾ながら世の常である。だが，前述のとおり，介護保険の地域支援事業として被害者に見舞金を支給するなど，賠償責任を前提としない社会的な対応策は存在し得る。賠償リスクから逃れるために閉じ込めや身体拘束などの認知症高齢者の尊厳が侵される行為が行われることもなく，被害者への対応もある程度まで社会的に行われるということとなれば，社会的コストや被害者への対応から見ても，賠償責任を前提としない途の方が有益であるように思われるがどうか。

おわりに

　最後に，今回の最高裁判決を読んでの感想めいたことを記す。それは，前述のとおり，裁判官のなかに認知症高齢者＝危険な存在と云う偏見が色濃くあって，判決の内容や構成にも影響を与えていることである。それがなければ，介護の引受け＝加害防止の監督の引受けという乱暴な論理構成になるはずがない。また，不法行為法（損害賠償法）の分野は民法の条文数も少なく，判例や学説が大きな役割（すなわち法創造機能）を果たしているが，その分，裁判官や学者には自分たちのテリトリーという意識が強いような印象も受ける。大谷裁判官の法定監督義務者がいなくなると，それを前提として積み上げてきた法定監督義務者に準ずべき者といった判例との連続性がなくなるといった危惧がその例である。多数意見も，妻や長男は法定監督義務者ではないと述べつつ，法定監督義務者と同視できるような監督の引受けの実態があるような特段の事情がある場合は，その者を法定監督義務者に準ずべき者と認める余地があると言及しているのは，過去の判例理論に対するこだわり，換言すれば，立法にも簡単には侵されない自分たち固有の領域であるという宣言のようにも見える。しかし，そのようなこだわりによって認知症高齢者介護の現実に対する眼が濁ってしまうとすれば，その職業的こだわりも有害と言わねばならない。不法行為法の分野が現実の複雑なケースに判例・学説の積み重ねで対応してきた努

力は十分に評価すべきであるが，自らの積み重ねに自縄自縛になって新しい事象への対応に鈍感になることがあってはならないと思う。

（初稿：2016.04）

Ⅱ　近頃流行不粋法律〜国民の責務規定考〜

はじめに

　下調べのために戦前の救護法と社会事業法を読んでいて，カタカナ書きのため読みにくいとは言え，必要最小限の条文だけの簡潔な法律構成に"法三章"というあるべき法律の形を見たように思った。というのも近年の日本の法律は，目的規定はともかく，基本理念・基本方針・国の責務・地方公共団体の責務・国民の責務などという訓示的条文が増殖し，麗々しくなる一方，内容の空疎さが増している印象があるからである。というより，内容の空疎さを隠すためにこれらの訓示的条文が使われているのかもしれない。なかでも筆者が気になるのは国民の責務規定である。国民の責務規定には，何でそんなことまで国にあれこれ言われなくてはならないのかと思うようなものも少なくない。なぜ国は，法律でさまざまなことを国民の責務として並べたがるのだろうか。戦前と戦後で，国の国民に対する姿勢に違いが生じてきたのだろうか。そこで，現在の法令にある国民の責務規定を抜き出して，ちょいと分析・批判してみようと思い立った次第である。

1　責務規定はどれくらいあるか

　e-Gov の法令用語検索システムにより"国民の責務"を検索したところ，条文の見出しに国民の責務という語が用いられている法律が 43 件，ほかに直近に成立したばかりの法律や国民の責務ではないが"国民の努力"，"国民の義務"，"国民の努力及び義務"という見出しが付いている法律が 11 件，計 54 本[1] の法律で国民の責務規定かそれに近い規定（以下，まとめて「国民の責務規定」という。）が見つかった（ほかに，責務や努力・義務という言葉を見出しに用いていない法律や，そもそも条文見出しのない法律もあるので，これですべてとは断言できない）[2]。

　1）　初稿執筆時点の件数である。

406　第7章　そのほか（雑纂）

　これらの法律の対象とする分野は，一部には国土保全やエネルギー分野もあるが，多くは健康福祉分野や環境分野であることが特徴的である。それらの分野が国民全体を対象とすることからくる必然的な成り行きなのか，それとも厚生労働省や環境省（あるいはその分野の関係議員）の法律立案者に牧民官[3]（官は人民を羊のごとく導くべし）的な発想が特に強いのかは即断できないが，経済産業省関係の法律における事業者の責務規定[4]などを見ると，どうやら牧民官的な発想は他の分野に拡がっており，国民か事業者かの違いは別にして，霞が関や永田町は，ますます人民想いとなって，それを善導しようという意欲を盛んにしているようである。

　国民の責務規定がある法律の題名を見ると，基本法と称するものが19本あり，この手の規定を置く法律の性格を示している。国民に課す責務の内容は，国や地方公共団体が実施する施策に協力するよう努めるというものが多いが，それだけでなく，施策の対象となっている問題に対する国民の関心と理解を求めたり，国民の日常生活の営み方に関し一定の努力を促したりするものも見受けられる。

　また，それらの法律の提案者を見ると，内閣提出（閣法）が34本あるほか，衆議院議員提出（衆法）が17本[5]，参議院議員提出（参法）が3本あり，法律全体の割合に比べると議員立法が多いのが特徴的である。近年，議員立法は増

　2）　国民の責務という表現は用いず，例えば障害者の差別的取り扱いの禁止（障害者基本法第4条第1項）などのような罰則を伴わない責務的条項もあるが，ここでは国民の責務規定には数えていない。なお，戦後しばらくは法律の条文に見出しはなかった。法令集の条文見出しには，法律上のものと編者が読者の便宜のためにつけたものがあるが，後者は，当然，e‐Govの検索では捕捉できない。その例の1つである医療法1条の3，1条の4には国・地方公共団体，医師等医療関係者の責務が規定されている。

　3）　戦前の内務官僚の自己規定は牧民官であった。

　4）　例えば，産業競争力強化法（2013）の定める事業者の責務規定は次のとおりである。第5条（事業者の責務）事業者は，第3条に定める基本理念にのっとり，集中実施期間において，当該事業者の属する事業分野における商品若しくは役務に関する需給の動向又は事業者間の競争の状況その他の当該事業者の事業を取り巻く環境を踏まえて，経営改革を推進することにより，生産性の向上及び需要の増大を目指し，新たな事業の開拓，事業再編による新たな事業の開始若しくは収益性の低い事業からの撤退，事業再生，設備投資その他の事業活動を積極的に行うよう努めなければならない。〜事業者から見れば余計なお世話といった内容ではないか。

加傾向にあるが，それらの立法は，厳密な権利義務関係を規律する法律というより，社会的に関心を集めた問題に対する対策の方向性やこれからの目指すべき社会の在り方を示すといった内容の法律が多いことから，必然的に訓示的な条文を中心に構成されることとなり，その１つとして国民の責務規定が置かれることになるのだろう。

また，立法時期によって分けると，1965（昭和40）年以前は１本，1966～1975（昭和41～50）年は２本，1976～1985（昭和51～60）年はなし，1986～1995（昭和61年～平成７）年は10本，1996～2005（平成８～17）年は23本，2006（平成18）年以降は18本であり，1989（平成元）年以降が50本，2001（平成13）年以降で31本と，平成さらには21世紀になって急増している傾向が見て取れる[6]。近年の傾向は議員立法の増加によるところが大きいが，それに劣らず閣法も増えていることは，行政が国民生活を丸ごと包み込もうとするものに変わってきた（＝行政国家化）と理解できるかもしれない。

2　どのような内容の責務規定か

前述のとおり，国民の責務規定のうち，もっとも多いのは国や地方公共団体の行う施策に対する協力の努力義務である。何らかの形で"協力"を求める法律は29本に上っている。

例えば，2013（平成25）年に制定された「強くしなやかな国民生活の実現を図るための防災・減災等に資する国土強靭化基本法」というヘンな日本語の名前の法律（驚くなかれ閣法である）があるが，同法にも"国民は，…国土強靭化に関する施策に協力するよう努めなければならない"という規定がある。この協力とは具体的にどのような協力を意味するのであろうか。防潮堤の嵩上げのための用地買収に積極的に応じるとか，国土強靭化の財源確保のための増税に協力するとか，まさかそんな説明ではないだろうが，ではほかにどんなこと

5）　現在の障害者基本法の国民の責務規定は閣法により改正されたものであるが，国民の責務規定自体は同法の改正前の法律である心身障害者対策基本法（衆法）にもあったので，ここでは衆法として数えてある。

6）　国民の責務規定が後から追加された場合には，追加の改正が行われた年にカウントした。

408　第7章　そのほか（雑纂）

が具体的に想定されているのだろう。国民は，こんな規定の有無にかかわらず，国土強靭化に関する施策が必要かつ合理的であると判断すれば一般の政治プロセスや行政手続きのなかで協力するであろうし，必要性や合理性に疑問があれば協力しようとはすまい。にもかかわらず，わざわざこういう責務規定を置くとは，国は，よほど自らが行う施策に自信がないのかもしれない。

　施策協力の努力義務の前提として，あるいはそれとは関係なく単独で，問題や施策の重要性に対する関心と理解を深めるよう努めることを求める責務規定もある。もちろん，後述のような責務規定を置く必要性が認められる法律において，それに不可欠な国民の理解が求められる例〜例えば，発達障害者支援法（2004）には"国民は，発達障害者の福祉について理解を深めるとともに，社会連帯の理念に基づき，発達障害者が社会経済活動に参加しようとする努力に対し，協力するように努めなければならない"とある〜もあるが，なかには随分と上から目線で国民の関心と理解を求める例もある。「次世代育成支援対策の重要性に対する関心と理解を深める」ことを求める次世代育成支援法（2003）はその例の1つであろう。これは，国家社会の存続のためには少子化にストップをかけ，次の世代を健全に育成しなければならないという為政者と同じレベルの認識を国民も持てと言っているかのようだ。だが，人々が家庭を持ち，子どもを作るのは，そんな天下国家のことを考えてのことであるはずがない。また，海洋漂着物対策の重要性（2009制定の「美しく豊かな自然を保護するための海岸における良好な景観及び環境の保全に係る海岸漂着物等の処理等の推進に関する法律」〜名前だけでも十分に美しい法律！）とか，生物多様性の重要性（2008制定の「生物多様性基本法」）とか，関心と理解を持てと言われても，日常生活ではなかなか意識をすることが難しい内容もある。

　問題とすべきは，すべての国民の日常生活の広範にわたる行為に関する責務規定である。温室効果ガスの発生の抑制[7]，エネルギー使用の合理化[8]，バイオマスの活用[9]，環境物品等の購入[10]，再生品の利用[11]などは，重要なことで

7）　地球温暖化対策の推進に関する法律（1998）

8）　エネルギー政策基本法（2002）

9）　バイオマス活用推進基本法（2009）

10）　国等による環境物品等の調達の推進等に関する法律（2000）

はあろうが，これらは市場メカニズムの活用なしに，責務規定を定めて何とかなるようなことではあるまい。また，"国民は，…男女共同参画社会の形成に寄与するよう努めなければならない"と具体的にどうすればいいか明確とは言えにくい，抽象的で壮大な責務を規定する男女共同参画社会基本法（1999）のような法律がある一方，"飲食物の調理，愛がんする動物の飼養その他その日常生活における行為に伴い悪臭が発生し"ないよう努める（1995改正の「悪臭防止法」）とか，"調理くず，廃食用油等の処理，洗剤の使用等を適正に行うよう心がける"（1990改正の「水質汚濁防止法」）など，そんな細かいことまで言わなくても！と思いたくなる責務を定めた法律もある。

　最も注意すべきは，最終的には個人の自由な選択の領域に属する行為に関する責務規定であろう。その代表例が健康増進法（1992）の責務規定である。同法2条は次のように定める。"国民は，健康な生活習慣の重要性に対する関心と理解を深め，生涯にわたって，自らの健康状態を自覚するとともに，健康の増進に努めなければならない"。この規定は栄養改善法を全面改正して健康増進法とするとき，同法の背骨となるような規定が必要ではないかと考えた当時の厚生省保健医療局企画課の担当者の発案で入ったらしい[12]が，日常生活全般にかかわるのみならず生涯にわたって続く生活習慣病予防という個人の生き方の問題について，極めて広範な努力義務を課すものであり，その包括性は牧民官意識が全開したものというほかない。歯科も負けてはならじと，歯科口腔保健の推進に関する法律（2011）に類似の規定が設けてある。感染症の予防[13]，新型インフルエンザ等の予防[14]，アルコール健康障害の予防[15]の責務規定は公衆衛生や他者への危害防止の観点から理解できなくもないが，健康増進法とその歯科ヴァージョンの法律についてはやはり個人の自由への過度の介入という印象を拭えない。

　ここで，厳密な権利義務ではない国民の責務規定ならではのユルイ表現をし

---

11)　廃棄物の処理及び清掃に関する法律（1991改正）

12)　当事者の直話を筆者が聞いたものである。

13)　感染症の予防及び感染症の患者等の医療に関する法律（1998）

14)　新型インフルエンザ等対策特別措置法（2012）

15)　アルコール健康障害対策基本法（2013）

ている法律を紹介しよう。少子化対策基本法（2003・衆法）6条は"国民は，
家庭や子育てに夢を持ち，かつ，安心して子どもを生み，育てることができる
社会の実現に資するよう努めるものとする"と規定する。"夢を持ち"なんて法
律に書いてあるのが面白い。それにしても，次世代育成支援法についても前述
したが，"安心して子どもを生み，育てることができる社会の実現"は一義的に
国民の責務なのだろうか。次は，看護師等の人材確保の促進に関する法律
（1992）の7条。"国民は，看護の重要性に対する関心と理解を深め，看護に従
事する者への感謝の念を持つよう心がけるとともに，看護に親しむ活動に参加
するよう努めなければならない"という規定であるが，看護職が不足して社会
問題になったときの立法とは言え，これが閣法というのだから驚きである。内
閣法制局の柔軟性も相当なものではないか。だが，感謝の念を持つべき仕事を
している者は看護師に限るものではないし，そもそも感謝の念などという主観
的感情について法律が云々すべきではあるまい。"看護に親しむ活動に参加す
るよう努めなければならない"というのも押し付けがましい。きっと日本看護
協会の強力な陳情があったか，それに迎合しようという政治的な思惑の産物で
あろう。

3　責務規定を考える

　国民の責務規定の嚆矢は1963（昭和38）年の戦傷病者特別援護法である。こ
れは衆法であったが，通常の議員立法は全党一致の内容について委員長提案と
いう形で行われるものであり，この法律もその例に漏れない。当時は日本傷痍
軍人会の活動がまだ活発で，与野党ともにその政策要求に応えようという時代
であったから，議員立法が成ったのであろう。同法3条3項の国民の責務規定
は次のとおりである。"国民は，戦傷病者が今なお置かれている特別の状態に
深く思いをめぐらし，戦傷病者がその傷病による障害を克服し，社会経済活動
に参与しようとする努力に対し，協力するように努めなければならない"。こ
の規定振りは後の各法における国民の責務規定の表現にも影響を与えているよ
うに思われる。実際，その後，同様の国民の責務規定が1967（昭和42）年の改
正身体障害者福祉法，1970（昭和45）年の心身障害者対策基本法に設けられた。

これらの規定は，障害者行政と戦傷病者対策が隣り合わせ（1949 年の身体障害者福祉法は戦傷病者まで対象に包含していたが，1963 年の戦傷病者特別援護法で独立した）の関係にあったから，戦傷病者特別援護法との並びで設けられたものかもしれない。

　その後，国民の責務規定は 1989（平成元）年の土地基本法にまで置かれることはなかった。同法は昭和末期のバブル経済下の地価高騰を受けて立案されたものであるが，当時，社会・公明・民社 3 党提案による土地基本法案も並行して国会に提出されており，閣法の土地基本法案が修正されたうえ，3 党提案の土地基本法案が取り下げられている経緯から見ると，確認はできていないが，同法の国民の責務規定もこの社公民 3 党の土地基本法案に由来するものかもしれない。この 1989 年の土地基本法を機に，主に環境関係の法律から閣法における国民の責務規定が流行し始めることとなる[16]。実際，1990〜1992 年には環境関係の法律 4 本に国民の責務規定が設けられている。その後，健康福祉分野なども含め，内閣提出・議員提出を問わず，国民の責務規定が拡がって行くのは前述のとおりである。

　このようにとりわけ平成に入ってから，国民の責務規定は基本法に止まらず一般的な法律にも拡がり，今や法律構成の 1 つのスタイルさえとなった感がある。このような事態は，どのように理解すべきなのだろうか。先進国共通の「行政国家化」の象徴的現れとも考えられるが，ほかの国でも同様の訓示規定が置かれることがあるのだろうか。勉強不足でよく知らないが，外国はどうあれ，わが国におけるこの立法傾向について，責務規定などは法律立案者の趣味嗜好[17]・自己満足の現れ，法律のデコラティブ化傾向に過ぎないとして簡単に片

---

16) 法律の作り方にも流行がある。特に，国民の責務規定のような国民の権利義務に直接かかわらない条文の場合，立案者の趣味嗜好の入る余地があるから，"流行"する可能性が大きい。閣法を審査するのは内閣法制局であるが，その基本は前例主義であるから，何かのきっかけで国民の責務規定が容認されたら，一気に拡がることはありうる。議員立法の場合，審査は（両院の）議院法制局であり，議員の要求が通りやすい傾向がある。戦傷病者特別援護法（衆法）で突破口が開かれた国民の責務規定が，戦傷病者≒障害者という径路で身体障害者福祉法（閣法）に繋がったという本文の見方は，そのような法律スタイルの伝播・流行という仮説に基づいている。

17) 法律の条文が趣味や嗜好で作られるのかと疑問に思われる向きもあろうが，筆者の経験から見て，それは確かに存在すると思う。

412　第7章　そのほか（雑纂）

づけていいものか，少し腰を落ち着けて考えた方がいいように思われる。

　そもそも国が，法律上の義務とは言えないことについて国民の責務として努力すべき旨を法律に書くことは適切なのだろうか。別のところで書いた[18] ことに通じるが，"なぜ法律に書いてはいけないのか"という問いかけに正面から反論するのは容易ではない[19]。訓示規定であって特段の害はないのだから，絶対に書けないわけでもあるまいという問いかけである。しかし，個人の自由の領域に属することに関し，法律上の義務としてではなく，単に努力するように書くだけだと言っても，日本の社会では無言の圧力にならないとも限らない。それを背景にして，国民の責務規定が他の法律において具体的な法律上の義務や強制の根拠に利用されるおそれもある。例えば，国は，高齢者医療確保法や健康増進法の国民の健康増進の責務規定を根拠にして，特定健康診査・特定保健指導（メタボ健診）の義務付けやそれらの実施率が低い保険者への後期高齢者拠出金のペナルティ，個人情報の最たるものである傷病名を含むレセプト情報の特定保健指導担当者への"横流し"などの根拠として説明しようとするかもしれない。健康増進法にはないが，歯科口腔保健の推進に関する法律や肝炎対策基本法，がん対策基本法には検診・検査を受けるよう努めるべき旨の規定があるから，上記の懸念も理由なしとしないのである。例として適切かどうか分からないが，憲法27条1項後段の"勤労の義務"については，生活保護制度などにおいて"勤労できる能力・資格ないし場所があるにもかかわらず，勤労する意欲・意思がなくて勤労の義務を果たさない者"には受給権を認められない場合があるという法的効果はあるとの見解がある[20]。そのような責務規定の"活用"の可能性を考えると，やはり，個人の自由の領域に属し，その選択が個人の生き方に関わるような行為についての責務規定は不適切というべきであろ

---

18)　本章Ⅲの「なぜしてはならないか／なぜしなければならないか」を参照。

19)　内閣法制局の法令審査の原則として，法律的な内容のない条文は書かないということはあったと思われるが，議員立法であっても一度，それが突破されて前例ができてしまうと"なぜ書いてはならないのか"という問いかけに対する抵抗力を失い，漸次，拡大してしまったことは前述のとおりである。

20)　憲法学における通説（例えば，初宿正典『憲法2』成文堂）であるが，憲法27条1項の規定がなくとも，生活保護法の補足性原理は成り立つはずである。勤労の義務は，憲法制定の国会において社会党の提案で加えられたものであるが，無意味・不必要な修正であったと思う。

う。

　では，国民の責務として規定することが望ましい，少なくとも差し支えないというようなものはあるのだろうか。前述のとおり，国や地方公共団体の行う施策に対する協力するよう努めることを責務として規定する必要性は考えられない。思うに，条文化してもおかしくない責務規定は，一般の国民に対し特に責務として強調しなければその実現が困難な憲法的価値の実現に資するものでなければなるまい。そのような責務規定とは，端的に言えば，無視されたり侵害されたりされがちな少数者の権利や利益に対するすべての国民の理解と配慮を求める規定であろう。国民の責務規定は，憲法を補完する役割を積極的に果たすことができる場合に限って認められるのである。その例を挙げれば，"国民は，カネミ油症に関する正しい知識を持ち，カネミ油症患者等がカネミ油症患者等であることを理由に差別されないように配慮するよう努めなければならない"とするカネミ油症患者に関する施策の総合的な推進に関する法律(2012)，"すべての国民は，その障害の有無にかかわらず，障害者等が自立した日常生活又は社会生活を営めるような地域社会の実現に協力するよう努めなければならない"とする障害者の日常生活及び社会生活を総合的に支援するための法律(2005)，"国民は，犯罪被害者等の名誉又は生活の平穏を害することのないよう十分配慮する"ことを求める犯罪被害者等基本法（2004）などであろう。

　これら以外の責務規定は，結句，有害・無益もしくは余計なお世話，鬱陶しい（若者言葉で言えばウザったい）のである。しかも，立案時の思い入れで書かれるから，時が経つと気恥ずかしく，ピントはずれと思われるものも出て来る。そうなっても簡単に改廃できないから，若気の至りがいつまでも六法全書に残っている事態と相成ることも多い。法律などというものは流行や趣味嗜好で書くべきものではない。

4　蛇足ながら

　近年，六法全書に載っていない（ほしくない）「草案」の段階であるが，重要な国民の責務規定を見つけた。2012 年 4 月 27 日に決定された自民党の日本国憲法改正草案である。それによると，日本国憲法 12 条の "この憲法が国民に保

障する自由及び権利は，国民の不断の努力によつて，これを保持しなければならない。又，国民は，これを濫用してはならないのであつて，常に公共の福祉のためにこれを利用する責任を負ふ”という条文[21] が，同草案では “この憲法が国民に保障する自由及び権利は，国民の不断の努力により，保持されなければならない。国民は，これを濫用してはならず，自由及び権利には責任及び義務が伴うことを自覚し，常に公益及び公の秩序に反してはならない。”と改められ，改正後の同条には「国民の責務」という見出しが付けられている。日本国憲法の条文にはもともと見出しは付いておらず，憲法を載せている本では編者により便宜の見出しが付けられているのであるが，そこでは通常，「自由及び権利の保持責任と濫用禁止」という表現が用いられている[22]。

　条文改正の内容と言い，見出しの付け方と言い，この憲法改正草案を作った人々の憲法感覚・国家と国民に対する感覚がよく表れているように感じられる。それは一言で言えば，明治憲法レベルの国家主義的感覚である。筆者は明治憲法を全否定するつもりはない。不十分ではあれ，臣民の権利が憲法上定められるとともに議会政治も始められ，その後の展開のなかでは，“護憲運動”によって大正デモクラシーが登場し，短い期間であったが二大政党制が機能したこともあったからである。しかし，自民党の改憲案の立案者の感覚は，日本国憲法が 70 年間培ってきた立憲思想はおろか，明治憲法下で国民の努力で獲得されてきた権利や自由の財産さえ踏まえていないように見える。伊藤博文は後年，憲法に関し “憲法の円滑なる運用に必要なる識量，例へば言論の自由を愛し，議事の公開を愛し，若くは自家に反対の意見を寛容するの精神の如きは，更に幾多の経験を積み然る後はじめて之を得べき也。”と述べている[23] が，彼らは伊

---

21) ここで言う国民の権利及び自由が何を意味するのか，この国民の権利及び自由と公共の福祉がどういう関係にあるのかについてはさまざまな議論がある（長谷部恭男『憲法』新世社などを参照）。ここでは触れないが，自民党の改憲案はそれらの議論を十分咀嚼しているのだろうか。ちなみに論者の中にはこの 12 条に抵抗権の取掛かりを見出そうとする者もいるようだが，そうなると改正後とは言え，この条文に「国民の責務」という見出しをつけるのはブラックユーモアではないかと思いたくなる。

22) 高橋和之編『世界憲法集（新版）』岩波文庫，初宿正典・辻村みよ子編『新解説世界憲法集』三省堂

23) 瀧井一博『伊藤博文 − 知の政治家』中公新書が小松緑編『伊藤公全集』から引用。

藤博文の云う経験の重みを知らないのではないか。

　議論の出発点は，国家（政体）を遺産と見るか，作為と見るかであるが，現実には，明治国家も作為の成果であることからも明らかなとおり，遺産として受け継いだ国家を前提にさまざまな作為（＝改良）を積み重ねることによって，より好もしい国家を作り上げていくほかないのである。そして，それを可能にするのは自由な個人によるさまざまな挑戦であることは言うまでもない。この事情は，共同社会の歴史から離れて個人が存在することはできない一方，個人の自由を認めることなく共同社会の進歩はあり得ないのと同じであろう。

　法律で国民の責務を規定したがる発想は，個人の自由を尊重する思想とは親和的ではないのである。

（初稿 2015.05.03，加筆修正 2018.06）

416　第7章　そのほか（雑纂）

Ⅲ　なぜしてはならないか／なぜしなければならないか

　民主党政権の下で実現した子ども手当（児童手当の名称に戻ったが，対象や金額は大幅に拡大）や高校授業料の無償化，農家の戸別所得補償制度は，自公政権に戻った後も基本部分はそのまま存続することとなった[1]。野党時代，それらに対しさまざまな批判を展開した自民党も，個々の国民に給付するこれらの制度を廃止・縮小することは難しかったのだろう。民衆の受けの良い政策で政権を握った政党がその後の失政で政権を失っても，それらの政策はそのまま根雪のように生き残り，行政国家の肥大化を招くという事態は，現代のマスデモクラシーの逃れられない宿命かもしれない。カール・シュミットはワイマール期のドイツについて「見境もなくあらゆる分野に，人間実存のあらゆる分野に入り込み，国家から自由な領域を全然知らないような国家である」とし，ドイツの多元的政党国家が，そのような類の全体国家を発展させたと主張する[2]。もちろん，この種の全体国家は「純粋に量的な意味で，単なる容積の意味で全体的なのであって，強度や政治的なエネルギーの意味で全体的なのではない。」このような多元的政党国家の全体性の基礎は「なぜしてはならないか[3]」という問いにあるとシュミットは言う。その国家は，弱体で（「なぜ国家が経済や文化[4]やその他の事業に補助金を出してはいけないのか」という）要求を拒否で

　1）　筆者は，これらの政策がすべて間違っていたというつもりはない。高校授業料の無償化は，教育による人材養成の重要性からも，子どもの貧困を防止する観点からも方向として間違ってはいないし，農家への戸別補償制度も農業の持つ環境保全機能に着目すれば正当化できる余地はあると思われる。ただ，子ども手当は単なる現金のバラマキであり，あれほど巨額の財源を使うのであれば，保育サービスなどの現物給付に回すべきであったと思う。

　2）　カール・シュミット「ドイツにおける全体国家の発展」1933（『政治思想論集』服部平治・宮本盛太郎訳　ちくま学芸文庫 所収）。C・シュミットは剣呑で，引用するのも虚仮威しのようで趣味ではないが，日頃考えていることとあまりにぴったり重なっていたので，つい紹介したくなってしまった。

　3）　「なぜしてはならないか」という訳文は，why you shouldn't do it という意味ではなく，why not? という意味である。誤解なきよう。もう少しわかりやすく言えば，「やっちゃいけないってことはないでしょう」という感じ。

きないから全体的なのであり，政党や組織的な利益追求者たちが殺到するのに抵抗できないから全体的なのである。」

シュミットの批判は議会制民主主義の下で肥大化する一方のドイツ国家に向けられたものであったが，翻って現代日本の政党政治はどうだろうか。民主党の政策マニフェストの民衆迎合ぶりを見る限り，その作成過程では国民が喜ぶ政策なのに「なぜしてはならないか」という主張が主導権を握ったであろうことは想像に難くない。同じように政権に復帰した自民党でも，景気回復に少しでも役立つ可能性があるのに「なぜしてはならないか」という議論が幅を利かせているようである。理屈や筋論を言えば頭が固いと言われ，今までの制度や事業との整合性や継続性を指摘すれば守旧派だと批判される。唯一の歯止めとなるはずの国の財源制約も赤字国債の発行が常態化した今日では最終的な決め手とはなりにくい。そんな雰囲気が拡がった場合，「なぜしてはならないか」という議論に対し，正面から反論するのは確かに容易ではない。主張する側がそれによるさまざまな国民のメリットを並べ立てるとき，それに反対するのは国民の福祉を否定するような立場に追いやられるからだ。

シュミットは，当時のドイツ国家の「全体化」を進めたのは，旧態依然たる自由主義スタイルの政党であるとし，それらは単なる「御意見政党」に過ぎないと決めつける。そのような政党は「内的に全体性を持つ現代諸政党[5]の石臼の間に挟まれて，磨り潰されてしまう危険にさらされている」というのであるが，現下のわが国の諸政党も「御意見政党」になってしまっていはしないか。そのような議会制民主主義の批判を展開したシュミットがその後，ナチスを正当化するに至ったように，わが国の政党が押しなべて「御意見政党」となってしまえば，行政国家の肥大化による国家破綻であれ，"内的な全体性を持つ"と主張する政党による既存制度の破壊であれ，わが国も危険な方向に進む可能性

4）　シュミットの書くところによれば，この頃，合唱団に対する補助金も出されたらしい。それで思い出すのが，橋下・元大阪府知事（市長）による文楽協会への補助金打ち切り騒動である。彼の歴史認識はもちろん，改憲論も大阪都構想もまったく支持できるものではないが，文楽協会への補助金の問題は，当否は別にして，「なぜしてはならないか」という問いと「なぜしなければならないか」という問いについて考える格好のテーマであったように思う。文楽協会いじめのように受け止められて，議論が深まらなかったのは残念な気がする。

5）　左右の全体主義的政党

が高くなるだろう。

　そうならないためにも政策決定のフィルターは，「なぜしてはならないか」という問いではなく，あくまでも「なぜしなければならないか」という問いでなければならない。そうでなくては真っ当な政策議論など成り立つはずはないのである。民主党政権時代，盛んに行われた事業仕分けは確かに「なぜしなければならないか」であり，それはそれで間違いではなかったものの，制度や政策は定着した後では社会的に構造化して（簡単に言えば利害が絡み付いて）しまっており，所期の効果は挙げられなかった。「なぜしなければならないか」という政策フィルターは，基本的に制度や政策の決定・導入時に掛けられるべきフィルターなのである。

　「なぜしてはならないか」という政策決定のフィルターは，選挙で勝つことを使命とする政党が陥りやすい誤りであるが，行政府における政策決定でもないとは言えない。最近目に付くのは，予算が削減できるのだから，あるいは予算を増やさなくて済ませられるのだから「なぜしてはならないか」（内容を問わず，すればいいではないか）という安易な政策フィルター[6]である。それによって如何に多くの原理原則が無視されてきたことだろう。制度や事業を支える原理原則の腐食はそれらの崩壊を早めるに違いない。社会保障の制度や事業は「なぜしなければならないか」に支えられているのだが，「なぜしてはならないか」という問いに弱い一面もあるので，特に注意が肝腎である。

（初稿 2013.09.01，加筆修正 2018.05）

　6）　前にも書いたが結核患者の命令入所費用の保険優先化，低所得者を対象とする介護保険の補足給付の費用への保険料財源の投入，現役並み所得のない高齢者に対する療養の給付の上乗せ費用への保険料財源の投入などが，保険原理を無視した「なぜしてはならないのか」の例である。日本人の予防好きに着目した特定健診・特定保健指導の制度化もそれに加えることができるかもしれない。

Ⅳ　少子・高齢化と人類の進化

　少子・高齢化は先進国のみならず，今や経済的にテイクオフしている国々でも大きな問題となりつつある。日本の場合，高齢化が先に進行し，少子化はその後に深刻になったという順番だったが，新興国では高齢化もさることながら，急速に進行する少子化が著しい。最近は少子・高齢化とまとめて語られることが多いが，本来，両者は，原因や影響はもちろん，対策も別異に捉えられるべき問題である。

1　少子化は GHQ の陰謀か，利己的遺伝子の仕業か

　戦後日本の少子化については，前世紀の終わり頃から，深刻な問題と意識されるようになり，その原因についてもさまざまな議論が行われてきた。最近は GHQ による陰謀説（河合雅司『日本の少子化 百年の迷走－人口をめぐる「静かなる戦争」』新潮社）も唱えられている。同書によると，GHQ は医療支援や衛生環境の向上，さらには工業化政策で死亡率を低下させ，さらに議員立法により産児制限の合法化を図り，第 1 次ベビーブームを 3 年間で収束させたということらしいが，国民の保健福祉の向上のための努力（すなわち憲法 25 条 2 項の国の責務に基づく施策）もすべて GHQ の陰謀だったというのは如何なものか？ 当時の日本人の主体的な選択やその由って来たる所以を考えることを抜きにして，陰謀論を強調することには違和感を禁じえない。近時，東南アジアの国々で急速に少子化が進んでいることを見ても，人々は自らの生活の見通しや生活の質を考えて子を生しているはずである。それにしても，この数年の合計特殊出生率が 1.4 前後と云う低水準で推移しているという事実をどう考えればいいのだろうか。人口置換水準と云われる 2.07（程度）を大きく下回っているのだから，日本人は自ら消滅の道を選択していると考えるべきなのか。日本に限らず，多くの国で少子化が進んでいくとしたら，人類は全体として減少から消滅へという局面に入ったのだろうか。

　リチャード・ドーキンスの『利己的な遺伝子』（1991 邦訳・紀伊國屋書店）は，

自由な個人の主体性を信じる自由主義者にとっては忌々しい本である。何しろ「われわれは遺伝子という名の利己的な存在を生き残らせるべく盲目的にプログラムされたロボット」に過ぎないと云うのであるから。では，少子化が個人の生殖行為の結果であることを踏まえれば，日本など少子化が進んでいる国の人々は，利己的遺伝子に逆らって，個人が身勝手な幸福追求をすることにより社会全体の活力を弱め，さらには人口減少から消滅へと至る選択をしているのだろうか。逆に，それをしも利己的な遺伝子の仕業だとしたら，遺伝子は環境や資源制約の下で人類の存続のために，いわば"共有地の悲劇"（皆が牧草地の限界を超えて羊を増やそうとしたために共有地が荒廃し，皆が大損をしてしまったという寓話。1968年ガレット・ハーディンが提起）を避けるために，人口規模を（遺伝子の）存続可能なレベルにまで減少させるという利己的な選択をしており，少子化もその適応の結果と考えるべきなのか。

　だが世の中では，少子化は歓迎すべからざるものとして，さまざまな少子化対策なるものが語られている。人口減少は経済社会にマイナスの影響を与えるので，せめて出生率は２を目指すべきと云うのが前述の著者（河合雅司）の主張であり，最近は希望出生率なる言葉も登場するなど，出生率回復が大きな政策課題となっている。仮に人口規模の縮小が利己的な遺伝子による包括的適応（各個体には不利であっても種全体としては有利となる適応）であるとするなら，存続可能な人口規模に至るまでは，その働きに抗うのは難しいかもしれない。少子化対策の徒労感・胡乱さの源はこんなところにあるような気もする。

2　高齢化の「おばあさん仮説」と利己的遺伝子仮説

　他方，高齢化についてはどうか。経済成長に伴う栄養・生活水準の向上や医療制度・医療技術の発達がそれに与っていることは確かだとしても，もし個体が遺伝子のロボットであるとするなら，生殖を終えた個体の寿命がかくも長らえさせられるのはどうしてなのか。産卵とともにすぐに死ぬ魚すらいるというのに。いわゆる「おばあさん仮説」は閉経後の女性の長生きは，子どもに社会の複雑な適応方式を学習させるうえで遺伝子にとっては適応的であると説明するが，さらにこれを一般化して大人の知恵や経験を次の世代の個体に伝えるた

めだという説明も可能かもしれない。ただ，近年の超長命化は，その域を超えていると受け止められつつあるようである。かつて『楢山節考』の村があったように，最近，ターミナル期の高齢者の尊厳死が議論され，高齢者介護のための資源投入が抑制されようとしているのは，「おばあさん仮説」では説明できない超長命化が経済社会にマイナスの影響を与えると考えられているからだろう。

　少子化について考えたのと同じく，高齢化についても利己的な遺伝子に関する両様の説明ができるかもしれない。曰く，不老長寿を希う個体の利己心は遂に利己的な遺伝子の“思惑”を超えてしまい，結果として著しい長命化と資源配分の高齢者への偏りを齎し，一層の高齢化を進めることとなっている。あるいは曰く，利己的な遺伝子は，各個体の長生き願望を奇貨として，超高齢者の医療や介護に資源や財源を振り向けさせ，長期的に適正な人口規模を実現すべく，いわば兵糧攻めによって人口増加を抑制しようとしている。すなわち高齢化も，“共有地の悲劇”を避けるための利己的な遺伝子による深謀遠慮的な適応なのであると…。

3　「善き生」のために

　もちろん，少子化・高齢化のいずれについても，これらは“利己的”という恰も遺伝子に意思があるかのような用語に幻惑された発想である。人口規模を縮小させた人間の集団が生き残るか，逆の選択をした人間の集団の方が生き残るか，遠い将来において実際に起こる結果を見なければ判断できない問題であることは言うまでもない。

　われわれは，遺伝子による選択の結果だと勝手に予想するものを先取りするのではなく，また，貨幣という経済社会の手段に過ぎないものを増やすためでもなく，あくまでも自由で尊厳ある主体としての人間の「善き生」と云う視点から，自然体で，少子化や高齢化の問題を考えるべきであろう。それは少子化については，（人間という動物の希望の源泉である）子を生し育てたいという個人の選択を支え，高齢化については，自分の人生を肯定できるような最期を迎えたいという個人の願いに応える視点である。子を産み育てるのを支えること

と高齢者のケアを充実することを対立的に捉える必要はない。拠るべき視点を見失いさえしなければ，結果はどうあれ，それを粛々と受け入れれば良いのである。

（初稿 2016.01.29，加筆修正 2018.05）

V　福祉国家からビジネス国家へ

はじめに

　社会政策論や福祉社会学などの分野では，永く，日本において福祉国家が成立したのはいつかが問題とされてきた。早くは無差別平等原理により非自発的失業者まで対象を広げた生活保護法の成立や，その後の国民皆保険・皆年金の成立，児童手当制度の実施による社会保障メニューの完備，福祉元年（1973 年）の医療制度・年金水準の充実などの時期を捉え，その成立時期とするといった類の議論である。確かに，それは学問的・歴史的には重要な議論であり続けようが，むしろ，これからは日本の福祉国家はいつから解体・崩壊に向かったかも問われるべきではないだろうか。戦後民主主義体制のひとつの達成であった福祉国家を再評価し，その再構築の道を探る上でも必要な作業だと思われるからである。福祉国家の解体・崩壊は，その成立と同様，逐次的・跛行的に進むというのが実態であろうが，ターニングポイントとなる時点をどこに見定めるかは，福祉国家のメルクマールを何と捉えるか，福祉国家の次に来る国家をどういうものと考えるかという問題と切り離して論じることはできない。

1　ビジネス国家とは何か

　態様や程度はさまざまであっても「福祉国家」を達成した国々が次に向かう国家像に名前を付けるとしたら，「ビジネス国家」が適当であろう[1]。それは，多様な意味内容をもって理解されてはいるものの，基本的には，広範な分野において自由市場を肯定・賛美する新自由主義の発想法が，それまで国家や社会（個人も含む）の領域とされていた分野にまで浸透し，それらがいずれも経営体（企業）であるかのような様相を呈してきて，さまざまな政治的・社会的な関心が資本増大のプロジェクトに包摂されてしまった，換言すれば「経済化」され

　1）　これには諸家の議論があるが，その一例として，日本政治思想史の三谷太一郎が 1978 年時点で，利益社会（その典型が株式会社）をモデルにして政治社会が再形成されつつあると述べていることを紹介しておこう（三谷『戦後民主主義をどう生きるか』岩波書店 2016）。

ることによって徹底的に変容されてしまった，「国家や社会が市場レベルで一体化した"経営体"」と捉えることができよう。その主領域である経済政策の分野では，産業と資本移動の規制緩和，福祉への国家支出と弱者保護の縮小，教育から郵便・公園・道路・社会福祉・刑務所に至る公共財の民営化・外注化，累進税制の緩和その他富の再配分の終焉といった政策の形を採って現れ，それらが「福祉国家」の基盤を揺るがしていることは周知のとおりである。ビジネス国家という経営体では，競争力アップ＝経済成長がすべてであり，社会保障や福祉の存在が許容されるのは，それらが競争力アップ＝経済成長に寄与する限りにおいてである。オバマ前大統領による 2013 年の一般教書演説は，その 3 週間前の就任演説「われら人民」と併せ読むと 2008 年政権獲得時の「希望と変革」を思い起こさせるような政策〜メディケアの保護，累進課税制への改革，科学技術研究やクリーンエネルギー・住宅所有・教育への政府投資の増加，移民制度の改革，性差別・家庭内暴力との戦い，最低賃金の引上げ〜は並んではいるものの，これらはそれぞれが経済成長あるいはアメリカの競争力に貢献するという観点から論じられている。すなわち，オバマはリベラルな課題を経済の活性化対策としてパッケージ化することによって再発見し，それによって競争力・景気回復を約束したのである。だが，これらのリベラルな政治的コミットメントは，それらが経済的な目標を幇助するのではなく，排除することが明らかになれば，あっさり投げ棄てられてしまうだろう。このように，現代の国家の目標は企業の目標と同様，競争的地位の獲得（その現れとして株価の上昇や信用の格付けアップ）が第 1 であり，その他の目標は第 1 の目標に貢献できる場合に限って追求可能なのである。オバマの後を継いだトランプ大統領がこのようなビジネス国家への途をさらに露骨に進めていることは言うまでもない。

2　骨太の方針に見る日本のビジネス国家化

　日本において福祉国家からビジネス国家への変容がどう進んできたかを見るには，2001 年度から策定が始まったいわゆる「骨太の方針」[2)] の表現を見るのが良いだろう。小泉内閣によってはじめられた「骨太の方針」であるが，その

初年度である 2001 年版（平成 13 年 6 月 26 日閣議決定）は，当時の主要課題である不良債権問題の抜本的解決を経済再生の第 1 歩と捉えた上で，民営化／規制改革・チャレンジャー支援・保険機能強化・知的財産倍増・生活維新・地方自立／活性化・財政改革の 7 つの構造改革プログラムをパッケージで進め，民需主導の経済成長の実現を目指すとしていたが，「そこ（21 世紀の日本）では，…市場のルールと社会正義（下線は筆者）が重視される。また，それは誰もが豊かな自然と共生し，安全で安心に暮らせる…社会でなければならない」と謳っているところを見ると，政治的目標が経済的目標に完全には吸収されてはおらず，何とか生き残っていることが分かる。実際，社会保障については大きな独立の章を立てて「社会保障制度の改革−国民の安心と生活の安定を支える」として論じられている。注目すべきは，最大課題である不良債権処理が雇用に影響を与えることがあることを認め，それに備えたセーフティネットの充実を提案していることである。いずれ国家や国民が新自由主義によって骨絡みになってしまったら，そのマイナス影響は「犠牲の共有」として放置されてしまうことになるのであるが，ここでは一応は踏みとどまっている。

　では，その後の「骨太の方針」はどのように変化していったか。民主党政権下の 2010〜2012 年度は策定されなかったが，安倍政権の復活後，再開された「骨太の方針」2013 年・2014 年では，社会保障は「第 2 章 強い日本，強い経済，豊かで安全・安心な生活の実現（2013 年）」，「第 2 章 経済再生の進展と中長期の発展に向けた重点課題（2014 年）」においてはほとんど触れられることなく[3]，「第 3 章 経済再生と財政健全化の両立（2013 年）」，「第 3 章 経済再生と財政健全化の好循環（2014 年）」においてもっぱら財政健全化の対象として取り上げられるのみである。2015 年になると，前にも書いたことがあるが，「国，地方，

---

2) 財界人や経済学者を中心とする（国民代表ではない）"有識者"の会議である経済財政諮問会議が国家意思の形成に実質的に大きな役割を果たしていることは"専門家支配"のひとつとして大きな問題であるが，内閣の方向性が先鋭に打ち出されるという意味で，ここでの議論の材料には適していよう。

3) 2014 年では，第 2 章の最終項目として「安心・安全な暮らしと持続可能な経済社会の確保」が掲げられているものの，その内容は 1）外交，安全保障・防衛等，2）国土強靭化，防災・減災等，3）暮らしの安全・安心（治安，消費者行政等），4）地球環境への貢献であり，国は，国民各人の生活の安定・安心には関心はないらしい。

民間が一体となっての公的サービスの産業化・インセンティブ改革・公共サービスのイノベーションに取組む」といった国≡企業≡市場の新自由主義的合理性が前面に出て来る。その後に，「社会保障給付の増加を抑制することは個人や企業の保険料等の負担の増加を抑制することにほかならず，国民負担の増加の抑制は消費や投資の活性化を通じて経済成長にも寄与する」という悪名高い"社会保障全面否定論"の文章が続く。さらに「社会保障改革を進めるに当たっては，…国民負担の増加の抑制（注．＝給付の抑制）を図るものであることについて広く国民の理解を得ながら着実に改革を進める」ことを強調し，国民に「犠牲の共有」を訴えている。2001年版にあった不良債権処理に伴う雇用への影響に関しセーフティネットを充実されるという発想は全く見当たらない。2016年・2017年版でも2015年版と基調は同じである。国庫支出金のパフォーマンス指標とか，実効的なPDCAサイクルの構築とか，（医薬品の）費用対効果評価など，企業マネジメント用語が多用され，国家は統治の主体ではなく，ガバナンスの対象であるかのようである。また，2017年版では，全体のサブタイトルが「人材への投資を通じた生産性向上」とされており，国民を人的資本と見て，その市場価値を上げるために投資するという新自由主義的発想が色濃く出ている。

3　骨太の方針と財務省

　以上，主な年版の骨太の方針を見てきたが，年を経るにしたがって，経産省が主導したと思われる総論部分（2017年版で言えば，第1章から第3章の2まで）と財務省の関与が強いと推測される各論部分（第3章の3と第4章）の違いが目立ってくるように感じられる。もちろん，全体として福祉国家の解体〜ビジネス国家への移行という基本に変わりはないが，財務省関与部分には，財政健全化を急ぎたいという気持ちが強く表れるせいか，手段を択ばぬ歳出削減策の羅列が目に付く。財務省は，骨太の方針という場を借りて，歳出削減メニューについてお墨付きを得る作戦のようだ。もちろん表現・内容は，さまざまな政治的立場からの注文[4]もあって"調整"が行われた結果なのだろう，施策としての大きさも不揃いで実現性にも差があり，必ずしも施策間で十分な整

合性があるとは言えないものもある。経済財政諮問会議でどこまで掘り下げた議論が行われているのか，審議を公開にするとともに，議事要旨ではなく完全な議事録を公表することはもちろん，有識者委員を国会そのほかのオープンな場に呼んで，国会議員のほか，メディアや市民からの質疑を受けさせることも必要ではないか。それでないと，国民代表でもない有識者委員の責任が見えなくなってしまう。

　それはさておき，ここで強調しておきたいのは，財政当局の思考と行動のパターンとそれに伴う弊害である。一般的に言えば，制度における費用負担・財源構成はそれぞれの制度の創設改正の経過・事情に規定されるところが多く，一部の費用・財源のパーツを入れ替えてしまえば，制度の性格や施策の効果が大きく変わってしまうことがある。にもかかわらず，国の費用負担を増やすことには慎重で石橋を叩いても渡らないことの多い財政当局も，国の財政負担を減らすとなると，制度全体さらにはそれが社会に及ぼす影響にも無頓着となって安易に認めてしまうことが多いように思われる。もちろん，これは要求官庁側にも一定の責めはあるのだが，引き続く厳しい概算要求基準により要求額に箍が掛けられている以上，安易な国庫負担の縮減による社会的悪影響については財政当局も過半の責任を負うべきであろう。近年の社会保障制度改革で言えば，詳述はしないが，特に 2014 年と 2017 年の介護保険制度改革は保険原理を逸脱するものばかりの酷い内容だった。また，近年，提案されている受診時定額負担の導入は 3 割という患者負担の限界を踏み越え，皆保険の崩壊に繋がるおそれがある。そのほか根拠を曖昧にしたままの生活保護基準の引下げは日本社会の底を抜いてしまうかもしれない。

　社会保障ではないが，国立大学の授業料を累次にわたって引上げてきたことは，最近の学生ローンのブラック化と若者の貧困化を招いているのみならず，有名大学進学層の高所得化など社会の流動性を失わせ，社会を分断するなどの

　4）　後発品のある先発品の償還価格を後発品並みとする“画期的提案”も業界の意を受けた与党の一部議員の強い圧力で削除されたと聞く。社会保障費で見直しを図るべき理論的根拠があるのは，高齢者医療費給付率（延いては高齢者医療を特別扱いする制度自体）と薬価差益を伴う薬剤費償還制度であると思われるが，制度的仕掛けを詰めないまま提案した結果，後発品並み価格による償還制度の提案が削除されてしまったことは残念であった。

結果を招いているのではないか。軽部謙介『検証 バブル失政－エリートたちはなぜ誤ったのか－』（岩波書店 2015）によれば，1995 年武藤敏郎総務審議官（後に次官。現・東京オリンピック／パラリンピック組織委員会事務総長）の命でまとめられたバブル問題に関する省内報告書のなかで，各局の担当者が反省の弁を述べているのに対し，主計局の担当者は「国の財政については，国会審議等を通じ国民に開かれ，国民はそれに関与しているのだから，過去の政策の是非という観点から財政政策を取り上げるのは不適当である」と書いているそうだ。すべてが主計局の責任とは言わないが，絶大な権限を与えられて霞が関に君臨しているにしては腰が引けているというか，端的に言えば無責任に過ぎるというほかない。

4　ウェンディ・ブラウンの新自由主義批判

　カリフォルニア大学バークレー校で政治哲学・政治思想史を専攻する W・ブラウンは，新自由主義という用語・概念が，時代と国，人によってさまざまに使われていることを認めつつ，大要，次のように新自由主義的合理性の現れを特徴づけている[5]。

　新自由主義的合理性においては，経済は国家のプロジェクトとなり，国家は市場のため（傍点は筆者。≠市場のゆえ）に統治しなければならない。それは古典的な意味で統治というより，“ガバナンス”というべきものである。ガバナンスにおいては，統治者の命令ではなくステークホルダーの政治的合意が，命令への服従ではなく個人の責任がそれらに取って代わる。また，ガバナンスが政治体制とビジネス体制の共通言語となれば，ベストプラクティスのような一見中立的だが規範性を帯びた概念が，公的領域においても流通するようになる。新自由主義においては，等価性を前提とする交換に代わり，競争がそれにとって代わる。競争の前提は不平等であり，それはあらゆる領域で正当化され，規範化すらされる。競争が交換に取って代われば，人間は人的資本として，その投資の対象となるだろう。そのような新自由主義においては，社会政策は経

5）　『Undoing The DEMOS － Neoliberalism's Stealth Revolution』（邦題『いかにして民主主義は失われていくのか－新自由主義の見えざる攻撃』中井亜佐子 訳　みすず書房）

済政策に反発してそれを埋め合わせるようなものであってはならない。経済成長こそが国家の社会政策なのである。

このような W・ブラウンの新自由主義批判を踏まえれば，経済成長が戦後日本の主要政治課題であり続けたという現実はあったにしても，21 世紀に入って経済財政諮問会議が始まってから，日本の新自由主義国家（ビジネス国家）化が本格化したということは否定できないのではないか。とりわけ，安倍政権復活後，その動きは加速化しており，経産省による内閣運営の主導権が目立ち始めた 2015 年の骨太の方針は，後年，日本が福祉国家からビジネス国家の方向に転換した分岐点と見られることになるかもしれない。

なお，W・ブラウンの新自由主義批判は，前述したところにとどまるものではない。彼女の批判は，書名からも推測できるように，新自由主義を経済の問題としてではなく，政治の問題として，正確に言えば政治の「経済化」の問題として捉えるところにある。彼女は，新自由主義の政治的合理性を，政治体制・社会制度・教育，そして人間そのものを作り直すものと捉えるのである。西洋思想史においては，ホモ・ポリティクスであった人間がホモ・エコノミクスに克服されてきたとはいえ，新自由主義への移行によって，そのホモ・エコノミクスが持つ商業精神の欠点[6]を明確に自覚していたアダム・スミス的経済主体から，ゲーリー・ベッカー（Gary Becker）[7]のいう人的資本への変貌が実現したと，ブラウンは言う。彼女は，自らを人的資本と化してしまった人間は，国家はデモス（人民・市民）が（共同で）統治すべきであるという人民主権のイメージを浮かべることすらできなくなると危惧するのである。というのも，アメリカでは連邦最高裁が 2010 年 1 月，スーパー PAC（候補者本人の選挙活動

6）スミスは，商業的精神から生じるいくつかの不都合として，①人々の見方を制限する。分業によって各人の注意の全体が局限され，それに直接に関連をもつもののほかには，彼の心に生じる観念はほとんどない。②教育が非常に放置される。③人類の勇気を沈滞させ，軍事的精神を消滅させる～という 3 点を挙げている（『法学講義』（水田 洋／訳・岩波文庫）第 2 部 生活行政 [商業とマナー]）。

7）アメリカの経済学者（1930-2014）。従来は，社会学・心理学・人類学などで扱われていた家族・差別・犯罪などの問題を制約条件下での効用最大化行動や費用便益分析などの経済分析の俎上に載せ，経済分析の手法が狭義の市場行動以外の人間行動にも応用可能なことを示した。また，学校教育や OJT などが投資としての性質をもつことを示し，人的資本の理論として体系化した。（岩波現代経済学事典）

の直接管轄外でその候補を支援するために組織される政治行動委員会への企業献金を政府が禁止している措置）について違憲の判決[8]を出し，企業がその資金力にものを言わせて特定の候補者への選挙キャンペーンを展開することを認めてしまったからである。この最高裁判決は，企業にも完全な法的人格を認め，特定候補への献金も<u>その言論の自由の発露</u>として可能であるというアクロバティックな，信じがたい論理展開の判決であったが，新自由主義的メンタリティは「ステルス機」のように連邦最高裁判事にまで浸透しているということであろうか。ブラウンのもう１つの懸念は，人的資本への投資を重視するという新自由主義的教育政策によって，アメリカにおいて主に公立大学が担ってきたリベラル・アーツ（教養教育）の縮減が近年，急速に進んでいることである。彼女は，戦後，アメリカにおいて大学の大衆化により，教養教育の普遍化が実現したことを評価し，それによって形成された自ら（あるいは共同で）統治しようとする市民（彼らこそが公民権運動・フェミニスト運動・福祉充実運動の担い手であった）の存在が自由な民主主議の発展に不可欠であるとして，教養教育の縮小は民主主義の根を腐らせる危険があると考えるのである。

5　福祉国家の解体を座視するのか

　以上，見てきたように，日本の福祉国家はビジネス国家に向けての解体過程に入ったように思われる。おそらく，今のままでは社会保障の各制度は直ちに崩壊するというより，次第に空洞化していく途を辿るだろう。しかし，戦後（一部は戦前から），先人たちの努力で築き上げられ，国民の安心と生活の安定に貢献してきた制度を簡単に空洞化させてよいわけがない。骨太の方針でいくら"世界に冠たる"国民皆保険・皆年金と力んで書いても，枠組みだけで中身がスカスカでは意味はないのである。

　では，ブラウンが言う意味でのビジネス国家化が進むなかで，社会保障の各

8）日本では昭和45年6月24日の八幡製鉄政治献金事件の最高裁判決が有名である。同判決は，会社にも国民と同様に政治活動の自由があることを認め，政治資金の寄付も許容されるとしたが，後に最高裁裁判官となった岡原昌男は退官後，法人が定款に基づかずに，株主の相当多数が反対する金の使い方をするのは非常に問題があると国会で述べている。

制度を空洞化させず，しっかり機能し続けさせるにはどうしたらいいか。本当にそれが可能なのか。人々が，自らを人的資本と考え，経済的格差や不平等もすべて自己責任の結果と考えるようになってはお終いである。そこでは共感も連帯も成り立たないからである。社会保障の底には，社会保険であれ社会保護であれ，共感とそれに発する連帯がある。そのような他者への共感が人間にとって自然本来のものであるかどうか，それは新自由主義的合理性が人間を人的資本と捉えるようになっても残っているのか。人間（あるいは霊長類も含むかもしれない）は，ある程度まで他者の痛みを自らの痛みとして感じる神経機構を持っているという近年の神経科学の成果（ミラーニューロンの発見[9]）は〜にもかかわらず人間の暴力性が否定されるわけではないが〜共感の本来的存在に根拠を与えてくれそうにも思われる。仮にそうとすれば，そういう共感力を持った人間が，この共同社会を統治する主体（ホモ・ポリティクス）として自らを意識し，その権能を政治の場で行使し得るかどうかに，福祉国家の将来がかかっていると言えるだろう。もちろん，そのためにはどのような制度的条件が整えられるべきか，真剣に議論されなければならない。

（初稿 2017.09.22，加筆修正 2018.06）

---

9) マルコ・イアコボーニ『ミラーニューロンの発見』（塩原通緒／訳・ハヤカワ新書 2009），ジャコモ・リゾラッティ＆コラド・シニガリア『ミラーニューロン』（柴田裕之／訳・紀伊國屋書店 2009）

VI　政策ニヒリスト宣言！？

　近年のわが国の政策展開を見ていると，まず抽象的な政策スローガンが掲げられ，次にその内容や方法が決められていくことが多いように感じる。順番が逆なのではないか。内発的な政策動機が明確でなく，"政策"のための政策に終わっているのだ。例えば，一億総活躍社会とか女性が輝く社会といったスローガンで語られる"政策"がそうだし，地域包括ケアシステムとか地域共生社会の構築といった厚生労働省が担いでいる政策にもその臭いがある。このような"大政策"のほかにも，各分野における予算補助事業（法律の根拠の有無にかかわらない）や検討会・研究会報告という形で打ち出される数々の"小政策"も途絶えることがない。それらの実施に関して作られるマニュアルやガイドラインも膨大な量に及んでいる。これら大小の政策は，その効果について検証や確認～とは言え，検証や確認が簡単にできるほど，世の中，単純ではないが～もなされぬまま，垂れ流し状態となっているように思われる。政策担当者は虚しさを感じることはないのだろうか。

1　政策に対するニヒリズム

　だが，これらの政策は本当にすべて国（地方公共団体を含む）が取り組むべきか否かが，まず問われるべきではないか。「政策」の中には，社会や地域の自発的な動きに委ねる方がいいものもあるのだ。最近急速に広がりを見せている「子ども食堂」はその一例である。これを行政庁が関与する事業とし，補助金を支給しようとすると，例えば，対象を低所得世帯（住民税非課税世帯など）に属する何歳未満の児童にするといった条件が付され，詳細かつ正確な事業報告を求められることとなろう。結果として，地域の人々の自発的な活動は窮屈な制約を受けることになるに違いない。運営に苦労されている人々の中には，行政からの補助金を歓迎する向きもあるかもしれないが，痩せ我慢した方が良い場合もある。また，仮に何かの事故が起こったとしても，世の識者やメディアは行政の指導監督が必要などと言うべきではない。

元々，世の中は「なるようにしかならない」と思っている筆者にとっては，これらの大政策も小政策も大部分は無駄であり，過剰であるとしか映らない。"政策ニヒリスト[1]"を自称する所以である。もちろん，国の政策がまったく不要だと言いたいわけではない。国が為すべきは，国民の自由と生存を守るために必要な法律や制度を作ることであり，それに不必要な法律や制度は作らないことなのである。

2　政策ニヒリズムを超える視点

しかし，政策ニヒリストを宣言するだけでは，社会のシステムや秩序に対して斜に構えているだけだと受け取られるかもしれない。既存のシステムや秩序を肯定するにしろ否定するにしろ，もう一歩，カメラのレンズを後ろに引いた視点が必要ではないか。つまり，現存の秩序であれ，目指される秩序であれ，世の中には秩序があるべきであり，それは絶対に守られるべきであるという信念＝思い込みを相対化する視点である。

イェール大学のジェームズ・C. スコットは，その著『実践 日々のアナキズム－世界に抗う土着の秩序の作り方』[2] のなかで，自らは包括的なアナキストの世界観と哲学をもっていないとしつつ，いかなる場合にも普遍的な法則に則った見方に対して懸念を抱いていると書く。アナキストの眼鏡をかけて大衆運動の歴史・革命・日常の政治，そして国家を眺めてみると，他の視点からでは曖昧にぼやけてしまう洞察がはっきりと立ち現れてくるというのである。アナキストなどというと何やら危ない感じがするが，スコットは国家が常に自由の敵だと考えるわけではない。彼は，1957 年，アーカンソー州で連邦軍に編入

---

1)　政策ニヒリズムとは，19 世紀半ば，ウイーンの医学界で言われた「治療ニヒリズム」に触発されて筆者が考え付いた言葉である。当時のウイーンでは自然治癒力を信じ，積極的な治療を避ける傾向があったらしい。治療と政策とは同列には論じられないが，政策には，治療以上に，積極的であることが正しいとは言えない部分があると思う。(養老孟司『身体巡礼』，J・ウィンストン『ウイーン精神』参照)

2)　清水 展ほか訳。2017 岩波書店。原題は『Two Cheers for Anarchism』。この原題は，E・M・フォースターの『Two Cheers for Democracy』(民主主義に万歳二唱) に因んでいると推測されるが，不思議なことに著者も訳者 (解説) も，この名著のことには触れていない。

された州兵が黒人の子どもを白人の群衆から守って学校へと先導した例を挙げる。しかし、硬直的な国家制度は、暴動・財産への攻撃・野放図なデモ・窃盗などの大規模で組織化されていない反乱によって脅かされる場合にのみ、構造的に変化することも否定しない。大恐慌時代の失業者と労働者による抗議行動、公民権運動[3]、ベトナム反戦運動、福祉権運動などが成功したのは、それらの運動が破壊的かつ対決的で、組織化も階層化もされていないときだったと言う（彼によれば、組織は最終的には抗議運動を飼いならして制度的回路のなかに封じ込めようとする）。従属階級にとっての政治は、政治的活動として通常考えられる範囲の外部で「底流政治」として実践されるとスコットは説く。彼の云う底流政治とは、だらだら仕事・密漁・こそ泥・空とぼけ・サボリ・逃避・常習欠勤・不法占拠・逃散といった行為を指す。南北戦争における南軍の敗北は兵士の徴兵忌避か脱走・怠け仕事が決定的な要因だったし、ナポレオンの侵略戦争もそれに匹敵する不服従によって頓挫したと言う。また、やる気のない数百万の人々の非生産的なだらだら仕事の発生が、ソ連経済の長期的な存続を損なったことも確かであろう。

3　底流政治によって改革される制度

スコットが云うアナキストの眼鏡は、現存の国家や社会、制度という秩序の内部にとどまらず、その外部も視野に収めることができる。したがって、それは歴史的出来事が個別的、流動的、偶発的であったことを明らかにし、「歴史」が後世、体系的に整理された秩序に過ぎないことも示すだろう。すなわち、それは「底流政治」を捉えることができるのだ。もちろん、筆者は暴動や窃盗を推奨しようというのではない。法律や制度を運用する政策担当者は、それらの法律や制度の秩序から漏れ出しているもの、それらが包含できていないものを視野のうちに収めなければならないと言いたいのである。それらをしっかりと掬い取ることができれば、その秩序は長続きするだろうからだ。逆に、「底流政治」を抑圧してしまえば、短期的な秩序は保てるにしても、いずれ制度の存続

3）　マルティン・L・キング, Jr. 牧師「暴動は声に耳を傾けてもらえぬ者たちの言葉なのである」

は危ういものとなるだろう。さらに言えば，当初から，「底流政治」が漏れ出ないように完全に密封された制度を設計することも問題かもしれない。密封された「底流政治」は制度内で鬱屈し，巨大なマグマとなって制度そのものを吹き飛ばしてしまうおそれがあるからだ。

　筆者は介護保険の創設実施に携わったが，その保険運営がうまくいくか否かの要諦は保険料の年金天引きであった。それは保険制度における最大の「底流政治」である“サボり”＝保険料の滞納をほぼ完全に封じ込めたのである。しかし近年の介護保険改正の理不尽さが目に余るものとなるにつけ，保険料を一方的に徴収されることへの不満は内向し，制度自体への不信が増幅しているようである。これが「底流政治」の完全封じ込めの結果であるとしたら，いずれ介護保険は大崩落を起こすかもしれない。

（初稿 2018.05.14，加筆修正 2018.06）

Ⅶ　騒々しくて落ち着きのないデモクラシー

　最近の政治家の言動や政治報道を見ていると，この国の政治は以前にもまして騒々しくて落ち着きのないものとなったような気がする。小選挙区制により政権交代のある政治に近づき，実際，それが2009年と2012年の2回にわたって実現したからか，さらにツイッターなどによる政治言説の大量流通が進んだからか，政治言説のみならず政党や政治家までが消耗品のように現れては消えていくようだ。果たしてこのような状況において"民意"はどのように形成され，どのように政治に反映されるのか。従来のような選挙を通じた民意の表明だけではなく，ネットを通じた議論により形成された民意でそれを補おうという意見（東 浩紀『一般意志2.0』講談社など）もあるが，そんなことは可能なのだろうか。

　だが，今日のように大衆迎合的な，あるいは民衆扇動的な政治言説が世に溢れ，それが様々な媒体によって増幅されて人々の政治的態度に大きな影響を与える一方，そのような政治言説も使い捨てにされ，それに応じて人々の政治的態度も移ろい，さまよう時代にあっては，一時的な民意の所在を絶対視することは危ないのではないか。国民が主権者たり得るのは選挙のときのみで，他の時期では被統治者に過ぎないということは，昔から言われてきたことであるが，近年はその選挙でさえ，資金力で効果的なキャンペーンを展開できる陣営が一層，有利になる傾向にあるようだ。

　かつて，ある民主的政体に極めてユニークな法慣習があったという[1]。「違法容疑による告訴」という制度で，「動議を提出した人は誰でも，その動議に基づき民会において可決された法律が，裁判所から不正であるとか，国家に有害であると判断された場合，その法律のゆえに，民衆の裁判所で裁判され，処罰」

1）　古代アテナイの民主政における"グラフェー・パラノモン"という法慣習である。これは違法容疑による告訴（indictment of illegality）というものであった。D・ヒューム「若干の注目に値する法慣習について」（『道徳・政治・文学論集』田中敏弘訳　名古屋大学出版会に所収）による。以下，引用は同論文から。P・ロザンヴァロンは，このグラフェー・パラノモンは"民を民自身から守るもの"であると捉え，選挙・代議制と対立するもうひとつの民主主義形態であると論じている（『カウンター・デモクラシー』嶋崎正樹 訳　岩波書店）。

されるというものである。今日のわれわれから見れば，人々が自ら可決した法律であるにもかかわらず，その法律の制定を動議として提出した人を処罰するというのは自己矛盾であり，無責任な態度のように思われるが，その民主政体の人々は何故，そんな制度を作ったのだろうか。当時，その民主政体は，相当に騒々しいものであったらしい。「すべての民衆が財産上の制限も身分上の差別もなく，政務官や元老院による抑制もなく，したがって，秩序，正義，ないし思慮分別もまったく省みず，法律が提出されるたびごとに投票を行った。」人々は「間もなく，この制度の弊害に気づくようになった」が，「何らかの規則や制限によって自らを抑制することを嫌ったので，彼らは，将来の懲罰と審問という恐怖によって，少なくとも民衆扇動家や政務相談役を抑制しようと決心した」という。「彼ら民衆は，自分自身がいわばまるで永久的な未成年状態にあるものとみなし，したがって分別のつくようになった後には，すでに決定されたことを撤回したり制限したりするばかりでなく，後見人の説得により彼らが取り入れた方策のために，その後見人を処罰する権威も持つと考えた」というのが，このユニークな法慣習が導入された理由である。当時の弁論家が，この法慣習が立法化された「法律が廃止されるか，無視されるならば，その民主政は存続不可能となることは周知の真理だ」と力説したほど，彼らの統治形態にとって必要不可欠とみなされたらしい。

　確かに，現代のわれわれから見れば，この法慣習は，人々が自ら決定したにもかかわらず，それを推奨した人々を，後日，告発するという身勝手を許したもののように思われる。しかし，この法慣習を作った人々は，なかなか深い自己省察力を持っていたとも言えるのではないか。すなわち，人間は一時の浅慮に囚われやすく，将来を見通す想像力は僅かしか持っていないという自己認識である。近代の啓蒙主義は人間の理性に全幅の信頼を寄せたが，この法慣習を作った人々にとっては，人間が，神の持っている理性の，現世における在所などではなく，未成年のように大いに間違いをする存在であることは当然のことだったのである。そんな人間が間違いを少しでもなくそうとするならば，決定に際しては時間をかけて熟考し，また，いったん決定したことについても常に再考を怠らず，必要であれば決定のやり直しも躊躇しないようにするほかない。

　「違法容疑による告訴」の制度があれば，大衆迎合的，あるいは民衆扇動的

な政治家，さらには無責任な提言を繰り返す一部の評論家や学者に適用したいという夢想[2]に囚われるが，それはさて置いても，その法慣習が存在した民主政体と同じように騒々しく，落ち着きのない日本のデモクラシーの現状を見ていると，その仕組みの中に熟考と再考を促すような工夫があっていいように思われる。おそらく参議院の役割はその辺りにあるはずだし，衆議院が２／３以上の多数により再議決をするにしても，その間に，一定の時間的間隔を置くことも必要であろう。憲法改正の発議要件が２／３の多数とされていることの意味も，ひとつには発議者が２／３以上を占めるまでにかけられる国民の熟考にあるのかもしれない。IT 化などにより情報処理や伝達，検索のスピード化がどんなに進んでも，人間の思考の熟成には，やはり今までと同様，長い時間がかかるのである。

（初稿 2013.08.01，加筆修正 2018.06）

---

2)　経済財政諮問会議で経済学は社会のすべてを視野に収めることができるとばかりに議論をリードしている経済学者や官民のエコノミスト等の委員が，まず，この現代の〝グラフェー・パラノモン〟の対象になるべきであろう。例えば，社会保障，とりわけ社会保険は，その意味を正確に理解するには相当な熟考を必要とする。筆者自身，介護保険制度の意味をしっかり理解することができたのは制度開始から５〜６年経過した後だった。そのこと自体は単に自分の不明というほかないが，一部の政党・政治家や経済学者と称する人たちが年金保険や医療保険について積立方式年金への移行とか，混合診療の全面解禁などと主張しているのを見ると，そういう思いを禁じ得ない。

VIII　近代日本の Advantage

　明治以降の近代日本は富国強兵とともに，外形的ではあっても立憲主義を採用し，先の大戦（日中戦争／アジア太平洋戦争）の前まで，制限や限界はあったが，臣民の自由や権利の保護条項を持ち，議会制度を設ける憲法を有していた。明治憲法は 1898 年に制定されたが，欧米以外では初めての憲法制定であった。「強兵」は敗戦によって終止符を打ち（まだノスタルジーを持つ人もいるようだが），「富国」もバブル経済の崩壊後の長引く経済停滞のうちに輝きを失いつつある。前世紀の末頃から，労働形態の "多様化" が進められたこともあり，高度経済成長期に形成されたとされる分厚い中間層は浸食され，格差社会の進行が止まらない。それでもまだ，社会の混乱や分裂に至っていないのは，高度成長〜バブル経済時に蓄積された社会の含み資産が残っているからだろうか。

　「強兵」と「富国」という近代日本の 2 つの Advantage が敗戦や戦後成長の終焉によって失われ，あるいは失われつつある現代日本において，残るもう 1 つの Advantage である立憲制度下における近代的諸価値の実現はどうか。幾多の治安立法によってボロボロになりながらも，戦前のある時期までは（近隣の大国のように，ある日突然に人々が拘束されたり，殺されたりすることはないというくらいではあっても）臣民の自由や権利保護条項がある程度は機能していたし，衆議院の第 1 党から首班を出す慣行が 1921（大正 7）年の原敬内閣によって成立した後，1924（大正 13）年の加藤高明内閣から 1932（昭和 7）年の犬養内閣までは曲がりなりにも（政権交代を伴う）二大政党制も存続したのであった。ポツダム宣言に「日本国政府は，日本国国民の間に於ける民主主義的傾向の復活強化に対する一切の障礙を除去すべし」とあるのは，このような歴史を踏まえてのことなのである。戦後，ポツダム宣言の趣旨に沿って制定された日本国憲法によって，この "民主主義的傾向の復活強化" が図られ，今日に至っていることは，近代日本の 3 つの Advantage のうちの 1 つが，後述のとおり不気味な動きはあるものの，まだしも健在である証左と言えるだろう。

　近代日本の Advantage と云うからには，日本が先んじていたのは "遅れた" アジアに対してであったという意味が含まれていることは言うまでもない。他

のアジア諸国に先駆けて近代化の道を歩み始めた明治日本には，清朝末の中国から多くの留学生が訪れ，学生街であった神田には中国人の数も多かったと言う（鹿島茂『神田神保町書肆街考』）。だが，日本は，先の戦争において中国（中華民国）に勝つことはできず，鄧小平による改革開放後の中国（中華人民共和国）の経済発展により GDP もその後塵を拝することになってしまった。今や世界は米中関係を中心に動いているかのごとくである。1989 年から始まったソ連の崩壊後，これからの世界はアメリカによる一極化か，それとも多極化かと論じられた（例えば加藤周一『夕陽妄語Ⅰ』）が，当時，今日のような中国の経済的発展と国際的影響力の増大を予想できた者はほとんどいなかったのではないか。あの知の巨人・加藤周一さえ，まさか鄧小平が，毛沢東の中国の外枠はそのままで，中身をそっくり蒋介石の中国（一党独裁下の競争経済）に入れ替えてしまうとは想像できなかったのだ。現代の日本人の多くも，中国の急速な発展を素直に受け止められないでいるようである。最近の中国の覇権主義的振舞いに対する反感に加え，現在，わが国で見られる反中・嫌中の感情の底には，永年，後背に見てきた者に追い越された者の悔しさがあるのかもしれない。だからと云って，軍事力で中国と競争することはできないし，また，すべきでもない。また経済力でも，中国がこれから人口の急速な高齢化に見舞われるとしても，日本においても少子化になかなかストップがかからない現状を見ると，巨大な人口と欲望が解放された人々の溢れるようなパワーに対抗することは容易ではないだろう。

　そう考えると日本に一日の長（Advantage）があると思われるのは，立憲制度下において近代的諸価値（国民の自由と権利の保障・法の支配・議会制民主主義）を実現していることを措いてない。憲法はあっても形骸化しているとしか思えない中国に住み続けることを息苦しく感じる人びとは少なくないだろう。ノーベル平和賞を受賞したものの拘束が続く劉暁波ほか多くの民主化運動の指導者・支持者がいることはその証である。人間はどこでも自由を求めてやまない存在なのだ。

　ところが，現政権のなすことは，憲法が認める近代的諸価値を歪め，後退させるかのようなことばかりではないか。もちろん，憲法が現存し，それが順守されてきた歴史の積み重ねがある以上，わが国では理由もなく拘束・拉致され

たり，表現の自由が露骨に侵されたりすることはまだないが，憲法的価値を蔑ろにするかのような最近の動きは，自由を求める中国の人びとから見れば，日本の残された唯一の Advantage までもが色褪せつつあるように映るかもしれない。ネット空間の無責任な悪口雑言やヘイトスピーチなど，国民の中にも「自由から逃走」しようという傾向が見られることが，このような現政権の姿勢を支えているのだろう。私は，自由を求める中国の人びとに"日本は自由の国ですよ"と言いつつ，"ただし，最近は怪しい動きもありますがね"などと付言したくはないのだ。日本は，中国化するのではなく，近代の理想を追求することによって，さらに先に行くべきなのである。

　近代の理想などと言うと，古くは"近代の超克"とか，近くは"ポストモダン"といったスローガンが叫ばれたこともあった。だが，近代の生み出した価値には普遍的なものがあり，それを基礎として現代性を実現することこそが必要なのではないか。仮に，近代の価値が西欧に由来するものであっても，それが人々の共感を獲得し，普遍性を有するに至ったことは否定しがたい。個人が自分の意見を持つ自由，その意見を自由に伝えられることによって，個人は自分を見出し，社会に拓かれていく。その自由が国家権力からのみならず，社会的専制からも保護されることにより，個人の可能性は拡がっていくのだ。

　少子化が進む日本において，自由な発想のできない画一的な人間ばかり作っても仕様がない。個数（人数）が減るのであれば，一個一個（ひとりひとり）の粒を大きく，その形も多様にするほかないのである。そして，個性あふれる個人が生まれる条件となるのが，近代的な諸価値（個人の尊重・思想や表現の自由など）であることを忘れてはなるまい。すなわち真に国の存続発展を願うのであれば，憲法が掲げる近代の理想を実現しようと努めることこそが大切なのである。

（初稿 2016.03.23，加筆修正 2018.05）

IX 松本烝治氏の弁明，もしくは予言？

　松本烝治氏は，1910年から東京帝国大学で商法を講じた後，1934年には斎藤実内閣の商工大臣も務めた戦前における商法学の大家であるが，その名は，むしろ戦後1945年10月，幣原内閣で設置された憲法問題調査委員会の委員長（国務大臣）として知られているだろう。この松本国務相がまとめた憲法改正草案（いわゆる松本草案）は1946年2月8日に総司令部（GHQ）に提出されたが，その内容が保守的に過ぎたため，GHQの受け入れるところとならず，2月13日の総司令部案（いわゆるマッカーサー草案）の提示に至り，政府は3月6日，同案にほぼそのまま沿ったものを内閣憲法改正草案要綱として発表することを余儀なくされたことも周知のところである。松本草案は，天皇が統治権を総攬するという明治憲法の原則には変更を加えないなど，明治憲法の微修正に過ぎない内容であったが，松本国務相はポツダム宣言の受諾後であるにもかかわらず，なぜこのような草案を作成したのだろうか。

　それを示すものとして，1946年2月18日に松本国務相からGHQのホイットニー民政局長に出された手紙がある（高柳賢三・大友一郎・田中英夫 編著『日本国憲法制定の過程—連合国総司令部側の記録による—Ⅰ 原文と翻訳』有斐閣，P353〜）。そこでは，「元来，一国の法制はその独自の発達に待つところ多し。他国よりある制度を輸入し，又はある法律を採用するときは必ずしも成功を収むるものと限らるることなし」と述べた後，「一国の憲法が如何に完全に民主主義的に制定せらるるもその結果において目的を達せざるのみならず，却って反対に極めて非民主主義的に濫用せらるる最大の事例は1919年の独逸（ドイツ）憲法なり」として，「この憲法においてはドイツが共和国にしてその国権が国民より発することを明記し，（中略），また国民の権利義務に関する規定は周到を極め，すべての国民の平等，基本的人権の不可侵等に関する極めて民主主義的なる多数規定を有せ」るが，この「憲法施行後においていかなる事態がドイツに生じたるやは改めて言うまでもなからん。ヒトラーの率いたるナチ党はこの憲法を直接には改正せざるも違憲なる法律命令を濫発してその精神を蹂躙し，国内においては近世史上殆ど比類なき暴政を行い，かつ，濫りに外国を

侵略して世界に恐るべき禍害を与え，国民を塗炭の苦しみに陥れたり」と書く。その上で，「先般，起草提出せる我が憲法改正案は，外観上は分量少なく，かつ，微温的に見ゆることあるべし。蓋し，右の改正案は形式的にはなるべく少なく現行憲法に触るることにより国民の大多数を占むる保守派または中央派の人々の無用の反感を避けんことを期したるものなり。然れども，右の案は実質的には英国式の議会的民主主義の方向に向かって相当大幅に歩を進めたるものなること嘗て提出せる簡単なる説明書に記述せるとおりなり」と，その意義を強調としている。英国式の議会制民主主義への歩を進めたという意味は，「国民間に民主主義の知識が普及し，民主主義的政治の意欲が発達するに至らば，改正案の与えたる権力を活用することにより，<u>政治上より観て主権が国民にありとも云い得べき実情に到達することを得べし</u>（下線は筆者）。この時期に至らば（中略）議会側の憲法改正発議権を用ふることにより，さらに憲法条項の変更を求むることもまた可能となるべし」ということのようだが，君主主権から国民主権への転換がいとも簡単に進むかのように書かれているところなど，「ワイマール憲法の轍を踏まないよう，漸進的改正を可とすべく，改正案を採用した」と云われても，この説明は，松本国務相の自己弁護，権力者の"お為ごかし"との印象はぬぐえない。

　しかし，彼が，目下は「急進派がその潮流に乗りつつあるも，その底には逆行せる暗潮あることを知らざるべからず」とし，「急進の結果，国民間に強き相克摩擦を生じ，その結果，他日，再反動を起こし，民主主義の健全かつ確実なる発達を害することあらんことを恐るるものなり」と書いているところなどは，最近の政治の動きを見ていると，この"予言"が的中しつつあるのではないかと思えてくる。

　鳩山一郎・岸 信介の日本民主党が自主憲法制定を掲げ，保守合同後の自民党の党是とされたことは，日本国憲法の地位を不安定にするものであったが，その後の自民党政権が改憲を実質的に棚上げにしたことで，憲法は次第にその地位を安定的なものとして行った。だが，この３年間ほどの動きは，まさに松本烝治氏のいう暗潮が逆行しているかのようではないか。安保法制や秘密保護法もそうだが，近年の放送法の解釈を巡る閣僚の発言もその現れの１つであろう。放送法で定める政治的公平性や中立性の原則が倫理規範であることは，普通の

法感覚の持ち主であれば言うまでもないことであり，これに法規範性を認め，強制的対応の可能性もあるという解釈は，事の性格上，その運用が恣意的になるおそれを排除できない以上，公平を旨とするまともな行政官であれば採りえない解釈である。例えば，あるテレビ局において，与党寄りの内容の番組編成をするとしたら，どうだろうか。それは，政権与党にとっては政治的公平性を損なうものではなく，他方，政権与党に批判的な者には政治的中立性を侵すものと映るに違いない。だが，このような問題に，強制的対応の根拠となる客観的な判断基準などあろうはずはない。必然的に，その放送法の条項は倫理的規範でしかありえないのだ。倫理的規範に反する内容の番組を放送する局は視聴者から見放されるだけである。

　にもかかわらず，それを法規範であると強弁し，放送停止の可能性も否定しない旨の発言をした前述の閣僚は，表現の自由はもちろん，憲法も民主主義もよく分かっていないのだろう。ちなみに，「集会，結社及び言論，出版その他一切の表現の自由は，これを保障する」という憲法21条の条文のGHQ原案について日本政府は"公共の福祉に反しない限り"という一文の追加を求めたが，表現の自由の重要性を強調するGHQに拒否された経緯があったと記憶する。悔しいながらGHQの判断は正しかったと思うが，問題の閣僚にはこんなことを云っても話は通じないにちがいない。

（初稿 2016.03.10，加筆修正 2018.05）

X 阿部眞之助氏の述懐

　阿部眞之助と言うと，一瞬，ジャイアンツの阿部慎之助を思い浮かべるひと
も多いかもしれないが，眞の字が違う。1884 年生まれのジャーナリストで戦
前，東京日日新聞（現・毎日新聞）の主筆まで務めたが，三国同盟批判から軍
部・権力集中批判を強め，戦争中は執筆機会を失う。戦後は政治評論家に転じ，
自由かつ気骨のある評論活動を展開。1960 年 NHK 会長に就任，1964 年会長
在任のまま逝去したという人である。

　彼の人物論には定評があり，さまざまな作品を書いているが，政治部記者経
験の集大成とも言えるのが『近代政治家評伝』1953 年（2015 年文春学藝ライブ
ラリーとして再刊）である。同書で取上げられた政治家は，山縣有朋・星 亨・
原 敬・伊藤博文・大隈重信・西園寺公望・加藤高明・犬養 孝・大久保利通・板
垣退助・桂 太郎・東条英機の 12 名である。これらの人物のうち，著者が政治
記者として何らかの接触があったのは，山縣有朋・原 敬・加藤高明・犬養 毅・
桂 太郎の 6 名に過ぎないが，それでも当時の人物評伝などを渉猟し，各時代に
生きた彼らの人間像を描き出しているのはさすがである。

　それぞれに阿部の人物観が如実に表れていて面白いのだが，本稿で紹介した
いのは板垣退助を論じて零れ出た彼の述懐である。板垣論自体はさほど興味を
そそるものではない。というのも阿部が新聞界に入った明治末年には，板垣は
政界を隠退し，平凡な社会改良家になっており，競馬の名誉会長か何かに祭り
上げられ，自由民権より自由馬ケンの拡張に力瘤を入れていたとして，阿部は
板垣と直接会う機会を持とうとはしなかったからである。阿部は，板垣は無駄
に長生きをした，華々しい前半生の活動を，意味のない後半生の生存により，
塗りつぶしてしまった形になったと書く。確かに，板垣と言えば，明治 15 年，
関西巡遊の途に立ち寄った岐阜で兇漢に襲われ，重傷を負いながらも「板垣死
すとも自由は死なず」と叫んだという伝説（阿部は，板垣はこのような芝居が
かった科白を云うような柄ではないとして，これを半ば信じない。ちなみに，
このとき傍にいたのは吉田 茂の実父である土佐の竹内 綱，翌日，病床を見舞っ
たのは愛知病院院長だった若き日の後藤新平であったそうな）により自由民権

運動の英雄となった人物だが，阿部に云わせれば，板垣の自由民権は“新内”のようなものだと手厳しい。“新内”が江戸時代の景物を背景にしないと生きないように，彼の自由民権も明治初年を舞台に取らないと生きてこないと云うのである。

当時の民権論は，フランスの引き写しにとどまり，論者の生活意識と政治意識には封建時代そのままが残っていた，だから，わが国では自由思想がついに発展せず，究極において忠君愛国の国家主義に帰一してしまったと，阿部は書く。そのうえで，「私が維新史を読み，いつでも感じるのは，（山内）容堂や（吉田）東洋が画策したように，公武合体が成功して，政治の実権が，天皇のような宗教的神格者ではなく，人間の支配者である徳川氏に残っていたら，日本のデモクラシーはどうなるだろう」と述懐し，「開国すれば，日本は当然，世界の歩みに順応することが要請される。何人の支配下でも封建制度を維持することは不可能だった。そうだとすれば，徳川氏の対抗勢力に，宗教的権威を担ぎ出し，実際政治に導入したことは，デモクラシーの不幸だったと云わなければならない」と付け加えるのである。

では仮に，公武合体派が勝利していたら，その後の日本はどんな道筋を辿っていただろうか。徳川政権下で既に天皇は名目上の統治者に過ぎない存在となっていたのだから，18〜19世紀後半の日本は，清教徒革命も名誉革命も終わった後の17世紀後半のイギリスに相当する時期にあったと言えるだろう。想像力を逞しくして，その時期以降のイギリスの歩みと重ね合わせてみるのも面白いかもしれない。まずは，五摂家などの名門公家と親藩・外様を問わず有力な大名からなる上院の如きものが創設され，そこから選出された首班が行政府（内閣）を構成することになっただろう。しかし，徳川の専制を否定する下級武士たちや富を持つ有力商人たちは，自分たちも政治参加をしようと下院の設立を求めて政治運動を起こしたに違いない。旧藩は財政的に行き詰っており，公家の多くも富裕とは言えない状況だったから，上院は明らかに実力低下していただろうし，あの明治憲法下でも民選議院設立が実現したのだから，その運動が奏功したであろうことは確実であろう。イギリスと同様，普通選挙の実現までには長い道程がかかったであろうが，それもいずれは実現したはずである。そうなると，選挙によって国民の負託を受けた下院から行政首班を選ぶ

べきという議論が出て来ることも十分に考えられる。実際，日本でも 1918 年には衆議院議員であった原 敬が初めての本格的政党内閣を組織している。

　もちろん，このように日本が単線的に英国のような議会制国家への途を辿ったと考えるのは早計である。ウォルター・バジョットが『イギリス憲政論』で縷々説明しているとおり，一国の政治はその国の歴史で，偶然や巡り合わせが大きな影響を果たすものであり，政治がうまく機能しているのは，最初からそういう風に設計されたというより，別の状況や目的のために存在していたものを今の必要に応じて改変し，組み立て直すのに成功した結果である場合が多いからである。公武合体が実現していたとしても，当然のようにイギリスと同じような国制になったとは言えまい。

　しかし，統治機構がどのように変わったにせよ，その後の日本の歩みは現実のそれと大きな違いはなかったのではないか。旧幕関係者はもちろん，狂信的な尊攘論者もあっさりと開国路線に転向したくらいだから，薩長の明治と同じく，公武合体の明治でも文明開化・富国強兵路線が採られたことはほぼ確かであろう。その結果，東アジアの新興・植民地帝国への道を歩んだこともおそらく変わりはあるまい。しかし，天皇はあくまで「君臨すれども統治せず」という位置づけである以上，統治の大権，特に統帥権が天皇に帰属することはなく，それを盾に取った軍部の専横は実際の歴史ほどは酷くはなかったのではないか。少なくとも勝ち目のない対米全面戦争に突入するといった愚かな道は選ばずに済み，沖縄・広島・長崎の悲劇も避けることができたかもしれない。とすると，戦後，植民地主義の清算はもっと円滑に進められ，東アジアの地域環境も別様になっていた可能性もある。

　だが，もっと大事なことは，既存の仕組みを換骨奪胎して作り替えようが，あらたな仕組みを工夫して作り上げようが，日本人が自分たちで自らを統治しようとする姿勢を持つに至ったか否かであろう。国家が国民に指図する（＝国権）のではなく，国民自身が必要に応じて国の仕組みをデザインする（＝民権）ようになったかどうかという問題であるが，その点は今日に至るまで疑問なしとしない。社会保障に引付けて言えば，次の診療報酬・薬価基準改定はどうなるかという問題意識しか持ち得ず，それらをどうするか，どうすれば良いかという発想を持つことのない，端的に云えば，政策はお上から与えられるもの・

お上が考えるものという思い込みが抜けない日本人のメンタリティである。公武合体派が勝利していたとしても，日本人のメンタリティが後者の方に僅かに傾いたという程度かもしれない。

　ところで，阿部がこの『近代政治家評伝』の掉尾に東条英機を持ってきたのは，もちろん彼を高く評価するからではなく，日本の国を滅ぼした東條とはどんな人物だったのか知りたいと考えたからに過ぎないらしい。東條が大威張りしていた時代には，阿部は田舎に逼塞していたから，もちろん東條には会っていない。阿部は，戦後，東條の家庭生活を知りたいと思って東條邸に未亡人を訪ねている。未亡人によると，東條は大変な子煩悩だったらしい。「子供等が学校で悪い成績を取っても，通信簿を見ながら，何かまわん，大いにナマケルさなどと云い，急に声を潜め，しかしこれはママには内所だよなどと申すのです。…かように申しますと子供たちにお母様はパパに甘いといって，笑われます」。パパ・ママという呼称はアメリカの影響で戦後になって広まったものと思っていたが，高級軍人の家庭では戦前から用いられていたのだ。

　東條の話はどうでもいいが，阿部の『近代政治家評伝』に 託 けて，公武合体による明治という歴史のもう一つの可能性について考えたのは，政府が明治150年を顕彰する行事を行うと聞くからだ。薩長史観でもなく，司馬史観でもなく，近代日本のスタートの仕方が歴史の現実とまったく異なっていたらと考えることは，歴史を自由に，複眼的に考え直すきっかけを与えてくれるはずである。かつて，1989年，革命200年を祝ってフランスを中心に記念行事が行われたとき，フランス革命に否定的な見解もかなり出されたことを思い起こすと，明治150年行事は近代日本をトータルに捉え直すきっかけとなるかもしれない。

（初稿 2018.02.13，加筆修正 2018.06）

XI　国民皆保険パトリオティズム

　やや旧聞に属するが，骨太の方針 2018（18 年 6 月 15 日）において，骨太の方針 2015 にあった「社会保障給付の増加を抑制することは個人や企業の保険料等の負担の増加を抑制することにほかならず，国民負担の増加の抑制は消費や投資の活性化を通じて経済成長にも寄与する」という悪名高い表現が再び原案の段階で提示された後，与党等との調整の結果削除されて「社会構造の変化に的確に対応し，持続可能な社会保障制度の確立を目指すことで，国民が将来にわたる生活に安心感と見通しをもって人生設計を行い，多様な形で社会参加できる，質の高い社会を実現する。こうした取組により，社会保障制度が経済成長を支える基盤となり，消費や投資の活性化にもつながる」という表現に変わったという。経済成長と消費や投資の活性化の関係が逆になるなど，理解に苦しむ部分もあるが，全体としては社会保障制度に対する真っ当な認識に立ち戻ったと評価していい。

1　本当に悔い改めたのか？

　だが，これをもって官邸や経済財政諮問会議における経済と社会保障の関係についての認識が本当に変わったと考えていいのだろうか。社会保障が経済成長を阻害するという見方と社会保障も経済成長を支えるという見方は，現代の経済社会に対する基本認識に関わる 2 つの相反する見方であり，原案の表現から最終報告書のそれに変わったということは，政府や経済財政諮問会議の経済社会観に一大転換が起こったことを意味するはずだからである。だが，本当に，そのような基本認識の転換が行われたかと考えていいのか。その後に続く，経済成長や生産性を巡る記述を見る限り，彼らの基本認識が転換したとは俄かには信じ難い。この表現修正をもって政権や省庁も一枚岩ではないと見るのはやや表面的な気がする。執筆したであろう官邸枢要部の官僚らは，9 月の総裁選や来年の参院選などを意識して，厚労族議員や日本医師会等にリップサービスをしただけではないのか。現在の官邸の構成が変わらない限り，彼らの基本認

識は"社会保障は経済成長を阻害する"であり続けるだろう。大体，彼らは社会保障制度の歴史や理念，構造についてほとんど無知であり，かつ，何ら深く考えたこともないに違いないからである。この世の中はすべて効率性・生産性であるという認識は俗流経済学によって広く国民に植え付けられてきたが，彼らはその典型例であろう。それにしても，LGBT の人は"生産性がない"などという議員の発言に対し，経済学者は，生産性という経済学用語の使用法が間違っていると，なぜ，明確な批判をしないのだろうか。

2　世界に冠たる我が国の国民皆保険

　骨太の方針 2018 でもう一点，触れておくべきは，第 2 章 7 （4）の「暮らしの安全・安心」の 1 つとして，わずか 3 行であるが国民皆保険が取り上げられ，「世界に冠たる我が国の国民皆保険は，国民の健康を増進し，国民の安心と経済成長の礎となってきた」として，その維持・継承が主張されていることである。

　世界に冠たる国民皆保険という表現は，従来から厚生労働省等でもよく使われてきたものだが，このような表現の慣用化は，その内実を深く考える機会を奪ってしまいがちになるように思う。

　世界に冠たる国民皆保険と称する以上，日本の国民皆保険はどこが"世界に冠たる"と言えるほど優れているのか，それを可能にしている制度は基本的にどのような思想に立脚しているのか，国民皆保険は具体的にどのような制度構成になっていて，それは何を含意しているのか，その制度構成は他国の制度と比べて，どこが優れていて，どこに改善すべき点があるのか…といった問題にしっかり答えられなければ，それは強がりのスローガンにすぎないことになってしまい，維持・継承すべき方法やこれからの道筋について具体的なアイデアを持つこともできないだろう。

　その結果，医療費の適正化とか，効率化・重点化といった政策目標の下で，国民皆保険制度の改変が進み，その制度を支える基本構造までが危うくなるおそれもある。国民皆保険の維持・継承といいながら，行われる改変はその根を掘り崩してしまうという皮肉な結果を招くことになるかもしれないのだ。

3　資産の保有状況に応じた給付

　その１つの例として，第３章の４「主要分野ごとの計画の基本方針と重要課題」の（１）社会保障の項で（負担能力に応じた公平な負担，給付の適正化，自助と共助の役割分担の再構築）として取り上げられている「高齢者医療制度や介護制度において，所得のみならず資産の状況を適切に評価しつつ，"能力"に応じた負担を求めることを検討する」という記述（P59）について考えてみよう。

　まず，医療保険が，人々が日々の収入（所得）から能力に応じて保険料を負担し，その見返りとして自分も拠出した保険料がプールされた保険財源から給付を受けるという保険契約に基づいているという理解である。この契約の要素には資産の保有状況は登場しない。これは，医療保険が，明日起こるかもしれない傷病による出費に備えて，日々の収入（所得）の中から費用を出し合おうという一般人の保険に対する感覚・行動に由来するものだからである。仮に，受給の要件として資産の保有状況にも着目するとすれば，それほどの資産があるのならもっと多くの保険料を出すべきだとか，多額の資産保有者については自らの資産を使い切った後に医療保険への加入を認めればいいということになりかねない。そもそも，稼得する収入（所得）からの保険料拠出という形で自助努力を制度化する医療保険制度と，自助努力で稼得した収入から保険料を支払った後の所得の積み重ねである資産とでは位相が異なるのではないか。資産の保有状況に着目して給付上の負担を求めることは，勤労所得への課税の後，さらに金融資産そのものにも課税するようなものなのだ。さらに付言すれば，仮に医療保険の保険料と給付の両面で本格的に資産に着目するとすれば，それをどう正確に把握し，どうフロー化してカウントするかという極めて難しい制度設計上の問題も出てくるし，それ以前に，国民全員に加入を求める根拠が危うくなるという致命的な問題もある。

　また，給付面で，不動産は棚上げして金融資産のみに着目して制限を行うとしても，それによって金融資産をどこまで費消することを求めるのか。介護保険の補足給付では金融資産1000万円以上という線を引いてあるが，国は，介護

に尽くしてくれた配偶者や子どもに報いたり，夫婦2人分の葬式代や墓地代に使えたりできるようにと高齢者が用意していた費用まで召し上げようとするのか。生活保護でもあるまいし，高齢者の預貯金の費消の仕方まで個別に管理することなどできるはずはない。やはり，本筋として求められるのは，フローの保険制度にストックによる評価を持ち込まないこと，ストック（金融資産）についての課税（現在は利息に対する20％の源泉分離課税）を強化すること，保険料と公費の違いを弁えたうえで，必要であれば，公費財源により社会保険における低所得者対策について考えることであろう。

　思うに，このような政策提案の根底には，保険料は税と同様の国や自治体の固有の収入であり，そうである以上，それは不必要な者にまで使われるべきではないという，保険料を税と同視する発想があるように思う。一般に経済学者は税と公的保険料の違いに無頓着であるが，そんな認識では“世界に冠たる我が国の国民皆保険”などと胸を張る資格はないのではないか。

4　国民皆保険への国民の愛着

　世界に冠たる国民皆保険という表現は，かつての「万邦無比の我が国体」とか「ニッポン，スゴイデスネー」といった最近のTV番組のタイトルのようで，あまりぞっとしない。だが，世界に冠たる国民皆保険という言葉がこのように用いられているということは，国民皆保険制度が，一般の日本国民（日本に定住している者）が国家に愛着を感じることができる要因の一つとなる可能性がある。2012年のロンドン・オリンピックの開会式で「NHS（National Health Service)」の文字が映し出されたように，あるいは独立志向のケベック州を含めカナダの全国民がナショナル・アイデンティティーを感じることができる対象に同国のNHSが挙げられるように，全国民を対象として確立された社会保障制度が国家への愛着を形成することもあるのだ。

　このような福祉国家に対する愛着心は，歴史的に続いた統治の伝統や風土・民族・言語といった自然に形成された伝統の表徴としての国家に対する従来のナショナリズムやパトリオティズム（愛国主義）とは異なっている。従来のナショナリズムやパトリオティズムが歴史や自然に根拠を置き，時にそれらを共

有しない者を排除しがちになり，他の国のそれとの共存が困難になることが多いことを考えると，この社会保障制度を媒介する福祉国家への愛着心は古いタイプのナショナリズムやパトリオティズムを相対化したり，少なくとも補完したりするものとなる可能性があるのではないか。このような福祉国家が，自由で平等な個人を前提として，社会権思想に根拠を置く現代憲法に基礎づけられることから，これを「憲法パトリオティズム」の１つの現れとする見方もある（ヤン＝ヴェルナー・ミュラー『憲法パトリオティズム』法政大学出版局P41〜42）。

5 憲法パトリオティズムとは何か

同書で書かれているとおり，憲法パトリオティズムとは，政治学者ドルフ・シュテルンベルガーがドイツ連邦共和国（旧・西ドイツ）建国30周年の際に，その観念を明らかにし，1970年代には憲法パトリオティズムという言葉も使われるようになったという。さらに社会学者ユルゲン・ハーバーマスも彼の憲法パトリオティズム観念を提示し，議論の幅を広げている。いずれも従来の国民国家という枠組みを超えることを目指すものであったが，前者がワイマール共和国の中からナチスが生まれたことへの負い目から，法の支配に焦点を当てており，したがって戦後のドイツが掲げた"闘う民主主義"（民主主義体制を守るために社会主義ライヒ党や共産主義政党を禁止するなど）の概念と結びつくのに対し，後者は西ドイツ人にとって唯一許容できる政治的同一化の形態として，憲法が前提とする政治的諸原理を考えた点が異なるとのことである。憲法パトリオティズムは，その後，移民の増加による国民のアイデンティティーの分裂，ECの拡大に伴うEC加盟国民のアイデンティティー形成も視野に収めつつ議論が拡がっているようだが，これを日本に当てはめたらどうだろうか。

6 国民皆保険パトリオティズム

教育基本法２条は「伝統と文化を尊重し，それらをはぐくんできた我が国と郷土を愛する」としているが，そのほかに，日本国民が愛着を感じるものがあ

るだろうか。例えば，イギリスやカナダの国民がNHSに愛着を感じているのと同じように。国民皆保険制度については，アメリカなどに住んだ経験がある人々を中心に，日本の制度は素晴らしいとの評価が広がってきたようだ。国民皆保険は，福祉国家の中核をなすものとして，憲法レベルにおけるパトリオティズムの有力候補であろう。しかし，そんな経験のない人々の中には，北欧の社会保障は素晴らしいとか，日本の医療保険は問題だらけだという人もいる。その原因の一つは，医療保険は国がやっているもので，自分たちはその対象にすぎないという国民の意識であろう。自分たちも参加しつくっている制度であるという意識があればこそ，人はそれに愛着を感じるものである。国がすべてを仕切り，保険料も国や自治体の固有の収入であるという前提で制度いじりを続けているようでは国民の制度への愛着など強くなるはずがない。国民皆保険制度への愛着によって国民のパトリオティズムを確たるものにするためにも，社会保険の原理から逸脱することなく，国民皆保険を丁寧に取り扱うべきだと思う。

（初稿 2018.09.10，加筆修正 2018.10.08）

あとがき

　世の中の多くの分野で経済（成長）への偏重が進むなか，近年，社会保障への風当たりも強くなっている。時代の風潮は，グローバリズム下における新自由主義にあるが，その本質は，社会保障を強固な国家介入であると見て，「反・社会保障」の立ち位置にあると言ってよい。また，多額の政府債務を抱えるわが国では，その観点からも社会保障が立たされている局面は厳しい。そのような逆風にも耐えられる社会保障はどのような制度であるべきなのか。筆者が，租税を財源とする給付制度ではなく，保険料の対価として給付を行う社会保険制度にこだわるのは，その方が，市場経済の論理とも親和性があり，その普遍性ゆえに，多くの国民の理解が得やすく，政治的にも強固であると考えるからである。それが，自律的な個人を前提とする近代社会の論理にも沿っていることは言うまでもない。また，現代のデモクラシーの下では，安易な国民の給付拡大要求が強いことを考えれば，財政規律の働きやすい社会保険は，その防波堤にもなりうるだろう。

　このような前提に立てば，社会保険において保険＝契約の要素を重視し，保険財政の自律性を確保することは不可欠の要請である。筆者は，厚生（労働）省に在籍していたときから，社会"保険"原理主義者だと言われてきたが，それはあながち的外れというわけではない。退官後は，より自由な立場から，論理の赴くまま，さまざまに論じ，さまざまな提案をしてきたが，官界・学界も含めた業界関係者の多くからは，現実には無理だという一言で片づけられることが多かったように思う。その結果，筆者の議論は，激論家の極論，あるいは天保老人の繰り言と評されているかもしれない。筆者は論理的であり続けようとして，いつの間にかマージナルな位置に至ってしまったようだ。

ただ，筆者の発想は，少なくとも医療保険や年金保険の基本的枠組みに関する限り，極めて現実的，現行制度擁護的であることも強調しておきたい。皆保険皆年金の枠組みは守りつつ，むしろ，それを延長し徹底する方向へ，あるいは，社会保険として筋が通らない部分を是正する方向へと議論を展開してきたつもりだからである。埴谷雄高の随想のタイトルを捩っていえば「あらゆる制度は明晰である」ということが筆者の信条であり，それは否応なく制度の合理的体系的な理解を促すものであった。

こんな"非現実的"と評される議論が多いと思われる本書ではあるが，どれだけの方の手を取っていただけるかはともかく，これからの社会保障／社会保険の在り方を考えてみようという方にとっては何らかの参考となることもあるかもしれない。本書を手に取られた方が，少なくとも社会保障／社会保険について深く考えるための手掛かりとなるものと得たと感じていただければ幸甚である。

本書の出版に当たっては，『国際医薬品情報』編集長の岩垂 広さん・同編集部の後藤麻衣子さんに大変お世話になった。心から御礼申し上げる次第である。

2018 年 10 月

堤　修三

初出一覧

第1章　社会保険の政策原理〜連帯と強制の間〜

個人通信（2015.03.31）→長崎県立大学論集（2018.03）

第2章　医療保険

Ⅰ　国民皆保険の構成と機能

大阪大学大学院人間科学研究科紀要（2013.03）

→国際医薬品情報（2013.03.11／03.25／04.08）

Ⅱ　国民皆保険をめぐる理想主義者と現実主義者の対話　　個人通信（2014.04.07）

Ⅲ　高齢者医療制度の構想史

個人通信（2014.02.12）→長崎県立大学論集（2017.09）

Ⅳ　国民皆保険下における医療費増加とそのコントロール

個人通信（2014.06.08）

Ⅴ　後期高齢者支援金の総報酬割を巡って

個人通信（2013.05.24／2013.12.01）各一部〈統合〉

Ⅵ　医療保険とモラル　　　　　　　　　　国際医薬品情報（2017.05.15）

第3章　薬価基準・診療報酬

Ⅰ　薬価基準制度・再論　　　　　　国際医薬品情報（2013.10.28／11.11）

Ⅱ　昨今の薬価問題に寄せて　　　　国際医薬品情報（2017.01.16／01.30）

Ⅲ　薬価流通改革のオメガポイント　　国際医薬品情報（2018.01.15）〈改題〉

Ⅳ　薬局法人の勧め　　　　　　　　　　国際医薬品情報（2017.02.27）

Ⅴ　診療報酬・調剤報酬の機能と限界　　国際医薬品情報（2017.12.11）

第4章　介護保険

Ⅰ　日本における介護保険制度の成立とその設計思想　　JICAレポート（2013.12）

Ⅱ　転変し漂流する介護保険　　　　　個人通信（2014.01.01）一部〈改題〉

Ⅲ　ユニット型個室・再考　　　　　　　個人通信（2013.09.01）一部

Ⅳ　地域包括ケアという妖怪　　　　　　　個人通信（2014.03.03）

Ⅴ　“法令滋彰・盗賊多有” − Jungle化する介護保険 −

個人通信（2013.06.25）一部〈改題〉

Ⅵ　日常生活総合支援事業と第2号保険料　個人通信（2013.10.01）一部〈改題〉

Ⅶ　"介護保険の老兵"の遺言　　　　　　　　　　　個人通信（2016.12.24）

Ⅷ　社会保障制度におけるケアの倫理－介護保険を中心に考える－

　　　　　　　　　　　　　　　　　　　　　　　　　　　　法哲学年報（2016）

第5章　社会福祉

Ⅰ　2013 年生活保護法改正・生活困窮者自立支援法制定を考える

　　　　　　　　　　　　　　　　　　　　個人通信（2013.07.01）一部

Ⅱ　社会福祉事業・社会福祉法人制度の混迷－2016 年社会福祉法改正を考える－

　　　　　　　　　　　個人通信（2016.07.01／2018.03.13）各一部〈統合〉

Ⅲ　障害福祉サービスと介護保険－その現在と将来－

　　　　　　　　　　　　　　　　　月刊介護保険情報（2017.01）〈改題〉

第6章　社会保障一般

Ⅰ　政策の方法が自己目的化している　　　　個人通信（2013.05.24）一部

Ⅱ　可哀想とお約束　　　　　　　　　　　　個人通信（2013.04.25）一部

Ⅲ　「子ども保険」を巡る制度屋／法律屋の七面倒な議論

　　　　　　　　　　　　　　　　　国際医薬品情報（2017.07.24）〈改題〉

Ⅳ　強制であるがゆえに守られるべき自由　　国際医薬品情報（2017.05.29）

Ⅴ　社会保障法制における首尾一貫性　　　　個人通信（2016.02.09）

第7章　そのほか（雑纂）

Ⅰ　認知症高齢者鉄道事故裁判の最高裁判決を巡る一考察

　　　　　　　　　　　　　　　　　　月刊介護保険情報（2016.04）

Ⅱ　近頃流行不粋法律～国民の責務規定考～　個人通信（2014.04.21）

Ⅲ　なぜしてはならないか／なぜしなければならないか　個人通信（2013.09.01）一部

Ⅳ　少子・高齢化と人類の進化　　　　　　　個人通信（2016.01.29）

Ⅴ　福祉国家からビジネス国家へ　　　　　　国際医薬品情報（2017.10.09）

Ⅵ　政策ニヒリスト宣言！？　　　　　　　　国際医薬品情報（2018.05.14）

Ⅶ　騒々しくて落ち着きのないデモクラシー　　個人通信（2013.08.01）一部

Ⅷ　近代日本の Advantage　　　　　　　　　個人通信（2016.03.23）

Ⅸ　松本烝治氏の弁明，もしくは予言？　　　個人通信（2016.03.10）

Ⅹ　阿部眞之助氏の述懐　　　　　　　　　　国際医薬品情報（2018.02.26）

Ⅺ　国民皆保険パトリオティズム　　　　　　国際医薬品情報（2018.09.10）〈改題〉

＊著作一覧

（単著：『社会保障－その既在・現在・将来－』社会保険研究所 2000，『文化の業としての社会保障』法研 2002，『社会保障の構造転換－国家社会保障から自律社会保障へ－』社会保険研究所 2004，『社会保障改革の立法政策的批判－ 2005／2006 介護・福祉・医療改革を巡って－』社会保険研究所 2007，『介護保険の意味論』中央法規 2010 及び共編著：『市民社会における社会保険』放送大学教育振興会 2008 に未収録の著作で，概ね 2007 年以降のもの）

1　学会誌・紀要／論集著作

（1）人環フォーラム（京都大学大学院人間・環境科学研究科）

　2011.09（vol.29）「対談・生きること，住まうこと」市川禮子さんとの対談・司会 間宮陽介氏

（2）ケアマネジメント学（日本ケアマネジメント学会）

　2012.03（No.10）　介護保険制度のなかのケアマネジメント

（3）大阪大学大学院人間科学研究科紀要（大阪大学大学院人間科学研究科）

　2013.03（vol.39）　国民皆保険の構成と機能

（4）長崎県立大学論集（長崎県立大学）

　2017.09（51 巻 1・2 号）高齢者医療制度の構想史〜日医・自民党・厚生省を中心とする 4 幕劇〜

　2018.03（51 巻 4 号）社会保険の政策原理〜連帯と強制の間〜

（5）法哲学年報（日本法哲学会）

　2016「ケアの法 ケアからの法」（2017.11）社会保障制度におけるケアの倫理〜介護保険を中心に考える〜

（6）障害学研究（障害学会）

　2018.05（vol.13）介護保険と障害福祉サービス〜その現在と将来〜

2　雑誌著作

（1）月刊介護保険情報（社会保険研究所）

　　2004.09　老人の日に思ふ（コラム「パンセ〜社会保障を考える」。以下，2012.03 まで同じ。）

2005.01	年金財源としての相続税
2005.04	NHK と年金
2005.08	マネジメントサービスの方法
2005.10	介護予防という権力
2007.08	介護保険サービスとアメリカ型経営
2007.09	福祉法の空洞化現象
2007.10	財政構造改革法と骨太方針 2006
2007.11	保険者とサービス
2007.12	後期高齢者医療の行く末
2008.01	メタボリック一神教
2008.02	事情と理由
2008.03	混合診療解禁論議雑感
2008.04	平成 20 年度政管健保国庫負担削減法案を読んで
2008.05	転形期の精神
2008.06	一元化制度は行き詰る
2008.07	自己実現とパターナリズム
2008.07	介護保険のモラルハザード
2008.09	地方政府と介護保険
2008.10	理性の公的な使用について
2008.11	公的なファイナンスと自由なサービス市場
2008.12 ／ 2009.01	貢献原則の緩みとその先にあるもの
2009.02	介護保険の 9 年
2009.03	無名で有用の人／有名で無用の人
2009.04	次期介護保険法改正の視点
2009.05	要介護認定と継続する人生
2009.06	介護保険サービスの〈断念〉
2009.07	制度は現場を変えられるか
2009.08	やさしさは〈断念〉の後遺症である
2009.09	拠出原理と擬制の効用
2009.10	被爆者問題によせて
2009.11	強くはないが〈個人〉である

2009.12	介護保険のなかの異物
2010.01	〈地域主権〉と社会保障
2010.02	損得勘定と納得感情
2010.03	色はないが意味はある
2010.04	憲法の中に在る矛盾
2010.05	気が付けば〈北欧型国家〉？
2010.06	介護〈保険〉は理解されたか
2010.07	子ども手当を巡る不誠実
2010.08	個室ユニットケアを巡る３つのがっかりと１つの夢
2010.09	何ともみみっちい政治主導〜高齢者医療制度改革中間とりまとめ案を読んで〜
2010.10	私たちは今どこに立っているのか
2010.11	個室ユニットケアの逆流・遺響
2010.12	介護保険を支えるトリアーデ，しかし兵站が弱い
2011.01	給付と負担，さあどうする！！…？
2011.02	読書感想文〜社会保障の正義とは何か〜
2011.03	ストライクゾーンいっぱいの介護保険
2011.04	熟議の前に必要なこと
2011.05	事業者公募制の意味するもの
2011.06	社会保険の６原則
2011.07	ふるさとに住み続ける権理
2011.08	日本に１つだけのHMO
2011.09	人と市民の介護保険
2011.10	高齢者医療費を公平に支えるという理念
2011.11	ナショナルミニマム以下のシビルミニマム
2011.12	〈社会連帯〉の消失
2012.01	介護保険の辞典
2012.02	方法の問題－個人単位は原理か？
2012.03	介護保険〜終わりの始まり？
2016.04	認知症高齢者鉄道事故の最高裁判決を巡る一考察
2016.12	介護保険におけるリベラリズムの正義とケアの倫理
2017.01	介護保険と障害福祉サービス〜その現在と将来〜

（2）月刊シニアビジネスマーケット（綜合ユニコム）

2004.08 社会保障改革はどうなるか（コラム「社会保障制度改革はどうなるか」。以下，2006.11 まで同じ。）

2004.09 年金改革〜このグルーミーな選択〜

2004.10 群盲　年金を評す

2004.11 “全国ひとしく自主性を持って”

2004.12 介護保険サービスのボーダーレス化

2005.01 介護保険・支援費「統合」論の誤謬と蹉跌

2005.03 特養ホームはどこに行く

2005.05 介護保険法改正と事業者規制

2005.06 貢献原則とその危険な例外

2005.07 医療・介護給付費の伸びの抑制を考える

2005.08 迷走する高齢者医療制度改革

2005.09 社会的経済における事業主体

2005.10 介護保険改革〜穿った見方？

2005.11 バッポン改革という呪文（マントラ）

2005.12 格差拡大社会と社会保障

2006.01 同情には値すれども…厚生労働省の医療制度構造改革試案を読んで

2006.02 施設の総量規制とサービスの質

2006.03 租税法律主義と社会保険料

2006.04 介護保険改革の主体は誰か

2006.05 保険者の後見的機能

2006.06 社会福祉事業の“公益性”とは何か

2006.07 医療保険の一元化と“共同謀議”

2006.08 介護サービス〜事業者の責任と矜持

2006.09 シーリング制度の功罪

2006.10 歳出削減の限界と社会保障

2006.11 施設と住居

2007.01 国民生活を支える３つのネットとその綻び（コラム「直言婉語」。以下，2009.07 まで同じ。）

2007.03 大胆予測・医療保険〜これからの 10 年

2007.07	拡がり続ける法律と国民の距離
2007.08	給付費抑制政策の転換はできるか
2007.09	介護人材確保のために
2007.10	官僚機構はなぜ誤るのか
2007.11	国庫負担の支離滅裂
2007.12	福祉元年の清算と社会保障の新展開
2008.01	分断される社会／すり潰される人々
2008.02	個別対応と大量処理，4つの組み合せ
2008.03	介護労働者人材確保特別措置法案を読んで
2008.04	おさらい社会保障目的消費税
2008.05	要介護認定をする重み
2008.06	皆の意見を聞いたら，誰もが願わぬ仕儀になる
2008.07	社会福祉法人のこれから
2008.08	ゼロベース思考のすすめ
2008.09	医療費財源としてのたばこ税
2008.10	後期高齢者医療広域連合の不確かさ
2008.11	西濃運輸健保の自爆テロ？
2008.12	二大政党制と社会保障
2009.01	個人と社会保障，そしてケア
2009.05	自由な医療サービス市場と公的な医療費ファイナンス
2009.06	要介護認定基準の見直しをめぐる断想
2009.07	政権交代のコスト

（3）社会保険旬報（社会保険研究所）

2007.11.21	被用者保険者間格差とその是正
2008.06.11	迷走する高齢者医療制度〜今，その歴史に学ぶとき〜
2008.09.11	書評・菊池馨実編著『自立支援と社会保障』
2008.10.21	高齢者医療費重荷論を超えて
2009.05.11	誰も橋本構想別案を覚えていない
2010.01.01	自民党政権下における社会保障政策の功罪
2010.09.21／10.01	立法研究・医療保険制度の安定的運営を図るための国民健康保険法等の一部を改正する法律案

2011.06.11　書評・島崎謙治著『日本の医療』

2013.10.11　追悼エッセイ・常軌を逸した構想力～異能・異形・異色の医系技官　高原亮治～

（４）週刊社会保障（法研）

2008.04.14／04.21　高齢者医療制度と憲法

（５）月刊／保険診療（医学通信社）

2008.01　後期高齢者医療制度で再生可能か

2010.12　後期高齢者医療制度はどこへ行くのか～姥捨て山は変わらない～

（６）月刊／保団連（全国保険医団体連合会）

2008.03／04　特定健診・保健指導の制度化とこれからの公衆衛生

（７）論座（朝日新聞出版）

2008.07　高齢者医療制度はどこで間違えたか

（８）週刊エコノミスト（毎日新聞社）

2008.08.26　後期高齢者医療制度は何故失敗したか

（９）イミダス・スペシャル（集英社）

2009　破綻は必至！　後期高齢者医療制度

（10）文化連情報（日本文化厚生農業協同組合連合会）

2009.06～08　高齢者医療制度をもう一度考える

2011.06　介護保険は皆保険の一端を担いうるか

（11）保健師ジャーナル（医学書院）

2010.12　税による保健事業と保険料による保健サービス～意味の違いとあるべき制度～

（12）地方自治職員研修（公職研）

2011.08　介護保険と市町村

（13）月刊福祉（全国社会福祉協議会）

2010.01 臨時増刊　制度の狭間の福祉ニーズへの対応

2012.01　社会福祉法人は今日の課題に応えることができるのか

2012.03 臨時増刊　社会福祉法人がその役割を果たすためには

（14）国際医薬品情報（国際商業出版）

2013.03.11／03.25／04.08　国民皆保険の構成と機能

2013.10.28／11.11　薬価基準制度・再論

2014.11.10　厳しさを増す社会保障費抑制策

2015.07.27　国民皆保険はこれからも医薬品業界を抱え込んでいけるか

2016.01.25　回想と夢想（コラム）

2016.02.22　診療報酬改定は誰が決めるべきか（コラム）

2016.03.14　中央官庁の地方移転に思う（コラム）

2017.01.16／01.30　昨今の薬価問題に寄せて（コラム「皆醒独酔」。以下，同じ。）

2017.02.27　薬局法人の勧め

2017.03.13／03.27　介護保険法改正案を読む

2017.04.24　"忖度"の風景

2017.05.15　医療保険とモラル

2017.05.29　強制であるがゆえに守られるべきである自由

2017.06.12　先発品と後発品の価格差をどうするか

2017.07.24　「子ども保険」を巡る七面倒な議論

2017.09.11　インセンティブは万能か

2017.10.09　福祉国家からビジネス国家へ

2017.12.11　診療報酬の機能と限界

2018.01.15　薬価・流通改革のΩ点

2018.02.26　阿部眞之助氏の述懐

2018.05.14　政策ニヒリスト宣言⁉

2018.06.11　財政審建議の危険な罠

2018.09.10　世界に冠たる我が国の国民皆保険

(15) その他（ミニコミ誌）

2012.06（クレリィエール No.609）都市の空気は自由にする・専門の資格は不自由にする

2013.03（U‐Vision News vol. 7）施設と在宅の対話

3　共著書に収録の著作ほか

2009.07　障害者福祉サービスと介護保険（茨木尚子ほか編著『障害者総合福祉サービス法の展望』ミネルヴァ書房 2009 所収）

2013.11　社会福祉法人だからできること／社会福祉法人でなければできないこと（大阪府社会福祉協議会『誰も制度の谷間に落とさない福祉』ミネルヴァ書房 2013 所収）

2013.12　日本における介護保険制度の成立とその設計思想（JICA レポート）

4　個人通信

（1）柿木庵通信

2013.04.25　①可哀想とお約束，②最高裁判決と立法府・行政府の責任，③国民皆保険と自由開業制・フリーアクセス

2013.05.24　①政策の方法が自己目的化している，②「地域ケア会議」〜単なる混濁か，それとも新たな発展か〜

2013.06.25　①市場競争による薬価の形成の意味を問う，②“法令滋彰・盗人多有”

2013.07.01　①生活保護法改正案・生活困窮者自立支援法案を読む，②むかし“シルバー・コロンビア計画”があった

2013.08.01　①況や凡人は大いに豹変する〜国保都道府県営論を巡って〜，②“騒々しくて落ち着きのないデモクラシー”

2013.09.01　①ユニット型個室・再考，②なぜしてはならないか／なぜしなければならないか

2013.10.01　①薬価基準制度論・復習と予習，②第2号保険料と「地域包括支援事業」，③法律解釈の域を超えている

2013.11.01　①国民皆保険はどのように崩壊していくか，②2つの踏切事故と損害賠償責任

2013.12.01　①社会福祉法人はこれからも存続できるのか，②後期高齢者支援金制度と財産権

2014.01.01　①財政制度等審議会建議・社会保障補論を読む，②生活困窮者自立支援法に現れた3つの福祉，③さらば介護保険

（2）柿木庵滴録

2014.02.01　日本における介護保険制度の成立とその設計思想

2014.02.12　高齢者医療制度の構想史〜日医・自民党・厚生省を中心とする4幕劇〜

2014.03.01　次期医療法改正についての反語的覚書

2014.03.03　地域包括ケアシステムという妖怪

2014.03.24　社会福祉法人をめぐる転倒した2つの議論

2014.04.07　国民皆保険をめぐる理想主義者と現実主義者の対話

2014.04.21　近頃流行不粋法律（ちかごろはやるぶすいのおさだめ）〜国民の責務規定考〜

2014.05.04　絶望の裁判所〜認知症高齢者鉄道事故損害賠償裁判の名古屋高裁
　　　　　　判決を読んで〜

2014.06.07　認知症高齢者の行為による被害救済制度？

2014.06.08　国民皆保険下における医療費の増加とそのコントロール

2014.07.14　一段 高い創造力〜介護保険に求められたもの〜

2014.08.28　名古屋裁判・上告審の行方〜高齢社会をよくする女性の会における
　　　　　　私の報告から〜

2014.09.17　介護保険に未来はあるか

2014.10.06　介護費の都道府県別支出目標

2014.10.11　全国老施協，しっかりせい！

2014.10.24　形振り構わぬ社会保障抑制策〜財務省の財政審提出資料を読む〜

2014.11.03　失望の日弁連！？　〜10/31 日弁連シンポジウム報告〜

2014.11.19　"社会的入院" とか "拘束介護" とか…

2014.12.15　高齢社会をよくする女性の会シンポ・発言メモ（注釈・コメント付き）

2015.01.13　社会福祉法人は永久に不滅です…か？

2015.03.23　どう変わる介護保険〜地域包括ケアシステム・新しい総合事業〜

2015.03.31　社会保険の政策原理〜強制と連帯の間〜

（３）何ほどか言うべきもの（をもつ者は進み出よ。そして口をつぐめ）

2016.01.29　少子・高齢化と人類の進化

2016.02.01　国の安全保障と改憲論

2016.02.09　社会保障法制における首尾一貫性

2016.02.18　ある回想と夢想（国際医薬品情報から転載。以下＊）

2016.02.20　中央省庁の地方移転に思う（＊）

2016.02.22　診療報酬改定は誰が決めるべきか（＊）

2016.03.10　松本烝治氏の弁明，もしくは予言？

2016.03.15　認知症高齢者鉄道事故裁判の最高裁判決を巡る一考察（月刊介護保
　　　　　　険情報から転載。以下＊＊）

2016.03.23　近代日本の Advantage

2016.06.07　介護保険料の滞納から考える

2016.06.07　福祉国家は自壊する？

2016.07.01　社会福祉法改正の苦渋もしくは混沌〜素朴な疑問と純論理的探求〜

2016.11.05　当今と蒼生

2016.11.14　介護保険におけるリベラリズムの正義とケアの倫理（＊＊）

2016.12.24　"介護保険の老兵"の遺言

2017.02.01　昨今の薬価問題に寄せて（＊）

2017.03.02　薬局法人の勧め（＊）

2017.03.27　介護保険法改正案を読む〜看板に偽りあり〜（＊）

2017.04.17　"忖度"の風景（＊）

2017.05.15　医療保険とモラル（＊）

2017.05.30　強制であるがゆえに守られるべき自由（＊）

2017.06.13　先発品と後発品の価格差をどうするか（＊）

2017.06.26　瓜田に履を納れず

2017.07.03　「子ども保険」を巡る制度屋／法律屋の七面倒な議論（＊）

2017.08.24　インセンティブは万能か（＊）

2017.09.22　福祉国家からビジネス国家へ（＊）

2017.12.11　診療報酬の機能と限界（＊）

2018.01.16　薬価・流通改革のΩ点（＊）

2018.02.13　阿部眞之助氏の述懐（＊）

2018.03.13　極論・社会福祉事業／社会福祉法人制度

2018.05.14　政策ニヒリスト宣言！？（＊）

2018.06.11　財政審建議の危険な罠（＊）

2018.09.10　世界に冠たる我が国の国民皆保険（＊）

著者略歴

1948 年　長崎市生まれ
1971 年　厚生省入省
1993 年　厚生省薬務局経済課長
1994 年　厚生省老人保健福祉局企画課長
1996 年　厚生省大臣官房会計課長
1998 年　厚生省大臣官房審議官（介護保険制度実施推進本部事務局長）
2001 年　厚生労働省老健局長
2002 年　社会保険庁長官
2003 年　厚生労働省依願退官・大阪大学大学院　人間科学研究科教授
2013 年　大阪大学定年退職
現　在　長崎県立大学特任教授

社会保険の政策原理（検印省略）

平成 30 年 11 月 27 日　初版発行

発　行　人　　栗田　晴彦
発　行　所　　国際商業出版株式会社
　　　　　　　東京都中央区銀座 6 - 14 - 5　〒 104 - 0061
　　　　　　　電話 03(3543)1771　FAX03(3545)3919

印刷・製本　　日本フィニッシュ株式会社

　万一，落丁乱丁本の場合はお取り替え致します　　Printed in Japan
　ISBN978-4-8754-2109-2　C3033